Беларусь у XXI стагоддзі

Гэтая кніга прэтэндуе на ўсёабдымны агляд нядаўніх падзей у Беларусі. Яе аўтары даследуюць, чаму і як народ узняўся дзеля ідэі, што Беларусь мае змяніцца. Паказана, як стары рэжым, прагны захаваць савецкую спадчыну, неахвочы да рэформ і марудлівы ў змаганні з пандэміяй COVID-19, на фоне пагаршэння эканамічных умоў сутыкнуўся з ростам грамадскай мабілізацыі — і вертыкальнай (знізу ўгору), і гарызантальнай. Удзельнікі гэтага руху патрабавалі трансфармацыі адносін паміж дзяржавай і грамадствам, выпрацоўваючы новае разуменне беларускай народнай суб'ектнасці.

У кнізе абмалёўваецца ход нядаўніх падзей. Аўтары, узважваючы, наколькі цяперашнія вымогі перамен укаранёныя ў грамадстве і наколькі яны перспектыўныя, падрабязна апісваюць розныя аспекты грамадскай мабілізацыі. Агулам кніга даводзіць: хоць стары рэжым і трывае, беларускі соцыум змяніўся фундаментальным чынам, а гэта жывіць спадзяванні, што перамены ў рэшце рэшт адбудуцца.

Алена Карасцялёва — прафесарка палітычнай навукі і глабальнага ўстойлівага развіцця, дырэктарка Інстытута глабальнага ўстойлівага развіцця (Institute for Global Sustainable Development — IGSD) Уорыкскага ўніверсітэта ў Вялікабрытаніі.

Ірына Пятрова — дацэнтка Школы славянскіх і ўсходнееўрапейскіх даследаванняў (School of Slavonic and East European Studies — SSEES) Універсітэцкага каледжа Лондана.

Настасся Кудленка — даследчыца Інстытута глабальнага ўстойлівага развіцця Уорыкскага ўніверсітэта ў Вялікабрытаніі.

Серыя выданняў BASEES/Routledge па расійскіх і ўсходнееўрапейскіх даследаваннях

Рэдактары серыі:

Сацыялогія і антрапалогія: Джудыт Пэлат (старшыня), Оксфардскі ўніверсітэт.
Эканоміка і бізнес: Рычард Коналі, Бірмінгемскі ўніверсітэт.
Даследаванні медыя і культуры: Біргіт Боймерс, Аберыстуіцкі ўніверсітэт.
Палітыка і міжнародныя адносіны: Эндру Уілсан, Школа славянскіх і ўсход-нееўрапейскіх даследаванняў, Універсітэцкі каледж Лондана.
Гісторыя: Мэт Рэндл, Эксетэрскі ўніверсітэт.

Серыя выходзіць пад эгідай BASEES (Брытанская асацыяцыя славянскіх і ўсход-нееўрапейскіх даследаванняў). Яна ўключае арыгінальныя, якасныя, глыбокія працы маладых і дасведчаных даследчыкаў па ўсіх аспектах расійскіх, савецкіх, постсавецкіх і ўсходнееўрапейскіх даследаванняў у галіне гуманістыкі і сацыяль-ных навук.

Некаторыя з кніг серыі:

Conservatism and Memory Politics in Russia and Eastern Europe
Edited by Katalin Miklóssy and Markku Kangaspuro

Projecting Russia in a Mediatized World
Recursive Nationhood
Stephen Hutchings

Russia's Regional Museums
Representing and Misrepresenting Knowledge about Nature, History and Society
Sofia Gavrilova

Russian Nationalism
Imaginaries, Doctrines, and Political Battlefields
Marlene Laruelle

Researching in the Former Soviet Union
Stories from the Field
Edited by Jasmin Dall'Agnola, Allyson Edwards and Marnie Howlett

Belarus in the Twenty-First Century
Between Dictatorship and Democracy
Edited by Elena A. Korosteleva, Irina Petrova and Anastasya Kudlenko

Поўны спіс выданняў даступны па адрасе: https://www.routledge.com/BASEES-Routledge-Series-on-Russian-and-East-European-Studies/book-series/BASEES.

Беларусь
у XXI стагоддзі

паміж дыктатурай і дэмакратыяй

Укладальніцы:
Алена Карасцялёва, Ірына Пятрова, Настасся Кудленка

Пераклаў з англійскай Уладзімір Паўловіч

 SKARYNA PRESS

Skaryna Press
London
2024

Пераклад зроблены паводле:
Belarus in the Twenty-First Century: Between Dictatorship and Democracy.
London: Routledge, 2023.

Пераклад *Уладзімір Паўловіч*
Карэктар *Васіль Несцяровіч*
Адказны за выданне *Ігар Іваноў*

ISBN: 978-1-915601-39-1
eISBN: 978-1-915601-40-7

Гэтая кніга прысвячаецца
загінулым, прагнаным з краіны
і зняволеным беларускім героям

Змест

Ілюстрацыі

Выявы

Табліцы

Аўтары

Алесь Аляхновіч — віцэ-прэзідэнт эканамічнай «фабрыкі думкі» CASE Belarus, дактарант Варшаўскай школы эканомікі (тэма дысертацыі — «Трансфармацыя эканомікі ў Беларусі: высновы з досведу постсацыялістычных краін Цэнтральнай і Усходняй Еўропы ды былога СССР»). Працуе дарадцам Святланы Ціханоўскай па эканамічных рэформах, з'яўляецца чальцом эканамічнай групы Каардынацыйнай рады. А. Аляхновіч — выпускнік Лонданскай школы эканомікі (Вялікабрытанія) і Варшаўскай школы эканомікі, дзе яго куратарам быў Лешэк Бальцаровіч, аўтар радыкальнай праграмы эканамічных пераўтварэнняў у Польшчы 1989–1991 гг. Вывучаў досвед трансфармацыі эканомікі Кітая ў Нацыянальным Тайваньскім універсітэце (Тайбэй, Тайвань). Раней Алесь супрацоўнічаў з фірмамі EY, McKinsey і з Нацыянальным банкам Польшчы. У 2021 г. ён далучыўся да Асацыяцыі польскіх эканамістаў (TEP). Акадэмічны і прафесійны досвед А. Аляхновіча перавышае 10 гадоў і ўключае даследаванні цэнтральна- і ўсходнееўрапейскіх эканомік, эканамічнай трансфармацыі постсацыялістычных краін, уплыву інстытуцый на эканоміку, манетарнай палітыкі.

Элінар Біндман — старшая выкладчыца аддзялення гісторыі, палітыкі і філасофіі ў Гарадскім універсітэце Манчэстэра (Вялікабрытанія). Раней докторка Біндман выкладала паліталогію ў Ліверпульскім універсітэце і была стыпендыяткай фонду Леверх'юльм у Лонданскім універсітэце каралевы Мары. Сваю докторскую дысертацыю па палітыцы Расіі і Еўрапейскага саюза яна абараніла ва Універсітэце Глазга (2013). Атрымлівала стыпендыі ў Інстытуце Алексантэры (Хельсінкскі ўніверсітэт) і ў Нью-Ёркскім універсітэце. Яе даследчыя інтарэсы ўключаюць працэсы прыняцця рашэнняў у аўтарытарных рэжымах, абапертых на электаральны ўдзел, рэформы сферы дабрабыту, сацыяльную палітыку і сацыяльныя правы ў Расіі ды іншых постсавецкіх дзяржавах.

Крыстафер Геры з нядаўняга часу працуе ва Універсітэце Цэнтральнай Азіі дэканам Вышэйшай школы развіцця (*Graduate School of Development*), аддзяленні якой знаходзяцца ў Кыргызстане, Таджыкістане і Казахстане. Да свайго прызначэння прафесар Геры кіраваў Школай глабальных і рэгіянальных даследаванняў Оксфардскага ўніверсітэта, быў выкладчыкам эканомікі аховы здароўя ў Вялікабрытаніі. У сферу яго даследчых інтарэсаў уваходзяць пераважна ахова здароўя, эканоміка аховы здароўя, праблемы няроўнасці, дабрабыту і працоўнай сілы ва Усходняй Еўропе і Еўразіі. Ён публікуецца ў вядучых часопісах, тэматыка якіх ахоплівае ахову здароўя, эканоміку і грамадскія навукі. У Оксфардзе ён заснаваў Оксфардскую абсерваторыю па Беларусі і стаў адным з яе кіраўнікоў, развіў праект грузінскіх даследаванняў, запусціў новую магістарскую праграму ў сферы глабальных і рэгіянальных штудый. Ва Універсітэце Цэнтральнай Азіі ён будзе падтрымліваць навучанне моладзі, курыраваць новыя даследаванні і займацца ўласнымі праектамі ў галіне аховы здароўя і дабрабыту цэнтральнаазіяцкага рэгіёна.

Людміла Казак — дасведчаная беларуская адвакатка, магістарка права. Скончыла Беларускі дзяржаўны ўніверсітэт, з 1997 да лютага 2021 г. працавала ў адвакатуры, належала да Мінскай гарадской калегіі адвакатаў. Л. Казак абараняла ў беларускіх судах многіх палітычных дзеячаў, у т. л. Марыю Калеснікаву, адказную за выбарчую кампанію Віктара Бабарыкі ў час прэзідэнцкіх выбараў 2020 года ў Беларусі.

Алена Карасцялёва — прафесарка палітычнай навукі і глабальнага ўстойлівага развіцця, дырэктарка Інстытута глабальнага ўстойлівага развіцця Уорыкскага ўніверсітэта (Вялікабрытанія). Таксама яна з'яўляецца сузаснавальніцай Оксфардскай абсерваторыі па Беларусі пры Оксфардскім універсітэце (Вялікабрытанія), галоўнай выканаўцай праектаў COMPASS (ES/P010849/1, фундатар — GCRF) і COMPASS+. У сферу яе інтарэсаў уваходзяць рэзілентнасць[1], комплекснае мысленне, фармаванне парадкаў і шматузроўневая кіраванасць. Сярод яе нядаўніх публікацый: *Resilient Communities of Central Eurasia* (with I. Petrova, 2023); 'Community Resilience in Belarus and the EU Response', *Journal of Common Market Studies Annual Review*, October 2021 (with I. Petrova); 'The War in Ukraine: Putin and the Multi-Order World', *Contemporary Security Policy* 43(3) 2022: 466–81 (with T. Flockhart); *Resilience in EU and International Institutions* (with T. Flockhart, 2020).

Юлія Карасцялёва — прафесарка бізнес-эканомікі ў Школе славянскіх і ўсходнееўрапейскіх даследаванняў (SSEES) Універсітэцкага каледжа Лондана. Яна мае ступень PhD у эканоміцы (атрымана на аддзяленні эканомікі Універсітэта Бата ў Вялікабрытаніі). Даследчыя інтарэсы Ю. Карасцялёвай палягаюць у полі прадпрымальніцтва, фінансаў і рэгіянальных даследаванняў. Сярод нядаўніх публікацый Ю. Карасцялёвай — артыкулы ў рэцэнзаваных выданнях, такіх як *Entrepreneurship Theory and Practice, Journal of Business Venturing, Journal of Common Market Studies, Regional Studies, Small Business Economics, Entrepreneurship and Regional Development, Emerging Markets Finance and Trade, Journal of Economic Policy Reform Eastern European Economics, Post-Communist Economics*. Таксама яна з'яўляецца аўтаркай і суаўтаркай шэрага раздзелаў у кнігах. Прафесарка Юлія Карасцялёва бярэ ўдзел у некаторых даследчыцкіх праектах Вялікабрытаніі і ЕС, уключаючы «Далягляд-2020» (Horizon 2020).

Андрэй Катлярчук — доктар гістарычных навук, прафесар гісторыі Упсальскага ўніверсітэта. Сярод яго навуковых зацікаўленняў гісторыя Беларусі мадэрнага часу, палітыка памяці Другой сусветнай вайны ў Беларусі, нацысцкі генацыд ромаў. Сярод яго нядаўніх публікацый: анталогія *On the Digital Front. Far-Right Memory Work in Baltic, Central, and East European Online Spaces* co-edited by Francesco Zavatti (Opuscula Historica Upsaliensia, 2023); артыкулы *Babi Yar and the*

---

1   Рэзілентнасць — адно з ключавых паняццяў гэтай кнігі. Маецца на ўвазе індывідуальная або калектыўная здольнасць рэагаваць на праблемныя сітуацыі канструктыўным чынам. — *Заўв. пер.*

Nazi Genocide of Roma. Memory narratives and memory practices in Ukraine (Nationalities Papers, 2022); *The Flag Revolution: Understanding the Political Symbols of Belarus* (y *Constructions and Instrumentalization of the Past. A Comparative Study on Memory Management in the Region.* Stockholm, 2021).

Людміла Д'Круз паходзіць з Беларусі, дзе вывучала права ў Беларускім дзяржаўным універсітэце. Яна — кваліфікаваная салісітарка ў Англіі і Уэльсе, мае больш як дзесяцігадовы досвед працы на вядучыя міжнародныя юрыдычныя кампаніі і камерцыйныя банкі. Людміла спецыялізуецца ў карпаратыўных і банкаўскіх транзакцыях — сярод іншага тых, што кіруюцца рознымі сістэмамі права. Раней яна як юрыстка супрацоўнічала з міжнароднай некамерцыйнай арганізацыяй «Жаночае сеціва Усходу і Захаду» (*Network of East-West Women*). Л. Д'Круз атрымала ступень магістаркі ў галіне міжнароднага публічнага права ў Вестмінстарскім універсітэце (Вялікабрытанія).

Томас Крусман атрымаў магістарскую ступень у Каралеўскім каледжы Лондана. Ён з'яўляецца прафесарам крымінальнага права ва ўніверсітэце «Новае бачанне» (Грузія), а таксама каардынатарам навучальнай праграмы «Erasmus+» у праекце вышэйшай адукацыі «Мадэрнізацыя магістарскіх праграм для будучых суддзяў, пракурораў і следчых у адпаведнасці з еўрапейскімі стандартамі правоў чалавека» для Украіны і Беларусі ва Універсітэце Граца (Аўстрыя). Як прэзідэнт Асацыяцыі еўрапейскіх даследаванняў Каўказа, ён асабіста курыруе еўрапейскія штудыі ва ўсім каўказскім рэгіёне, укладаючы, сярод іншага, кніжную серыю «European Studies in the Caucasus». Прафесар Крусман — кваліфікаваны юрыст з вялікай практыкай у адной з вядучых юрыдычных фірм Вены. Ён заснаваў Цэнтр расійскіх, усходнееўрапейскіх і еўразійскіх даследаванняў ва Універсітэце Граца, і ў 2010–2015 гг. кіраваў ім. Выкладаў як прафесар-візіцёр у Казанскім федэральным універсітэце (РФ, 2015–2016). Апрача Каўказа, даследчыя інтарэсы прафесара Крусмана ахопліваюць праблемы кампаратыўнага, еўрапейскага і міжнароднага крымінальнага права, тэмы «гендар і заканадаўства», пытанні карупцыі і камплаенсу[2]. Ён — старшыня Назіральнай рады Вышэйшай школы юрыспрудэнцыі пры Вышэйшай школе эканомікі ў Маскве, падтрымлівае шчыльныя стасункі з шэрагам вядучых універсітэтаў Расіі, Украіны і Цэнтральнай Азіі.

Настасся Кудленка — даследчыца Інстытута глабальнага ўстойлівага развіцця, школы міждысцыплінарных даследаванняў Уорыкскага ўніверсітэта ў Вялікабрытаніі. Раней яна была навуковай супрацоўніцай Оксфардскай абсерваторыі па Беларусі (у рамках постдактарату, 2022), брала ўдзел у праекце GCRF (COMPASS, 2021), каардынавала праект Еўрапейскай даследчай рады ў Школе ўсходазнаўства і афрыканістыкі Лонданскага ўніверсітэта. Даследаванні доктаркі навук Кудленка ахопліваюць такія тэмы, як рэфармаванне сектара бяспекі, роля Еўрапейскага саюза ва ўмацаванні бяспекі, рэзілентнасць грамадства, кіраванне бяспекай у «шырокай Еўропе» з адмысловай увагай да Цэнтральнай і Усходняй Еўропы, да Заходніх Балкан.

---

2   Камплаенс (*англ.* complience) — адпаведнасць працэсаў у арганізацыі ўнутраным або знешнім стандартам, нормам. — *Заўв. пер.*

Яна атрымала міжнародныя магістарскія ступені па расійскіх і цэнтральнаеўрапейскіх даследаваннях ва Універсітэце Глазга (Вялікабрытанія) і ў Ягелонскім універсітэце Кракава (Польшча). Доктарскую ступень па паліталогіі і міжнародных адносінах Н. Кудленка здабыла ў Кентэрберыйскім універсітэце Царквы Хрыстовай (Вялікабрытанія).

Павел Кур'ян — беларускі адвакат. Атрымаў магістарскую ступень у Беларускім дзяржаўным універсітэце і ў Аберыстуіцкім універсітэце Уэльса (Вялікабрытанія). Мае звыш 10 гадоў досведу працы ў аддзелах па вырашэнні канфліктаў вядучых міжнародных фірм Лондана, якія абслугоўваюць кліентаў з Цэнтральнай і Усходняй Еўропы, а таксама з Цэнтральнай Азіі.

Вераніка Лапуцька — аспірантка Школы сацыяльных даследаванняў Інстытута філасофіі і сацыялогіі Польскай акадэміі навук, сузаснавальніца цэнтра EAST. Яе дысертацыя прысвечана візуальнай прапагандзе на нацыянальных мемарыяльных цырымоніях у сучаснай Беларусі. Вераніка атрымала дыплом спецыялісткі па міжнародных адносінах у Беларускім дзяржаўным універсітэце і дыплом магістаркі ў галіне еўрапейскіх даследаванняў у Еўрапейскім гуманітарным універсітэце (Вільня, Літва); магістарскую ступень па ўсходнееўрапейскіх даследаваннях у Варшаўскім універсітэце (Польшча); магістарскую ступень па эканоміцы і грамадазнаўстве ў Ланкастарскім універсітэце (Вялікабрытанія). Таксама В. Лапуцька мае дыплом па гендарных даследаваннях ад Лундскага ўніверсітэта (Швецыя, 2009) і паспяхова завяршыла праграму Амерыканскага інстытута палітычных і эканамічных сістэм пры Джорджтаўнскім універсітэце (ЗША, 2011; з удзелам Карлава ўніверсітэта). У 2022 г. яна была супрацоўніцай цэнтра Мандэля для паглыбленых даследаванняў Халакосту пры Амерыканскім Мемарыяльным музеі Халакосту (USHMM), працавала над праектам «Малы Трасцянец і іншыя забытыя месцы Халакосту ў Беларусі».

Дэвід Р. Марплз — заслужаны ўніверсітэцкі прафесар расійскай і ўсходнееўрапейскай гісторыі з Альберцкага ўніверсітэта (Канада). Без суаўтараў ён выдаў 16 кніг, у тым ліку наступныя: *Understanding Ukraine and Belarus: A Memoir* (2020), *Ukraine in Conflict: An Analytical Chronicle* (2017), *Our Glorious Past: Lukashenka's Belarus and the Great Patriotic War* (2014), *Heroes and Villains: Creating National History in Contemporary Ukraine* (2008). Яму належаць звыш 100 артыкулаў у рэцэнзаваных часопісах. Таксама ён з'яўляецца ўкладальнікам чатырох кніг пра ядзерную энергію і бяспеку ў былым Савецкім Саюзе, пра сучасныя Беларусь і Украіну.

Кора Ньюман — дактарантка апошняга года ва Уорыкскім універсітэце (дэпартамент эканомікі). Яна атрымала магістарскую ступень па расійскіх і ўсходнееўрапейскіх даследаваннях у Оксфардскім універсітэце. Яе даследчыя інтарэсы ахопліваюць гендарную эканоміку і палітэканомію. Зараз яна працуе над праектамі, у якіх даследуецца жаночае прадпрымальніцтва ў паўднёвакаўказскім рэгіёне і галасаванне за правых экстрэмістаў у Германіі.

Ірына Пятрова — лектарка (дацэнтка) у Школе славянскіх і ўсходнееўрапейскіх даследаванняў (SSEES) Універсітэцкага каледжа Лондана. Перш чым прыйсці ў SSEES, яна была навуковай супрацоўніцай (постдактаранткай) у праекце COMPASS, фундаваным GCRF, у Школе палітыкі і міжнародных дачыненняў Кенцкага ўніверсітэта (Вялікабрытанія). І. Пятрова чытала шэраг курсаў па гісторыі і палітыцы Еўрапейскага саюза, Еўразіі, па міжнародных дачыненнях і метадах даследаванняў — як у Кенцкім універсітэце, так і ў Лёвенскім каталіцкім універсітэце, у брусельскім Каледжы імя Везалія (Бельгія). За апошняе дзесяцігоддзе яна ўзяла ўдзел у разнастайных міжнародных даследчых праектах, у т.л. GCRF AGRE, ANTERO, NORTIA і інш.

Андрэй Радаман быў навуковым супрацоўнікам кафедры гісторыі Беларусі старажытнага часу і сярэдніх вякоў гістарычнага факультэта Беларускага дзяржаўнага ўніверсітэта (2016–2018) і займаў аналагічную пасаду ў аддзеле генеалогіі, геральдыкі і нумізматыкі Інстытута гісторыі Нацыянальнай акадэміі навук Беларусі (2018–2020). Яго звольнілі ў 2020 г. за ўдзел у пратэстах супраць рэжыму Лукашэнкі. З кастрычніка 2021 г. з’яўляецца дактарантам Беластоцкага ўніверсітэта (Польшча). Дзякуючы гранту Нацыянальнага цэнтра даследаванняў і развіцця Польшчы ў 2022–2023 гг. працаваў у аддзеле крыніцазнаўчых даследаванняў і публікацыі крыніц Інстытута гісторыі Польскай акадэміі навук. У сваіх даследаваннях А. Радаман засяроджваецца на палітычнай гісторыі, гісторыі дзяржавы і права Вялікага Княства Літоўскага, Рэчы Паспалітай і Рэспублікі Беларусь; гісторыі мясцовага самакіравання, парламенцкіх інстытутаў і парламенцкага права. Сярод нядаўніх публікацый А. Радамана: *Urzędnicy Wielkiego Księstwa Litewskiego. Spisy, t. V. Ziemia połocka i województwo połockie XIV–XVIII wiek*, рэд. Г. Люлевіч (2018); *t. IX. Województwo mścisławskie XVI–XVIII wiek*, рэд. А. Рахуба (2019); *t. VIII, Ziemia brzeska i województwo brzeskie, XIV-XVIII wiek*, рэд. А. Рахуба (2020); *Miejsca obrad sejmików i zjazdów szlacheckich powiatu nowogródzkiego*, *Miscellanea Historico-Iuridica* 21(1): 75–115 (2022).

Ганна С. — магістарка права, практыкуючая адвакатка.

Алена Сініцына — лектарка дэпартамента палітычных і сацыяльных даследаванняў Нацыянальнага аўтаномнага ўніверсітэта Мехіка (Мексіка), а таксама дэпартамента міжнародных адносін Ібераамерыканскага ўніверсітэта Мехіка. Сярод яе даследчых інтарэсаў — культурныя і рэгіянальныя даследаванні Еўропы, Расіі і Цэнтральнай Азіі.

Наталля Чарнышова — выкладчыца сучаснай еўрапейскай гісторыі ў Лонданскім ўніверсітэце каралевы Мары (Queen Mary University of London) (Вялікабрытанія). Яна мае шэраг публікацый па гісторыі познесавецкага грамадства, у тым ліку кнігу «Савецкая спажывецкая культура ў брэжнеўскую эпоху» (*Soviet Consumer Culture in the Brezhnev Era*, 2013, выданне ў мяккай вокладцы — 2015), публікацыі па беларускай гісторыі, аб пратэстах 2020 года ў Беларусі. Цяпер Наталля працуе над біяграфіяй Пятра Машэрава, папулярнага камуністычнага лідара савецкай Беларусі ў 1965–1980 гг. (яе даследаванне падтрымана стыпендыяй Брытанскай акадэміі — *Academy Mid-Career Fellowship*).

Хуавэй Чжэн — незалежны даследчык, які паспяхова абараніў дысертацыю ў Кенцкім універсітэце (Вялікабрытанія) у чэрвені 2022 г. Яго даследчыя інтарэсы ўключаюць тэорыю міжнародных адносін, еўразійскія міжнародныя дачыненні, еўразійскі рэгіяналізм. Яго праца «Крохкая ўзаемазалежнасць: выпадак дачыненняў Расіі з ЕС» ('Fragile interdependence: the case of Russia-EU relations') была апублікавана ў *Cambridge Review of International Affairs* у 2021 г. У яго доктарскай дысертацыі Еўразійскі эканамічны саюз разглядаецца як чыннік упарадкавання, аналізуецца ўплыў арганізацыі на змены міжнароднага парадку.

Таццяна Чуліцкая — даследчыца-візіцёрка Інстытута міжнародных адносін і палітычнай навукі Віленскага ўніверсітэта (Літва), навуковая супрацоўніца Гарадскога ўніверсітэта Манчэстэра (Вялікабрытанія). Яна паходзіць з Беларусі, дзе навучалася паліталогіі ў Беларускім дзяржаўным універсітэце. З 2011 г. Таццяна была акадэмічнай дырэктаркай фабрыкі думкі SYMPA/BIPART (Беларусь). Сярод яе даследчых інтарэсаў — аналіз публічнай палітыкі, рэфармаванне дзяржаўнай адміністрацыі, грамадзянская супольнасць і грамадзянскі ўдзел пры недэмакратычных рэжымах, рэформы ў постсавецкіх краінах, беларусістыка. Т. Чуліцкая — аўтарка многіх даследчых і навуковых публікацый, звязаных з Беларуссю. У 2021 г. Таццяна стала навуковай супрацоўніцай Оксфардскай абсерваторыі па Беларусі (*Oxford Belarus Observatory*, ОВО), заснаванай у Вялікабрытаніі.

Віктар Шадурскі — былы дэкан факультэта міжнародных адносін Беларускага дзяржаўнага ўніверсітэта (БДУ). Да атрымання гэтай пасады ён пяць гадоў кіраваў упраўленнем міжнародных адносін БДУ (1992–1997). Удзельнічаў у шматлікіх адукацыйных і даследчых праектах. Сярод яго даследчых інтарэсаў — актуальныя праблемы замежнай палітыкі Рэспублікі Беларусь, адносіны Беларусі з еўрапейскімі дзяржавамі, глабальныя праблемы сусветнага развіцця і іх уплыў на Беларусь. Прафесар Шадурскі — аўтар многіх навуковых работ па названых тэмах, у тым ліку манаграфій і падручнікаў. У ліку яго найбольш значных публікацый нядаўняга часу — *Lithuanian and Belarusian National Identity in the Context of European Integration* (2013); Thomas M. Bohn, Victor Shadurski (Hg.), *Ein weisser Fleck in Europa. Die imagination der Belarus als Kontaktzone zwischen Ost und West* (укладальнік і суаўтар, 2011).

Прадмова

Я адчуваю сябе крыху не ў сваёй талерцы, рыхту-ючы прадмову да наву-ковага зборніка, бо ні-якім чынам не лічу сябе даследчыцай. Тым не менш мне выпала шчасце ведаць некаторых аўта-раў асабіста, і я ганаруся тым, што мяне запрасілі выказацца.

Дарагія сябры, я ўдзячная за вашу працу і адданасць нашай справе.

Цяпер, калі я пішу гэтыя радкі ў ліпені 2022 года, дарагія нам людзі ўсё яшчэ знаходзяцца ў няволі. Дэмакратычныя перамены, за якія мы змагаемся, яшчэ наперадзе. І тут я не магу не падкрэслі-ць унікальную каштоўнасць гэтага зборніка: кніга адлюстроўвае дух моманту, таго моманту, што адзначаны няпэўнасцю і болем. Аўтары зрабілі найважнейшую працу — адшукалі ў тым болі сэнс. Кніга дапамагае нам захаваць партрэт часу для будучых пакален-няў палітыкаў, даследчыкаў, адукатараў, беларусаў наогул.

Заклікаю чытаць гэтую кнігу не проста як навуковы трактат — рэкамендую знаёміцца з ёй праз асабістую прызму. Многія аўтары і рэспандэнты, у якіх браліся інтэрв'ю для кнігі, вымушаны былі пакінуць краіну. Многія не ў змозе вярнуцца дахаты, некаторыя былі арыштаваны. У дадатак да сваёй навуковай дзейнасці яны могуць падзяліцца і дэталямі асабістай біяграфіі. За апошнія два гады я атрымала вялікі ўрок: «народная суб'ектнасць», як яе мянуе прафесарка Алена Карасцялёва, фармуецца з тысяч гэткіх малень-кіх чалавечых гісторый. Наш абавязак — захаваць іх, разважаць пра іх і будаваць на іх нашу тоеснасць, і кніга менавіта ў гэтым нам дапамагае. У дэмакратычнай Беларусі, калі навукоўцы захочуць дакладна даведацца пра нас, беларусаў, хто мы і адкуль, няхай гэты зборнік будзе іх даведнікам і гідам.

Святлана Ціханоўская,
лідарка беларускага дэмакратычнага руху

Уводзіны

Алена Карасцялёва, Ірына Пятрова, Настасся Кудленка

У 2003 г. дзякуючы выдавецтву *Routledge* мы выпусцілі кнігу пра Беларусь, названую «Сучасная Беларусь: паміж дэмакратыяй і дыктатурай» (*Contemporary Belarus: Between Democracy and Dictatorship*). Выданне было ажыццёўлена ў выніку канферэнцыі, праведзенай Універсітэтам Бата ў 2001 г. Дзякуючы каманднай працы даследчыкаў з розных краін атрымаўся калектыўны зборнік, які ахопліваў усе асноўныя аспекты развіцця краіны на той час. На жаль, многія з крытычных заўваг, змешчаных у кнізе, у тым ліку і прагноз падзей пасля прэзідэнцкіх выбараў, дадзены ў пасляслоўі, актуальныя дагэтуль, дарма што мінула 20 гадоў. І галоўнае, у заключным раздзеле кнігі гаварылася:

> Высновы, якія Лукашэнка зробіць з пратэстаў, і шляхі, якія рыхтуе будучыня для беларускага народа, пакуль што невядомыя. Але верагодна, што наступныя свабодныя выбары або рэферэндум у Беларусі прывядуць да зацвярджэння Лукашэнкі ў якасці «пажыццёвага прэзідэнта» маленькай, але стратэгічна важнай усходнееўрапейскай краіны.

(Korosteleva, Lawson and Marsh 2003: 209)

Цяпер, у 2022 г., мы з'яўляемся сведкамі таго, як разгортваецца крызіс рэпрэсіўнага механізма лукашэнкаўскага рэжыму. Лукашэнка, які знаходзіцца пры ўладзе 28 гадоў, шчодра частуе ўласны народ рэпрэсіямі і прыгнётам, каб захаваць над ім кантроль. І ўсё ж падзеі пасля прэзідэнцкіх выбараў 2020 года паказваюць, што краіна моцна змянілася цягам двух дзесяцігоддзяў — не ў апошнюю чаргу праз нараджэнне востра адчутых *народнай суб'ектнасці* ды прагі перамен. Таму, каб зразумець, якая будучыня можа чакаць Беларусь, вельмі важна дэтальна вывучыць нядаўнія змены, забяспечыць усеахопны аналіз таго, што адбываецца ва ўнутрыпалітычнай, сацыяльна-эканамічнай, прававой, знешнепалітычнай сферах.

Як даводзілася ў ранейшым зборніку, у мінулыя дзесяцігоддзі Беларусь заставалася ўнікальным выпадкам сярод краін былога савецкага блока: яна прагнула захаваць сваю савецкую спадчыну і працівілася рэформам. Сённяшняя Беларусь таксама заслугоўвае ўвагі даследчыкаў. З пункту гледжання дэмакратызацыі і грамадскай рэзілентнасці пратэсты 2020–2021 гг. і дагэтуль не згаслы падпольны грамадзянскі супраціў — добрыя прыклады для вывучэння трансфармацыі «знізу», што адбываецца праз самаарганізацыю і пашырэнне актыўнасці. Гэткі матэрыял дужа карысны не толькі для даследчыкаў рэгіёна, але і для навуковых работ па праблемах дэмакратыі, па транзіталогіі, нацыябудаўніцтве.

З пункту гледжання міжнародных адносін краіна, што знаходзіцца ў сэрцы Еўропы, між Еўрапейскім саюзам і Расіяй, таксама з'яўляецца павучальным і складаным прыкладам невялікай дзяржавы, у рэшце рэшт вымушанай выбраць адзін з варыянтаў развіцця. У лютым 2022 г., калі Лукашэнка дазволіў Расіі скарыстацца тэрыторыяй Беларусі для вайсковай агрэсіі супраць Украіны, Беларусь зрабілася часткай гэтай вайны і хаўрусніцай Расіі ў яе ваенных злачынствах ва Украіне. Што станецца з краінай, якая некалі крочыла шляхам дэмакратыі, а цяпер раздзіраецца на часткі агрэсіўнай геапалітыкай, спустошваецца зверствамі рэжыму супраць уласнага народа? Як яна — у XXI стагоддзі, у геаграфічным цэнтры Еўропы — дасць рады з тым, што тысячы яе жыхароў адправіліся на выгнанне, а тысячы іншых кінуты ў перапоўненыя турмы, лагеры з прымусовай працай?

Нягледзячы на трагедыю 2020–2022 гадоў, 2020-ы стаў для нас промнем надзеі. Той год многія даследчыкі, аўтары гэтага зборніка, разглядаюць як вяху, што засведчыла перамены ў постсавецкай гісторыі Беларусі. Ён напоўніцу выявіў глыбокія і далёкасяжныя тэндэнцыі, у тым ліку трансфармацыю дачыненняў «дзяржава — грамадства» і разрыў калісьці дзейнага сацыяльнага кантракта (Гайдук, Ракова, Силицкий 2009; Douglas *et al.* 2020). Праявіліся таксама эвалюцыя грамадскай ідэнтычнасці і сацыяльная мабілізацыя, што вядуць да якасна новага стану грамадскіх і палітычных працэсаў у Беларусі. Непрызнанне пандэміі COVID-19 беларускімі ўладамі, якія адмовіліся ўводзіць лакдаўн і забяспечваць насельніцтва сродкамі абароны, ігнаруючы рэкамендацыі Сусветнай арганізацыі аховы здароўя (Astapenia & Marin 2020), паслужыла для грамадства раздражняльнікам, стымулявала яго нізавую рэакцыю, вестравала будучыя перамены. Жыхары Беларусі разгарнулі шматлікія сеткі самаарганізацыі і самапомачы, у тым ліку платформы для падтрымкі суседзяў, краўдфандынг для найбольш уразлівых і тых, хто непасрэдна сутыкаўся з каранавірусам.

Паступова мабілізуючыся, грамадства наблізілася да прэзідэнцкіх выбараў 9 жніўня 2020 года. Тыя выбары азмрочыліся поўнамаштабнай кампаніяй запалохвання, разгорнутай уладамі, і пацягнулі за сабой аспрэчванне вынікаў. Наступствамі выбараў сталі беспрэцэдэнтна масавыя мірныя пратэсты, якія скаланулі ўсю краіну і доўжыліся амаль два гады. Улады адказалі ўзмацненнем гвалту, што завяло краіну ў тупік і справакавала працяглы палітычны крызіс. Праз пагаршэнне сацыяльна-эканамічных варункаў пагоршыліся ўмовы жыцця большасці насельнікаў Беларусі — многія страцілі працу, мусілі шукаць прытулку за мяжой. Яшчэ больш беларусаў адчуваюць сябе запалоханымі і глыбока фрустраванымі — яны прыпынілі свае пратэсты або сышлі ў падпольныя формы супраціву.

Вайна Расіі супроць Украіны, што пачалася 24 лютага 2022 года, ажывіла супраціў у Беларусі. Тым разам пратэстоўцы пярэчылі, сярод іншага, уцягванню Беларусі ў вайну на загад Лукашэнкі, а таксама таму, што ён прадаставіў беларускую тэрыторыю расійскім войскам. У час напісання гэтай кнігі рэжым Лукашэнкі захоўвае ўладныя вагары, нягледзячы на міжнародныя санкцыі; яму дапамагае Расія (у тым ліку фінансава), ён абапіраецца на дужа цэнтралізаваны і пазбаўлены іншадумства дзяржаўны апарат, які мацаваўся больш за тры дзесяцігоддзі. Аднак усе адчулі, што падзеі 2020 года незваротна змянілі дынаміку грамадства — не ў апошнюю чаргу дзякуючы фармаванню народнай суб'ектнасці ў адказ на дзяржаўныя рэпрэсіі, пры аднадушнай падтрымцы міжнароднай супольнасці і ўсясветнай беларускай дыяспары. Гэтыя маштабныя перамены, без сумневу, расчышчаюць шлях да новай Беларусі. З назвы гэтай кнігі вынікае, што краіна цяпер знаходзіцца бліжэй да дыктатуры, чым да дэмакратыі, аднак аўтары зборніка пераканаўча выступаюць за дэмакратычную будучыню Беларусі. Перадумовы гэтай будучыні — дынамічныя перамены, што адбываюцца ўнутры грамадства, у самых яго тканках.

Укладзены намі зборнік пакліканы даць актуальны аналіз нядаўніх падзей у Беларусі. Ён факусуецца на 2020 годзе як на знакавым для перамен, робленых у імя будучага. Кніга складаецца з трох частак, якім папярэднічаюць гэтыя ўводзіны, і завяршаецца высновамі, напісанымі навукоўцам на выгнанні, экс-дэканам факультэта міжнародных адносін, прафесарам **Віктарам Шадурскім**. Ён, як і многія іншыя, наважыўся адкрыта крытыкаваць дзяржаўныя ўлады за рэпрэсіі ў дачыненні да студэнтаў і супрацоўнікаў Беларускага дзяржаўнага ўніверсітэта. Неўзабаве Шадурскага, які прысвяціў усё сваё жыццё ўніверсітэту, прымусілі зволіцца[3].

Частка I, названая «Яшчэ раз пра гісторыю, ідэнтычнасць і палітыку», уяўляе з сябе пераважна зварот да праблем нацыі і нацыябудаўніцтва ў Беларусі, з мэтай выпукліць новыя тэндэнцыі ў дачыненнях «дзяржава — грамадства». Так, у раздзеле 1 **Андрэй Катлярчук**, **Андрэй Радаман** (беларускі навуковец на выгнанні) і **Алена Сініцына** з гістарычнай перспектывы пераасэнсоўваюць ролю палітычных сімвалаў, дзяржаўнасці і палітыкі памяці. Аўтары даводзяць, што, нягледзячы на небагаты вопыт

---

3   Больш падрабязную інфармацыю гл. у водгуку «Еўрарадыё» на сыход Шадурскага: https://euroradio.fm/ru/posle-razgovora-napisal-zayavlenie-uvolilsya-dekan-fmo-bgu-viktor-shadurskiy (дата доступу 29 ліпеня 2022).

суверэннага існавання, Беларусь здолела выпрацаваць маладую, але даволі імпэтную народную суб'ектнасць, здольную абараняць сябе нават у самых жорсткіх умовах лукашэнкаўскіх рэпрэсій. У раздзеле 2 аўтарства **Дэвіда Марплза** і **Веранікі Лапуцька** разглядаецца тое, як рэжым Лукашэнкі выжывае пры дапамозе маніпуляцый гістарычным мінулым і праз заявы пра адмысловы «генацыд беларусаў», апраўдваючы дзяржаўныя рэпрэсіі супраць вальнадумства і апазіцыйнасці. У раздзеле 3 **Наталля Чарнышова** аналізуе «эпоху Машэрава», яе прагрэсіўны ўплыў на фармаванне ў Беларусі нацыі і народнай суб'ектнасці, што ў 2020 г. дапамагала процістаяць лукашэнкаўскаму прыгнёту. У раздзеле 4 **Хуавэй Чжэн** прасочвае ўплыў новага «нізавога» руху, аб'яднанага вакол асобы Святланы Ціханоўскай (лідаркі дэмакратычнай апазіцыі), на рыторыку пра знешнюю палітыку Беларусі адносна Еўрапейскага саюза і Расіі / Еўразійскага эканамічнага саюза. Чжэн дапускае, што з'яўленне моцнай апазіцыі, скіраванай на ўздым народных мас, і разгортванне пратэснай культуры ў 2020–2022 гадах падштурхнулі Беларусь да бездані геапалітычнай канфрантацыі, патэнцыйна шкоднай для нацыянальнай стабільнасці і бяспекі ўсяго кантынента.

У частцы II кнігі, азагалоўленай «Сацыяльна-эканамічныя ды інстытуцыйныя далягляды», разбіраюцца эканамічныя і прававыя працэсы ў краіне цягам апошніх трох дзясяткаў гадоў. Раздзел 5 (аўтары — **Алесь Аляхновіч** і **Юлія Карасцялёва**) асвятляе палітыку «нерэформ» Лукашэнкі. Даводзіцца, што нейкі час Беларусь сапраўды можна было трактаваць як «эканамічны цуд», як краіну, дзе пастаянна раслі ўнутраны прадукт і прадукцыйнасць працы. Аднак адсутнасць рэальных рэформ, асабліва пры новым рэжыме міжнародных санкцый, робіць краіну няздольнай у бліжэйшыя гады аднавіць сваю былую моц і нарасціць эканамічны капітал. У раздзеле 6 **Крыстафер Геры** і **Кора Ньюман** разважаюць пра тое, што спалучэнне працяглай эканамічнай стагнацыі і няслушнай рэакцыі на пандэмію COVID-19 спрычынілася як да разрыву сацыяльнага кантракта (што навязваўся рэжымам Лукашэнкі звыш 20 гадоў), так і да росту народнай суб'ектнасці ў Беларусі. Названы рост падтрымалі структуры новай грамадзянскай супольнасці, што ствараліся як альтэрнатыва млявай рэакцыі беларускіх улад на пандэмію. У наступных двух раздзелах (7 і 8) аналізуецца стан праваахоўнай сістэмы і роля заканадаўства як агента перамен у Беларусі. Юрысты-практыкі **Людміла Д'Круз**, **Людміла Казак** і **Павел Кур'ян** засяроджваюцца на праваахоўнай сістэме ў Беларусі, паказваюць яе адметныя недахопы, разважаюць пра рэформы, якія могуць спатрэбіцца. Пры гэтым аўтары абапіраюцца на досвед пераходных перыядаў ва Украіне і Грузіі. Наступны раздзел аўтарства **Томаса Крусмана** і **Ганны С.** (яе прозвішча нам прыйшлося апусціць, каб абараніць Ганну ад цікавання з боку беларускіх улад) прысвечаны ролі права і прававой культуры ў пабудове больш адказнага і празрыстага грамадства. Спасылаючыся на юрыдычны казус — «легальнасць» забойстваў, учыненых усходнееўрапейскімі памежнікамі — аўтары дэманструюць, што час не мае значэння, калі працуе юстыцыя, і ўсе злачынцы з дзяржаўных органаў, якія здзяйснялі злачынствы ў Беларусі 2020–2022 гадоў, павінны быць перададзены органам правасуддзя.

У частцы III, названай «Змаганне за публічную прастору і ўзмацненне народнай суб'ектнасці», даследуецца з'яўленне новага сацыяльнага руху, адрознага ад «НДА-цэнтрычнай» мадэлі грамадзянскай супольнасці, што дамінавала на беларускіх прасторах да 2020 года, і выніклы з названага руху рост народнай суб'ектнасці. Апошняя стала адаптыўным і ўплывовым палітычным фактарам, які забяспечвае незваротнасць перамен, што цяпер адбываюцца. У раздзеле 9, напісаным **Таццянай Чуліцкай** (яшчэ адна даследчыца на выгнанні) і **Элінар Біндман**, аналізуецца новая архітэктоніка грамадзянскай супольнасці. Мэта гэтага аналізу — лепей зразумець фактары, што паспрыялі пашырэнню культуры пратэстаў у Беларусі, паказаць, як і чаму гэтая культура выжыла, нягледзячы на пастаянныя рэпрэсіі ў краіне. У раздзеле 10, падрыхтаваным **Аленай Карасцялёвай** і **Ірынай Пятровай**, разглядаецца 2020-ы год як вяха перамен у Беларусі. Разгляд адбываецца праз прызму комплекснага мыслення; мэта даследчыц — патлумачыць, як пратэсты выйшлі на паверхню ў выніку раней схаваных працэсаў і чаму лічыцца, што рух да дэмакратычных перамен у краіне набыў незваротны характар. Аўтаркі таксама ўводзяць панятак «народная суб'ектнасць» (*peoplehood*; да яго адсылае кожны раздзел гэтага зборніка), каб падкрэсліць новую якасць грамадскіх падзей. Апошнія вядуць да новай дынамікі, якая не можа быць скасавана і наводзіць на думку пра будучы крах кіравання Лукашэнкі. Раздзел 11 аўтарства **Настассі Кудленка**, украінкі з беларускімі каранямі, уяўляе з сябе параўнанне паміж Рэвалюцыяй Годнасці ва Украіне і тым, што аўтарка называе Рэвалюцыяй Абурэння, у Беларусі 2020 года. Адзначаючы, што падзеі 2020 года заслугоўваюць разгляду як самастойная з'ява, як унікальная гістарычная падзея, аўтарка таксама заўважае, што ў абедзвюх рэвалюцыях назіралася нешта агульнае. Гаворка пра тое, што імі рухала народная суб'ектнасць — моц перамен, сіла для стварэння новага, лепшага жыцця, заснаванага на самарэалізацыі, самаарганізацыі і адраджэнні спадчыны. У заключным раздзеле **Віктар Шадурскі** падсумоўвае асноўныя падзеі сучаснай Беларусі «з вышыні птушынага палёту». Прафесар вылучае тры асноўныя змены: па-першае, персаналісцкае кіраванне Лукашэнкі больш не мае пад сабою грунту — праз разарваны сацыяльны кантракт, вычарпанне дзяржаўных рэсурсаў і, галоўнае, праз дэградацыю дзяржаўнай эліты. Па-другое, паводле Шадурскага, людзі ў кіраўніцтве больш не могуць кантраляваць заняпалую дзяржаву, хіба што выцягваюць з яе рэсурсы. Па-трэ-цяе, ён даводзіць, што заняпад ідзе не толькі праз цяжар новых санкцый для эканомікі Беларусі, але і з прычыны маральнага банкруцтва ўрадавага апарату, агаломшанага ростам пратэснай культуры і супраціву з боку новага пакалення маладых беларусаў — супраціву, які цяпер яднае людзей розных статусаў і карыстаецца падтрымкай на міжнародным узроўні.

* * *

Для падрыхтоўкі гэтага зборніка сабралася ўнікальная каманда вядучых навукоўцаў і практыкаў, здольная паглядзець на канстанты і перамены ў Беларусі з пунктаў гледжання сацыяльнай філасофіі, гісторыі, сацыялогіі, сацыяльна-эканамічных, прававых, міжнародных адносін. Каманда працавала калегіяльна пад эгідай праектаў COMPASS і COMPASS+, яе ўдзельнікі мелі розныя пасады (члены Дарадчай рады, старшыя і малодшыя навуковыя супрацоўнікі), паходзілі з розных мясцін (Беларусь, Вялікабрытанія, ЕС, іншыя рэгіёны). Праца была падтрымана фондам даследавання глабальных выклікаў (GCRF, ES/P010849/1), яе выкананню спрыяла Оксфардская абсерваторыя па Беларусі, заснаваная два гады таму для аналізу і абмеркавання перамен у краіне. Нарэшце, курыраваў працу Інстытут глабальнага ўстойлівага развіцця Уорыкскага ўніверсітэта, у задачы якога ўваходзіць падвышэнне ўстойлівасці дэмакратыі. Выданне гэтай манаграфіі было ў пэўным сэнсе нашым доўгам перад усімі беларусамі і ўкраінцамі, што змагаюцца за лепшае жыццё.

Жыве Беларусь! Слава Украіне!

Спасылкі

Гайдук, К., Ракова, Е., Силицкий, В. (ред., 2009) *Социальные контракты в современной Беларуси.* СПб.: Невский простор.

Astapenia, R. and A. Marin (2020) 'Belarusians left facing COVID-19 alone.' *Chatham House.* https://www.chathamhouse.org/2020/04/belarusians-left-facing-covid-19-alone.

Douglas, N. *et al.* (2020) 'Belarus: From the old social contract to a new social identity.' *ZOiS Report* 6/2020. https://www.zois-berlin.de/publikationen/belarus-from-the-old-social-contract-to-a-new-social-identity.

Korosteleva, E., Lawson, C. and R. Marsh (2003) *Contemporary Belarus: Between Dictatorship and Democracy.* RoutledgeCurzon.

Petrova, I. and E. Korosteleva (2021) 'Societal fragilities and resilience: The emergence of peoplehood in Belarus.' *Journal of Eurasian Studies* 12(2): 122–32 https://doi.org/10.1177/18793665211037835.

Частка I

Яшчэ раз пра гісторыю, ідэнтычнасць і палітыку

1. Палітычныя сімвалы і трактоўка дзяржаўнасці ў найноўшай гісторыі Беларусі

Андрэй Катлярчук, Андрэй Радаман, Алена Сініцына

Уводзіны

З тых часоў як суверэнітэт зрабіўся падмуркам сучасных дзяржаў, палітычныя сімвалы ўжываюцца ў якасці ідэалагічных інструментаў для нацыябудаўніцтва і ў якасці сродкаў для ўключэння розных сацыяльных груп у нацыянальную дзяржаву (або выключэння з яе). Беларусь у гэтым плане ўяўляе з сябе цікавы выпадак. Паводле Канстытуцыі 1994 г., краіна мае дзве афіцыйныя мовы (беларускую і рускую), але гэта не адзіная «дваістасць», з якой сутыкаецца сённяшняя Беларусь. Дэ-факта краіна рэпрэзентуецца праз два адрозныя наборы палітычных сімвалаў і дзве часткова супярэчныя адна адной трактоўкі дзяржаўнасці. Адна трактоўка адсылае да Беларускай Народнай Рэспублікі 1918 года, адлюстроўвае гістарычную еўрапейскасць Беларусі, узвялічвае «Пагоню» і бела-чырвона-белы сцяг; другая ж адсылае да савецкага мінулага з чырвона-зялёным сцягам, які цяпер усё часцей асацыюецца з рэжымам Аляксандра Лукашэнкі ды настальгіяй па савецкім ладзе. Чаму так адбываецца? У гэтым раздзеле аўтары разглядаюць тэму з трох розных перспектыў, заўважаючы, што ў зменлівай Беларусі XXI стагоддзя нараджаецца пачуццё дзяржаўнасці і *народнай суб'ектнасці*. У першай частцы прапануецца гістарыяграфічны агляд розных трактовак паняцця «дзяржаўнасць» у Беларусі. У другой увага засяроджваецца на *канстытуцыйнай ідэнтычнасці* Беларусі, а ў трэцяй аналізуецца *ўжыванне нацыянальных і палітычных сімвалаў* у краіне, паклісканае надаць імпэт фармаванню дзяржаўнасці і нацыянальнай свядомасці — стаўпоў незалежнасці і суверэнітэту ў сучасных дзяржавах. Мэта гэтага раздзела — дапамагчы разуменню сучаснага палітычнага крызісу ў краіне, асэнсаваць наступствы названага крызісу, што выходзяць за межы Беларусі.

Дзяржавы, гісторыкі і трактоўкі дзяржаўнасці

У міжнародным праве дзяржава, каб уважацца за такую міжнароднай супольнасцю, павінна валодаць «пастаянным насельніцтвам, акрэсленай тэрыторыяй, урадам і здольнасцю падтрымліваць міжнародныя адносіны» (Montevideo Convention on the Rights and Duties of States 1933). Дзяржаўнасць выяўляецца праз паняцці ідэнтычнасці, грамадзянства і палітычнай мабілізацыі нацыі, а пасярэднікамі ў гэтым выяўленні служаць разнастайныя дзяржаўныя інстытуцыі — напрыклад, сістэма адукацыі, музеі, прэса, фундаваная дзяржавай навука. Таксама дзяржаўнасць адлюстроўваецца ў палітычнай сімволіцы.

У адрозненне ад суседніх балтыйскіх дзяржаў, Беларусь не мела незалежнасці пасля Першай сусветнай вайны або ў міжваенны перыяд, і ў яе пасля Другой сусветнай вайны не было вялікай дыяспары на Захадзе, каб змагацца за беларускую дзяржаўнасць. Праз «халодную вайну» доўжылася палітычная «незапатрабаванасць» краіны: па-англійску ў тыя часы было надрукавана вельмі мала манаграфій па палітычнай гісторыі Беларусі, дзе асвятляўся б яе шматвяковы досвед дзяржаўнага будаўніцтва. Увагі да Беларусі бракавала, нягледзячы нават на тое, што вылучаліся некаторыя важныя этапы ў гісторыі нацыі: напрыклад, знаходжанне Беларусі ў складзе Вялікага Княства Літоўскага — галоўнага вайсковага непрыяцеля Маскоўскага княства ў сярэднявеччы (Левко, Голубев 2018). Межы Вялікага Княства з Польшчай і Расіяй амаль дакладна паказваюць сучасныя этнічныя і моўныя граніцы паміж беларусамі і рускімі на Усходзе і беларусамі ды палякамі на Захадзе (Kotljarchuk 2019: 73–74).

Беларусь зрабілася часткай Расійскай імперыі ў канцы XVIII стагоддзя ў выніку падзелаў Рэчы Паспалітай — польска-літоўскай дзяржавы. Адрозна ад Украіны і Фінляндыі, Беларусь у Расійскай імперыі не мела аўтаноміі, а драбілася на некалькі губерняў; на яе тэрыторыі сутыкаліся і суіснавалі шматлікія гістарычныя трактоўкі дзяржаўнасці. Беларусь у тыя часы ведалі як беларускія і літоўскія землі, або як «Паўночна-Заходні край», што тармазіла развіццё беларускага нацыянальнага руху (Унучек, Смехович, Филатова 2019: 309–311).

Рэлігія была ключавым фактарам у пытаннях ідэнтычнасці і дзяржаўнасці, але ў гэтым плане таксама назіралася мяшаная карціна. Беларускі народ падзяляўся між разнастайнымі хрысціянскімі канфесіямі. У прыватнасці, да сярэдзіны XIX стагоддзя большасць беларусаў належала да каталіцкіх плыняў (грэка-каталіцкай і рымска-каталіцкай), астатнія — да праваслаўя і пратэстанцкіх плыняў. У 1839 г. царскі ўрад забараніў грэка-каталіцкую царкву — найбуйнейшую ў Беларусі — і з тае пары большасць беларускіх вернікаў была прыпісана да Рускай праваслаўнай царквы. Рэлігійная размаітасць вяла да суіснавання некалькіх пісьмовых моў (беларускай, польскай, рускай і г. д.).

Культурная разнастайнасць Беларусі выявілася ў дзвюх розных граматыках беларускай літаратурнай мовы, ва ўжыванні розных алфавітаў. Разам з тым, беларуская мова адносіцца да ўсходнеславянскіх, г. зн. уваходзіць у адну групу з рускай. Моўная праблема, гэтаксама як рэлігійная і палітычная «дваістасць», спрыяла асіміляцыі беларусаў спярша ў імперскай, а потым у савецкай Расіі.

Паводле нацыяналістычнага наратыву ў гістарыяграфіі Беларусі, палітычнае нараджэнне Беларусі датуецца антыцарскім паўстаннем 1863–1864 гг., кіраўніком якога быў Кастусь Каліноўскі (Унучек, Смехович, Филатова 2019: 213, 220–223). Каліноўскі нарадзіўся ў сям'і беларускага шляхціца ў Мастаўлянах Гродзенскай губерні, вывучаў права ў Санкт-Пецярбургскім універсітэце, аднак замест кар'еры чыноўніка выбраў падпольны супраціў. Каліноўскі выдаваў «Мужыцкую праўду», першую (нелегальную) газету на беларускай мове; выступаў за нацыянальнае вызваленне, законнасць і грамадскую роўнасць, за аднаўленне ў Беларусі старажытнай грэка-каталіцкай царквы. Ён усхваляў старыя дэмакратычныя традыцыі польска-літоўскай садружнасці, процістаўленыя расійскаму самаўладдзю. 22 сакавіка 1864 г. Каліноўскага публічна павесілі ў Вільні, і расійскія ўлады таемна пахавалі яго парэшткі на тэрыторыі вайсковай фартэцыі на гары Гедыміна (у межах сучаснай Вільні). Адкрыццё месцазнаходжання парэшткаў у 2019 г. ды іх урачыстае перапахаванне, на якое прыйшлі тысячы беларусаў, стала моцнай дэманстрацыяй таго, што беларускі народ імкнецца да сувэрэнітэту (Гл.: Радыё Свабода, «Пахаваньне Кастуся Каліноўскага, Зыгмунта Серакоўскага і іншых паўстанцаў (1863–1864)»).

У пачатку XX стагоддзя беларускі нацыянальны рух выпрацаваў палітычныя інстытуцыі, неабходныя для існавання незалежнай дзяржавы, — палітычныя партыі, выданні на роднай мове, уласныя выдавецтвы, а таксама сеціва беларускамоўных школ у нацыянальным маштабе. Першую сучасную трактоўку беларускай дзяржаўнасці сфармуляваў Вацлаў Ластоўскі ў 1910 г.; гэты 27-гадовы аматар гісторыі апублікаваў у Вільні «Кароткую гісторыю Беларусі», напісаную для беларусаў на беларускай мове (Ластоўскі 1910). Паводле аўтара, вытокі беларускай дзяржаўнасці трэба шукаць у сярэднявечных Полацкім княстве і Вялікім Княстве Літоўскім. Апошняе разглядалася як першая зусім незалежная беларуская дзяржава (Унучек, Смехович, Филатова 2019: 216, 223, 336). Пасля уніі з Польшчай 1569 г., як сцвярджаў Ластоўскі (1910: 8–16), Беларусь страціла сваю незалежнасць, а ў часы Расійскай імперыі згубіла і сляды свайго старадаўняга заканадаўства, культурную адметнасць і еўрапейскую сістэму кіравання, зрабіўшыся перыферыйным краем Расіі.

У 1918 г. на просьбу сацыял-дэмакратычнага ўрада Беларускай Народнай Рэспублікі прафесар Мітрафан Доўнар-Запольскі склаў «мемарыял» (мемарандум) пад назвай «Асновы беларускай дзяржаўнасці», апублікаваны на беларускай, англійскай, нямецкай і французскай мовах (Kipel & Kipel 1988: 37). Па сутнасці тое быў палітычны маніфест новонароджанай беларускай рэспублікі. Доўнар-Запольскі, які атрымаў вышэйшую адукацыю ў Кіеве, стаў першым у найноўшы час прафесарам-гісторыкам беларускага паходжання. Ён сцвярджаў, што, нягледзячы на адсутнасць у мінулым дзяржавы пад назвай «Беларусь», Беларусь як такая мае працяглыя традыцыі дзяржаўнасці:

> Часамі таксама іншыя наіўна сумляваюцца: дый ці-ж было калі нашае Беларускае гаспадарства? Праўда, пад гэткім назовам яно не існавала, як не існавалі ў цяперашняй форме гаспадарствы: Італьянскае, Бэльгійскае, Украінскае і інш. Але беларусы станавілі крэпка збудаванае гаспадарства, зложанае з беларускіх плямяньняў, так званае Літоўскае Русі, значыць, злучаных з Літоўскім князьствам.

> (Доўнар-Запольскі 1919: 3)

Доўнар-Запольскі ўважаў Вялікае Княства Літоўскае за першую беларускую дзяржаву з прычыны палітычнай перавагі ў ім беларускага шляхецтва, старабеларускай мовы і культуры. Гэтую трактоўку ў міжваенны перыяд развівала менская гістарычная школа Беларускага дзяржаўнага ўніверсітэта. Падобна да сваіх літоўскіх калег, беларускія гісторыкі разглядалі ВКЛ як папярэдніка сучаснай дзяржавы. Але, адрозна ад калег за мяжой, большасць беларускіх гісторыкаў была знішчана савецкімі спецслужбамі (НКУС), і вывучэнне ВКЛ ды гісторыі беларускай дзяржаўнасці ў Беларусі адклалі да краху Савецкага Саюза. Як адзначаў Райнер Ліндэр: «Гісторыя беларускай гістарыяграфіі ў Савецкім Саюзе эпохі Сталіна была гісторыяй яе ліквідацыі» (Ліндэр 1998).

Савецкая трактоўка беларускай дзяржаўнасці была выпрацавана ў сталінскую эпоху: так, у 1934 г. выйшаў першы камуністычны дапаможнік па гісторыі Беларусі. У 1948 г. Інстытут гісторыі Акадэміі навук у Мінску падрыхтаваў афіцыйную трактоўку гісторыі Беларусі — камуністычная партыя ўхваліла яе і дазволіла да друку. Паводле гэтай трактоўкі, Беларуская Савецкая Сацыялістычная Рэспубліка (БССР) была першай дзяржавай у беларускай гісторыі. Беларусь нібыта не мела традыцый дзяржаўнасці да 1917 г. і непасрэдна пасля гэтага года: большую частку сваёй гісторыі яна знаходзілася пад літоўскім, польскім, расійскім прыгнётам. Вялікае Княства Літоўскае малявалася як дзяржава літоўскіх феадалаў, што эксплуатавалі беларускае насельніцтва. Беларуская Народная Рэспубліка 1918 г. (створаная насамрэч палітыкамі левых поглядаў) апісвалася як «буржуазна-нацыяналістычны» праект, падтрыманы Германскай імперыяй (Партноў 2000). Вакол гэтага наратыву будаваліся школьныя ўрокі гісторыі і ўніверсітэцкія лекцыі ў савецкай Беларусі. У 1960–1980-х гадах адказным рэдактарам школьных падручнікаў гісторыі, што публікаваліся і па-беларуску, і па-руску, значыўся прафесар Лаўрэнцій Абэцэдарскі (іначай Абецадарскі). Ён адмаўляў ролю ВКЛ у нацыябудаўніцтве беларусаў і апісваў БНР як ультранацыяналістычны праект (Абецадарскі 1976). Трактоўку Абэцэдарскага моцна крытыкавалі беларускія

гісторыкі на выгнанні (Урбан 1972), а пазней яе выкрываў Беларус-
кі народны фронт.

Калі да ўлады прыйшоў Лукашэнка, адкрылася новая старон-
ка ў гісторыі Беларусі. У афіцыйным дзяржаўным наратыве з'яві-
ліся непрыхаваныя антыпольскія і антызаходнія элементы, што
прывяло да чарговага перагляду трактоўкі дзяржаўнасці. Афіцый-
ныя гісторыкі падрадзіліся маляваць гісторыю Заходняй Бела-
русі (колішняй частці Польшчы) як перыяд польскай акупацыі.
У 2021 г. улады заснавалі новае дзяржаўнае свята «Дзень народна-
га адзінства», прысвечанае ўз'яднанню заходняй і савецкай частак
Беларусі пасля пакта Молатава-Рыбентропа 1939 г. Антыпольская
рыторыка закранула нават гістарыяграфію сярэднявечнай і ран-
немадэрнай Беларусі. На пасяджэнні, датычным гістарычнай па-
літыкі, што адбылося ў студзені 2022 г., Лукашэнка прапанаваў
менаваць час польска-літоўскай уніі (1569–1793) «перыядам аку-
пацыі палякамі і этнацыдам беларускага народа» (Лукашэнка
2022). У выніку ён загадаў перапісаць усе школьныя падручнікі і
перарабіць музейныя экспазіцыі, каб пашыралася яго бачанне бе-
ларускай гісторыі. Іранічна тое, што 2022-і год быў абвешчаны Лу-
кашэнкам «годам гістарычнай памяці» — сэнс гэтага абвяшчэння,
відавочна, палягаў на тым, каб стварыць публічныя наратывы пра
мінулае, адпаведныя вымогам Лукашэнкі (апошнія, у сваю чаргу,
грунтаваліся на стэрэатыпах савецкай гістарыяграфіі).

Гісторыя Заходняй Беларусі бачыцца незалежнымі беларускі-
мі і замежнымі даследчыкамі пераважна як амбівалентная з'ява
(Drweski 2002; Пашкевіч 2006), і яны згаджаюцца, што прысутніча-
ла палітычная дыскрымінацыя беларускай меншасці. Аднак яны
настойваюць, што міжваенная Польшча не была дыктатурай у той
жа ступені, як і СССР, і беларуская інтэлігенцыя фізічна не вы-
нішчалася ў Польшчы так, як у савецкай Беларусі. Польскі перыяд
быў эпохай маштабнай палітычнай мабілізацыі беларускай нацыі.
У польскім сейме заснавалі беларускі парламенцкі («пасольскі»)
клуб, які адыгрываў ролю школы або кузні для народнай суб'ек-
тнасці (тэрмін, які ў гэтай кнізе раскрываюць Карасцялёва і Пятро-
ва, гл. таксама: Korosteleva and Petrova 2021). Пазней яна магла б
перарасці ў нацыянальную суб'ектнасць, аснашчаную сімваламі
дзяржаўнасці ды міжпакаленным вобразам добрага жыцця, якога
беларусы шукалі на працягу ўсяго свайго існавання.

У наступным падраздзеле разглядаецца канстытуцыйная
ідэнтычнасць нацыі як найважнейшая вяха ў працэсе перараста-
ня нацыі ў суверэнную дзяржаву.

Дзяржаўнасць і канстытуцыйная ідэнтычнасць Беларусі

Вытокі беларускага палітычнага і прававога мыслення, заснава-
нага на ідэі беларускай рэспублікі як суверэннай, незалежнай,

дэмакратычнай дзяржавы, можна знайсці ў 1903 годзе. Тады сябры Беларускай рэвалюцыйнай (сацыялістычнай) грамады разважалі пра ўсе названыя характарыстыкі нацыянальнай дзяржаўнасці як пра сваю канцовую мэту. Разам з тым яны абмяркоўвалі іншыя — больш рэалістычныя і верагодныя — альтэрнатывы; напрыклад, атрыманне рэальнай аўтаноміі Беларусі ва ўяўнай расійскай федэратыўнай дэмакратычнай рэспублікі або ў агульнай дзяржаве з літоўцамі (Унучек, Смехович, Филатова 2019: 309–311). Да 1915–1917 гг. акрэсліліся тры магчымыя сцэнары: 1) адраджэнне Вялікага Княства Літоўскага як агульнай дзяржавы для ўсіх яе народаў (дарма што прадстаўнікі розных этнічных груп і палітычных партый не маглі прыйсці да кансэнсусу ў гэтым пытанні); 2) усталяванне федэратыўнай літоўска-беларускай рэспублікі; 3) атрыманне статусу аўтаноміі Беларусі ў межах дэмакратычнай або савецкай Расіі (Сідарэвіч 2015; Унучек, Смехович, Филатова 2019: 383–391). Дзявятага і дваццаць пятага сакавіка 1918 года заснавальнікі Беларускай Народнай Рэспублікі (БНР) ажыццявілі сваё права на самавызначэнне нацыі. Абвясціўшы Беларусь незалежнай дэмакратычнай суверэннай дзяржавай, яны заявілі, што Беларусь нарэшце вызвалілася пасля трох з паловай стагоддзяў няволі і што «беларускі народ жыве і будзе жыць» (Шупа 1998: 52–53, 62–63). Тое была адкрытая адмова будаваць якую б ні было дзяржаўнасць разам з савецкай Расіяй і адпрэчванне манархічных традыцый расійскіх цароў, якія менавалі сябе кіраўнікамі «Белай Русі». Адпрэчвалася таксама польская традыцыя ўнітарнай дзяржавы, аднак было адмыслова згадана, што неабходна пераняць старажытныя традыцыі Вялікага Княства Літоўскага (перыяду да Люблінскай уніі).

На працягу савецкага перыяду беларускай гісторыі камуністы адмаўлялі беларускай дзяржаўнасці ў любой канстытуцыйнай ідэнтычнасці — так, канстытуцыя БССР 1978 года не згадвала ніякія дасавецкія формы беларускай дзяржавы. Наратыў змяніўся пасля краху СССР. У праекце прэамбулы першай Канстытуцыі Рэспублікі Беларусь, побач з заяўленай мэтай «забяспечыць грамадзянскую згоду», гаварылася аб тым, што аддаецца належнае «*пошукам справядлівага грамадскага ўладкавання на старажытнай зямлі Беларусі, якія знайшлі адбітак у Статутах Вялікага Княства Літоўскага, Рускага, Жамойцкага, Устаўных граматах Беларускай Народнай Рэспублікі, Канстытуцыях Беларускай Савецкай Сацыялістычнай рэспублікі, а таксама Дэкларацыі аб дзяржаўным суверэнітэце Рэспублікі Беларусь*».

З 24 ліпеня 1991 г. да 6 ліпеня 1993 г. мала што змянялася ў канстытуцыйным тэксце. Але на апошняй стадыі працы з праектам Канстытуцыі большасць у Вярхоўным Савеце прагаласавала за выдаленне з тэксту падрабязных згадак пра гісторыю беларускай дзяржаўнасці. Заміж таго прагучала агульнае сцвярджэнне пра «шматвяковую гісторыю развіцця беларускай дзяржаўнасці» (Василевич, Чудаков 2017: 115).

Нават сёння вядуцца палкія спрэчкі пра вытокі, традыцыю і сутнасць беларускай дзяржаўнасці, яе канстытуцыйную ідэнтычнасць. Так, у альтэрнатыўнай версіі праекта Канстытуцыі Рэспублікі Беларусь, вынесенай на грамадскае абмеркаванне, гаворыцца, што гісторыя Беларусі — гэта і шматвяковая гісторыя беларускай дзяржаўнасці ад Полацкага княства і Вялікага Княства Літоўскага да Беларускай Народнай Рэспублікі, Беларускай Савецкай Сацыялістычнай Рэспублікі і да нашых дзён. У праекце Канстытуцыі аддаецца належнае праву, па-беларуску ўвасобленаму ў Статутах Вялікага Княства Літоўскага, Статутных граматах Беларускай Народнай Рэспублікі і беларускіх Канстытуцыях (гл. Праекты новай Канстытуцыі ад 26 кастрычніка 2021 года і ад 14 ліпеня 2022 года). Тут назіраецца складанае знітаванне гісторыі і палітыкі: прыхільнікі дэмакратычнай рэспубліканскай традыцыі свядома не дыстанцыяваліся ні ад манархічнай дзяржаўнай традыцыі часоў феадалізму, ні ад савецкай таталітарнай формы дзяржаўнасці, ні нават ад апошніх дзесяцігоддзяў пабудовы аўтарытарнай дзяржавы.

Каб забяспечыць будучыню, варта паразважаць пра ўсе супярэчнасці доўгага гістарычнага шляху беларускай дзяржаўнасці, прааналізаваць іх. Тое важна, бо толькі непрадузяты погляд на складанасці дзяржаўнага будаўніцтва і нацыябудаўніцтва як гістарычнага працэсу дасць нам разуменне таго, як дэмакратычныя і манархічныя традыцыі Беларусі аказаліся пераплецены і як яны выяўляюцца на новым этапе ўздыму народнай (і нацыянальнай) суб'ектнасці.

Спрабуючы вярнуць сабе прынамсі фармальную лаяльнасць пасіўнай большасці насельніцтва ды нейтралізаваць сваіх апанентаў, Лукашэнка зрабіў усё, што мог, каб ізаляваць актыўных удзельнікаў мірных пратэстаў 2020 года. Іх кідалі за краты і цкавалі ў іншыя спосабы, а ўплывовыя прадстаўнікі нацыянальнай палітычнай і культурнай эліты, здольныя крытычна прааналізаваць становішча і выклікаць доўгачаканыя перамены ў калектыўнай свядомасці, цяпер адлучаны ад сваёй аўдыторыі. Гэткіх людзей першымі выкінулі з навуковых і адукацыйных устаноў, прымусіўшы эміграваць з Беларусі або проста змоўкнуць.

Як мы ўжо казалі, 2022 год быў абвешчаны Лукашэнкам «Годам гістарычнай памяці». Зноў з'явіліся распараджэнні перапісаць падручнікі — на фоне поўнай нецярпімасці да адкрытых навуковых дыскусій ды ідэалагізацыі гісторыі як вучэбнай дысцыпліны. У час нарады па гістарычнай палітыцы, праведзенай у Мінску 6 студзеня 2022 г., Лукашэнка, для якога гістарычныя наратывы звычайна зводзяцца да беларускай дзяржаўнасці ў рамках савецкага мінулага, а таксама да Перамогі ў Вялікай Айчыннай вайне 1941–1945 гг., заклікаў удзяляць больш увагі сярэднявечным

Полацкаму і Тураўскаму княствам, ранняму перыяду Вялікага Княства Літоўскага. Ён не ўзгадаў лёс беларускай дзяржаўнасці пад Расійскай імперыяй, але абрынуўся на эпоху польска-літоўскай Рэчы Паспалітай, акрэсліўшы яе як перыяд польскай акупацыі (Лукашэнка 2022). Ідучы следам за кіраўнікамі Расійскай Федэрацыі ў пабудове «Саюзнай дзяржавы», пры фактычным расійскім культурным, медыйным і палітычным панаванні ў Беларусі (асабліва пасля мірных пратэстаў 2020 г.), Лукашэнка звярнуўся да гістарычнай палітыкі як да стратэгіі выжывання ва ўмовах глабальнай барацьбы за ўтрыманне і пераразмеркаванне палітычнай улады.

Будучы па сутнасці манархістам, Лукашэнка пабудаваў у Беларусі структуру грамадства, заснаваную на прывілеях, дзе сацыяльная мабільнасць залежыць ад прыслугоўвання і сляпой паслухмянасці дзяржаўнай сістэме. Дыктатар і яго блізкае атачэнне грэбуюць любымі прыкметамі парламентарызму, мясцовага самакіравання, свабоды выказванняў і, дэ-факта, канстытуцыяналізму, што былі галоўнымі характарыстыкамі Вялікага Княства Літоўскага, Рускага і Жамойцкага ў прававым і палітычным саюзе з Каралеўствам Польскім (Радаман 2018). Гэткае ж грэблівае стаўленне назіраецца ў Лукашэнкі да традыцый партыйнага дэмакратычнага цэнтралізму, характэрнага для савецкага перыяду ў гісторыі беларускай дзяржаўнасці. Замест іх Лукашэнка з радасцю прымае параўнанне ўласнага рэжыму з кіраваннем сярэднявечных князёў: Усяслава Полацкага і Вітаўта Вялікага (Марзалюк 2019). Магчыма, гэта спроба падмацаваць дадатковай гістарычнай легітымацыяй (з адсылкамі да старажытнасці) наяўнасць абсалютнай улады ў Беларусі. Афіцыйна Лукашэнка не прызнаў, што яго форма кіравання з'яўляецца манархіяй, а між тым беларуская нацыя аказалася пад дыктатурай, дзе фактычна няма выбару, няма легальнай альтэрнатывы наяўнай форме дзяржаўнасці як сістэме сацыяльнай і палітычнай арганізацыі дзяржаўных інстытутаў і палітычнай практыкі. Грамадзяне Беларусі не могуць ні ўплываць на будову дзяржаўнага апарату, ні ажыццяўляць сваё права на змену дзяржаўнай сістэмы праз галасаванне — г. зн. у краіне пануе аўтарытарны рэжым, закамуфляваны пад рэспубліку. Аднак ідэі асабістай годнасці, чалавечых правоў і свабод яшчэ жывыя — яны ярка выявіліся на вулічных пратэстах 2020–2021 гг. Толькі праз разуменне і калектыўнае абмеркаванне праблем гістарычнай памяці і будучыні можа паўстаць дэмакратычная дзяржаўнасць Беларусі.

Нацыянальныя і палітычныя сімвалы

Гістарычная свядомасць беларусаў — найважнейшая частка нацыянальнай ідэнтычнасці, што традыцыйна выяўляецца праз палітычную сімволіку і культурныя традыцыі, фальклор. Яна ўключае размаітыя наратывы і ратуе нацыю ад калектыўнай амнезіі, якой пагражалі некаторыя перыяды беларускага калектыўнага мінулага. Аналіз вобразаў і сімвалаў, узятых на ўзбраенне палітычнымі ўладамі, — захапляльная задача для любога палітычнага аналітыка. У нашым выпадку асноўная ўвага надаецца палітычным сімвалам (сцягам, песням, гербам), якія адлюстроўваюць напружанне паміж існымі трактоўкамі дзяржаўнасці і калектыўнымі ідэнтычнасцямі грамадзян, што складаюць нацыю. Сімвалы таксама аблямоўваюць цяперашнюю барацьбу за дэмакратыю і калектыўнае бачанне нацыі, як паказана ў тэкстах з гэтай кнігі (гл.: Марплз і Лапуцька, Крусман і Ганна С.).

Сотню гадоў таму, у 1916 г., адзін з заснавальнікаў сучаснай беларускай літаратуры Максім Багдановіч, натхнёны гербам і гісторыяй Вялікага Княства Літоўскага, Рускага і Жамойцкага, напісаў верш, названы «Пагоня». У 2020-м — годзе масавых народных пратэстаў — і герб «Пагоня», і верш «Пагоня» на музыку беларускага кампазітара, дзеяча эміграцыі Міколы Шчаглова-Куліковіча сталі сімваламі беларускіх пратэстаў супраць рэжыму Лукашэнкі, а песня «Пагоня» зрабілася папулярным неафіцыйным гімнам. Падобная гісторыя здарылася з бела-чырвона-белым сцягам, распрацаваным Клаўдзіем Дуж-Душэўскім (на Першым Усебеларускім кангрэсе 1917 г. сцяг, як сімвал нацыянальнай ідэнтычнасці, быў прапанаваны народу Беларусі).

З 1995 г. Лукашэнка свядома адмовіўся ўжываць палітычныя сімвалы БНР, аддаўшы перавагу іншаму наратыву, абапертаму на савецкае мінулае. Цяперашні гімн Беларусі («Мы, беларусы...»), напісаны ў 1940-х гадах і прыняты ў 1955 г. як гімн БССР, засяроджаны на ўслаўленні дружбы Беларусі і Расіі. Пасля распаду Савецкага Саюза музыка Нестара Сакалоўскага захавалася, а вершы Міхася Клімковіча замянілі на тэкст, падрыхтаваны Уладзімірам Карызнам. Адна з ключавых ідэй новага нацыянальнага гімна — блізіня да Расіі, і ўадначас адданасць «Саюзнай дзяржаве».

Цяпер беларусы, якія ўжываюць нацыянальную сімволіку ў краіне, цкуюцца рэжымам Лукашэнкі[4]. Між тым Рада (часовы парламент) БНР, вядомая як найстарэйшы ў свеце орган кіравання на выгнанні, і беларуская палітычная апазіцыя, у тым ліку Каардынацыйная рада па забеспячэнні трансферу ўлады, створаная кандыдаткай у прэзідэнты Святланай Ціханоўскай падчас пратэстаў 2020 года, атаясамліваюць сябе з бела-чырвона-белым спалучэннем колераў, выбраным як палітычны сімвал.

«Вайна сцягоў» у Беларусі мае даволі доўгую гісторыю. У Мінску бела-чырвона-белы сцяг пасля Другой сусветнай вайны ўпершыню публічна дэманстраваўся ў 1988 годзе. У кастрычніку, перад

---

4   Гл. у гэтай кнізе раздзелы аўтарства Марплза і Лапуцька, а таксама Чарнышовай.

традыцыйным беларускім святам Дзяды, студэнты і палітычныя актывісты арганізавалі антысавецкі мітынг недалёка ад Курапатаў (урочышча, што мяжуе з Мінскам), які выявіўся адной з першых апазіцыйных маніфестацый у Савецкім Саюзе. Курапаты зрабіліся знакавай мясцовасцю, сімвалам савецкіх злачынстваў супраць чалавецтва ў Беларусі. Тут у часы Вялікага тэрору 1937–1938 гг. НКУС забіў каля 30 тысяч беларусаў. «Народны мемарыял», які складаўся з тысяч крыжоў і мемарыяльнай лавы ад урада ЗША, быў узведзены ў пачатку 1990-х гадоў. Аднак улады прызналі мемарыял толькі ў 2018 г. У 1991 г., у сувязі з распадам СССР, нацыянальны бела-чырвона-белы сцяг і герб «Пагоня» ненадоўга сталі афіцыйнымі палітычнымі сімваламі незалежнай Беларусі, а сімвалы савецкай Беларусі (сцяг, герб, гімн), створаныя ў сталінісцкую эпоху, страцілі сваю легітымнасць. Як адзначае Габрыэла Эльгеніус (Elgenius 2011:59–60), гэта нармальная практыка для многіх усходнееўрапейскіх краін, калі змена ідэалагічнага рэжыму вядзе да пераробкі старога сцяга або да прыняцця новага.

Калі ў 1994 г. Лукашэнка заняў пасаду прэзідэнта Беларусі, яго інаўгурацыя адбывалася пад гістарычным бела-чырвона-белым сцягам. Тым не менш праз год пасля прыняцця пасады Лукашэнка выйграў спрэчны рэферэндум, які даў яму паўнамоцтвы распускаць парламент і павялічыў яго аўтарытарную ўладу. У 1995 г. бела-чырвона-белы сцяг страціў свой афіцыйны статус і быў заменены мадыфікаванай версіяй сцяга БССР. У той жа час «Пагоню» — гістарычны беларускі герб з 1918 г. — замянілі на дапрацаваны варыянт герба савецкай Беларусі. Змена палітычных сімвалаў паказала на радыкальныя перамены ў палітыцы памяці і прывяла да перагляду трактоўкі дзяржаўнасці. Сутыкненне паміж нацыянальнай і савецкай палітычнай сімволікай, ініцыяванае Лукашэнкам у 1995 г., прывяло да палярызацыі грамадзянскай супольнасці, да разрыву паміж дзяржавай і дэмакратычнай апазіцыяй. Адной з галоўных прынад у незалежных медыя сярэдзіны 1990-х былі навіны пра Мірона. «Мірон» — гэта мянушка «беларускага Зора», які вешаў нацыянальныя сцягі на вежы і гмахі па ўсёй краіне. Першы сцяг ён усталяваў на саракаметровай фабрычнай трубе ў Лёзне, родным мястэчку Марка Шагала, і з 1995 г. дзясяткі сцягоў з'явіліся па ўсёй Беларусі. Амаль 10 гадоў міліцыя палявала на «Мірона», а затрымалі яго толькі ў 2010 г., і аказалася, што сапраўднае імя актывіста — Сяргей Каваленка. Ён быў звычайны будаўнік, сябра Кансерватыўна-хрысціянскай партыі «Беларускі народны фронт» (Kotljarchuk 2020).

У другой палове 1990-х гадоў нацыянальны бела-чырвона-белы сцяг стаў сімвалам дэмакратычнай апазіцыі і фігураваў на ўсіх палітычных дэманстрацыях супраць рэжыму Лукашэнкі. У той жа час чырвона-зялёны сцяг зрабіўся сімвалам для дзяржаўнага апарату і грамадзян, што былі лаяльныя да рэжыму. Між тым дзяржава паспяхова папулярызавала яго праз медыя і школу, спорт і вайсковыя цырымоніі. Гэта прывяло на «нармалізацыі» чырвона-зялёнага сцяга, які ў пэўнай ступені асацыяваўся з сацыяльнай палітыкай і стабільнасцю лукашэнкаўскага прэзідэнцтва (Kotljarchuk 2020).

У жніўні 2020 г. Беларусь упершыню ў сваёй гісторыі ператварылася ў галоўную тэму для сусветных медыя. Спрэчныя прэзідэнцкія выбары пасля 25 гадоў аўтарытарнага кіравання Лукашэнкі прывялі да масавых пратэстаў па ўсёй краіне. Апошнія ішлі цягам месяцаў, іх лейтматывам было права галасаваць на вольных і справядлівых выбарах. Замежныя чытачы захапляліся міралюбнасцю пратэстаў і тысячамі бела-чырвона-белых сцягоў, якімі махалі пратэстоўцы. Аднак падзеі павярнуліся трагічна: рэжым узняў беспрэцэдэнтную хвалю рэпрэсій. Адным з прыкладаў этычнага, дыпламатычнага і прававога поспеху Каардынацыйнай рады Святланы Ціханоўскай стаў «Народны Нюрнбергскі трыбунал», які ў кастрычніку 2021 г. распачаў сваю працу пад нацыянальным бела-чырвона-белым сцягам у нямецкім горадзе, сусветна вядомым праз колішнія судовыя працэсы над нацысцкімі злачынцамі. «Народны Нюрнбергскі трыбунал» працягвае расследаванне таго, як улады пераследавалі вольную беларускую прэсу («Беларусь у фокусе», «Прэс-клуб», Беларускую асацыяцыю журналістаў ды іншыя незалежныя беларускія медыйныя арганізацыі, а таксама «Прававую ініцыятыву», цэнтр правоў чалавека «Вясна»). Дзейнасць трыбунала адлюстравана ў кнізе «Seeking Justice. Stories of Violence in Belarus. August 2020 Through the Eyes of Belarusian Media», выдадзенай пад лозунгам: «Кожная справа мае быць расследавана. Кожную ахвяру трэба памятаць і бараніць». Матыў, які рухае гэтымі праектамі, — жаданне перадаць усе выпадкі парушэння правоў чалавека ў Гаагу, на разгляд Міжнароднага крымінальнага суда.

Тэхналагічныя і маральныя магчымасці, каб падтрымліваць ідэі годнасці і салідарнасці паміж брутальна цкаванымі ў краіне дэмакратычнымі сіламі, з'явіліся дзякуючы шматлікім сеткам самаарганізацыі — такім як суседскія платформы падтрымкі, незалежныя блогеры. Таксама важную ролю адыгралі апазіцыйныя медыярэсурсы кшталту NEXTA, TUT.by (zerkalo.io), Naviny.by, «Новы Час», «Наша Ніва», «Анлайнер», «Еўрарадыё», рэгіянальныя медыя Hrodna.life, Mogilev.Online, Intex-press, «Брестская газета», «Медиа-Полесье», «Рэгіянальная газета», «Сильные новости». Трэба сказаць і пра «Радыё Свабода» (Radio Free Europe / Radio Liberty), «Прэс-клуб Беларусь», анлайн-клуб «Святлана Алексіевіч запрашае», праект ePramova. Тым не менш многія апазіцыянеры дагэтуль знаходзяцца ў Беларусі за кратамі. Журналісты, адвакаты і IT-спецыялісты з'яўляюцца «галоўнымі мішэнямі» ў гібрыднай барацьбе Лукашэнкі супраць апазіцыі. Пакуль гэтых людзей атакавалі за імкненне да ідэалаў, іх аблічы — памножаныя дзякуючы сацыяльным сеткам — зрабіліся сімваламі і нават іконамі протэснага руху. Тым часам іх ганіцелі застаюцца ў балаклавах, хаваючы ўласныя асабістыя даныя, сціраючы любое сведчанне таго, што яны належаць да рэжыму.

У рэшце рэшт, можна сказаць, што менавіта дзякуючы нядаўнім зменам у беларускай калектыўнай самасвядомасці, выкліканай доступам у глабальнае «сеткавае грамадства», беларусы робяць цяпер свядомы выбар на карысць дэмакратыі і прававой дзяржавы. Гэта больш, чым «гістарычнае наканаванне», — гэта пытанне выбару і адказ (іншым) «альтэрнатывам», праз які перамены робяцца незваротнымі.

Высновы

Кіраванне Лукашэнкі і маніпуляванне палітыкай памяці падштурхоўваюць беларусаў да таго, каб перагледзець трактоўку дзяржаўнасці Беларусі. Сучасная трактоўка заснавана на перамозе ў Вялікай Айчыннай вайне 1941–1945 гг. і дасягненнях савецкай эпохі, але таксама на сціранні культурнай спадчыны, што паўплывала на развіццё беларусаў як сучаснай нацыі. Эксплуатацыя міфаў пра вайну і наратыў пра злачынствы нацысцкай акупацыі маюць для Лукашэнкі практычны сэнс, як паказана ў наступным раздзеле (аўтары Марплз і Лапуцька). Ён заключаецца не толькі ў прэтэнзіі на адмысловае месца ў гісторыі для самога Лукашэнкі як апошняга абаронцы Еўропы ад нацызму — гэты сэнс звязаны таксама з новай палітыкай стыгматызацыі дэмакратычных актывістаў як «нашчадкаў» пранацысцкіх калабарантаў і прыслугачоў Захаду і НАТА. Падобныя матывы шырока гучалі і ў Расіі на фоне вайны з Украінай. У той жа час антыглабалісцкая, антыліберальная, скіраваная супраць Еўрапейскага саюза рыторыка Лукашэнкі забяспечвае яму вобраз «моцнага лідара» ў асяроддзі еўрапейскіх ультраправых (Kotljarchuk 2022).

Цяперашні рэжым адмысловым чынам прыдушвае родную мову і культуру беларусаў, іх палітычную памяць і традыцыі дзяржаўнасці. Ён заахвочвае наратывы, якія адсылаюць да савецкай перамогі ў Вялікай Айчыннай вайне, да ідэалізаванай еднасці з Расіяй. Станоўчым у гэтым працэсе з'яўляецца тое, што рэжым Лукашэнкі стымуляваў уздым грамадзянскай супольнасці і выпукліў ролю новых герояў, актыўных апанентаў аўтарытарызму — усіх тых, хто прайшоў праз фізічныя і маральныя пакуты, застаўшыся верным сваім сумленню і годнасці; тых, хто цяпер з'яўляецца палітычнымі вязнямі рэжыму, і ўсіх тых, хто ўзяў на сябе адказнасць гаварыць аб выкліках, з якімі нацыянальная культура і беларуская дзяржаўнасць сутыкаюцца сёння. Важна зразумець, што няма такой рэчы, як адзінае бінарнае бачанне гісторыі, і народ Беларусі не проста б'ецца за тое, каб захаваць сваё мінулае. Беларусы — стваральнікі ўласнай будучыні, заснаванай на культурнай спадчыне і традыцыях суверэнітэту, але таксама на вобразах, каштоўнасцях і сімвалах будучага «добрага жыцця», як яны яго разумеюць.

Спасылкі

Абецадарскі, Л. С. (1976) *Гісторыя БССР: Падручнік для вучняў сярэдняй школы*. Мінск: Народная асвета.

Василевич, Г., Чудаков, М. (2017) 'Конституционный процесс в Беларуси (история и современность)' *Весці Нацыянальнай Акадэміі навук Беларусі. Серыя гуманітарных навук* 2: 106–121. Рэжым доступу: https://vestihum. belnauka.by/jour/article/view/389 (дата доступу: 5 сакавіка 2024).

Доўнар-Запольскі, М. (1919) Асновы дзяржаўнасці Беларусі. Гродна: Беларускае выдавецкае таварыства. Рэжым доступу: https://knihi.com/ Mitrafan_Dounar-Zapolski/Asnovy_Dziarzaunasci_Bielarusi.html (дата доступу: 23 сакавіка 2024).

Ластоўскі, В. (1910) *Кароткая гісторыя Беларусі*. Вільня. Рэжым доступу: https://knihi.com/Vaclau_Lastouski/Karotkaja_historyja_Bielarusi.html (дата доступу: 5 сакавіка 2024).

Левко, О., Голубев, В. (рэд., 2018) *История белорусской государственности*. Т. 1. Мінск: Беларуская навука.

Ліндэр, Р. (1998) 'Беларускія гісторыкі пад Сталіным, 1870–1945.' *Беларускі гістарычны часопіс* 5:2(9): 365–395. Рэжым доступу: http://www.belhistory.eu/rajner-lindner-belaruskiya-gistoryki-pad-stalinym-1870–1945/ (дата доступу: 5 сакавіка 2024).

Лукашэнка, А. (2022) 'Лукашэнка прапанаваў назваць перыяд Рэчы Паспалітай акупацыяй беларускай зямлі палякамі і этнацыдам беларускага народу.' *Наша Ніва*, 6 студзеня 2022.

Марзалюк, И. (2019) 'От монарха к Президенту: институт главы государства в Беларуси.' *Беларуская думка*, 7: 64–71. Рэжым доступу: https:// beldumka.belta.by/isfiles/000167_459175.pdf (дата доступу: 5 сакавіка 2024).

Партноў, А. (2000) 'Саветызацыя гістарычнай навукі ў Украіне і Беларусі.' *Беларускі гістарычны часопіс* 7:2(13): 476–488. Рэжым доступу: http:// www.belhistory.eu/andrej-partnoў-savetyzacyya-gistarychnaj-navuki-ў-ukraine-i-belarusi/ (дата доступу: 5 сакавіка 2024).

Пашкевіч, А. (2006) *Парламенцкія формы змагання ў міжваеннай Польшчы 1921–1930*. Неапублікаваная дысертацыя на навуковую ступень кандыдата гістарычных навук. Мінск: Інстытут гісторыі.

Радаман, А. (2018) 'Образование Речи Посполитой. Государственная и политическая система Великого Княжества Литовского', Развитие правовой системы. Статут 1588 года.' У: Левко, О., Голубев, В. (сост.) *История белорусской государственности*. Том 1. Мінск: Беларуская навука, 364–384, 443–466. Рэжым доступу: https://www.academia. edu/41172889 (дата доступу: 5 сакавіка 2024).

Радыё Свабода (Radio Free Europe / Radio Liberty). Пахаваньне Кастуся Каліноўскага, Зыгмунта Серакоўскага і іншых паўстанцаў (1863–1864),

22.11.2019. Жывы этэр. Рэжым доступу: https://www.youtube.com/watch?v=HpzOSOLAdog (дата доступу: 5 сакавіка 2024).

Сідарэвіч, А. (2015) 'Антон Луцкевіч і яго роля ў беларускім руху.' У зб. *Да гісторыі беларускага руху*. Луцкевіч, А. (укл.; 3-е выд.). Смаленск: Інбелкульт, 7–21.

Унучек, А., Смехович, Н., Филатова, Е. (ред., 2019). *История белорусской государственности*. Том 2. Мінск: Беларуская навука.

Урбан, П. (1972) *У сьвятле гістарычных фактаў*. Нью Ёрк: БІНІМ (Беларускі Інстытут навукі й мастацтва).

Шупа, С. (укл., 1998) *Архівы БНР*. Том 1. Кніга 1. Беларускі Інстытут навукі й мастацтва, Таварыства Беларускага Пісьменства. Вільня — Нью Ёрк — Менск — Прага, 1998. Рэжым доступу: https://www.svaboda.org/a/29073019.html (дата доступу: 5 сакавіка 2024).

Канстытуцыя Рэспублікі Беларусь. Праект ад 26 кастрычніка 2021 г. Рэжым доступу: https://kanstytucyja.online/teksty-konstitutsii/draft-new-constitution-from-2021-10-26 (дата доступу: 30 мая 2022). Праект ад 14 ліпеня 2022 г. (новая рэдакцыя). Рэжым доступу: https://kanstytucyja.online/index.php/const/by (дата доступу: 5 сакавіка 2024).

Draft New Constitution [of the Republic of Belarus] from 26.10.2021. Рэжым доступу: https://kanstytucyja.online/teksty-konstitutsii/draft-new-constitution-from-2021-10-26 (дата доступу: 30 мая 2022).

Drweski, B. (2002) *Le petit parlement biélorussien: Les Biélorussiens au Parlement polonais entre 1922 et 1930*. Paris: Harmattan.

Elgenius, G. (2011) *Symbols of Nations and Nationalism: Celebrating Nationhood*. Basingstoke: Palgrave Macmillan.

Kipel, V. and Z. Kipel (eds. 1988) *Belarusian Statehood. Reader and Bibliography*. New York: Belarusian Institute of Arts and Sciences, Inc. Рэжым доступу: https://archive.org/details/byelorussianstat00kipe/page/n5/mode/2up (дата доступу: 5 сакавіка 2024).

Korosteleva, E. and I. Petrova (2021) 'Community resilience in Belarus and the EU response.' *Journal of Common Market Studies Annual Review* 59(4): 124–136.

Kotljarchuk, A. (2019) 'Understanding the geography of Belarus.' *Baltic Worlds* 12(1): 73–74. Рэжым доступу: http://sh.diva-portal.org/smash/get/diva2:1366725/FULLTEXT02.pdf (дата доступу: 5 сакавіка 2024).

Kotljarchuk, A. (2020) 'The flag revolution: Understanding the political symbols of Belarus.' In *CBEES State of the Region Report 2020: Constructions and Instrumentalization of the Past. A Comparative Study on Memory Management in the Region*. Ed. Mörner N. Stockholm: Elanders, 45–54. Рэжым доступу: https://balticworlds.com/the-flag-revolution-understanding-the-political-symbols-of-belarus/ (дата доступу: 5 сакавіка 2024).

Kotljarchuk, A. (2022) 'The counter-narrative of WWII and the far right-identity.' In *The Many Faces of the Far Right in the Post-Communist Space: A Comparative Study of Far-Right Movements and Identity in the Region*. Ed. Mörner N. Stockholm: Södertörn University Press, 61–75. Рэжым доступу: https://www.diva-portal.org/smash/get/diva2:1642568/FULLTEXT02.pdf (дата доступу: 5 сакавіка 2024).

2. «Генацыд беларусаў» і выжыванне рэжыму Лукашэнкі

Дэвід Р. Марплз, Вераніка Лапуцька

Уводзіны

У 2020 годзе на вуліцы Мінска і іншых гарадоў выйшлі дзясяткі тысяч беларусаў. Яны пратэставалі супраць афіцыйных вестак аб перамозе Лукашэнкі ў шосты раз і з вынікам звыш 80 % галасоў (супраць менш як 10 % галасоў у яго асноўнай апанэнткі — Святланы Ціханоўскай). Колькі месяцаў доўжыліся мірныя пратэсты, у якіх жанчыны адыгрывалі прыкметную ролю (Shparaga 2021).

Абвяшчэнне вынікаў выбараў адбылося пасля серыі масавых мітынгаў у падтрымку Ціханоўскай — лідаркі, вылучанай у выніку супольных намаганняў актывістаў трох асноўных кампаній апазіцыі. Спалучэнне высілкаў утварылася пасля арышту Сяргея Ціханоўскага і іншага папулярнага прэтэндэнта на пасаду прэзідэнта (Віктара Бабарыкі), у той час як трэці прэтэндэнт, Валерый Цапкала, уцёк у Расію, а потым у Латвію.

Кампанія 2020 года была ўнікальная паводле некалькіх крытэрыяў. Не апошнімі сярод іх былі колькасць людзей, якія збіраліся дзеля падтрымкі апазіцыйнага кандыдата, а таксама высмейванне прэзідэнта. Спярша яго ахрысцілі «таракан», потым, у выніку інтэрнэт-апытання наконт папулярнасці кожнага з кандыдатаў, — «Саша тры працэнты» (Tsapkala *et al.* 2021). Дзяржава адказала гвалтам і рэпрэсіямі; Лукашэнка, адчуўшы сур'ёзнасць пагрозы, скарыстаў сваіх найбольш надзейных прыхільнікаў з Савета бяспекі, КДБ і МУС, каб утрымацца ва ўладзе, як рабіў — у меншай ступені — у час ранейшых поствыбарных пратэстаў 2001, 2006 і 2010 гадоў. Гэтая гісторыя добра вядомая (Bekus 2021; Gabowitsch 2021; Paulovich 2021). Унікальнымі, аднак, выявіліся страчаная вера публікі ў памыснасць кіравання Лукашэнкі і глыбокі раскол паміж прыхільнікамі прэзідэнта ды расчараванымі народнымі масамі (RFI 2020).

У гэтым раздзеле даследуецца выкарыстанне гістарычнай памяці ў фармаванні нацыянальнай ідэнтычнасці. Увага звяртаецца на эксплуатацыю тэмы Другой сусветнай вайны, якая афіцыйна ў Беларусі дагэтуль завецца «Вялікай Айчыннай» (Marples 2014). Выкарыстанне тэмы вайны — кутні камень прэзідэнцтва Лукашэнкі і падмурак афіцыйнай беларускай ідэнтычнасці, а таксама сродак для адчужэння ды ізалявання апазіцыі. Дарма што сучаснае беларускае грамадства можна апісаць як моцна падзеленае і нават палярызаванае, рэжым здолеў утрымаць сваю ўладу праз спалучэнне гвалту, лаяльнасці некаторых сектараў і падтрымкі з боку Расійскай Федэрацыі. На заходняе ўмяшанне Лукашэнка ўсклаў адказнасць за свой дыскамфорт і за развой пратэстаў[5].

Нашай мэтай з'яўляецца даследаванне нядаўніх спроб аслаблага рэжыму падмацаваць сваю пазіцыю. Для гэтага падмацавання наратывы гістарычнай памяці змянілі фокус — з традыцыйных тэм (партызаны, падполле, пераможныя бітвы, страты і памятныя месцы) перайшлі на ўяўны і эксклюзіўны генацыд *беларускага народа*. Да таго ж пачалі праводзіцца аналогіі паміж калабарантамі ваеннага часу з іх бела-чырвонымі сцягамі і дэманстрантамі, якія збіраліся ў Мінску ды іншых гарадах пасля прэзідэнцкіх выбараў 2020 г., каб процістаяць падаўжэнню рэжыму Лукашэнкі. Прадстаўнікі рэжыму пастаянна ўжываюць наратыў пра «Вялікую Айчынную вайну» не толькі для таго, каб акрэсліць сучасную беларускую ідэнтычнасць, але і для таго, каб легітымізаваць доўгатрывалую дыктатуру, каб атаясаміць прэзідэнта з дзяржавай і яе інтарэсамі ў XXI стагоддзі. Узнікае мноства праблем са змененым наратывам і з заканадаўчымі актамі, прынятымі ў яго развіццё.

Правакацыі

Процістаянне рэжыму Лукашэнкі мае доўгую гісторыю — тэрмін «апазіцыя» ахоплівае як палітычныя партыі, створаныя ў канцы 1980-х — пачатку 1990-х гадоў, такія як Беларускі народны фронт (падзяліўся на дзве часткі ў 1999 г.), сацыял-дэмакратычная партыя (падзялілася на дзве ў канцы 1990-х), Аб'яднаная грамадзянская партыя ды іншыя, так і больш свежыя рухі, сфармаваныя тэхналагічна падкутай моладдзю пры дапамозе сацыяльных медыя. Пераход ад традыцыйнага да сучаснага ясна праявіўся на выбарах 2020 года, калі банкір Віктар Бабарыка, заснавальнік Парка высокіх тэхналогій, экс-дыпламат Валерый Цапкала і папулярны відэаблогер Сяргей Ціханоўскі выступілі як асноўныя апаненты на ранняй стадыі перадвыбарнай кампаніі, пасля таго як палітычным партыям не ўдалося вылучыць адзінага кандыдата.

Хуткае пашырэнне COVID-19 адыграла галоўную ролю ў кансалідацыі беларускага грамадства, спрычынілася да расчаравання ў ранейшых палітычных сілах і ва ўрадзе. Грамадства ў Беларусі мянялася, а рэжым яўна не даваў рады эфектыўна камунікаваць з дэманстрантамі, падтрыманымі шэрагам беларускіх

---

5   Гл., напрыклад:Лукашенко обвинил Запад в стремлении сменить власть в Белоруссии. *Известия*, 18 окт. 2021. https://iz.ru/1237063/2021-10-18/lukashenko-obvinil-zapad-v-stremlenii-smenit-vlast-v-belorussii (дата доступу:16 мая 2022).

тэлеграм-каналаў (такіх як NEXTA, «Беларусь головного мозга», «МотолькоПомоги»).

Тры іншыя падзеі паглыбілі палітычны крызіс. Па-першае, у маі 2021 г. рэйс «Афіны — Вільня» авіякампаніі «Ryanair», які ажыццяўляўся яе польскім партнёрам «Buzz», быў прымусова перапынены ў Мінску праз падазрэнне, што на борце знаходзіцца бомба ад «Хамаса» (Deutsche Welle (DW) 2021). Як толькі самалёт прызямліўся, беларускія ўлады аператыўна арыштавалі пасажыра Рамана Пратасевіча, былога галоўнага рэдактара тэлеграм-канала NEXTA, а потым кіраўніка «Беларусі галаўнога мозгу» (Пратасевіч узначаліў канал пасля арышту яго заснавальніка Ігара Лосіка). Арыштавана была і дзяўчына Пратасевіча Соф'я Сапега, грамадзянка Расіі. Ніякай бомбы на борце знойдзена не было, і ліст, нібыта напісаны «Хамасам», выглядаў відавочным фэйкам. Пасля затрымкі на сем гадзін у міжнародным аэрапорце «Мінск-2» самалёту дазволілі працягнуць рэйс на Вільню. Інцыдэнт выклікаў гнеў у многіх краінах і прывёў да забароны для кампаніі «Белавія» прымаць рэйсы з Еўрапейскага саюза ды Вялікабрытаніі. ЗША зацвярдзілі новыя санкцыі датычна беларускіх дзяржаўных прадпрыемстваў. Лукашэнкавай заяве, што Пратасевіч з'яўляўся тэрарыстам, не паверылі[6]. Такім чынам, часовы захоп самалёта справакаваў самыя сур'ёзныя санкцыі з ліку тых, што прымаліся супраць рэжыму Лукашэнкі.

Другая падзея была звязана з міграцыйным крызісам канца 2021 года, арганізаваным, падобна, беларускім рэжымам, і скіраваным супраць балтыйскіх дзяржаў ды Польшчы. Улетку 2021 г. вялікія групы ўцекачоў з Блізкага Усходу, пераважна з Ірака і Сірыі, пачалі прыбываць у Мінск на самалётах. Гэтых людзей перавозілі да межаў з краінамі Еўрапейскага саюза (Perez-Pena 2021). Тады іх прымушалі там заставацца беларускія памежнікі і вайскоўцы — яны не дазвалялі мігрантам вяртацца ў Мінск і ляцець на радзіму, дарма што памежнікі краін ЕС адганялі іх ад сваіх межаў. Сітуацыя прывяла да шматлікіх смерцяў у памежнай зоне праз холад і дажджлівае надвор'е (United Nations 2021). Беларуская (Vasilevich 2022) і расійская прапаганда абвінавачвалі Захад і ЕС у «двайных

---

6   І Пратасевіч, і яго сяброўка Соф'я Сапега былі кінуты за краты, але першы хутка прызнаўся ва ўсіх грахах — магчыма, у выніку катаванняў — і з таго часу супрацоўнічае з уладамі. Пра гэта Пратасевіч абвясціў у сваім новым акаўнце на Твітары @protas_by, які пазней выдаліў. Сапега ж атрымала шасцігадовы тэрмін у папраўчай калоніі пасля суда ў маі 2022 г. за вядзенне тэлеграм-канала, названага «Чорная кніга Беларусі». Яна заявіла пра намер прасіць памілавання ў Аляксандра Лукашэнкі. Гл. https://www.polsatnews. pl/wiadomosc/2022-05-06/bialorus-partnerka-ramana-pratasiewicza-sofia-sapiega-skazana-na-szesc-lat-kolonii-karnej/ (дата доступу: 7 мая 2022) і https:// www.themoscowtimes.com/2022/05/06/belarus-jails-activists-russian-girlfriend-for-6-years-a77607 (дата доступу: 8 мая 2022). (У чэрвені 2023 г. С. Сапега была памілавана і пакінула Беларусь. — *Заўв. пер.*).

стандартах», дэманізуючы калектыўны Захад праз свае дзяржаўныя медыярэсурсы (Lenta.ru 2021).

Трэцяя падзея звязана з вайной Расіі ва Украіне. У выніку супольных вучэнняў расійскіх і беларускіх войскаў у перыяд 10–20 лютага 2022 года[7], расійская армія скарыстала Беларусь як пляцоўку для ўварвання ва Украіну 24 лютага 2022 г. Хоць беларускія войскі не бралі непасрэднага ўдзелу ва ўварванні, Мінск далучыўся да антыўкраінскай прапаганды, а ў лістападзе 2021 г. Лукашэнка ўпершыню адкрыта прызнаў расійскую анексію Крыма, здзейсненую ў сакавіку 2014 г. (Ахтырко 2021). У выніку Захад адрэагаваў на ўварванне, разглядаючы Беларусь як партнёрку Расіі, пашырыўшы на яе санкцыі і гандлёвыя эмбарга, што яшчэ больш ізалявала Лукашэнку. Еўрапейскі саюз, ЗША ды іншыя краіны ігнаравалі спробы рэжыму аднавіць дыялог з Захадам. На зварот міністра замежных спраў Беларусі Уладзіміра Макея з просьбай аб новых кантактах (Ленкевич 2022)[8] быў атрыманы адказ, што нічога няможна зрабіць, пакуль Беларусь не выпусціць усіх палітычных вязняў і не правядзе новыя, адкрытыя прэзідэнцкія выбары. Такім чынам, Беларусь усё больш трапляла ў расійскую арбіту, звязваючы сваю будучыню з будучыняй пуцінскай Расіі, сутыкаючыся з эканамічнымі праблемамі і магчымым фінансавым дэфолтам у бліжэйшы час.

Афіцыйная Беларусь і Вялікая Айчынная вайна

У гэтым падраздзеле даследуецца кідок рэжыму ў гістарычнае мінулае, якое рэжым разглядае як інструмент для цяперашняй антызаходняй пазіцыі і для самаапраўдання. Па-першае, нават у пачатку гэтай афіцыйнай кампаніі мала што рабілася для трактоўкі тэмы Вялікай Айчыннай вайны з навуковага пункту гледжання, заснаванага на архіўных звестках. Хутчэй можна сказаць, што вайну дзяржаўныя службоўцы выкарыстоўвалі ў прапагандных мэтах, перабольшваючы колькасць ахвяр і скажаючы ход падзей. Уласныя звароты Лукашэнкі да тэмы вайны маюць рытуальны характар, што праяўляецца ўсё больш выразна па меры таго, як Лукашэнку адрынае Захад і нават уласныя грамадзяне.

---

7   Найбольш удумлівы аналіз расійскіх планаў нападу на Украіну з выкарыстаннем беларускіх земляў як адпраўнога пункта гл. у Васілеўскага і Джонса (Wasielewski and Jones 2022).

8   Міністр замежных спраў Уладзімір Макей меў рэпутацыю найбольш адкрытага і вальнадумнага дзеяча ў адміністрацыі Лукашэнкі — да таго, як рашуча падтрымаў рэжым і рэпрэсіі пасля жніўня 2020 г. У лісце Макей наракаў, што еўрапейскія санкцыі ізалююць рэжым і дадаткова штурхаюць яе ў расійскую арбіту, а стасункі паміж Беларуссю і Еўрасаюзам адкідваюць у каменны век. Ён прасіў еўрапейцаў аднавіць кантакты, каб Беларусь заставалася часткай Еўропы і не рабілася часткай Азіі. У аналітычным артыкуле Лянкевіча (Ленкевич 2022) абгрунтоўваецца думка пра тое, што ініцыятыва таго ліста магла сыходзіць не ад самога Макея, а ад Лукашэнкі.

Па-другое, падобнае выкарыстанне мінулага не з'яўляецца чымсьці цалкам новым — гаворка хутчэй пра дапрацаваную версію кампаній, уласцівых савецкаму часу. Прыкметы іх можна знайсці ў Савецкім Саюзе познехрушчоўскага перыяду (прыкладна 1960–1964 гг.) і асабліва — у перыяд кіравання Леаніда Брэжнева (1964–1982). З 1965 г., дваццатай гадавіны савецкай перамогі, улады «асядлалі» вайну ў інтарэсах прапаганды, першапачаткова — каб надаць легітымацыі камуністычнай дзяржаве, забяспечыць яе сэнсам існавання, які замяніў бы ранейшую засяроджанасць на Кастрычніцкай рэвалюцыі[9]. Тут трэба вылучыць дзве важныя вехі — наданне Брэсцкай крэпасці звання «крэпасць-герой» у 1965 г. і Мінску — звання «горад-герой» у 1974 г. (Ganzer 2014). Змена фокуса супала з уздымам да кіраўнічых пасад у камуністычнай партыі Беларусі былых партызанаў — Кірылы Мазурава і Пятра Машэрава. Перыяды іх кіравання (адпаведна 1956–1965 і 1965–1980 гг.) доўжыліся разам амаль чвэрць стагоддзя. У той жа час адбывалася зніжэнне ўвагі да злачынстваў Сталіна, якія Хрушчоў выкрыў на XX з'ездзе партыі ў 1956 г. У апошнія гады існавання Савецкага Саюза Міхаіл Гарбачоў зноў вярнуўся да сталінскіх злачынстваў і пасмяротнай рэабілітацыі большасці савецкіх функцыянераў, забітых або кінутых у лагеры ў перыяд 1937–1941 гг. Аднак размах той кампаніі часткова абмяжоўваўся праз унутраную апазіцыю ёй, і антысталінскія захады былі ціха спынены перад распадам Савецкага Саюза, як тое паказала ў наступным раздзеле Наталля Чарнышова.

Тым часам Беларусь працягвала палітыку памяці праз стымуляванне калектыўных успамінаў. У рэшце рэшт у рэспубліцы з'явілася каля 8000 помнікаў і памятных знакаў, прысвечаных Вялікай Айчыннай вайне. У гэтую колькасць уваходзяць манументы загінулым салдатам (3500), манументы партызанам і падпольшчыкам (2200) і «ахвярам генацыду» (1400)[10]. Апошні выраз звычайна адносіўся не да Халакосту яўрэяў, а да ўсіх «мірных савецкіх грамадзян» — гэтая катэгорыя ўключала і яўрэяў, і людзей іншага паходжання. Каб зразумелы быў маштаб, у цяперашняй Беларусі захаваліся каля 400 помнікаў Леніну — гэта ўдвая менш, чым было ў савецкі час, дарма што тэмпы знікнення манументаў першаму савецкаму лідару непараўнальна меншыя, чым ва Украіне, якую можна лічыць цалкам «дэленінізаванай» з 2015 года[11].

---

9   Гэта падрабязна абмяркоўвалася ў Марплза (Marples 2014). Гл. таксама працы Рудлінга (Rudling 2008) і Гужон (Goujon 2010).

10   "2022-й объявлен Годом исторической памяти" // Публичная кадастровая карта Беларуси, https://specreport.belta.by/memorialgomel (дата доступу: 15 мая 2022).

11   "Contrasting Styles Of 'Lenin' Protests In Belarus", Radio Free Europe / Radio Liberty, November 07, 2016, https://www.rferl.org/a/28101733.html (дата доступу: 1 мая 2022).

Шмат гадоў асноўная ўвага ў наратывах пра вайну ў Беларусі надавалася партызанскім фармаванням, якія дзейнічалі з канца 1941 года да лета 1944-га. Паводле адной з крыніц, якая падрабязна размяркоўвае партызанскія атрады па раёнах і абласцях (і ўключае шматлікія імёны), на прасторах Беларускай Савецкай Сацыялістычнай Рэспублікі ў вайну дзейнічалі 373 942 партызаны, а да таго ж — каля 55 000 падпольшчыкаў і блізу 80 000 чалавек у фармаваннях самаабароны. На ранняй стадыі вайны дзейнічала таксама некалькі «неарганізаваных групоўак», якія не былі зарэгістраваны ў афіцыйных спісах партызанаў (Манаенков *і др.* 1983:19). Існуюць зборнікі партызанскіх мемуараў і пісьмаў (іх надта многа, каб пералічваць). У выніку Беларусь набыла рэпутацыю «партызанскай рэспублікі» — не ў апошнюю чаргу дзякуючы свайму геаграфічнаму размяшчэнню, азёрам і разлогім лясам, якія выявіліся ідэальным месцам для партызанскай актыўнасці. Кіраўніком партызанскага штаба, які базаваўся ў Маскве, быў лідар камуністычнай партыі Беларусі, заўзяты сталініст Панцеляймон Панамарэнка (1902–1984). Больш за тое, афіцыйны беларускі наратыў апускае спарадычныя антысеміцкія праявы ў асяродку партызан, ігнаруе іншыя (антысавецкія) падпольныя баявыя групы — гэтак выбудоўваецца неасавецкі міф пра непарушную еднасць беларускіх партызанаў, якія змагаліся супраць нацыстаў.

У кантэксце гэтага раздзела афіцыйныя наратывы пра вайну, у тым ліку пра партызанскі рух і падполле, падлягаюць крытычнаму разгляду. Лукашэнка, стаўшы новым лідарам Беларусі ў 1994 г., успадкаваў рытуалы стаўлення да Вялікай Айчыннай вайны і ўзяў іх за падмурак для дзяржаўнай прапаганды. Між тым ён не проста ажывіў савецкую практыку, але заахвоціў з'яўленне новых наратываў і напрамкаў, у якіх падкрэслівалася б роля ў вайне Беларусі і беларусаў — партызанаў, падпольшчыкаў, салдат Чырвонай арміі, лётчыкаў ды іншых — і дэманізавалася роля несавецкіх падраздзяленняў, асабліва тых, што змагаліся пад бела-чырвона-белым сцягам у Беларусі (у вайну ён ужываўся і нацысцкімі акупацыйнымі сіламі).

У 1995 г. Лукашэнка шляхам рэферэндуму змяніў дзяржаўныя сімвалы, у тым ліку скасаваў афіцыйны статус бела-чырвона-белага сцяга, у 1996 г. — перанёс дату галоўнага нацыянальнага свята з 27 ліпеня (дзень, калі ў 1990 г. быў абвешчаны суверэнітэт Беларусі) на 3 ліпеня, дзень вызвалення Мінска ад нацысцкай акупацыі ў 1944 г. Перад рэферэндумам 1995 г. афіцыйныя медыя меnavалі бела-чырвона-белы сцяг «фашысцкім» (у сэнсе, нацысцкім)[12] — гісторыя паўтарылася ў 2020 г. падчас масавых пратэстаў (Reform. by 2020). Такім чынам, у Беларусі пад канец вясны — у пачатку лета

---

12   У афіцыйных беларускіх тэкстах па-ранейшаму ўжываецца пераважна тэрмін «фашысты» ў дачыненні да нацысцкай Германіі, як тое практыкавалася ў савецкі перыяд.

з'явіліся дзве нагоды для афіцыйных ваенных парадаў у неасавецкім стылі: звыклы Дзень Перамогі 9 мая, які Беларусь падзяляла з Расіяй (а ў 1990-х гадах — і з Украінай), і 3 ліпеня. Да гэтых свят Лукашэнка звычайна апранаўся ў генеральскую ваенную форму, вітаў войскі на парадзе, прамаўляў словы ўдзячнасці ветэранам вайны.

Год 2020, калі пачалася пандэмія COVID-19, што лютавала ў Мінску, з'яўляецца дарэчным прыкладам таго, як сучасная палітыка ў Беларусі спалучаецца з гістарычнай памяццю. Парад у Маскве на 9 мая 2020 г. быў адменены з меркаванняў бяспекі — гэта азначала, што толькі дзве былыя савецкія рэспублікі ў тым годзе наважыліся яго правесці. Адзін парад прайшоў у Мінску, другі — у Ашхабадзе (Туркменістан). Лукашэнка к таму часу ўжо грэбліва назваў пандэмію «каронапсіхозам» і вырашыў ігнараваць патэнцыйную небяспеку ад гэткага маштабнага мерапрыемства, мэтай якога было зноў пацвердзіць адданасць афіцыйнаму гістарычнаму наратыву пра важнасць Вялікай Айчыннай вайны для сучаснай Беларусі. На цырымоніі Лукашэнка выказаўся так:

> Беларусь стала на шляху агрэсара жывым шчытом. Тут, на нашай зямлі, прайшоўшы паў-Еўропы, гітлераўцы ўпершыню сустрэлі такое нястрымнае супраціўленне… Менавіта ў жорсткіх баях 1941-га, у тым ліку і на беларускай зямлі, пахіснулася ўпэўненасць ворага ва ўласнай перавазе, былі закладзены асновы будучай Вялікай Перамогі.
>
> (Sharkovshchina 2020)

Далей ён заявіў пра гібель «кожнага трэцяга беларускага жыхара, які засланіў сабой дарогу нацыстаў далей, на ўсход, на сталіцу нашага Саюза» (тамсама), — маласэнсоўная заява, нават калі згадзіцца з тым, што загінуў насамрэч кожны трэці.

Паступова, аднак, колькасць ветэранаў, здольных удзельнічаць у штогадовых мемарыяльных цырымоніях, знізілася настолькі, што з'явіліся сумневы, ці варта дзеля іх ладзіць гэткія пышныя мерапрыемствы. На 1 студзеня 2020 г., паводле прэзідэнцкага сайта, у Беларусі жылі толькі 5217 ветэранаў Вялікай Айчыннай вайны, у тым ліку два Героі Савецкага Саюза[13]. Знакам тым, стала відавочна: калі рэжым хоча захаваць вайну як галоўны «гвоздз» прапаганды і маркер ідэнтычнасці, патрэбна неяк перамяніць фокус.

Перш чым абмяркоўваць новую палітыку, трэба коратка вытлумачыць тры іншыя фактары, а менавіта: манументы і мемарыялы героям і ахвярам вайны, мемарыялы ахвярам Сталіна,

---

13   Сайт прэзідэнта Рэспублікі Беларусь, https://president.gov.by/en/belarus/social/social-protection/great-patriotic-war-veterans-support, 20 студзеня 2022 г. (дата доступу: 13 мая 2022).

Катастрофа яўрэяў на беларускай тэрыторыі[14]. Усе яны ў пэўнай ступені адыгралі сваю ролю, уплываючы на цяперашні палітычны спектр у Беларусі ды гістарычную памяць беларусаў. Яны дэманструюць, як рэжым Лукашэнкі ўчапіўся за наратывы пра вайну, закладзеныя ў камуністычны час і шмат у чым падобныя да расійскіх. Гэтая прывязанасць кантрастуе з сітуацыяй ва Украіне, якая забараняе мемарыялы, што ўслаўляюць камуністычнае мінулае, знесла ўсе помнікі Леніну і гераізавала «змагароў за ўкраінскую незалежнасць у XX стагоддзі».

Мемарыялы героям і ахвярам вайны

У сучаснай Беларусі кожны горад і населены пункт любога памеру мае мемарыял ваеннага часу, а нярэдка і не адзін. У Мінску ёсць «Курган Славы» на ўездзе ў горад з боку міжнароднага аэрапорта, плошча Перамогі і Магіла Невядомага Салдата. Ёсць у Беларусі і шматлікія помнікі партызанам, напрыклад мемарыял, узведзены ў 2005 г. побач са станцыяй метро «Партызанская», і больш вядомы ў Мінску помнік Марату Казею, 14-гадоваму хлопчыку, забітаму ў апошнія дні акупацыі. Помнік Казею быў пабудаваны ў 1965 г. недалёка ад Опернага тэатра. Да таго ж з кастрычніка 1944 г. у Мінску працуе Беларускі дзяржаўны музей гісторыі Вялікай Айчыннай вайны — наступныя два дзесяцігоддзі ён змяшчаўся ў Доме прафсаюзаў на плошчы Свабоды ў цэнтры Мінска (гэтаму будынку пашчасціла перажыць вайну). У 2008 г. Лукашэнка даў дазвол на пабудову новага музея побач са стэлай «Мінск — горад-герой», прычым ён павінен быў заняць плошчу каля 15 тыс. квадратных метраў. Музей у новым месцы адкрыўся напярэдадні 70-й гадавіны вызвалення Мінска — 2 ліпеня 2014 года[15].

Пляцоўка перад музеем вайны ў Мінску зрабілася ў канцы лета 2020 г. своеасаблівым зборным пунктам для антылукашэнкаўскіх пратэстоўцаў. Выбар месца збору быў сімвалічны: ён намякаў на тое, што рэжым са сваімі брутальнымі сродкамі прыпадобніўся да нацысцкіх акупантаў у вайну. Тое была гістарычная пляцоўка — цесна звязаная з уладай Лукашэнкі, элемент яго прапаганды (абеліск-стэла быў адкрыты ў 1985 г. і вызначаў Мінск як «горад-герой»). Магчыма, таму гэтае месца бачылася пратэстоўцам 2020 г. як асабліва праблематычнае для рэжыму. У час папярэдніх пратэстаў 1990–2010-х гадоў гэты раён ніколі не выкарыстоўваўся для

---

14   Дзеля эканоміі месца мы апускаем тут праблему калабарацыі. Каб падступіцца да яе, гл. удумлівыя гутаркі Максімюка (Maksymiuk 2015) з Валянцінам Тарасам і Янам Запруднікам. Пра Халакост у Беларусі гл. передусім працу Валке (Walke 2018).

15   Историческая справка, Белорусский государственный музей истории Великой Отечественной войны, http://www.warmuseum.by/about/istoricheskaya-spravka/ (дата доступу: 5 верасня 2023).

масавых антырэжымных пратэстаў; апрача ўсяго, ён знаходзіцца даволі блізка ад новай рэзідэнцыі Лукашэнкі.

Больш за 40 гадоў савецкія і постсавецкія наратывы пра вайну дапаўняліся музейнымі экспазіцыямі і манументамі, якія неслі пасланне, з аднаго боку, пра перамогу і адвагу, а з другога — пра страты і пакуты. Тое ж пасланне фігуравала ў падручніках, фільмах, тэлевізійных і радыёперадачах, газетах, сацыяльных медыя (Goujon 2010).

Чалавечыя страты сярод беларусаў цяжка падлічыць з-за таго, што рэспубліка ў час нямецкай акупацыі была падзелена на часткі, аднак у 1960-х гаварылася, што загінуў кожны чацвёрты жыхар рэспублікі. Сёння, як ужо адзначана, называецца большая колькасць ахвяр — кожны трэці — аднак не прагаворваецца, якія групы налічваліся сярод загінулых. Яўрэяў, паводле беларуска-ізраільскага гісторыка Леаніда Смілавіцкага, магло быць забіта 800 тысяч (цыт. у: Rozovsky 2021), але яны проста ўключаюцца ў агульную колькасць ахвяр. Няма ў афіцыйным гістарычным наратыве Беларусі ні найменшай пазнакі, што яўрэі былі першай мішэнню для акупацыйных сіл. Між тым яўрэі склалі прыблізна трэць ад агульнай колькасці ахвяр у акупаванай рэспубліцы.

Беларусь, паводле прынятай версіі падзей, вылучаецца разам з Расіяй і Украінай як краіна, што найбольш прычынілася да спынення нацысцкіх захопнікаў і, мяркуючы паводле колькасці ахвяр, найбольш пацярпела ў Вялікай Айчыннай вайне. Згодна з гэтым наратывам, незалежная дзяржава Беларусь вынікае непасрэдна з ахвярнасці і гераізму ваеннага перыяду, як і дэмакратычная Еўропа. Вайна ператварылася ў эпахальную падзею XX стагоддзя, якая не можа быць пастаўлена пад сумнеў або перагледжана ні гісторыкамі, ні кімсьці іншым — тыя, хто спрабуе задаваць пытанні, кляймуюцца «рэвізіяністамі гісторыі».

Беларускі рэжым мэтаскіравана ўжываў спадчыну Вялікай Айчыннай вайны з неасавецкім міфам пра беларускіх памагатых нацыстаў, каб маніпуляваць наратывам пра паслявыбарныя жорсткія захады 2020 года, учыненыя міліцыяй і спецслужбамі супраць мірных дэманстрантаў. Беларуская афіцыйная прапаганда безапеляцыйна прыпісала функцыі партызанаў, якія змагаліся супраць нацыстаў, спецпадраздзяленням, што процістаялі дэманстрантам. Падставай для гэтай аблуды быў той факт, што і пранацысцкія калабаранты, і — нашмат пазней — антылукашэнкаўскія дэманстранты карысталіся адным сімвалам, а менавіта бела-чырвона-белым сцягам. Пазней у 2020–2021 гг. прапагандная маніпуляцыя атрымае развіццё ў шэрагу заканадаўчых актаў, якія атаясамяць выкарыстанне бела-чырвона-белага сцяга з «рэабілітацыяй нацызму», як тое паказана ў частцы II гэтай кнігі.

Сталінскія забойствы

Калі вайна ад нас далёка, то 1930-я гады яшчэ далей, што не адмяняе іх відавочнай важнасці для акрэслівання беларускай ідэнтычнасці. У ранейшым даследаванні мы паказалі, з якімі цяжкасцямі было дасягнута афіцыйнае прызнанне месца масавага пахавання ў Курапатах, на поўначы Мінска (Marples and Laputska 2020). Усталяванне там афіцыйнага манумента ў лістападзе 2018 г. было значным крокам уперад, але пасля яго адбыліся разбурэнне крыжоў, што атачалі месца памяці, і стварэнне невысокага плота вакол Курапацкага лесу. Пратэстоўцаў там чакалі пастаянны пераслед і колькі спробаў ушчэнт разбурыць пахаванні. Рэстаран, пабудаваны недалёка ад увахода ў Курапаты, які, сярод іншага, забяспечваў адмысловыя паслугі мужчынам, таксама прымяншаў святасць месца. Усё яшчэ цяжка ацаніць, колькі трупаў было пахавана ў Курапатах — пераважна ў 1937–1938 гг., але выпадкі смяротнага пакарання мелі месца там і пасля анексіі Заходняй Беларусі ў верасні 1939 г. Большасць ахвяр, падобна, складалі беларускія сяляне, але хапае сведчанняў таго, што сярод ахвяр было нямала палякаў, яўрэяў, прадстаўнікоў іншых этнічных груп. Курапаты засталіся месцам памяці, звязаным з супрацівам рэжыму. Першапачаткова яго адкрыў у 1988 г. Зянон Пазняк — археолаг і заснавальнік Беларускага народнага фронту. Сваім захаваннем Курапаты ў вялікай ступені абавязаны партыі Пазняка (КХП-БНФ), але таксама апазіцыянерам з «Беларускай хрысціянскай дэмакратыі», «Маладога фронту», гісторыкам, археолагам, этнографам. У час пратэстаў 2020 года адной з найбольш відовішчных падзей стаўся «Марш супраць тэрору» — людскі ланцуг тады працягнуўся праз Мінск у Курапаты. Рэй тады вёў лідар «Маладога фронту», даўні абаронца Курапатаў Дзмітрый Дашкевіч (Belsat 2020). У сакавіку 2022 г. Дашкевіча арыштавалі па абвінавачанні ў арганізацыі масавых беспарадкаў, і станам на чэрвень 2022 г. ён знаходзіўся ў турме (Belsat 2022).

У 2010-х гадах былі знойдзены яшчэ некалькі месцаў масавых забойстваў, але ўлады штораз нічога не рабілі, каб даследаваць іх досыць падрабязна. Гаворка пра дзве вялікія пляцоўкі з пахаваннямі ў Віцебскай вобласці, адну пад Магілёвам, адну пад Гомелем і шэраг пляцовак — у Мінску і яго наваколлі. Усе гэтыя месцы адносяцца да тэрыторыі, што ўтварала Беларускую Савецкую Сацыялістычную Рэспубліку да яе пашырэння на Захад (за кошт усходняй Польшчы). Адзін з вядучых даследчыкаў міжваеннага перыяду, дацэнт Беларускага дзяржаўнага ўніверсітэта Ігар Кузняцоў, у 2021 годзе быў звольнены са сваёй пасады (Belsat 2021). Звальненне стала вынікам сістэматычнай кампаніі, арганізаванай супраць Кузняцова ўладамі — кампанія суправаджалася судовымі працэсамі, нападкамі ў медыя, жорсткай крытыкай у публічных дэбатах (ганілі яго асобы, больш прымальныя для ўлад).

Халакост і «генацыд»

З 2015 г. Халакосту яўрэяў удзялялася больш афіцыйнай увагі, чым за ўсе часы незалежнасці. У 2015 і 2018 гадах два новыя мемарыялы былі пабудаваны ў Малым Трасцянцы, былым лагеры смерці на ўсход ад Мінска (паабапал Магілёўскай шашы). Мы падрыхтавалі больш падрабязную справаздачу пра Трасцянец (Marples and Laputska 2022), дапоўніўшы ранейшыя працы беларускіх гісторыкаў, такіх як Ганна Багданава і Леанід Смілавіцкі (Смиловицкий 2000). Ініцыятыва ў рэалізацыі праекта сыходзіла часткова з-за межаў Беларусі, ад яўрэйскіх супольнасцей Германіі, Аўстрыі, Польшчы, Чэхіі, ад людзей, чые родзічы загінулі ў лясах Благаўшчыны і Шашкаўкі пад Малым Трасцянцом. Аднак беларускія ўлады пайшлі на супрацу, і Лукашэнка ўзяў удзел у афіцыйных цырымоніях адкрыцця мемарыялаў.

Разам з тым нават у двух трасцянецкіх мемарыялах няма адмысловай згадкі пра яўрэяў сярод ахвяр. Стэнды і таблічкі паказваюць на агульныя савецкія страты, як і ў большасці мемарыялаў у гарадах і паселішчах на беларускай тэрыторыі, уключаючы Хатынь. Добра вядомы мемарыял «Яма», дзе прыблізна 5000 мінскіх яўрэяў загінулі ў час карнай акцыі, здзейсненай нацысцкімі акупантамі, быў створаны ў 1947 г. і стаўся адным з першых мемарыялаў на савецкай тэрыторыі, дзе яўрэі вылучаліся як ахвяры нацыстаў (Adamovich 2012). Аднак галоўная яго скульптурная кампазіцыя — ахвяры, якія спускаюцца ў яму-бездань, — з'явілася толькі ў 2000 годзе.

Увага да Трасцянца ў XXI ст. праявілася перад маштабнымі падзеямі нядаўняга мінулага: пандэмія COVID-19, прэзідэнцкія выбары 2020 г., расійскі напад на Украіну. Названыя падзеі абмежавалі выбар Лукашэнкі — яму, бадай, нічога не заставалася, акрамя як трымаць раўненне на Расію, зноў звярнуцца да старых песень пра Другую сусветную вайну, беларускія дасягненні і страты, распрацаваўшы, аднак, новыя напрамкі ў дзяржаўных наратывах.

Адначасова заканадаўчыя акты 2021 г., прынятыя пасля пратэстаў, забаранілі медыя вольна выказвацца, у тым ліку і наконт гісторыі. У тым жа рэчышчы ішлі папраўкі да закона аб процідзеянні экстрэмізму[16], прыняцце новага закона супраць рэабілітацыі

---

16   Закон Республики Беларусь "Об изменении законов по вопросам противодействия экстремизму", 14 мая 2021 г. № 104-3, Национальный правовой Интернет-портал Республики Беларусь, 15.05.2021, 2/2824, https://pravo.by/document/?guid=12551&p0=H12100104&p1=1 (дата доступу: 9 чэрвеня 2022).

нацызму[17] ў маі 2021 г. — у выніку беларусам стала яшчэ цяжэй выказаць свае погляды (Laputska 2022). Многіх карыстальнікаў «Тэлеграма» ўжо асудзілі за «экстрэмізм», і многія справы разглядаюцца дагэтуль (Mediazona 2021). Больш за тое, асобы, прызнаныя членамі «экстрэмісцкіх арганізацый», цяпер пазбаўлены права засноўваць мас-медыя на працягу пяці гадоў з даты прызнання (BAJ 2022).

Да ўсяго ўлады пачалі ўжываць арт. 130 Крымінальнага кодэкса Беларусі супраць людзей, чыё ўспрыманне беларускай гісторыі (Spring96 2021), асабліва перыяду Другой сусветнай вайны і анты-савецкага супраціву, адрознівалася ад афіцыйных наратываў, шмат у чым ідэнтычных савецкім. Лідары польскай меншасці ў Беларусі — Анжаліка Борыс, Андрэй Пачобут (знакаміты журналіст, які супрацоўнічаў з «Gazeta Wyborcza») — і вядомы беларускі мастак Алесь Пушкін былі кінуты за краты па гэткіх абвінавачваннях. Яны чакалі прысудаў з 2020 г. Анжаліку Борыс адпусцілі 25 сакавіка 2022 г. (Новы час 2022).

Нямецкі гісторык Фелікс Акерман (Ackermann 2021) агледзеў рэпрэсіі супраць палякаў у Беларусі і абвінавачанні, якія выстаўлялі беларускія ўлады. У прыватнасці, людзям ставілі ў віну, што яны фундуюць пратэсты і «экстрэмісцкія каналы» кшталту NEXTA. Закон супраць рэабілітацыі нацызму, паводле Акермана, прымяняецца так, што любая форма грамадзянскага пратэсту можа стаць нелегальнай (тамсама). Дэманстрацыі з бела-чырвона-белым сцягам улады могуць інтэрпрэтаваць як услаўленне нацыянал-сацыялізму.

Кульмінацыяй новага падыходу да гістарычнай палітыкі стаўся 2022 год. Так, 1 студзеня 2022 г. выйшаў прэзідэнцкі ўказ, дзе 2022-гі абвяшчаўся «Годам гістарычнай памяці». Савету Міністраў разам з Генеральнай пракуратурай, аблвыканкамамі і Мінскім гарвыканкамам належала распрацаваць і зацвердзіць рэспублі-канскі план правядзення мерапрыемстваў у рамках гэтага года (Указ 1 студзеня 2022).

Усяго праз тры дні Лукашэнка падпісаў «Закон аб генацыдзе беларускага народа», датычны перыяду Вялікай Айчыннай вайны. Там гаварылася, што закон прыняты з мэтай захавання памяці пра мільёны савецкіх грамадзян, забітых «нацысцкімі злачынцамі і іх памагатымі» ў час Вялікай Айчыннай вайны і ў паваенны перыяд, уключаючы 1951 год. Пад «беларускім народам», як сказана ў законе, трэба разумець усіх савецкіх грамадзян, якія жылі на «тэрыторыі Беларускай Савецкай Сацыялістычнай Рэспублі-кі» ў пазначаны перыяд. Закон увёў крымінальную адказнасць

---

17   Закон Республики Беларусь «О недопущении реабилитации нацизма», 14 мая 2021 г. № 103-3, Национальный правовой Интернет-портал Республики Беларусь, 15.05.2021, 2/2823, https://pravo.by/document/?guid=12551&p0=H12100103&p1=1&p5=0 (дата доступу: 9 чэрвеня 2022).

за публічнае адмаўленне генацыду беларускага народа для тых, хто змясціў бы адпаведную інфармацыю ў друку або ў інтэрнэце. У прэамбуле новага закона было падкрэслена, што ён «паспрыяе недапушчальнасці скажэння вынікаў Вялікай Айчыннай вайны, дапаможа згуртаванню беларускага грамадства» (Указ 5 студзеня 2022). З'яўленне двух нарматыўных актаў запар ясна вызначыла напрамак «Года гістарычнай памяці». Мэтай года было ўнесці новы матыў у старыя, зношаныя наратывы пра вайну.

Больш падрабязнасцей стала вядома 4 лютага, калі з'явілася распараджэнне прэзідэнта Беларусі «Аб Рэспубліканскай радзе па гістарычнай палітыцы пра Адміністрацыі Прэзідэнта Рэспублікі Беларусь» (Президент Республики Беларусь 2022). Дакумент даў імпэт утварэнню новай рады, вызначыўшы сярод яе мэт захаванне «праўды пра гераічнае мінулае беларускага народа», фармаванне «гісторыка-дзяржаўнага светапогляду», узмацненне «духоўна-этычнай еднасці» беларусаў. Утварэнне рады было рэверансам у бок навукоўцаў у тым сэнсе, што Нацыянальнай акадэміі навук даручалася забяспечыць умовы для дасягнення названых мэт, але відавочна, што Лукашэнка меў і мае намер асабіста звяртаць увагу на новыя наратывы, якія толькі фармуюцца. Рада складаецца з прадстаўнікоў дзяржаўных органаў, палітычных партый, грамадскіх арганізацый, вядомых навукоўцаў і аўтарытэтных грамадскіх дзеячаў. Яе дзейнасцю кіруе Ігар Сергеенка, генерал-маёр КДБ, зволены ў запас, які цяпер займае пасаду кіраўніка Адміністрацыі прэзідэнта.

Рада атрымала права вызначаць стратэгію і задачы гістарычнай палітыкі, ініцыяваць узвядзенне помнікаў, менаванне і перайменаванне тапаграфічных аб'ектаў, каардынаваць публікацыйную дзейнасць у медыя (традыцыйных і сацыяльных), даваць рэкамендацыі дзяржаўным органам наконт парушэнняў у сферы захавання гістарычнай памяці. Пасля колькіх сходаў рады высветліліся некаторыя падрабязнасці. Так, Сергеенка пасля распараджэння Лукашэнкі заяўляў:

> Увесь комплекс мерапрыемстваў будзе скіраваны ў першую чаргу на захаванне гістарычнай памяці, на ўдакладненне асобных, можа быць, спрэчных момантаў у нашай гісторыі... Не сакрэт, што сёння гістарычная памяць робіцца аб'ектам атак і разнастайных фальсіфікацый. Гэта спробы перапісаць гісторыю Вялікай Айчыннай вайны, спробы трактаваць тыя ці іншыя перыяды нашай гісторыі як існаванне ў іншай дзяржаве. Усе названыя задачы не толькі будуць разглядацца на пасяджэннях рады, але і будуць ажыццяўляцца.
>
> (Сергеенко 2022)

Падрабязнасцямі дзяліўся ў сакавіку 2022 г. і генеральны пракурор Беларусі Андрэй Швед. Выступаючы ў Мінскім дзяржаўным каледжы электронікі, ён заявіў, што было праведзена расследаванне наконт месцазнаходжання злачынцаў з розных нацысцкіх падраздзяленняў. На той час было выяўлена каля 400 жывых эсэсаўцаў, якія знаходзіліся ў 17 розных краінах. Дарма што шэраг краін (напрыклад, тры балтыйскія дзяржавы) адмовіліся абмяркоўваць экстрадыцыю тых эсэсаўцаў, іншыя ішлі на супрацоўніцтва (БелТА 2022). Швед таксама адзначыў, што ў наступныя шэсць месяцаў пры дапамозе 52-га батальёна Міністэрства абароны будуць даследаваны два дзясяткі месцаў масавага знішчэння, і настойваў, што факты «генацыду» былі раней невядомыя беларускай публіцы. К 16 сакавіка 2022 г. следчая група дапытала звыш 13 500 сведак «у сувязі з генацыдам у час Вялікай Айчыннай вайны».

Адным з аспектаў, якім удзяляецца асаблівая ўвага, стаў выпуск новых падручнікаў па розных гістарычных пытаннях, у тым ліку па перыядзе Другой сусветнай вайны. На адным з пасяджэнняў у маі 2022 г. Сергеенка паведаміў журналістам, што патрэбна ўнесці «карэктывы» ў інтэрпрэтацыі вайны ў падручнікі па гуманітарных дысцыплінах для вышэйшых навучальных устаноў (Сергеенко 2022). Верагодна, «карэктывы» — зачэпка для таго, каб увесці ў тэксты новае паняцце, «генацыд беларусаў». Гэта, у сваю чаргу, дапаможа дадаткова дэманізаваць сімвалы, ужываныя пратэстоўцамі ў 2020 г., ды прадухіліць ужыванне бела-чырвона-белага сцяга і герба «Пагоня» на любых будучых пратэстах (бо іх жа, маўляў, падчас вайны на беларускай тэрыторыі ўжывалі сімпатыкі нацыстаў). Пазней нават простая дэманстрацыя гэткіх сімвалаў, моцна знітаваных з антырэжымнымі пратэстамі, будзе мець сур'ёзныя прававыя наступствы. Такім чынам, пасля 2020 г. лукашэнкаўскі рэжым інструменталізаваў спадчыну Вялікай Айчыннай вайны ў нечуваным маштабе.

Спроба актывізаваць тэму вайны, пераследуючы вінаватых у злачынствах, — адзін з галоўных атрыбутаў змены кірунку. Швед ужо названы ўкладальнікам кнігі «Генацыд беларускага народа», што змяшчае звесткі пра быццам бы раней не вядомыя месцы масавага знішчэння, падрабязнасці аб разбурэнні пасёлкаў і вёсак. «Антыгенацыднай» кампаніі спрыяе новы інтэрнэт-сайт — плён супольнай працы Беларускага тэлеграфнага агенцтва (БелТА), Генеральнай пракуратуры і Міністэрства юстыцыі[18].

Замежныя гісторыкі пра законы аб генацыдзе

Фелікс Акерман (Ackermann 2021) прааналізаваў прамову, агучаную Лукашэнкам 22 сакавіка 2021 г., на 78-ю гадавіну знішчэння вёскі Хатыні. Акерман адзначыў палітызацыю тэмы зверстваў,

---

18   «За печатью/печаллю памяти», Совместный проект Белорусского телеграфного агентства, Генеральной прокуратуры и Министерства юстиции, https://specreport.belta.by/memory (дата доступу: 19 чэрвеня 2023).

выкарыстанне прамоўцам гэтай тэмы для адсылкі да сучасных падзей, да апазіцыі. У прыватнасці, Лукашэнка надаў асаблівую ўвагу той частцы нацысцкай ідэалогіі, што датычылася вынішчэння славян. Ён згадаў нацысцкую сімволіку і грамадзян, якія ёй карыстаюцца, маючы на ўвазе бела-чырвона-белы сцяг. Паводле іроніі лёсу, гэты сцяг прысутнічаў у полі зроку, калі Лукашэнка праходзіў першую прэзідэнцкую інаўгурацыю ў 1994 г.:

> Я звяртаюся да тых, хто гераізуе забойцаў, хто пакланяецца БЧБ-сцягам, пад якімі ладзіўся генацыд беларускага народа. Мы заняліся гэтай праблемай, і мы дакажам і пакажам усяму свету, што такое генацыд і што тыя, хто сёння нас спрабуюць настаўляць, як жыць, як мінімум не маюць на тое права.

> (Ackermann 2021:26)

Акерман адзначае, што абмеркаванне гэтай тэмы зноў ажывілася ў маі 2021 г., калі генеральны пракурор ініцыяваў расследаванне «генацыду беларускага народа». У Акермана адзначана, што ў сацыяльных медыя цыркулявалі чуткі: напярэдадні 80-й гадавіны нямецкага ўварвання ў Беларусь (чэрвень 2021 г.) службоўцы ціснуць на тых, хто выжыў у нямецкіх лагерах, на былых остарбайтэраў, каб яны расказалі пра свой досвед у час Другой сусветнай вайны, нягледзячы на тое што мінула некалькі дзесяцігоддзяў. Між тым, паводле Акермана, падобна, што галоўнай мішэнню ў той час зрабіліся яўрэі — і гісторыкі, і тыя, хто пратэставаў супраць абвешчаных вынікаў прэзідэнцкіх выбараў у Беларусі 2020 г. Так, у афіцыйных медыя (найперш у прэзідэнцкай газеце «СБ. Беларусь сегодня») рабіліся пастаянныя нападкі на гісторыка з Дзюсельдорфа Аляксандра Фрыдмана. Адносна пратэстаў гаварылася пра «людзей без радзімы», якія працуюць на замежныя дзяржавы за грошы. Гэткія заявы дзіўным чынам нагадвалі атакі на «бязродных касмапалітаў» пад канец сталінскай эпохі, на піку савецкага антысемітызму (Ackermann 2021).

Пазней у тым жа годзе публіцыстка Ліза Разоўскі (Rozovsky 2021) прааналізавала рэакцыю ізраільскіх гісторыкаў на праект закона аб «генацыдзе беларускага народа», у якім прадугледжвалася крымінальная адказнасць і тэрмін да пяці гадоў зняволення для тых, хто адмаўляў генацыд (да дзесяці — для тых, хто зрабіў бы гэта паўторна). Гісторыкі выказалі занепакоенасць, што новы закон сатрэ розніцу паміж злачынствамі супраць яўрэяў і злачынствамі супраць беларусаў. Яны раскрытыкавалі той факт, што яўрэяў проста ўключылі ў «беларускі народ», а не вылучылі як асобную этнічную супольнасць. Разоўскі працытавала адказ Леаніда Смілавіцкага — вядучага беларуска-ізраільскага гісторыка з ліку тых, хто займаецца тэмай Халакосту ў Беларусі. Ён сказаў:

> Беларусь — адна з нямногіх краін у свеце, дзе [ўрадавыя службы] ставяць знак роўнасці паміж генацыдам і тэрорам. Генацыд — гэта калі вас выракаюць на смерць з моманту нараджэння. Тэрор — гэта адказ на супраціў.

Смілавіцкі пайшоў далей, заявіўшы, што галоўная мэта закона — пакараць грамадзянскую супольнасць у Беларусі:

> Яны сцвярджаюць: вы (апазіцыя) махаеце бела-чырвона-белым сця-гам, якім махалі забойцы беларусаў. Значыць, вы фашысты, падоб-ныя да тых, а калі вы гэта адмаўляеце, вось вам закон.

Гісторык з Тэль-Авіўскага ўніверсітэта Якаў Фалькоў, прызнаўшы, што беларусы моцна пакутавалі ў час вайны, дадаў, што нямож-на атаясамліваць рэпрэсіі з генацыдам: «Генацыд ад барбарскага, брутальнага абыходжання з мясцовым насельніцтвам адрознівае намер цалкам знішчыць частку насельніцтва паводле нейкага крытэрыю... Ніхто не знішчаў беларусаў з той прычыны, што яны беларусы» (Falkov 2017).

Такім чынам, беларусаў трактавалі брутальна, часам нават як звяроў, але не было мэты пагалоўна іх знішчыць. Акупанты, як заўважыў Смілавіцкі, адчынялі для беларусаў пачатковыя школы, цэрквы, дазвалялі друк газет на беларускай мове.

Далейшы аналіз

Высновы з усяго сказанага ясныя. Беларускі рэжым пачаў пера-пісваць гісторыю Вялікай Айчыннай вайны так, каб беларусы ста-лі галоўнымі ахвярамі, што ігнаруе яўрэяў як асноўную мішэнь нацысцкіх злачынстваў нават на беларускай тэрыторыі. Новы курс на пошук нацысцкіх калабарантаў і ваенных злачынстваў выгля-дае асабліва трывожным у святле «дэнацыфікацыі Украіны», узя-тай Расіяй за падставу для маштабнага ўварвання ва Украіну 24 лютага 2022 года. Нават калі беларуская армія пакуль што не брала непасрэднага ўдзелу ў расійскай агрэсіі (станам на сёння толькі беларуская тэрыторыя выкарыстоўвалася расійскімі вайскоўца-мі), пашырэнне «дэнацыфікацыйнай» рыторыкі можа ўдарыць не толькі па ўнутраных апанентах рэжыму Лукашэнкі — гэтае пашырэнне аднойчы могуць ужыць расійскія сілавікі супраць бе-ларусаў. Гэта вялікая пагроза, якую, верагодна, не зусім усведам-ляюць ні Лукашэнка, ні яго прыхільнікі.

Апрача задач новага курсу, якія, выглядае, зводзяцца да пашырэння памяці пра пакуты ў гады вайны (тэма пакут, зрэшты, была добра вывучана раней), мае месца відавочная палітызацыя гісторыі. Яе мэтай з'яўляецца прасоўванне наратыву, які выгад-ны фатальна дэлегітымізаванаму рэжыму. Сведчанні, верагод-на, прывядуць да арыштаў меркаваных злачынцаў і судоў над імі — што будзе спробай ажывіць мінулае, якое ўжо лічылася хутчэй мёртвым, чым жывым (TASS 2021). Памеры людскіх страт у гады вайны павялічваюцца пры гэтым як мінімум на 50%, але гэтыя лічбы цяжка спраўдзіць, бо матэрыялы ў архівах КДБ недаступныя даследчыкам па-за межамі Расіі і Беларусі. У Мінску архіў КДБ быў закрыты для публікі з 1994 г.

Ёсць і яшчэ адзін плюс для рэжыму ад таго, што пасля змены наратыву пра вайну беларусы апісваюцца як ахвяры генацыду, — гамуюцца намаганні высветліць абставіны сталінскіх забойстваў канца 1930-х гадоў. Насамрэч сярод прадстаўнікоў афіцыёзу існуе даўняя традыцыя — перакладваць віну за тыя забойствы на нацыстаў. Яна пачалася ў Курапатах і трывае дагэтуль (гл., напр.: Смолянко 2011). Улічваючы скаардынаваную кампанію пад эгідай дзяржавы, каб даказаць, што адбываўся генацыд беларусаў, трэба меркаваць, што любое аднаўленне спробаў расследаваць злачынствы Сталіна сутыкнецца з праблемамі, у т.л. спраўджвання фактаў[19].

Новыя законы, прынятыя ў 2021 г., і новыя ўказы, выдадзеныя з пачатку 2022 г., уяўляюць з сябе найноўшую спробу дыскрэдытаванага рэжыму легітымізаваць сябе праз успаміны пра вайну. Аднак цяпер форма той легітымізацыі змянілася: беларусаў паказваюць як галоўных ахвяр, і адмаўленне гэтага можа прывесці да крымінальнай справы ды пазбаўлення волі. Метадалогія здаецца прымітыўнай, але рэжым эксплуатуе доўгі шлейф рыторыкі пра вайну, які пачынаецца з вывучанага ў школах і вышэйшых навучальных установах, падтрымліваецца тэлевізіяй, сацыяльнымі медыя, масавымі мерапрыемствамі, месцамі памяці і манументамі.

У афіцыйных наратывах апошнім часам прасочваецца антысеміцкі тон: іх аўтары імкнуцца прыменшыць увагу да Халакосту яўрэяў (тэма Халакосту ў Беларусі і раней нярэдка заставалася на маргінэзе), ігнаруючы некалі значную прысутнасць яўрэяў у гарадскім жыцці рэспублікі.

Другі аспект «новага курсу» — атаясамліванне апазіцыі да Лукашэнкі з нацыстамі або неанацыстамі, бо яны, маўляў, ужываюць сцяг, раней ужываны калабарантамі. Пры гэтым адмаўляецца або ігнаруецца той факт, што сцяг з'явіўся значна раней за перыяд

19 У час нашага візіту на месца масавага знішчэння ў Хайсах Віцебскай вобласці (верасень 2019 г.) віцебскі даследчык Ян Дзяржаўцаў паказаў нам вынікі свайго даследавання. Ён ідэнтыфікаваў целы звыш 20 ахвяр — усе яны былі этнічнымі латышамі, сем'і якіх пераехалі на Віцебшчыну за Расійскай імперыяй. Дзяржаўцаў апублікаваў свае знаходкі і фэйсбук-групе «Хайсы — Віцебскія Курапаты» (https://www.facebook.com/groups/1738507716405123, дата доступу: 12 мая 2022). Падобна, згаданыя ахвяры былі забіты на працягу сталінскай «латышскай аперацыі» 1937–1938 гг., якая цэліла ў латышоў па ўсім Савецкім Саюзе. Ёй папярэднічала падобная аперацыя НКУС супраць палякаў.

акупацыі 1940-х гадоў. Можна прагназаваць, што глыбокія старцы зробяцца ўдзельнікамі судовых працэсаў у Беларусі, дзе іх абвінавацяць (хутчэй за ўсё, завочна) у актах генацыду на тэрыторыі краіны. Дапушчальна зрабіць выснову, што кампанія па «пошуку» нацысцкіх злачынцаў найперш ілюструе абмежаваныя магчымасці непапулярнага і агрэсіўнага прэзідэнта, якому варта было б пакінуць пасаду колькі гадоў таму. Але абставіны новай вайны ў Еўропе, калі Расія пры непасрэднай дапамозе ўлад Беларусі ўварвалася ва Украіну, каб адхіліць ад улады «нацыстаў», робяць «новы курс» Лукашэнкі больш злавесным.

Спасылкі

Ackermann, F. (2021) 'Der Genozid am Belarusichen Volk: Als politischer Diskurs und Starfverfolgungpraxis.' *Belarus Analysen*, 27 July.

Adamovich, A. (2012) *Khatyn*. London: Glagoslav Publications.

Ахтырко, А. (2021) 'От отрицания до признания: Как менялось отношение Лукашенко к Крыму.' 4 лістапада. Рэжым доступу: https://www.gazeta.ru/politics/2021/11/04_a_14170711.shtml (дата доступу: 14 мая 2022).

BAJ (2022) 'Mass media in Belarus. E-Newsletter 4 (66), 2021. Restriction on the print media activities.' Рэжым доступу: https://baj.by/en/analytics/mass-media-belarus-e-newsletter-no-4-66-2021-restriction-print-media-activities (дата доступу: 8 чэрвеня 2022).

Bekus, N. (2021) 'Echo of 1989? Protest Imaginaries and Identity Dilemmas in Belarus.' *Slavic Review* 80(1): 4–14.

Белорусское телеграфное агентство [БелТА] (2022) 'Швед о геноциде белорусского народа в годы войны: уточняются участники карательных операцій.' 16 сакавіка. Рэжым доступу: https://www.belta.by/society/view/shved-o-genotside-belorusskogo-naroda-v-gody-vojny-utochnjajutsja-uchastniki-karatelnyh-operatsij-490592-2022/ (дата доступу: 16 мая 2022).

Белсат (2020) 'Марш супраць тэрору. Шэсце ў Курапаты. Хроніка дня.' Рэжым доступу: https://belsat.eu/news/marsh-suprats-teroru-shestse-u-kurapaty/ (дата доступу: 8 чэрвеня 2022).

Белсат (2021) 'Историка Кузнецова уволили из БГУ после 17 доносов 'неравнодушного гражданина.'' 29 кастрычніка. Рэжым доступу: https://belsat.eu/ru/news/29-10-2021-istorika-kuznetsova-uvolili-iz-bgu-posle-17-donosov-neravnodushnogo-grazhdanina/ (дата доступу: 15 мая 2022).

Белсат (2022) 'Зміцер Дашкевіч стаў падазраваным у крымінальнай справе. Ён застаецца за кратамі.' Рэжым доступу: https://belsat.eu/news/06-04-2022-zmitser-dashkevich-stau-padazravanym-pa-kryminalnaj-sprave/ (дата доступу: 8 чэрвеня 2022).

DW (Deutsche Welle) (2021) 'Belarus diverts Ryanair plane to arrest activist journalist.' Рэжым доступу: https://www.dw.com/en/

belarus-diverts-ryanair-plane-to-arrest-activist-journalist/a-57635240 (дата доступу: 8 чэрвеня 2022).

Falkov, Y. (2017) *Forest Spies. The Intelligence Activity of the Soviet Partisans.* Jerusalem: Hebrew University Magnes Press and the Yad Vashem Press.

Gabowitsch, M. (2021) 'Belarusian protest: Regimes of engagement and coordination.' *Slavic Review* 80(1): 27–37.

Ganzer, Ch. (2014) 'German and Soviet losses as an indicator of the length and intensity of the battle for the Brest fortress (1941).' *The Journal of Slavic Military Studies* 27 (3): 449–466.

Goujon, A. (2010) 'Memorial narratives of WWII partisans and genocide in Belarus.' *East European Politics and Society; and Cultures* 24(1): 6–25.

Laputska, V. (2022) 'Media regulation during election and referendum campaigns in Belarus, MEMO98.' Рэжым доступу: https://memo98. sk/uploads/content_galleries/source/memo/belarus-referendum-2022/policy-paper-final.pdf (дата доступу: 8 чэрвеня 2022).

Ленкевич, И. (2022) 'Письма Макея Европе. История одной переписки.' 15 красавіка. Рэжым доступу: https://reform.by/308625-pismo-makeja-evrope-istorija-odnoj-perepiski (дата доступу: 15 мая 2022).

Lenta.ru (2021) 'Захарова уличила Запад в попытке назначить виноватых в миграционном кризисе.' Рэжым доступу: https://lenta.ru/news/2021/11/22/zaharova_west/ (дата доступу: 8 чэрвеня 2022).

Maksymiuk, J. (2015) 'World War II -- 60 Years After: Collaborators and Partisans in Belarus.' *Radio Free Europe / Radio Liberty*, 6 May. Рэжым доступу: https://www.rferl.org/a/1058755.html (дата доступу: 15 мая 2022).

Манаенков, А. Л., и др. (1983) *Партизанские формирования Белоруссии в годы Великой Отечественной войны (июнь 1941 — июль 1944).* Минск: Беларусь.

Marples, D. (2014) *'Our Glorious Past': Lukashenka's Belarus and the Great Patriotic War.* Stuttgart: Ibidem Verlag.

Marples, D. and V. Laputska (2020) 'Kurapaty: The continuing debates.' *Slavic Review* 79(3): 521–543.

Marples, D. and V. Laputska (2022) 'Maly Trascianiec in the context of current narratives on the Holocaust in the Republic of Belarus.' *Europe-Asia Studies* 74(1): 31–49.

Медиазона (2021) 'Операция Waterlily. Как расследуются дела об экстремизме в телеграме — на примере Ольги Золотарь.' Рэжым доступу: https://mediazona.by/article/2021/12/03/waterlily (дата доступу: 8 чэрвеня 2022).

Новы Час (2022) 'Анжаліку Борыс выпусцілі з-за кратаў.' Рэжым доступу: https://novychas.online/hramadstva/anzaliku-borys-vypuscili-z-za-kratau (дата доступу: 8 чэрвеня 2022).

Paulovich, N. (2021) 'How feminist is the Belarusian revolution? Female agency and participation in the 2020 post-election protests.' *Slavic Review* 80(1): 38–44.

Perez-Pena, R. (2021) 'A border crisis.' *The New York Times.* Рэжым доступу: https://www.nytimes.com/2021/11/17/briefing/poland-belarus-border-crisis.html (дата доступу: 8 чэрвеня 2022).

Президент Республики Беларусь (2022) 'О Республиканском совете по исторической политике при Администрации Президента Республики Беларусь.' 4 лютага. Рэжым доступу: https://president.gov.by/ru/documents/rasporyazhenie-no-22rp-ot-4-fevralya-2022-g (дата доступу: 12 мая 2022).

Reform.by (2020) 'Лукашенко открыто назвал бело-красно-белый флаг фашистским.' Рэжым доступу: https://reform.by/181490-lukashenko-otkryto-nazval-belo-krasno-belyj-flag-fashistskim (дата доступу: 8 чэрвеня 2022).

RFI.ru (2020) 'Социология: COVID-19 + обеднение народа = белорусский взрыв.' Рэжым доступу: https://tinyurl.com/4jknaapu (дата доступу: 8 чэрвеня 2022).

Rozovsky, L. (2021) 'Belarus under fire for law equating Holocaust with Nazi crimes against nationals.' *Haarets*, 19 December. Рэжым доступу: https://www.haaretz.com/jewish/2021-12-19/ty-article/.premium/israeli-historians-belarus-blurring-holocaust-with-genocide-legislation/0000017f-ef3a-d8a1-a5ff-ffba160f0000 (дата доступу: 12 мая 2022).

Rudling, P.A. (2008) '"For a heroic Belarus!": The great patriotic war as identity marker in the Lukashenka and Soviet Belarusian discourses.' *Sprawy Narodowościowe / Nationalities Affairs* 32: 43–62.

Сергеенко, И. (2022) 'Сергеенко: В истории Беларуси есть масса периодов, требующих дополнительного изучения.' 11 мая. Рэжым доступу: https://mgazeta.by/ofitsialno/item/13735-sergeenko-v-istorii-belarusi-est-massa-periodov-trebuyushchikh-dopolnitelnogo-izucheniya.html (дата доступу: 16 мая 2022).

Sharkovshchina Regional Executive Committee (2020). 'Lukashenko: The tragedy of the Belarusian nation in the Great Patriotic War is incomparable.' 11 мая. Рэжым доступу: https://sharkovshchina.vitebsk-region.gov.by/en/republic-en/view/lukashenko-the-tragedy-of-the-belarusian-nation-during-the-great-patriotic-war-is-incomparable-18064/ (дата доступу: 12 мая 2022).

Shparaga, O. (2021) *Die revolution hat ein weibliches Gesicht: Der Fall Belarus.* Berlin: Suhrkamp.

Смиловицкий, Л. (2000) *Катастрофа евреев в Белоруссии 1941–1944.* Тель-Авив: Библиотека Матвея Черного.

Смолянко, А. (2011) *Куропаты: гибель фальшивки. Документы и факты.* Минск: Белорусский союз журналистов.

Spring96 (2021) 'Уголовное преследование по политическим мотивам. Беларусь 2020–2021.' Рэжым доступу: https://spring96.org/files/book/ru/2021_politically_motivated_criminal_prosecutions_ru.pdf (дата доступу: 8 чэрвеня 2022).

TASS (2021) 'Minsk knows names [sic!] 400 Nazi SS members still alive who killed Belarusians in WWII.' 28 кастрычніка, рэжым доступу: https://tass.com/world/1355317 (дата доступу: 9 чэрвеня 2022).

Tsapkala, V., Bekus, N., Maskaliova, M., and D. Marples (2021) 'The campaign of the fighting women: The Belarusian election of 2020 and its aftermath: A conversation with Veranika Tsapkala.' *Canadian Slavonic Papers* 63(3-4): 403–421.

Указ Прэзидэнта Рэспублики Беларусь (ад 1 студзеня 2022 г.) 'Об объявлении 2022 года Годом исторической памяти.' Рэжым доступу: https:// president.gov.by/bucket/assets/uploads/documents/2022/1uk.pdf   (дата доступу: 12 мая 2022).

Указ Прэзидэнта Рэспублики Беларусь (ад 5 студзеня 2022 г.). Рэжым доступу: https://president.gov.by/ru/events/aleksandr-lukashenko-podpisal-zakon-o-genocide-belorusskogo-naroda (дата доступу: 12 мая 2022).

United Nations (2021) 'End 'appalling' Belarus-Poland border crisis, UN rights office urges.' Рэжым доступу: https://news.un.org/en/ story/2021/12/1108502 (дата доступу: 8 чэрвеня 2022).

Vasilevich, H. (2022) 'The Belarusian migrant crisis and state propaganda,' *New Eastern Europe*, рэжым доступу: https://neweasterneurope. eu/2022/03/14/the-belarusian-migrant-crisis-and-state-propaganda/ (дата доступу: 8 чэрвеня 2022).

Walke, A. (2018) *Pioneers and Partisans: An Oral History of Nazi Genocide in Belorussia*. Oxford: Oxford University Press.

Wasielewski, P.G. and S.G. Jones (2022) 'Russia's possible invasion of Ukraine.' Center for Strategic and International Studies, CSIS Briefs, 13 студзеня, рэжым доступу: https://www.csis.org/analysis/russias-possible-invasion-ukraine (дата доступу: 11 мая 2022).

3. Савецкія карані пратэстаў 2020 года: нязвыклая гісторыя беларускага нацыяналізму

Наталля Чарнышова

Уводзіны

У іншым артыкуле з гэтага зборніка Настасся Кудленка даводзіць, што рухавіком рэвалюцыі годнасці з'яўляецца народная суб'ектнасць, уздым якой у час беларускіх пратэстаў назіралі Карасцялёва і Пятрова (Korosteleva and Petrova 2021). Безумоўна, яе рост абумоўлены існаваннем агульнай для народа візіі будучыні, але для з'яўлення суб'ектнасці патрэбна і калектыўная ідэнтычнасць, што адсылае да агульнага мінулага, традыцый, сімвалаў (тамсама). У гэтым раздзеле гады кіравання Пятра Машэрава, першага сакратара камуністычнай партыі Беларусі (1965–1980), трактуюцца як перыяд, калі развівалася сучасная беларуская нацыянальная ідэнтычнасць, што гучна праявіла сябе на пратэстах 2020 года. Тлумачыцца, чаму ў названай ідэнтычнасці спалучаюцца этнічныя элементы і ладная доля цывільнай свядомасці.

Зварот да прамінулых савецкіх часоў для тлумачэння наяўнасці (а не адсутнасці) беларускай нацыянальнай ідэнтычнасці можа выглядаць парадаксальна. Многія даследчыкі і каментатары бачылі ў досведзе апошніх савецкіх дзесяцігоддзяў акурат карані постсавецкіх праблем Беларусі. Яны адзначалі масавую ўрбанізацыю, што суправаджалася моўнай русіфікацыяй усе 1970-я гады, намаганні з боку дзяржавы навязаць надэтнічную савецкую ідэнтычнасць. Названыя з'явы бачацца як першапрычыны быццам бы слабага нацыянальнага пачуцця ў рэспубліцы, нежадання яе жыхароў вітаць незалежнасць, калі СССР распаўся ў 1991 г. Спаўзанне Беларусі ў аўтарытарызм за часоў яе першага абранага прэзідэнта Аляксандра Лукашэнкі тлумачылася часткова савецкай спадчынай і настальгіяй па ёй, якую перажывала вялікая частка беларускага грамадства (Radzik and Słomczynska 2001; Silitski 2006; Manaev *et al.* 2011).

Сам Лукашэнка імкнуўся прэзентаваць свой рэжым як спадкаемцу і абаронцу той спадчыны. Як было паказана ў раздзеле аўтарства Катлярчука і інш. з гэтага зборніка, чырвона-зялёны сцяг і герб, зацверджаныя на рэферэндуме 1995 г., дужа нагадвалі сімвалы савецкай Беларусі (тады сама руская мова была вернута як дзяржаўная мова Беларусі). Лукашэнка публічна апрануўся ў шаты лідара беларуска-расійскага інтэграцыйнага праекта. «Сацыяльны кантракт» з яго рэжымам, прапанаваны грамадзянам Беларусі, зноў жа адсылаў у савецкія часы. Ён рэкламаваў панаванне дзяржавы ў эканоміцы як найлепшы сродак, каб забяспечыць сацыяльную справядлівасць, дабрабыт, гарантыю захавання працоўных месцаў. Не дзіўна, што публічнае адзначэнне падзей Другой сусветнай вайны (у савецкім стылі) зрабілася цэнтральным для дзяржаўнай прапаганды. У афіцыйным дыскурсе, падручніках па гісторыі, навуковых даследаваннях усхваляліся дасягненні сацыялістычнага ладу, а праблематычныя аспекты беларускай савецкай гісторыі, ад партызанскага гвалту да сталінскага тэрору, як правіла, ігнараваліся (Lewis 2018; Marples 2014; Марплз і Лапуцька ў гэтым зборніку). Нават пасля таго як дзяржава пачала прызнаваць іншыя гістарычныя пункты адліку для беларускай нацыянальнай ідэнтычнасці (рэагуючы на змены геапалітычнага становішча пасля 2014 г.), савецкае мінулае, безумоўна, заставалася ядром нацыянальнай ідэнтычнасці, якую Лукашэнкава дзяржава імкнулася прасоўваць (Leshchenko 2008; Bekus 2019; Rudling 2017). Што да апазіцыянераў, то яны, наадварот, схіляліся да таго, каб браць за падмурак нацыянальнай ідэнтычнасці дасавецкую беларускую гісторыю і абапірацца на яе, адкідваючы савецкі досвед як шкодны (Goujon 2010; Rudling 2015). У такім палітычным клімаце стаўленне да савецкага мінулага магло служыць маркерам чыіхсьці палітычных поглядаў на сучаснасць.

Але пратэсты 2020 г., найвялікшыя ў сучаснай беларускай гісторыі, паставілі апісаную простую залежнасць пад пытанне. Пратэсты паказалі, што гістарычная спадчына, якой доўгі час паспяхова маніпуляваў Лукашэнка, робячы з яе сродак для легітымацыі, можа быць таксама ўжыта непрыяцелямі рэжыму. Важныя рысы пратэснага руху, такія як высокамаральная, цывільная яго прырода, адданасць негвалтоўным формам паводзін, дапушчальна вывесці з сацыяльных і культурных дасягненняў апошніх савецкіх дэкад. Больш за тое, «нізавы» характар пратэстаў выявіў, што беларусы не з'яўляюцца супольнасцю без аніякага пачуцця агульнай нацыянальнай ідэнтычнасці — таму важна звярнуцца да нядаўняга савецкага мінулага, каб знайсці яе карані.

У гэтым раздзеле праліваецца святло на некаторыя аспекты мінулага, ускладняючы тыповы партрэт 1970-х гадоў і бачанне іх спадчыны. Сцвярджаецца, што машэраўскія гады зусім не былі «чорнай дзіркай», калі ўсе прыкметы нацыянальнай ідэнтычнасці выкараняліся — анягож яны былі часам, калі беларусам пастаянна нагадвалі, што яны народ. Гэтае пасланне падмацоўвалася эканамічнымі і сацыяльнымі поспехамі Беларусі таго часу: яна завяршыла сваё пераўтварэнне са сціплай сялянскай рэспублікі ў прыкметны індустрыяльны хаб з адукаваным і пераважна гарадскім насельніцтвам. Беларусь зазнала хуткія эканамічныя, дэмаграфічныя і культурныя змены, якія пакінулі багатую спадчыну для постсавецкага грамадства — не ў апошнюю чаргу таму, што пералічаныя змены істотна ўплывалі на беларускую нацыянальную самасвядомасць. З 1960-х гадоў нацыянальная інтэлігенцыя аплаквала страту этнічнай ідэнтычнасці на фоне мадэрнізацыі. Але ў савецкай Беларусі развілася выразная цывільна-нацыянальная ідэнтычнасць. Гэты тып ідэнтычнасці менш звяртаецца да звычайных маркераў, такіх як мова і агульныя продкі, і больш — да агульнага адчування грамадзянскай супольнасці, дарма што этнічныя атрыбуты не знікаюць цалкам (Buhr *et al.* 2011). Важна мець больш нюансаванае разуменне таго, як працавала нацыябудаўніцтва ў познесавецкі перыяд, бо яго вынікі ляглі ў аснову постсавецкай калектыўнай ідэнтычнасці, што назіралася на антылукашэнкаўскіх пратэстах у 2020 г. Сучасная ідэнтычнасць засяроджваецца на агульным бачанні калектыўнага мінулага, але яна не нараджаецца ў адну ноч (Korosteleva and Petrova 2021: 128). Падзеі машэраўскіх гадоў зрабілі важкі ўнёсак у яе разбудову.

Усёахопны разгляд «машэраўскай» Беларусі і яе ўплыву на постсавецкую беларускую ідэнтычнасць выходзіць за рамкі гэтага раздзела. У аналізе мы засяродзімся на трох аспектах. Першы — савецкая памяць пра вайну ў Беларусі, асабліва партызанскі міф, які зрабіўся ключавым менавіта для беларускай савецкай ідэнтычнасці. У прыватнасці, у раздзеле паказваецца, як некаторыя з практык захавання памяці пра вайну ў рэспубліцы дапамаглі ўзмацніць беларускасць. Потым гаворыцца пра асобныя заходы ў сферы культуры, пры дапамозе якіх прасоўваліся, а часам ствараліся этнічныя вымярэнні савецкай беларускай ідэнтычнасці, якая чэрпала і з гісторыі да 1917 г. Увага засяроджваецца на развіцці ў машэраўскую эпоху нацыянальнай спадчыны і на стварэнні першай беларускай нацыянальнай энцыклапедыі. Нарэшце, у раздзеле коратка акрэслены пэўныя вынікі паваеннай эканамічнай мадэрнізацыі, якая сталася яшчэ адным важным унёскам у беларускую калектыўную ідэнтычнасць. Апошняя чэрпала натхненне і легітымнасць з росту дабрабыту ў цяперашнім часе (як тое было ў 1970-х гадах), а не са «слаўнага мінулага», і гэтае развіццё надавала беларускай ідэнтычнасці грамадзянскі характар. Раздзел завяршаецца развагамі пра тое, якім чынам спадчына машэраўскіх гадоў адыграла сваю ролю ў цяперашнім палітычным крызісе.

Савецкая памяць пра вайну як беларуская памяць

Дарма што пратэсты 2020 г. неслі ў сабе нямала прыкмет пратэснага руху XXI стагоддзя (выкарыстанне лічбавых тэхналогій — толькі адзін прыклад), гісторыя, і асабліва гістарычная памяць аб Другой сусветнай вайне, жыла ў іх напоўніцу, уплываючы на рыторыку абодвух бакоў. Наўрад ці каго здзівіла б рытарычнае выкарыстанне гісторыі з боку Лукашэнкі, які пабудаваў сваю легітымнасць часткова на падтрымцы і развіцці памяці пра вайну ў савецкім духу (Goujon 2010; Marples 2014; Rudling 2011). Але ўлетку 2020 г. тая калектыўная памяць забяспечыла рытарычнымі прыёмамі і пратэстоўцаў: дала ім магчымасць выказаць гнеў з прычыны рэжымнага гвалту, дапамагла сфармуляваць народны адказ. Збіццё людзей «сілавікамі» і катаванні ў жніўні 2020 г. параўноўваліся са зверствамі гестапа і нацысцкіх лагераў. Калі міліцыя заблакавала групу дэманстрантаў у касцёле недалёка ад Дома ўрада ў Мінску, апазіцыйны сайт навін выклаў нататку пад загалоўкам «Было адчуванне Хатыні» — з алюзіяй на беларускую вёску, спаленую з жыхарамі ў час вайны. Хатынь зрабілася ключавым для Беларусі месцам памяці — у 1969 г. там адкрыўся мемарыял усім спаленым вёскам Беларусі. Менаванне рэжыму «фашысцкім», улад «акупацыйнымі», а міліцыі «карнікамі» было (і застаецца) элементам рыторыкі пратэстоўцаў, яно рабілася на плакатах і ў тэлеграм-каналах. Групоўка IT-хакераў, якія ўзломвалі дзяржаўныя сайты, называла сябе «кіберпартызанамі», намякаючы на рэпутацыю савецкай Беларусі як «партызанскай рэспублікі». У лістападзе 2020 г., калі краіна аплаквала 31-гадовага Рамана Бандарэнку, збітага да смерці праўрадавымі бандзюкамі, у ягоны гонар запальваліся свечкі перад шэрагам помнікаў Другой сусветнай вайны. Вядома, гэта былі не адзіныя гістарычныя ўспаміны, якія жывілі пратэсты, але нават памяць пра сталінскі тэрор і НКУС часам спалучалася з адсылкамі да вайны. На адным з масавых шэсцяў у кастрычніку 2020 г., што скіроўвалася ў Курапаты, месца масавага пахавання ахвяр сталінскага тэрору пад Мінскам, некаторыя ўдзельнікі шэсця крычалі «фашысты!» на нападнікаў-міліцыянтаў.

Пастаянства гэткіх гістарычных адсылак у рыторыцы пратэстоўцаў паказвае на важнасць памяці пра вайну ў беларускай нацыянальнай культуры — гэтая памяць зусім не зводзіцца да функцыі ўладнага палітычнага інструмента. Памяць пра вайну значна старэйшая, чым рэжым Лукашэнкі, і яе выкарыстанне пратэстоўцамі сведчыць пра глыбокую ўкаранёнасць з'явы ў беларускай калектыўнай свядомасці. Яно таксама наводзіць на думку, што легітымнасць гэтай памяці і рыторыкі ўсё яшчэ абапіраецца на савецкі перыяд, а не на постсавецкі рэжым Лукашэнкі. Сярод іншага, памяць пра вайну дапамагае зразумець рашуча мірны характар пратэстаў 2020 года; яе захаванне паказвае на адаптацыю да сучаснасці некаторых аспектаў познесавецкай ідэнтычнасці.

Менавіта ў перыяд кіравання Машэрава памяць пра вайну інтэнсіўна пашыралася ў Беларусі. Гэты працэс быў палегчаны праз тое, што ва ўсім Савецкім Саюзе пад кіраўніцтвам Леаніда Брэжнева ўзнік культ Вялікай Айчыннай вайны (Tumarkin 1994).

У Беларусі, аднак, калектыўная памяць пра вайну набыла асаблівае гучанне з той прычыны, што рэспубліка пацярпела беспрэцэдэнтна; Беларусь страціла прапарцыйна больш сваіх жыхароў, чым любая іншая краіна Еўропы ў Другую сусветную вайну (Snyder 2010: 249–51). Натуральна, падтрыманая і пашыраная ўрадам памяць была строга абмежавана і цэнзуравана — яе задачай было моцна трымаць Беларусь у савецкім улонні (Lewis 2018: 53–80; Rudling 2008). Аднак яе падмацоўвалі рэальныя падзеі. Напрыклад, як адзначалася ў Аляксандра Эткінда, пры тым што камуністычныя ўлады выкарыстоўвалі Хатынь як прапагандны сродак, яна з'яўляецца «сапраўдным месцам беларускай жалобы» (Etkind *et al.* 2021: 81; гл. таксама: Rudling 2012). Падобным чынам, нягледзячы на тое што памяць пра многія спрэчныя або непрыемныя аспекты партызанскай вайны замоўчваліся, Беларусь сапраўды мела найбуйнейшы ў Савецкім Саюзе партызанскі рух, які ўнёс значны ўклад у перамогу (Slepyan 2006: 51). З аднаго боку, рэальнасць фактаў палягчала ўладам задачу інструменталізацыі памяці пра вайну, з другога боку, выходзіла, што дзяржаўная версія гісторыі магла быць аспрэчана, і гэта рабіла стварэнне «афіцыйнай» калектыўнай памяці больш складаным працэсам, чым таго жадаў савецкі рэжым. Найбольш вядомыя выпадкі, калі афіцыйнай версіі кідаўся выклік, — творы некаторых пісьменнікаў нацыянальнага маштабу, такіх як Васіль Быкаў і Алесь Адамовіч. Але нават «шараговыя» былыя партызаны адваёўвалі ва ўлад сваё права на ўласныя расказы і ўспаміны пра вайну як частку калектыўнай памяці, нават калі іх успаміны не адпавядалі афіцыйнаму канону (Slepyan 2006: 282–86). Велізарнасць траўмы ад ваеннага перыяду прыводзіла да таго, што гэтую траўму няможна было ўтрымаць пры дапамозе звычайных абмежаванняў савецкай цэнзуры. Мемарыял «Хатынь» пад Мінскам, з яго падкрэсліваннем асабістых страт і болю замест гераізму, настолькі выбіваўся з канонаў брэжнеўскага манументалізму, што раззлаваў савецкую міністарку культуры Кацярыну Фурцаву. Паведамлялі, што яна патрабавала яго зносу (Левин 2005).

Больш за тое, якія б яны ні былі праблематычныя і шурпатыя, ваенны досвед і (у некаторай ступені) траўма ад вайны ператварыліся ў асноўную частку нацыянальнай ідэнтычнасці Беларусі. Падкрэсліванне партызанскага ўнёску ў савецкае процістаянне нацыстам набыло ў гэтым працэсе асаблівую важнасць: як пісаў Сайман Льюіс, «семантыка "партызанскай вайны" ўносіла ў памяць пра вайну спецыфіку, што падмацоўвала стварэнне нацыянальнага міфа» (Lewis 2018: 54). Асваеннем досведу вайны была прасякнута пасляваенная савецкая беларуская культура (Wilson 2011: 114), ён быў ядром пры фармаванні беларускай нацыянальнай ідэнтычнасці. Працэс дасягнуў свайго піка ў машэраўскія гады. У дадатак да літаратуры, успамінаў, кіно, музыкі, адукацыі беларуская памяць пра вайну афармлялася праз мемарыялы і памятныя мерапрыемствы. Колькасць мануентаў на ваенныя тэмы зазнала ў 1970-х гадах экспаненцыяльны рост — у тое дзесяцігодзе атрымалі завершаны выгляд такія ключавыя для мемарыялізацыі вайны месцы, як Хатынь, Курган Славы і Брэсцкая крэпасць[20]. Усе яны актыўна прапагандаваліся ўладамі рэспублікі — к 1980-м гадам ільвіная доля ўсіх публічных лекцый пра помнікі гісторыі і культуры ў Беларусі, арганізаваных рэспубліканскім і мясцовымі бюро па прапагандзе гістарычнай спадчыны, была пра «ваенныя» мемарыялы: 11 154 з 22 957 лекцый, г. зн. 41 %[21]. Цэнтральнае месца памяці пра вайну ў нацыянальнай культуры (і намаганні ўлад захаваць яго) можна праілюстраваць таксама пры дапамозе паказнікаў наведвання музеяў. У 1970 г. музей Вялікай Айчыннай вайны мог пахваліцца 410 тысячамі наведвальнікаў, а гістарычны музей у тым годзе наведалі толькі 150 тысяч чалавек. Паказнікі ў літаратурных музеяў, прысвечаных айцам-заснавальнікам беларускай літаратуры, чые творы вывучаў кожны школьнік, былі яшчэ меншыя: музей Янкі Купалы ў 1970 г. наведала толькі 31 тысяча чалавек, музей Якуба Коласа — 14 тысяч[22].

Паказнікі наведвання музеяў, якімі б уражальнымі яны ні былі, не гавораць усяго пра тое, як спадчына ваеннага часу «нацыяналізавала» беларускую памяць пра вайну. Уплыў спадчыны распасціраўся далёка за Мінск і яго музеі, за старонкі кніг і газет, за фільмы і тэлеперадачы. Мемарыялізацыя партызанскай дзейнасці мела істотную геаграфічна-фізічную якасць, якая ўаначас была сродкам фармавання нацыянальнай ідэнтычнасці. Нават савецкія ваенныя мемарыялы маглі служыць «нацыяналізацыі», або прынамсі лакалізацыі гісторыі, бо памінанне вайны ў Беларусі часта набывала форму паездак і паходаў па месцах, звязаных з вайной. Улады і мясцовыя музеі ладзілі пешыя вандроўкі і экскурсіі, у час якіх удзельнікі праходзілі па гістарычных мясцінах. Напрыклад, у 1970 г. абласны музей у Гомелі аб'яднаў намаганні з мясцовымі камсамолам і турыстычным бюро — яны распрацавалі дзесяць першых маршрутаў у рамках праграмы «Па партызанскіх сцежках Палесся». Маладыя людзі рушылі з розных раёнаў у Мазыр, наведвалі па дарозе вёскі і помнікі вайны, гутарылі з былымі партызанамі[23]. Ахоп і маштаб гэткіх падзей мог уражваць: напрыклад, каб адзначыць 25-ю гадавіну вызвалення ад нацысцкай акупацыі, гомельскія абласныя ўлады арганізавалі турыстычны злёт 11 309 турысцкіх груп, у якія ўваходзіла 91 400 чалавек. Разам яны выпрацавалі 237 пешых маршрутаў па месцах

---

20   Нацыянальны архіў Рэспублікі Беларусь (НАРБ), ф. 974, воп. 2, спр. 697, арк. 1.
21   НАРБ, ф. 974, воп. 2, спр. 1641, арк. 11.
22   Беларускі дзяржаўны архіў-музей літаратуры і мастацтва (БДАМЛМ), ф. 78, воп. 1, спр. 200, арк. 159–160.
23   НАРБ, ф. 974, воп. 2, спр. 794, арк. 1–6.

рэвалюцыйнай і вайсковай славы, пасадзілі 14 000 дэкаратыўных кустоў і дрэў, заклалі 18 алей з фруктовымі дрэвамі[24]. І Гомельская вобласць не была нейкім выняткам у Беларусі: напрыклад, у 1972 г. Магілёўская вобласць убачыла 3000 экскурсій па гістарычных маршрутах. У іх удзельнічала 400 000 маладых людзей — у рамках дзвюх адукацыйных праграм, прысвечаных Вялікай Айчыннай вайне[25]. Гэткія праекты не толькі дазвалялі ўдзельнікам далучыцца да калектыўнай памяці пра вайну, але давалі ім адмысловае, фізічнае пачуццё сувязі паміж гісторыяй і роднай зямлёй. Яны даведваліся пра подзвігі і цяжкасці партызанаў у ваенны час, але ж адначасова бліжэй знаёміліся з роднымі пейзажамі, развіваючы ў сабе адчуванне прыналежнасці да Беларусі.

Іншай практыкай, звязанай з успамінамі і ўшанаваннем герояў вайны, што дапамагала выхаваць пачуццё прыналежнасці да мясцовай супольнасці, былі так званыя «святы вуліц» — іх ладзілі на вуліцах, названых у гонар героях вайны. Афіцыйная частка тых свят абмяжоўвалася фармальным адкрыццём мемарыяльных шыльдаў і прамовамі, але гучала таксама жывая музыка, адбываліся нефармальныя сустрэчы жыхароў[26]. Цікава, што адной з важных праяў супольнага беларускага духу і «нізавога» палітычнага актывізму ў час пратэстаў 2020 г. былі акурат сустрэчы суседзяў у дварах шматкватэрных гарадскіх дамоў, куды прыходзілі жыхары і суседніх дамоў; часцяком на такіх сустрэчах адбываліся пачастункі, слуханне музыкі, танцы.

Нягледзячы на прапаганду інтэрнацыяналізму ў савецкай літаратуры, некаторых беларускіх пісьменнікаў часам крытыкавалі за недахоп той самай геаграфічнай спецыфікі ў іх творах пра вайну і партызанаў, якая была часткай мемарыялізацыі партызанскай дзейнасці[27]. Між тым у творах аднаго з найбольш паважаных і таленавітых беларускіх майстроў ваеннай прозы, Васіля Быкава, прысутнічала нацыянальная спецыфіка, якую цяжка было і цэнзураваць, і абмінуць (Astrouskaya 2019: 95).

Поспех усіх згаданых спроб умацаваць адмыслова нацыянальную калектыўную памяць пра вайну ў познесавецкі час дапамагае вытлумачыць, чаму Лукашэнка здолеў гэтак удала граць на ёй больш за два дзесяцігоддзі. Але ў 2020 г. сітуацыя змянілася. Калі адна з ключавых ідэалагічных канцэпцый абярнулася супраць рэжыму, не зважаючы на ліхаманкавыя намаганні ўлад абаперціся на памяць пра вайну, гэта азначала найвялікшую страту легітымнасці. Трываласць калектыўнай памяці пра вайну дапамагла таксама выявіць адну з асноўных рыс беларускіх пратэстаў — адданасць мірным формам супраціву, якія выразна

24   Тамсама.
25   НАРБ, ф. 974, воп. 2, спр. 794, арк. 11–15.
26   НАРБ, ф. 974, воп. 2, спр. 794, арк. 7.
27   БДАМЛМ, ф. 78, воп. 1, спр. 144, арк. 32–33.

падкрэслівалі разрыў паміж гвалтоўным рэжымам і негвалтоўны-мі грамадзянамі.

Упісванне Беларусі ў дасавецкую гісторыю

У кантэксце ўслаўлення Вялікай Айчыннай вайны, характэрнага для брэжнеўскай эпохі, гісторыкі засяроджваліся амаль выключна на мемарыялах, датычных вайны. Але яна была не адзінай часткай мінулага, мемарыялізацыя якога заахвочвалася ў час Машэрава. Гістарычная спадчына зрабілася яшчэ адным інструментам для нацыябудавання ў Беларусі канца 1960-х — 1970-х гадоў; яе папулярызацыя служыла таму, каб падкрэсліць існаванне асобнай гісторыі этнічных беларусаў, іх культуры і ідэнтычнасці.

З канца 1960-х гадоў і далей улады рэспублікі актывізавалі намаганні, каб ідэнтыфікаваць і ўзяць пад дзяржаўную абарону архітэктурныя і археалагічныя помнікі Беларусі дарэвалюцыйнага мінулага. У снежні 1969 г. Вярхоўны Савет Беларускай Савецкай Сацыялістычнай Рэспублікі (БССР) прыняў закон «Аб ахове помнікаў культуры», праект якога супольна падрыхтавалі Міністэрства культуры БССР і рэспубліканскае таварыства аховы гістарычных і культурных помнікаў[28]. Дзякуючы закону ў катэгорыю культурных помнікаў трапілі аб'екты, далёкія ад беларускага партызанскага ці нават рэвалюцыйнага мінулага: ён распаўсюдзіў сваю сферу дзеяння на ўсе помнікі з культурнай, гістарычнай, навуковай і мастацкай каштоўнасцю, а таксама на археалагічныя мясціны (гарадзішчы, курганы, рэшткі старажытных пасяленняў, замкі, старыя крэпасці, равы, шахты, могілкі, месцы пахавання, надмагіллі і г. д.)[29]. Прыняцце закона дало імпэт актыўнаму выяўленню раней занядбанай гістарычнай спадчыны — ім занялася спецыялісты і мясцовыя ўлады.

На момант прыняцця закона толькі меншасць зарэгістраваных помнікаў у Беларусі мела дарэвалюцыйнае паходжанне: з 6062 аб'ектаў у 1969 г. 789 адносіліся да катэгорыі археалагічных помнікаў, 78 — архітэктурных помнікаў, яшчэ 23 даваліся часам вайны з Напалеонам (1812 г.). Астатнія — блізу 4000 — сведчылі пра Вялікую Айчынную вайну, рэвалюцыю і Леніна, або ўсхвалялі сацыялістычную працу[30]. Усяго праз тры гады колькасць выяўленых археалагічных помнікаў вырасла ў 7 з нечым разоў — з 789 да 6142. Падобны рост назіраўся і ў колькасці выяўленых архітэктурных памятак — з 78 да 525. Да таго ж у каталогі спадчыны трапілі дзве новыя катэгорыі: помнікі мастацтва і этнаграфічныя помнікі. Агульная колькасць гістарычных мясцін і помнікаў у 1969–1972 гг. вырасла больш як у два разы, дасягнуўшы 12 545.

---

28 НАРБ, ф. 974, воп. 2, спр. 697, арк. 1–7.
29 НАРБ, ф. 974, воп. 2, спр. 873, арк. 34.
30 НАРБ, ф. 974, воп. 2, спр. 697, арк. 1.

Гэты рост адбыўся практычна цалкам за кошт наноў апісаных або знойдзеных археалагічных і архітэктурных помнікаў, а таксама за кошт новых катэгорый — помнікаў мастацтва і этнаграфічных[31].

Асноўным аб'ектам для ўвекавечання памяці сталася ў 1968–1969 гг. будаўніцтва мемарыяльнага комплексу «Хатынь». Разам з тым улады фінансавалі шэраг важных праектаў па рэстаўрацыі і кансервацыі, у т.л. працу з такімі каштоўнымі гістарычнымі будынкамі, як Сафійскі сабор у Полацку (XII ст.), Свята-Мікалаеўскі сабор у Магілёве (XVII ст.), Мірскі замак (XVI ст.) і Спаса-Праабражэнская царква ў Заслаўі пад Мінскам (XVI ст.). Гэтыя і іншыя праекты доўжыліся ў 1970-х гадах, і з дзяржаўнага бюджэту на іх вылучалася ўсё болей сродкаў. Калі ў 1971 г. рэспубліка патраціла 629 200 рублёў на рэстаўрацыю і кансервацыю 18 аб'ектаў спадчыны[32], то к 1975 г. Міністэрства культуры выдзяляла на рэстаўрацыю звыш мільёна рублёў на год, а ў 1980 г. яно патраціла 1 770 000 рублёў[33].

Значна больш пачало рабіцца для папулярызацыі беларускай нацыянальнай спадчыны. У 1969 г. кіраўніцтва камуністычнай партыі распарадзілася выдаваць навукова-папулярны бюлетэнь «Памятники истории и культуры Белоруссии», і першыя чатыры яго выпускі ўбачылі свет у 1970-м[34]. Шэраг даведнікаў па мемарыялах і гістарычных мясцінах быў апублікаваны ў пачатку 1970-х гадоў, у т.л. другая частка «Археалагічнай карты Беларусі» («Археологическая карта Белоруссии»), дзе ўвага засяроджвалася на помніках жалезнага веку і Сярэднявечча, знойдзеных на тэрыторыях, што пазней зрабіліся часткай БССР. Часта гэтыя публікацыі мелі краязнаўчы характар: напрыклад, у 1971 г. Гродзенская вобласць выпусціла серыю буклетаў пад загалоўкам «Нашы суайчыннікі» (у арыгінале — «Наши соотечественники») і турыстычны даведнік па Гродне, а да таго ж карту, дзе паказваліся гістарычныя помнікі, ваенныя мемарыялы, месцы, звязаныя з біяграфіямі славутых гістарычных дзеячаў, архітэктурныя і археалагічныя памяткі вобласці. Гродзенскі гісторыка-археалагічны музей выпусціў 12 кароткіх даведнікаў па розных мясцовых помніках, у т.л. «Цэрквы-крэпасці» і «Помнікі архітэктуры» (у арыгінале — «Церкви-крепости» і «Памятники архитектуры»)[35].

У той жа час мясцовыя і рэспубліканскія ўлады імкнуліся разнастаіць сродкі папулярызацыі помнікаў: ужываліся і публічныя лекцыі, гутаркі са спецыялістамі, і арганізаваныя экскурсіі, і тэле- ды радыёперадачы. Напрыклад, у 1971 г. жыхары адной Гомельскай вобласці маглі наведаць 2130 публічных лекцый аб

---

31   НАРБ, ф. 974, воп. 2, спр. 873, арк. 41.
32   Тамсама.
33   НАРБ, ф. 974, воп. 2, спр. 1641, арк. 3.
34   НАРБ, ф. 974, воп. 2, спр. 697, арк. 1–7; НАРБ, ф. 974, воп. 2, спр. 794, арк. 1–9.
35   НАРБ, ф. 974, воп. 2, спр. 873, арк. 1–6.

розных помніках, паглядзець і паслухаць 96 мясцовых тэлевізій-
ных і радыёпраграм, прачытаць звыш 120 папулярных артыкулаў
у мясцовай прэсе. Студэнты Гродзенскага педагагічнага інстытута
арганізавалі віктарыну на веданне помнікаў гісторыі і культуры
ў Беларусі наогул і на Гродзеншчыне ў прыватнасці. У Мінску пе-
расоўная выстава пад назвай «Помнікі Беларусі» (у арыгінале —
«Памятники Белоруссии») аб'ехала 18 прадпрыемстваў і культур-
ных устаноў[36]. З улікам каштоўнасці спадчыны для патрыятычнай
адукацыі помнікі па ўсёй рэспубліцы выкарыстоўваліся як фон
для прыёму ў камсамол і піянеры.

Міністэрства культуры распрацоўвала амбітныя планы
стварэння музея-парку гісторыі і этнаграфіі Беларусі на адкрытым
паветры. Экспанаты для музея даручылі сабраць гісторыкам, эт-
нографам, археолагам. Цягам двух гадоў яны знайшлі масу розных
аб'ектаў (жылых і гаспадарчых будынкаў, драўляных скульптур і
прылад, старажытных інструментаў), пакліканых рэпрэзентаваць
гісторыю беларускага народнага мастацтва і звычаяў. У 1971 г. мі-
ністэрства перадало ў Цэнтральны камітэт кампартыі Беларусі
падрабязны план музея, у падрыхтоўцы якога ўдзельнічалі дзяр-
жаўны камітэт па будаўніцтве, Акадэмія навук БССР, Беларускае
таварыства аховы помнікаў гісторыі і культуры[37].

За адно дзесяцігоддзе колькасць помнікаў, будынкаў і мясцін,
якія беларускія ўлады прасоўвалі ў якасці нацыянальнай спад-
чыны, амаль патроілася і к 1 красавіка 1980 г. дасягнула 17 500.
З гэтых мемарыялаў і помнікаў 7470 былі аднесены да катэгорыі
помнікаў гісторыі; 1750 — помнікаў архітэктуры, 5980 — археала-
гічных помнікаў, а рэшту складалі помнікі мастацтва[38]. Безумоў-
на, ладная доля зарэгістраваных помнікаў усхваляла савецкае мі-
нулае, але многія мелі этнічнае беларускае вымярэнне. Колькасць
помнікаў археалогіі, якія, натуральна, былі старэйшыя за савецкі
рэжым (і апісваліся менавіта як беларускія), вырасла ў шмат ра-
зоў, як і колькасць помнікаў архітэктуры, узятых у рэспубліцы пад
ахову[39]. Кампанія па захаванні спадчыны асабліва ўзмацнілася
ў другой палове дзесяцігоддзя: станам на 1980 г. 9167 з 10 750 пом-
нікаў, што ахоўваліся дзяржавай, трапілі пад ахову ў 1976–1980 гг.[40]

Гістарычныя будынкі ў Беларусі пачалі выкарыстоўваць
больш паважліва, з улікам іх гістарычнай каштоўнасці і ўразлівас-
ці. Іх сталі часцей ператвараць у музеі, выставачныя цэнтры, кан-
цэртныя пляцоўкі — апошнія мусілі выконваць двайную функ-
цыю, папулярызаваць нацыянальную спадчыну і падтрымліваць

36   Тамсама.
37   НАРБ, ф. 974, воп. 2, спр. 873, арк. 41–44.
38   НАРБ, ф. 974, воп. 2, спр. 1590, арк. 1.
39   Тамсама.
40   НАРБ, ф. 974, воп. 2, спр. 1641, арк. 1.

нацыянальную музыку[41]. У 1980 г. толькі што адрэстаўраваная Спаса-Праабражэнская царква ў Заслаўі і царква XIX ст. у Раўбічах прытулілі музейныя экспазіцыі; Сафійскі сабор у Полацку прыстасавалі пад выставачную і канцэртную залу, а Лідскі замак XIV ст. знаходзіўся ў працэсе рэстаўрацыі, прычым ставілася мэта зрабіць з яго музей і летнюю канцэртную пляцоўку. Каб падмацаваць гэтыя высілкі заканадаўча, у 1978 г. Вярхоўны Савет рэспублікі прыняў закон «Аб ахове і выкарыстанні помнікаў гісторыі і культуры»[42].

Музеі таксама адыгрывалі ролю ў тым, што беларусы даведваліся пра сваё нацыянальнае мінулае. К канцу 1970-х гадоў у рэспубліцы было 60 музеяў; у 1978 г. іх наведалі 7 383 000 чалавек, што вывела Беларусь з яе насельніцтвам, крыху большым за 9,5 мільёна чалавек, на трэцяе месца па наведвальнасці музеяў у Савецкім Саюзе[43]. Асноўныя экспазіцыі музеяў уключалі больш за мільён экспанатаў, і 40 % не адносіліся да савецкай гісторыі[44]. У адрозненне ад некаторых іншых рэспублік, беларускія музеі маглі пахваліцца тым, што ахоплівалі ў сваіх экспазіцыях увесь спектр мінулага[45].

Зразумела, працы са спадчынай перашкаджала мноства недахопаў. Рэстаўрацыйныя праекты часцяком прасоўваліся марудна, тэрміны пераносіліся, а мясцовыя ўлады далёка не заўжды цікавіліся ахавай помнікаў. Колькасць публічных гутарак і друкаваных матэрыялаў, якія выхоўвалі патрэбу ў зберажэнні помнікаў культуры і гісторыі, паступова расла, але іх усё адно фатальна бракавала[46]. З санкцыі партыйнага кіраўніцтва прымаліся катастрафічныя рашэнні, вынікам якіх сталася, напрыклад, страта гістарычнага цэнтра Мінска ў раёне Нямігі. Аднак засяроджанасць выключна на правалах не дазваляе ўбачыць тое, як шмат было дасягнута, асабліва ўлічваючы, на якім нізкім узроўні знаходзілася ахова спадчыны ў Беларусі пасля вайны. Наколькі нізкім быў гэты ўзровень, яскрава дэманструе гісторыя першай беларускай энцыклапедыі.

Выданне Беларускай Савецкай Энцыклапедыі (БСЭ) абмеркоўвалася яшчэ ў міжваенны перыяд, але фінальная адмашка была дадзена пад эгідай Машэрава. У 1965 г. прапаноўвалася выпусціць шэсць тамоў; к таму часу Украіна працавала ўжо над сваёй нацыянальнай энцыклапедыяй з меркаваным накладам

---

41   Міністр культуры БССР выступаў за тое, каб каталіцкія цэрквы ды іншыя гісторыка-архітэктурныя помнікі выкарыстоўваліся як пляцоўкі для публічных канцэртаў — гэта мусіла прыўнесці ў канцэрты эмацыйнасць, прывабнасць. Гл. НАРБ, ф. 974, воп. 2, спр. 1353, арк. 265.
42   НАРБ, ф. 974, воп. 2, спр. 1641, арк. 1–2.
43   Сярод наведвальнікаў, вядома, было і шмат гасцей рэспублікі. Гл. НАРБ, ф. 974, воп. 2, спр. 1507, арк. 187.
44   НАРБ, ф. 974, воп. 2, спр. 1507, арк. 97, 187.
45   НАРБ, ф. 974, воп. 2, спр. 1507, арк. 207.
46   Гл., напрыклад: НАРБ, ф. 974, воп. 2, спр. 1642, арк. 1–12.

80 000 асобнікаў[47]. У снежні 1966 г. Цэнтральны камітэт КПБ разам з Саветам Міністраў БССР пастанавіў выдаць БСЭ[48]. Яе аб'ём быў павялічаны да 12 тамоў[49]. Першы том выйшаў у снежні 1969 г. — да таго, як штосьці паспелі выпусціць іншыя рэспублікі[50].

Гэта, аднак, быў толькі пачатак дужа няпростага працэсу — стварэння нацыянальнай энцыклапедыі. Дарма што артыкулы пра Беларусь складалі толькі частку энцыклапедыі, іх акурат было цяжэй за ўсё падрыхтаваць. Зварот галоўнага рэдактара БСЭ у Цэнтральны камітэт у маі 1970 г. сведчыць пра тое, як многа працы заставалася зрабіць, каб паўнавартасна расказаць пра беларускі народ[51]. Рэдактары і аўтары БСЭ, спрабуючы падрыхтаваць артыкулы на многія тэмы, сутыкаліся з сур'ёзнымі цяжкасцямі, бо цэлыя адгалінаванні беларускай гісторыі, літаратуры і мастацтва, філалогіі, геаграфіі, эканомікі не былі распрацаваны. Гэтыя «белыя плямы» паставілі пад пагрозу вялікую колькасць запланаваных артыкулаў пра Сярэднявечча, Вялікае Княства Літоўскае, развіццё капіталізму ў Беларусі. Мала было вядома пра гісторыю беларускіх мястэчак і гарадоў: каманда БСЭ збіралася падрыхтаваць пра іх 203 артыкулы, але раней апублікаваны матэрыял быў даступны толькі пра дзевяць гарадоў. Гэтак сама няможна было падрыхтаваць сотні запланаваных артыкулаў пра беларускую матэрыяльную культуру, бо ў паваенныя гады не выйшла ніводнай манаграфіі па гэтай тэме. Сур'ёзныя прагалы зеўралі і ў гісторыі беларускай літаратуры, асабліва дарэвалюцыйнай.

Рэдакцыйны аддзел БСЭ, які адказваў за мастацтва і архітэктуру, таксама сутыкнуўся з сур'ёзнымі выклікамі. Па ўсіх галінах мастацтва адсутнічалі статыстычныя звесткі. Ніводнага апублікаванага даследавання не выйшла па гісторыі беларускага тэатра і сцэнічнага мастацтва да 1917 г., а ў працах савецкага перыяду бракавала звестак пра рэгіянальныя і аматарскія тэатры. Ніхто не даследаваў гісторыю беларускай эстрады, харэаграфіі, народных танцаў. Энцыклапедысты адчувалі востры недахоп даследаванняў па беларускай архітэктуры і дарэвалюцыйным мастацтве — аглядаў беларускіх партрэтаў, пейзажаў, нацюрмортаў і г. д. За выняткам шэрагу прац па кераміцы, арнаментах і традыцыйных дэкаратыўных паясах, эвалюцыя беларускага прыкладнога мастацтва і традыцыйных рамёстваў яшчэ падлягала вывучэнню. Ніводная кніга не пралівала святло на дарэвалюцыйнае музычнае жыццё беларускіх гарадоў, не дакументавала падрабязна, як збіраліся народныя песні. Не было ні манаграфій пра асобных

---

47 НАРБ, ф. 1126, воп. 3, спр. 9, арк. 239.
48 НАРБ, ф. 4, воп. 81, спр. 2279, арк. 67.
49 НАРБ, ф. 1126, воп. 3, спр. 291, арк. 257.
50 НАРБ, ф. 4, воп. 81, спр. 2279, арк. 69.
51 НАРБ, ф. 4, воп. 81, спр. 2279, арк. 78–83.

беларускіх кампазітараў, ні вялікага гістарычнага агляду савецкай беларускай музыкі.

Нават краявіды рэспублікі аказаліся «тэра інкогніта». Артыкулы пра геаграфічныя адметнасці Беларусі часцяком кульгалі праз недахоп даступных звестак. Напрыклад, БСЭ меркавала напісаць пра 480 азёраў Беларусі, але каля 330 з іх раней не былі агледжаны. Нават мова стварала цяжкасці; энцыклапедыя рыхтавалася па-беларуску, і рэдактары выявілі, што навуковая і тэхнічная тэрміналогія ў нацыянальнай мове не была ні дастаткова распрацавана, ні стандартызавана. Больш за тое, пераважная большасць геаграфічных назоваў — як савецкіх, так і замежных — ніколі не пісалася на беларускай мове. Энцыклапедыстам спатрэбілася ўпершыню транскрыбаваць па-беларуску каля 100 тысяч тапонімаў. Не існавала беларускамоўнага слоўніка-даведніка з назовамі ўсіх населеных пунктаў, азёраў, рэк і балот Беларусі. Не было і буйнамаштабных беларускамоўных геаграфічных картаў, якія дапамаглі б вызначыць карэктнае напісанне геаграфічных аб'ектаў[52].

Як сведчыць зварот рэдактараў энцыклапедыі ў ЦК КПБ, пісьмовая самапрэзентацыя Беларусі як нацыі з уласнай геаграфіяй, гісторыяй, мовай і спадчынай была ў 1970-х гадах вельмі фрагментарная, але хутка набірала абароты. Варта адзначыць, што к 1976 г. усе 12 тамоў БСЭ, у т.л. адзін, прысвечаны Беларусі, былі апублікаваны.

Праекты кшталту складання нацыянальнай энцыклапедыі і пашырэння беларускай спадчыны меліся давесці савецкім беларусам, што яны — асобны народ з уласнай нацыянальнай гісторыяй, традыцыямі, матэрыяльнай і духоўнай культурай. Да таго ж названыя праекты падкрэслівалі, што традыцыі, гісторыя і культура існавалі задоўга да Кастрычніцкай рэвалюцыі: так умацоўвалася трактоўка Беларусі як старажытнай нацыі. Савецкім беларусам часта гаварылі, што яны шмат чым абавязаны савецкай уладзе, але таксама рэгулярна нагадвалі, што Беларусь — не штучны савецкі канструкт. У выніку яны меліся валодаць выразнай калектыўнай ідэнтычнасцю — і этнічна беларускай, і савецкай.

Савецкая мадэрнасць у Беларусі

Як мы бачылі, пільна адабраныя падзеі мінулага служылі таму, каб напоўніць савецкую беларускую калектыўную ідэнтычнасць запатрабаванымі этнічнымі элементамі. Сацыялістычная сучаснасць мела іншую задачу: паказаць Беларусь як мадэрную, цывільную супольнасць. Так хуткае эканамічнае развіццё і мадэрнізацыя рэспублікі зрабіліся ключавым фактарам унёску ў афармленне савецкай беларускай ідэнтычнасці 1970-х гадоў, пакінуўшы свой адбітак і на постсавецкай эпосе.

52   Тамсама.

У 1965–1980 гг. было завершана велічнае пасляваеннае аднаўленне, і Беларусь зрабілася «гісторыяй поспеху» ў працэсе савецкай мадэрнізацыі. Пераважна сялянская рэспубліка, дзе да Другой сусветнай вайны прамысловасць выглядала сціпла, у апошнія савецкія дзесяцігоддзі набыла паспяховы прамысловы сектар. Ён уключаў, сярод іншага, буйныя хімічныя заводы, некалькі гідраэлектрастанцый, нафтаперапрацоўчыя заводы, якія хутка развіваліся. Асабліва ўдалая была восьмая пяцігодка: рост валавога ўнутранага прадукту біў рэкорды, перавышаючы 9 % за год. Тое быў час прамысловай экспансіі; хутчэй за астатнія ў 1966–1970 гг. раслі перадавая навукаёмістая галіна электронікі, хімічная прамысловасць, радыёвытворчасць і машынабудаўніцтва[53]. У 1970 г. Беларусь ужо вырабляла амаль палову калійных угнаенняў у Савецкім Саюзе, а таксама 19 % поліэтылену, 10 % сінтэтычнай тканіны, 18 % трактароў, 22 % матацыклаў. Яна актыўна займалася мадэрнізацыяй вытворчасці: вытворчыя лініі на 560 заводах і фабрыках былі аўтаматызаваныя, з'явілася 16 вылічальных цэнтраў, і г. д.[54] У 1970-х гадах вытворчая экспансія прадоўжылася. Рэспубліка вырабляла адносна складаныя, высокатэхналагічныя абсталяванне і тавары, у т. л. каляровыя тэлевізары, лядоўні, высокадакладныя станкі для металаапрацоўкі, самазвалы і камп'ютары (ЭВМ). Фінансаванне навукі з боку рэспубліканскіх улад моцна павялічылася. Беларусь у часы Машэрава зрабілася важным навуковым агмянём, дзе займаліся, між іншага, атамнай энергетыкай. Названыя змены замацавалі статус рэспублікі ў іерархіі савецкіх рэспублік, а дазвол мець на сваёй тэрыторыі ядзерную зброю падкрэсліваў яе стратэгічную важнасць і палітычную лаяльнасць.

Беларуская сельская гаспадарка таксама мадэрнізавалася; пра яе поспехі сведчыла і тое, што Масква ў 1970-х гадах выстаўляла Беларусі ўсё больш эканамічных патрабаванняў. У адным 1975-м ад Беларусі чакаліся пастаўкі 1015 тысяч тон мяса, 3630 тысяч тон малака, 790 000 тысяч яек, 1630 тысяч тон бульбы, 140 тысяч тон ільну і 350 тысяч тон гародніны. Штогадовыя планы па пастаўках збожжа сягалі 500 тыс. тон плюс 35 % у рамках «дадатковых» паставак. Машэраў настаўляў падначаленых перавыконваць гэтыя лічбы, самі па сабе амбітныя[55]. Перавыкананне не было чымсьці незвычайным: так, у 1973 г. Беларусь прадала дзяржаве 1 100 000 тон збожжа, перавысіўшы запланаваныя паказнікі на 200 %[56]. На ўсесаюзным сацыялістычным спаборніцтве 1973 г. Беларусь шчодра ўзнагародзілі, і Машэраў папрасіў у Масквы дазволу пабудаваць у Мінску метро. Мінск мусіў стаць толькі дзявятым горадам

53   НАРБ, ф. 528, воп. 1, спр. 41, арк. 107, 109.
54   НАРБ, ф. 528, воп. 1, спр. 41, арк. 110–111.
55   НАРБ, ф. 528, воп. 1, спр. 41, арк. 136–137.
56   НАРБ, ф. 4, воп. 81, спр. 2487, арк. 3.

у СССР, дзе было метро, што адлюстроўвала памер і значэнне беларускай сталіцы.

Эканамічныя перамены мелі вялікі ўплыў на склад беларускага грамадства. Пасляваеннае аднаўленне і прамысловая экспансія падсілкоўвалі хуткую ўрбанізацыю. К 1975 г. большасць беларусаў жыла ў гарадах. З 1960 г. Мінск рос найбольш хутка сярод 35 буйнейшых гарадоў СССР[57]. У 1970-х гадах у Мінск штогод прыбывалі да 55 тысяч новых жыхароў (Навіцкі і інш. 2011). Здольнасць сталіцы прымаць новых жыхароў уражвала многіх, бо Мінск быў амаль цалкам сцёрты з зямлі ў час вайны, аж да таго, што пасляваенныя ўлады нейкі час разважалі, ці не пабудаваць сталіцу ў іншым месцы. Але ў 1970-х гадах гэта было прыцягальнае месца для жыцця — з пастаянным развіццём прамысловасці, якое забяспечвала працоўныя месцы, з добра адукаваным насельніцтвам.

Мадэрнізацыя і мадэрнасць былі ключавымі паняццямі савецкага праекта, і нават сэнсам існавання апошняга. Беларусь машэраўскай эпохі здолела ўвасобіць у сабе тое, да чаго імкнулася ўся савецкая мадэрнасць. Адна журналістка, госця з Масквы, выгукнула: «Савецкая ўлада існуе толькі ў Беларусі!» (Шамякін 1998). У гэтым кантэксце беларуская ідэнтычнасць залежала не толькі ад савецкага і дасавецкага мінулага, але і ад сацыялістычнай сучаснасці.

Вядома, беларусам, як і многім іншым этнічным групам у СССР, пастаянна нагадвалі, што трэба дзякаваць савецкай уладзе за палітычную і эканамічную свабоду. І ўсё ж, як было паказана ў папярэдняй тэме (спадчына і мемарыяльная палітыка), выразная нацыянальная ідэнтычнасць гартавалася ў рамках, дазволеных брэжнеўскім кіраўніцтвам. Падыход апошняга да нацыянальнасцей быў непаслядоўны (гл. пра гэта: Lovell 2010: 218–25; Smith 2013: 216–55). Многія даследчыкі і назіральнікі ў Беларусі трактавалі моўную русіфікацыю 1970–1980-х гадоў як смяротны вырак для якой бы ні было беларускай нацыянальнай ідэнтычнасці. Гэты погляд падсілкоўваўся ў сярэдзіне 1990-х гадоў расчараваннем з-за страты дасавецкіх нацыянальных сімвалаў і статусу беларускай мовы. Але занепакоенасць тым, што занепадае беларуская мова, асабліва ў гарадах, публічна агучвалася прадстаўнікамі нацыянальнай інтэлігенцыі і ў 1960-х, і ў 1970-х гадах. Хаця некаторых асабліва гучных пратэстоўцаў змусілі змоўкнуць, улады рэспублікі заўважылі ўсхваляванасць і зрабілі пэўныя захады ў адказ. Названыя захады дапамагаюць патлумачыць, чаму пераважная большасць беларусаў заявіла пра сваю лаяльнасць да роднай мовы ў час перапісу 1979 г. (Kaiser 1994: 271). Беларуская нацыянальная ідэнтычнасць умацоўвалася пры дапамозе іншых сродкаў культуры: праз машэраўскую падтрымку беларускай

---

57   НАРБ, ф. 4, воп. 81, спр. 2470, арк. 184.

літаратуры і нацыянальных пісьменнікаў, праз фінансаванне беларускай музыкі і тэатра, пашырэнне мадэрных, эстрадных версій беларускага фальклору, што выкарыстоўваліся такімі паспяховымі поп-гуртамі, як «Песняры» і «Сябры», праз папулярызацыю Францішка Скарыны як «беларускага першадрукара».

У ідэнтычнасці, якую выхоўвалі ў насельніцтва ўсе гэтыя разнастайныя намаганні дзяржавы, спалучаліся сімвалічныя атрыбуты этнічнага і мадэрныя, цывільныя элементы. Ідэнтычнасць афармлялася пры дапамозе фундаванай дзяржавай культуры, гісторыі і сімвалаў, але залежала таксама ад эканамічных дасягненняў познесавецкай эпохі: ад маштабнага паваеннага аднаўлення, мадэрнізацыі эканомікі, росквіту ў савецкім стылі. Стабільная, заможная і рэспектабельная сучаснасць абапіралася на гераічнае і траўматычнае нядаўняе мінулае, але магла адсылаць і да некаторых дарэвалюцыйных каранёў, якія таксама жывілі савецка-беларускую ідэнтычнасць. Сам Машэраў стаў красамоўным увасабленнем драматычных перамен, зазнаных Беларуссю: у вайну ён вылучыўся як партызан-герой, быў паранены і зведаў асабістыя страты, але менавіта дзякуючы вайне склалася яго партыйная кар'ера. Яго пераезд у сталіцу з сельскагаспадарчага раёна адлюстроўваў сацыяльную і геаграфічную мабільнасць многіх яго суайчыннікаў. Ідучы ўгору, ён, як і многія з іх, адкінуў сваю беларускую гаворку. Тым не менш Машэраў падтрымліваў асабістыя стасункі з пісьменнікамі, якія працавалі на беларускай, і шмат зрабіў для таго, каб падтрымаць і заахвоціць беларускую літаратуру ды культуру, пры тым што прыярытэтам лічыў мадэрнізацыю беларускай эканомікі і побыту.

Беларускае грамадства, што развівалася ў рамках эканамічнай і культурнай палітыкі Машэрава, было сучаснае, усё больш адукаванае і ўрбанізаванае. Яно ўяўляла з сябе савецкую версію сярэдняга класа. Так, яно з'яўлялася савецкім, але разам з тым — не пазбаўленым пачуцця нацыянальнай свядомасці нават да 1991 г. З таго часу яно зрабіла яшчэ нямала крокаў у названым напрамку. Пераважная большасць беларусаў (79 %) цяпер жывуць у гарадах, многія добра папаездзілі па свеце, большасць мае доступ да інтэрнэту[58]. Галоўнай памылкай Лукашэнкі сталася тое, што ён, удзяляючы шмат увагі савецкай спадчыне, не здолеў распазнаць гэтую траекторыю эвалюцыі грамадства. Ён працягваў звяртацца да сваіх выбаршчыкаў так, як быццам яны ўсё яшчэ былі вяскоўцамі. У Беларусі XXI стагоддзя мадэрнасць азначае найперш лічбавую рэвалюцыю, і апошняя пакінула старэючага дыктатара ззаду. Савецкая мадэрнасць 1970-х гадоў дазволіла беларусам спадзявацца

---

58 «Freedom on the net», Belarus, сайт Freedom House. Рэжым доступу: https://freedomhouse.org/country/belarus/freedom-net/2019 (дата доступу: 22 сакавіка 2024).

на заможную і годную будучыню, няхай і ў даволі жорсткіх рамках камандкай эканомікі ды неліберальнай аднапартыйнай сістэмы. Сацыяльны кантракт Лукашэнкі абяцаў забяспечыць гэткую ж заможную і годную будучыню ў постсавецкі перыяд, але спроба правалілася. У каламутных эканамічных і палітычных абставінах 1994 года былы прапагандыст і дырэктар саўгаса Лукашэнка яшчэ неяк здолеў перамагчы на выбарах, але ў 2020 годзе куды большая колькасць выбаршчыкаў аддала перавагу англамоўнай жонцы зняволенага блогера і бачанню годнай, сучаснай калектыўнай будучыні, якую ўвасабляла Ціханоўская.

Заключныя заўвагі

Элементы беларускай нацыянальнай ідэнтычнасці, сфармаваныя ў познесавецкую эпоху, — грамадзянская свядомасць, мадэрнасць, кемлівасць у абыходжанні з тэхналогіямі, агіда да гвалту, абумоўленая калектыўнай памяццю пра вайну, агульнае бачанне будучыні з прызнаннем ролі нацыянальнай мінуўшчыны — усе яны праявіліся ў перыяд крызісу, што разгарэўся ў жніўні 2020 года. Хаця ў беларускім грамадстве на працягу трох апошніх дзесяцігоддзяў адбываліся бясспрэчныя перамены, іх напрамак быў шмат у чым вызначаны познесавецкім досведам.

Лукашэнка доўгі час імкнуўся эксплуатаваць пераемнасць з названым досведам, але не даў рады. Ён нават спрабаваў зрабіцца нацыянальным лідарам кшталту Машэрава, што таксама не ўдалося. На працягу дзесяцігоддзяў пасля сваёй смерці ў аўтамабільнай аварыі (1980) Машэраў заставаўся адной з найбольш паважаных публічных асоб у Беларусі. У агульнанацыянальных апытаннях, што рэгулярна ладзіліся ў 1996–2013 гг. Незалежным інстытутам сацыяльна-эканамічных і палітычных даследаванняў (НІСЭПД), былы партызан-герой пастаянна займаў першае або другое месцы, пакідаючы за сабой безліч вядомых палітыкаў розных часоў і мясцін. У кожным апытанні, за выняткам двух, Машэраў перамагаў Лукашэнку[59].

Устойлівая папулярнасць Машэрава паказвае, наколькі трывалым аказаўся той гістарычны перыяд у беларускай калектыўнай памяці. Машэраўскі час натхніў беларусаў на працяглае адчуванне калектыўнага гонару, і яно перажыло раскол 1991 г. У 2013 г. звыш 78 % рэспандэнтаў у апытанні НІСЭПД згадзіліся, што перамога ў Вялікай Айчыннай вайне была адной з тых падзеяў XX ст., якімі беларусы могуць найбольш ганарыцца. Прыкметна менш (39 %) успомнілі пра незалежнасць 1991 года, а першае абвяшчэнне дзяржаўнасці Беларусі ў 1918 г. сабрала толькі 10 % галасоў апытаных. З другога боку, трэць рэспандэнтаў назвала

---

59   Dynamics of salary and pension in Belarus, сайт IISEPS. Рэжым доступу: http://www.iiseps.org/?lang=en (дата доступу: 22 сакавіка 2024).

паваеннае аднаўленне ды індустрыялізацыю найвялікшымі да-сягненнямі Беларусі[60].

Эпоха Машэрава не была «залатым векам» у беларускай гісторыі. Апрача таго, што ў краі панавала рэпрэсіўная палітыч-ная сістэма (як, зрэшты, ва ўсіх савецкіх рэспубліках), Беларусь у той час зведала заняпад сваёй нацыянальнай мовы, а ўнікаль-ным беларускім экасістэмам наносілася непапраўная шкода. Па-мяць пра вайну ў Беларусі цэнзуравалі, маніпулявалі ёю, да таго ж край страціў некаторыя культурныя каштоўнасці. Разам з тым яго насельнікі даведаліся, што Беларусь існуе як супольнасць з улас-най культурай, мовай, літаратурай, гісторыяй, паспяховай эка-номікай. Ігнараванне пашыранай у грамадстве станоўчай ацэнкі асноўных сацыяльна-эканамічных трансфармацый машэраўскіх гадоў і ўкладу гэтых трансфармацый у фармаванне акрэсленай беларускай ідэнтычнасці пакіне велізарны прабел у нашым ра-зуменні таго, «адкуль пайшла Беларусь». Як адзначае Аляксандр Пяршай, «кожная краіна мае ўласны сімвалічны капітал у плане эканамічнага дабрабыту, культуры, грамадзянскасці; усе гэтыя фактары мусяць быць прызнаны і ўключаны ў беларускі нацыяна-лістычны праект» (Pershai 2006:632). Познесавецкая спадчына — ладная частка названага сімвалічнага капіталу; яе варта было б прызнаць і належным чынам зразумець у якасці падмурка сучас-най беларускай ідэнтычнасці. Апошняя з'яўляецца мадэрнай, скі-раванай уперад — яна прапаноўвае пачуццё поспеху і годнасці без абыякавасці да нацыянальных адметнасцей. Як паказалі пратэсты 2020 года, народная прывязанасць да некаторых аспектаў гэтай гістарычнай спадчыны, часта крытыкаваная як настальгія, нібыта шкодная для дэмакратычнага развіцця, можа адыграць на дзіва канструктыўную ролю ў спробах беларусаў напісаць новы раздзел у сваёй калектыўнай гісторыі.

Спасылкі

Левін, Л. (2005) *Хатынь: автобиографическая повесть*. Мінск: Асобны Дах.

Навіцкі, У. і інш. (2011) *Гісторыя Беларусі, Том 6: Беларусь у 1946–2009 гг.* Мінск: Современная школа.

Шамякін, І. (1998) *Роздум на апошнім перагоне. Дзённікі 1980–1995 гадоў*. Мінск: Мастацкая літаратура.

Astrouskaya, T. (2019) *Cultural Dissent in Soviet Belarus (1968–1988): Intelligentsia, Samizdat and Nonconformist Discourses*. Wiesbaden: Harrassowitz Verlag.

Bekus, N. (2019) 'Belarus's winding path to a post-soviet identity.' *Current History* 118 (810): 258–64.

---

60   Национальный опрос 2–12 июня 2013 г., сайт НИСЭПИ. Рэжым доступу: http://www.old.iiseps.org/data13-61.html (дата доступу: 22 сакавіка 2024).

Buhr, R.L., Shadurski, V. and Hoffman, S. (2011) 'Belarus: An emerging civic nation?' *Nationalities Papers* 39(3): 425–40.

Etkind, A. *et al.* (2012) *Remembering Katyn.* Cambridge: Polity.

Goujon, A. (2010) 'Memorial Narratives of WWII Partisans and Genocide in Belarus.' *East European Politics and Societies* 24(1): 6–25.

Kaiser, R. (1994) *The Geography of Nationalism in Russia and the USSR.* Princeton: Princeton University Press.

Korosteleva, E. and I. Petrova (2021) 'Community resilience in Belarus and the EU response.' *Journal of Common Market Studies Annual Review* 59: 124–136.

Leshchenko, N. (2008) 'The national ideology and the basis of the Lukashenka regime in Belarus.' *Europe-Asia Studies* 60(8): 1419–1433.

Lewis, S. (2018) *Belarus — Alternative Visions: Nation, Memory and Cosmopolitanism.* London: BASEES/Routledge Series on Russian and East European Studies.

Lovell, S. (2010) *The Shadow of War: Russia and the USSR, 1941 to the Present.* Chichester: Wiley-Blackwell.

Manaev, O., Manayeva, N. and Yuran, D. (2011) 'More state than nation: Lukashenko's Belarus.' *Journal of International Affairs* 65(1): 93–113.

Marples, D. (2014) *"Our Glorious Past": Lukashenka's Belarus and the Great Patriotic War.* Stuttgart: Ibidem Verlag.

Pershai, A. (2006) 'Questioning the hegemony of the nation state in Belarus: Production of intellectual discourses as production of resources.' *Nationalities Papers* 34(5): 623–635.

Petrova, I. and Korosteleva, E. (2021) 'Societal fragility and resilience: The emergence of peoplehood in Belarus.' *Journal of Eurasian Studies* 12(2): 122–132.

Radzik, R. and Słomczynska J. (2001) 'Belarus between the East and the West: The Soviet Russian option versus the nationalist option in Belarusian society.' *International Journal of Sociology* 31 (3): 11–45.

Rudling, P. (2008) '"For a Heroic Belarus!": The Great Patriotic War as Identity Marker in the Lukashenka and Soviet Belarusian Discourses.' *Nationalities Affairs (Sprawy Narodowościowe)* 32: 43–62.

Rudling, P. (2011) 'Lukashenka and the 'red-browns': National ideology, commemoration of the past and political belonging.' *Forum für osteuropäische Ideen- und Zeitgeschichte* 15(1): 95–125.

Rudling, P. (2012) 'The Khatyn Massacre in Belorussia: A Historical Controversy Revisited.' *Holocaust and Genocide Studies* 26(1): 29–58.

Rudling, P. (2015) *The Rise and Fall of Belarusian Nationalism, 1906–1931.* Pittsburgh: University of Pittsburgh Press.

Rudling, P. (2017) '"Unhappy is the person who has no motherland": National ideology and history writing in Lukashenka's Belarus.' In *War and Memory in Russia, Ukraine and Belarus.* Eds. Fedor, J., Kangaspuro, M., Lassila, J. and Zhurzhenko, T. Basingstoke: Palgrave Macmillan Memory Studies, 86–134.

Silitski, V. (2006) 'Still soviet? Why dictatorship persists in Belarus.' *Harvard International Review* 28 (1): 46–47.

Slepyan, K. (2006) *Stalin's Guerrillas: Soviet Partisans in World War II.* Lawrence: University of Kansas.

Smith, J. (2013) *Red Nations: The Nationalities Experience in and after the USSR.* Cambridge: Cambridge University Press.

Snyder, T. (2010) *Bloodlands. Europe between Hitler and Stalin.* London: The Bodley Head.

Tumarkin, N. (1994) *The Living and the Dead: The Rise and Fall of the Cult of World War II in Russia.* New York: Basic Books.

Wilson, A. (2011) *Belarus: The Last European Dictatorship.* London: Yale University Press.

4. Погляды на замежную палітыку ў беларускіх пратэстоўцаў 2020 года — традыцыйная «прамежкавасць»?

Хуавэй Чжэн

Уводзіны

Год 2020 характарызаваўся серыяй крызісаў як на глабальным, так і на нацыянальным узроўнях. Па Беларусі гэтыя крызісы ўдарылі асабліва балюча, справакаваўшы масавыя дэманстрацыі і палітычныя зрухі ў краіне. Масаваму пратэсту паспрыяў шэраг фактараў, у тым ліку памылковае стаўленне Лукашэнкі да COVID-19 (Åslund 2020), масавы гнеў з прычыны таго, як улады абыходзіліся з дэманстрантамі, расчараванне народа ў Беларусі як «сацыяльнай дзяржаве». Параўнальна з ранейшымі пратэстамі ў Беларусі паміж 2011 і 2019 гадамі, дэманстрацыі 2020 г. былі маштабныя (як у плане яўкі, так і ў сэнсе ахопу розных мясцовасцей) і доўгатрывалыя (de Vogel 2022; Mateo 2022). Яны моцна падарвалі легітымнасць Лукашэнкі, паслужыўшы каталізатарам тых перамен, што цяпер адбываюцца ў краіне.

Масавыя дэманстрацыі следам за спрэчнымі прэзідэнцкімі выбарамі ў жніўні 2020 г. доўжыліся звыш года і разглядаліся як нешта выключнае для Беларусі. Яны мелі сур'ёзныя палітычныя і сацыяльныя наступствы, якія прыцягнулі ўвагу сацыяльных аналітыкаў. Даследчыкі трактавалі пратэст з перспектывы грамадзянскай супольнасці (Astapova *et al.*, 2022; Douglas 2020), ідэнтычнасці (Kazharski 2021), народнай суб'ектнасці (Petrova and Korosteleva 2021), грамадскіх класаў (Gapova 2021, і ў гэтым зборніку), а таксама з пункту гледжання ўплыву на звычайных грамадзян (Pravdivets, Markovich, Nazaranka *et al.* 2022). Спецыяльны выпуск часопіса «Post-Soviet Affairs» (Onuch and Sasse 2022) называўся «Understanding the 2020 Mass Mobilisation in Belarus» — «Разуменне мабілізацыі мас у Беларусі 2020 года». У ім разбіраліся сацыялагічны, геапалітычны і медыйны аспекты пратэснага руху, падавалася багата інфармацыі «з першых рук» — усё для таго, каб вытлумачыць прычыны масавага пратэсту 2020 г. і яго наступствы, г. зн. перамены, што назіраюцца ў краіне.

Калі палітычныя і сацыяльныя суплёты аналізаваліся даволі падрабязна, то знешнепалітычны аспект падзей унутры краіны яшчэ належыць асвятліць у літаратуры. Улічваючы, што Аляксандр Лукашэнка застаецца ва ўладзе амаль тры дзесяцігоддзі, а пратэсны рух – з'ява нядаўняя, даследаванні беларускай замежнай палітыкі засяроджваліся амаль выключна на пазіцыі ўлад Беларусі, і нават на асабістай пазіцыі або манеўрах самога Лукашэнкі (Nesvetailova 2003; White and Feklyunina 2014; Polglase-Korostelev 2020). У ранейшых даследаваннях замежнай палітыкі Беларусі ўвага звярталася пераважна на дынаміку падзей да 2020 года (Allison, White, and Light 2005; Korosteleva 2011; White, Biletskaya, and McAllister 2016; Nizhnikau and Moshes 2020). Між тым неабходна разгледзець працэсы апошніх гадоў у святле масавых дэманстрацый 2020 года і, што яшчэ больш істотна, на фоне вайны Расіі з Украінай, якая ідзе з 2022 года.

Такім чынам, у гэтым раздзеле разглядаецца тое, наколькі грамадзянскі пратэсны рух у Беларусі паўплываў на знешнюю палітыку краіны. Увага засяроджваецца на ключавым аспекце беларускай знешняй палітыкі – на стаўленні Беларусі да Еўразійскага эканамічнага саюза (ЕўрАзЭС), Расіі і Еўрапейскага саюза (ЕС). У прыватнасці, ставіцца пытанне: у якой ступені пратэсны рух 2020 г. у Беларусі выклікаў змены ў плане выбару знешнепалітычнага курсу краіны і геапалітычнай арыентацыі. Ці трэба нам у выніку тых пратэстаў і вайны Расіі з Украінай перагледзець погляд на Беларусь як на краіну ў прамежкавым стане, характэрны для перыяду да 2020 г.?

Беларусь – адна з заснавальніц ЕўрАзЭС, яна была цвёрдай прыхільніцай еўразійскай эканамічнай і сацыяльнай інтэграцыі, выступала за шчыльнае супрацоўніцтва ў галіне бяспекі. Разам з Расіяй і Казахстанам Беларусь утварыла моцнае ядро краін, што выступалі за інтэграцыю – Лявонаў і Карнееў назвалі яго «еўразійская тройка» (Leonov and Korneev 2019: 211). Лукашэнку некаторыя бачылі як «найбліжэйшага хаўрусніка Расіі» (Sakwa 2014: 42). Тым не менш двухбаковыя расійска-беларускія стасункі былі далёкія ад ідэальных, і пасля 2014 г. Лукашэнку ўстурбавалі геапалітычныя амбіцыі Масквы на фоне анексіі Крыма (Korosteleva 2016; Hansbury 2021). Беларусь знаходзіцца геаграфічна паміж ЕС і Расіяй і атрымала вядомасць дзякуючы сваёй палітычнай прамежкавасці: была не зусім ангажаваная ў справы ЕўрАзЭС і не цалкам інтэграваная ў ініцыятыву ЕС «Усходняе партнёрства» (Allison, White, and Light 2005; Korosteleva 2015). «Завіслы» стан краіны шмат у чым спрычыніўся да дыпламатычных крокаў Лукашэнкі перад 2020 г. – яны «падкрэслівалі шматвектарнасць Беларусі ў знешняй палітыцы» (O'Loughlin and Toal 2022: 44). Аж да выбарчага крызісу 2020 г. назіраліся пастаянныя спробы беларускага боку зблізіцца з Захадам, а беларуска-расійскія стасункі к канцу 2019 г. пагоршыліся (Nizhnikau and Moshes 2020: 48–49).

Падзеі, што разгарнуліся ў 2022 г., падштурхоўваюць нас да таго, каб звярнуцца да ранейшай «шматвектарнай» знешняй палітыкі Беларусі, прааналізаваць змены ў ідэнтычнасці краіны, гіпатэтычную адмову ад прамежкавасці. Пасля з'яўлення ў Беларусі палітычнай сілы, што выступае за перамены, мы не можам ігнараваць яе патэнцыйны ўплыў на замежную палітыку краіны. Важна тое, што змены на «лакальным» і «персанальным» узроўнях могуць мець істотныя наступствы на ўзроўні рэгіянальным або нават глабальным (Korosteleva and Petrova 2021). Больш за тое, рэакцыі Лукашэнкі на пратэст, магчыма, кардынальным чынам змянілі яго знешнюю палітыку ранейшага перыяду, якая штурхала краіну ў прамежкавы стан. Анягож, новае знешнепалітычнае мысленне, што вынікае з беларускага грамадзянскага пратэснага руху, можа прывесці да глыбейшых змен у еўразійскіх рэгіянальных групоўках, такіх як ЕўрАзЭС, і шырэй — змяніць геаэканамічны або геапалітычны расклад сіл у рэгіёне.

Дарма што масавы рух 2020 г., адрозна ад украінскага Майдана (які далей у гэтым зборніку абмяркоўваецца ў Кудленка), не меў праеўрапейскай скіраванасці і быў арыентаваны на ўнутраныя справы краіны, ён праявіў сябе ў знешняй палітыцы краіны і, шырэй, у міжнароднай палітыцы рэгіёна. У гэтым раздзеле даводзіцца, што пасля 2020 г. Беларусь не можа больш знаходзіцца ў прамежкавым стане. Магчымасці знаходжання ў гэтым стане істотна зменшыліся пасля таго, як у 2022 г. Расія распачала вайну супраць Украіны. Апазіцыйныя сілы і рэжым сталі больш акрэслена арыентавацца, адпаведна, на ЕС і Расію. Калі ўваходзіць у дэталі, то пратэсны рух спарадзіў апазіцыйную сілу, якая ў гэтым тэксце завецца «нізавая апазіцыя». Яна адрозніваецца ад традыцыйнага руху супраць рэжыму і вымагае дадатковых доследаў. На ранняй стадыі пратэстаў нізавая апазіцыя ў Беларусі трымалася на адлегласці ад якіх бы ні было геапалітычных амбіцый, але пазней, асабліва пасля пачатку вайны 2022 г., даволі гучна дэкларавала праеўрапейскія, антырасійскія погляды. З другога боку, рэжым Лукашэнкі выбраў паглыбленне інтэграцыі з Расіяй у рамках ЕўрАзЭС/АДКБ — гэты выбар варта разглядаць як стратэгію рэжыму з мэтай яго самазахавання. Праз выбар адной геапалітычнай арыентацыі замест ранейшага імкнення да прамежкавага стану Беларусь можа саслізнуць у небяспеку ўнутранага расколу і глабальных геапалітычных канфрантацый.

Спачатку ў гэтым раздзеле тлумачыцца, чым з'яўляецца нізавая апазіцыя Беларусі. Потым распавядаецца пра наратывы, артыкуляваныя яе вядучымі актывістамі і апазіцыйнымі лідарамі, наконт беларускай знешняй палітыкі, стаўлення да ЕўрАзЭС і ЕС. Нарэшце, мы разгледзім рэакцыю рэжыму і змесцім выпадак

Беларусі ў шырэйшы кантэкст рэгіянальных і глабальных міжнародных дачыненняў.

Нізавая апазіцыя ў Беларусі, яе характарыстыкі і дзеяздольнасць

Традыцыйная апазіцыя не здолела заваяваць у Беларусі шырокую папулярнасць, вылучалася сваёй слабасцю. Напрыклад, Гапава (Gapova 2021:45, Gapova 2023) падкрэслівала, што «старая» апазіцыя не карысталася шырокай папулярнасцю. Ротман і Данілаў (Rotman and Danilov 2003:107) даводзілі, што «ўзровень даверу да апазіцыі нізкі, у краіне няма актыўнай, дзейнай і ўплывовай апазіцыі». Што было яшчэ горш, традыцыйная апазіцыя ў Беларусі ніколі цалкам не адлюстроўвала пазіцыю грамадзянскай супольнасці і не мела дастатковых сувязей з шырокай публікай. Як сфармуляваў Іофе (Ioffe 2004:99), «апазіцыя пакідала ўражанне, што дзейнічала ад імя асобнай касты "ініцыяваных", яна ніякім чынам не была звязана з большасцю людзей». Разам з тым дэ Фогель (de Vogel 2022:19) падкрэсліваў, што (традыцыйная) апазіцыя ў Беларусі пакутавала ад расколаў і рэпрэсій з боку рэжыму, і гэта ў апошнія гады перашкаджала ёй арганізоўваць масавыя акцыі.

Тым не менш пратэсны рух 2020 года і ўздым народнай суб'ектнасці, адзначаны Карасцялёвай і Пятровай (Korosteleva and Petrova 2021, таксама ў гэтым зборніку) ажывіў палітычны ландшафт Беларусі. Дэманстрацыі 2020 г. у асноўным арганізоўваліся самімі ўдзельнікамі, якія не былі фармальна звязаны з апазіцыяй (Douglas 2020). Рух не рыхтаваўся і не кіраваўся традыцыйнымі апазіцыйнымі партыямі (Kazharski 2021), пратэстоўцаў характарызавалі як вольных і аўтаномных суб'ектаў (Gapova 2021:50). Улічваючы гэтыя абставіны, неабходна ўвесці паняцце «нізавая апазіцыя», каб апісаць новую дынаміку, адрозніваючы ўзніклую сілу ад традыцыйнай, фармальнай, непапулярнай на той час апазіцыі.

Па-першае, характарыстыкай нізавой апазіцыі было тое, што асноўныя яе лідары і актывісты паходзілі не з традыцыйных апазіцыйных партый. Многія з іх або непасрэдна трапляюць у катэгорыю спецыялістаў, прафесіяналаў, інтэлектуалаў, або шчыльна звязаныя з названымі сацыяльнымі групамі. Напрыклад, нават да пачатку прэзідэнцкіх выбараў вядучыя актывісты пачалі прасоўваць сваіх кандыдатаў. Сярод апошніх трэба назваць Віктара Бабарыку, былога банкіра, Валерыя Цапкалу, які паходзіў з ІТ-індустрыі, і Сяргея Ціханоўскага, пратэснага блогера. Жанчыны таксама актыўна сябе праявілі ў пратэсным руху. Напрыклад, Святлана Ціханоўская, жонка арыштаванага прэтэндэнта на высокую пасаду, вырашыла зрабіць крок уперад і стаць кандыдаткай у прэзідэнткі дзеля свайго мужа. Яна распачала супрацу з Веранікай

Цапкала (іншай жонкай прэтэндэнта) і Марыяй Калеснікавай (лідаркай кампаніі Бабарыкі). Паводле Дугласа (Douglas 2020: 20), гэтыя тры жанчыны «сфармавалі паспяховую каманду, якая ўзрушыла масы ў давыбарны перыяд». Перш чым зрабіцца вядучай кандыдаткай у прэзідэнткі, Ціханоўская была хатняй гаспадыняй, жонкай папулярнага бізнесмена і відэаблогера. Сяргей Ціханоўскі атрымаў вядомасць дзякуючы сваёй ініцыятыве «Страна для жизни» («Краіна для жыцця»), але неўзабаве яго кінулі за краты па фальшывых абвінавачаннях.

Па-другое, многія з новых актывістаў былі прафесіяналамі з сярэдняга/вышэйшага сацыяльных пластоў, або належалі да эліты. Паняцце «нізавая супольнасць» адлюстроўвае той факт, што яны былі добра звязаныя з узрушанымі масамі, з людзьмі рознага статусу, і рэпрэзентавалі іх інтарэсы — у адрозненне ад утрымальніка дзяржаўнай улады. У гэтым сэнсе яны не належалі да старой і фармальнай апазіцыйнай сілы, не цярпелі ад слабасці традыцыйнай беларускай апазіцыі. Вынікі апытанняў паказваюць, што Ціханоўская была дастаткова папулярная сярод выбаршчыкаў — паводле іх уласных слоў. У час даследавання грамадскай думкі, праведзенага праз некалькі тыдняў пасля пратэстаў, толькі 20,6 % апытаных заявілі, што галасавалі за Лукашэнку, а 52,2 % — за Святлану Ціханоўскую (Astapenia 2020).

Па-трэцяе — што найбольш рэлевантна ў кантэксце нашых разважанняў пра выбар знешняй палітыкі — нізавая апазіцыя Беларусі набыла шырокае міжнароднае прызнанне, чаго бракавала традыцыйным апазіцыйным сілам. У якасці лідаркі беларускай нізавой апазіцыі Святлана Ціханоўская мела цёплы прыём на Захадзе. Барацьба беларуса за дэмакратыю выклікала сімпатыю ў ключавых палітычных дзеячаў, такіх як прэзідэнт ЗША Джо Байдэн, французскі прэзідэнт Эмануэль Макрон, Вярхоўны прадстаўнік Еўрапейскага саюза па замежных справах і палітыцы бяспецы Жазэп Барэль[61]. Да таго ж Святлана Ціханоўская атрымала магчымасць звяртацца да міжнародных органаў, такіх як Еўрапейскі парламент і Савет бяспекі ААН, што было істотным прызнаннем дэмакратычнага актывізму ў Беларусі, а таксама легітымацыяй яе аўтарытэту міжнароднай супольнасцю. Новая нізавая апазіцыя зацвярдзілася як ключавая дэмакратычная сіла, што рэпрэзентавала Беларусь, прынамсі ў заходнім свеце. Нават калі пасля спрэчных прэзідэнцкіх выбараў 2020 г. Лукашэнка застаўся пры ўладзе, нізавая апазіцыя не спыніла актыўнасць і прымушала чуць свой голас. Святлана Ціханоўская абвясціла сябе нацыянальнай лідаркай дэмакратычнай Беларусі. Тым часам яе офіс здолеў прыцягнуць шэраг прафесіяналаў, якія склалі Кабінет прадстаўнікоў і

---

61   Гл.: 'Global leaders on Belarus', сайт офіса Святланы Ціханоўскай. Рэжым доступу: https://tsikhanouskaya.org/en (дата доступу: 19 студзеня 2022).

навязалі сувязі з беларускай дыяспарай па ўсім свеце. Так, у Кабінет увайшлі Валерый Кавалеўскі, былы дыпламат з Міністэрства замежных спраў Беларусі, які стаў кіраўніком Кабінета і прадстаўніком па міжнародных справах, Франак Вячорка — былы журналіст, старшы дарадца Ціханоўскай. Сярод іншых дзеячаў можна назваць Таццяну Шчытцову (прадстаўніцу па пытаннях адукацыі і навукі), Алеся Аляхновіча (прадстаўніка па эканамічных рэформах), Крысціну Рыхтэр (прадстаўніцу па прававых пытаннях), Анатоля Лябедзьку (прадстаўніка па канстытуцыйнай рэформе і парламенцкім супрацоўніцтве), Алану Гебрэмарыям (прадстаўніцу па справах моладзі і студэнтаў). На ініцыятыву Святланы Ціханоўскай была створана Каардынацыйная рада, якую апісвалі як «аб'яднаны прадстаўнічы орган беларускага народа». Мэтай Рады было пераадоленне палітычнага крызісу і ўмацаванне еднасці ў грамадстве[62]. Важна падкрэсліць, што Каардынацыйная рада не імкнулася «захапіць уладу неканстытуцыйным шляхам»[63] або падарваць лідарства Ціханоўскай — яна служыла сімвалам яднання ўсіх палітычных сіл супраць Лукашэнкі як утрымальніка ўлады.

На фоне масавых пратэстаў і ўздыму народнай суб'ектнасці (пра якую Карасцялёва і Пятрова пішуць у сваім раздзеле гэтага зборніка) нізавая апазіцыя сфармавалася як палітычная сіла, адрозная ад старой, фармальнай апазіцыі. Яна непасрэдна кантактавала з народам і паспяхова мабілізоўвала масы да і пасля выбараў 2020 г. Вакол галоўнай лідаркі, Святланы Ціханоўскай, утварыўся шэраг агенцый. Гэтыя агенцыі дзейнічалі паралельна з лідарамі і торылі шлях да новага замежнапалітычнага мыслення, альтэрнатыўнага таму, што прасоўвалася беларускім урадам. Напрыклад, офіс Святланы Ціханоўскай (ОСЦ) стварыў даследчы цэнтр ОСЦ — у яго задачы ўваходзіла даваць палітычныя кансультацыі і падтрымліваць сувязі з буйнымі органамі міжнароднай палітыкі і выканаўчымі структурамі для выпрацоўкі стратэгіі. Цэнтр навязаў партнёрства з Оксфардскай абсерваторыяй па Беларусі — платформай для супрацоўніцтва з даследчыкамі актуальнай беларускай сітуацыі. Неўзабаве цэнтр уступіў у кантакт і з інстытутам палітыкі вядомай «фабрыкі думкі» GLOBSEC, пасля чаго пачалі ладзіцца рэгулярныя супольныя вэбінары па пытаннях, датычных Беларусі і знешнепалітычнага мыслення[64].

У наступнай частцы гэтага раздзела падрабязна разглядаюцца наратывы офіса Святланы Ціханоўскай, даследуюцца яго

---

62   Гл. агульную інфармацыю пра Каардынацыйную раду на сайце офіса Святланы Ціханоўскай. Рэжым доступу: https://tsikhanouskaya.org/en (дата доступу: 5 мая 2022).

63   Тамсама.

64   Больш інфармацыі гл. у відэазапісах вэбінараў, змешчаных на канале Даследчага цэнтра: https://www.youtube.com/channel/UCyEEXOn_QtIrmPfCHaajsdQ/featured. Сайт Оксфардскай лабараторыі па Беларусі з палітычнымі аглядамі і папулярнымі палітычнымі блогамі даступны тут: https://obo.web.ox.ac.uk/.

знешнепалітычныя арыентацыі. Асноўная ўвага ўдзяляецца стаўленню офіса да Еўрапейскага саюза, ЕўрАзЭС і месцу Беларусі ў апошняй арганізацыі.

Новае знешнепалітычнае мысленне: фармаванне новай ідэнтычнасці?

Дынаміка падзей да 2022 года

У адрозненне ад украінскай Рэвалюцыі годнасці 2013–2014 гг., беларускі пратэсны рух 2020–2021 гг. на ранніх этапах мала цікавіўся геапалітычнай арыентацыяй краіны. Галоўнай у рыторыцы была аддаленасць ад якіх бы ні было геапалітычных прэтэнзій, што пастаянна падкрэслівалася ў заявах лідаркі апазіцыі. Як сцвярджала Святлана Ціханоўская, «наша рэвалюцыя не геапалітычная — яна ні за Расію, ні за ЕС»[65]. Яна ж тлумачыла, чым беларуская рэвалюцыя адрознівалася ад украінскай — тым, што ў Беларусі галоўным было «змаганне ўнутры краіны»[66]. Пратэст апісваўся проста як дэмакратычны рух з мэтай палепшыць дабрабыт беларускага народа. Паводле Ціханоўскай, «мы не глядзім на Усход або Захад, мы глядзім у бок лепшага жыцця»[67]. У пэўным сэнсе яе заявы адлюстроўваюць той факт, што ў час пратэстаў сярод беларусаў не гучалі яўныя заклікі да геапалітычных змен.

Такім чынам, нізавая апазіцыя не занялася рэвізіяй шматвектарнай замежнай палітыкі Беларусі (Лукашэнка доўга трымаўся прынцыпу шматвектарнасці). Лідарка нізавой апазіцыі пастаянна падкрэслівала каштоўнасць незалежнасці і суверэнітэту краіны — незалежнасць ні ў якім разе не павінна была стаць прадметам гандлю. У вачах нізавой апазіцыі праблемай з'яўляўся сам Лукашэнка, які страціў сваю легітымнасць і давер у якасці прэзідэнта. З пункту гледжання гэтай апазіцыі, Лукашэнку варта было разглядаць толькі як «былога прэзідэнта Беларусі», а яго чаплянне за ўладу трактавалася як нелегітымная з'ява, што падлягала выпраўленню. Цікава, што адзін з дзеячаў, у якога аўтар браў інтэрв'ю, паправіў мяне, калі я назваў Лукашэнку «прэзідэнтам». Мой рэспандэнт удакладніў, што «з 2020 г. Лукашэнка — не прэзідэнт, а чалавек, які нелегальна ўтрымлівае ўладу пры дапамозе сілы, жорсткасці, беззаконнасці… Брак яго легітымнасці, нелегальнасць яго знаходжання на пасадзе вызначаюць яго слабасць і ператвараюць

---

65   Гл. відэа 'I'm Trying to Topple Europe's Last Dictator', NYT Opinion, September 23, 2020. Рэжым доступу: https://tsikhanouskaya.org/en/events/video/a964b1b5d4a6570.html (дата доступу: 11 мая 2022).

66   Гл. відэа 'Sviatlana Tsikhanouskaya's Interview for TRT World', April 12, 2021. Рэжым доступу: https://tsikhanouskaya.org/en/events/video/b7896796be50c75.html (дата доступу: 15 мая 2022).

67   Тамсама.

у ахвяру ўсіх магчымых відаў націску і маніпуляцый»[68]. Адносна замежнай палітыкі Святлана Ціханоўская заявіла, што «ён (Лукашэнка) купляе падтрымку Расіі, і ўсе дамоўленасці (падпісаныя Лукашэнкам з Расіяй) з'яўляюцца нелегітымнымі»[69]. Праблематычнасць замежнай палітыкі, якую дыктаваў асабіста Лукашэнка, падкрэслівалі і крытыкавалі многія рэспандэнты. Адна з экспертак, у прыватнасці, заўважыла: «Да жніўня 2020 г. частка працэсу прыняцця рашэнняў была схаваная. Многае вырашалася на асабістым узроўні. Праблемы супрацы з Расіяй знаходзіліся пад поўным кантролем Лукашэнкі»[70].

Што да ЕўрАзЭС, беларуская нізавая апазіцыя не збіралася мяняць статус-кво і выводзіць Беларусь з названай арганізацыі. Стратэгія грунтавалася на тым, каб застацца ў ЕўрАзЭС, адначасова шукаючы больш выгады ад супрацы з ЕС. Напрыклад, Алесь Аляхновіч, прадстаўнік Ціханоўскай па эканамічных рэформах, выступаў за лібералізацыю экспарту паслуг з Беларусі ў ЕС. Трэба адзначыць, што пры гэтым праводзілася адрозненне паміж прыватным сектарам і дзяржаўнымі прадпрыемствамі, якія разглядаліся як «рухавік рэжыму Лукашэнкі і крыніца яго фінансаў»[71]. Эксперты з нізавой апазіцыі прасілі, каб прадаўцы паслуг з Беларусі мелі больш доступу на рынак ЕС. Асноўны аргумент апазіцыі палягаў у тым, што лібералізацыя рынку паслуг пайшла б на карысць і Беларусі, і ЕС, «перашкодзіла б паглынанню Беларусі Расіяй, адначасова спрыяючы Еўрапейскаму саюзу ў плане працоўнай міграцыі»[72].

Тым не менш, улічваючы, што асноўнымі заклікамі беларускай нізавой апазіцыі былі адстаўка Лукашэнкі, выхад з палітычнага крызісу і скорае правядзенне сумленных выбараў, апазіцыя гарнулася хутчэй да Захаду, чым да Расіі. Масква рашыла не супрацоўнічаць са Святланай Ціханоўскай і прадоўжыла падтрымліваць рэжым Лукашэнкі, асабліва ў лагістычным і фінансавым аспектах. Сама Ціханоўская апынулася на выгнанні і атабарылася ў Вільні, прасоўваючы справу беларускай нізавой апазіцыі галоўным чынам на Захадзе. Яна заклікала, каб ЕС увёў больш санкцый супраць прадпрыемстваў, звязаных з рэжымам і блізкім колам Лукашэнкі, што павінна было павялічыць ціск на Лукашэнку і аказаць адпаведны ўплыў на палітычны ландшафт Беларусі.

68 Інтэрв'ю з Валерыем Кавалеўскім, 17 мая 2022 г. (у пісьмовай форме).
69 Гл. відэа 'Sviatlana Tsikhanouskaya at the Sedona Forum 2021', May 2, 2021. Рэжым доступу: https://tsikhanouskaya.org/en/events/video/a99225aabfaef8a. html (дата доступу: 15 мая 2022).
70 Інтэрв'ю з Розай Турарбекавай, 16 мая 2022 г. (у пісьмовай форме).
71 Высновы з экспертнай дыскусіі «Liberalizing Import of Services from Belarus to the EU: A Revolutionary Win-Win Step», November 26, 2021. Рэжым доступу: https://tsikhanouskaya.org/en/events/news/b1de8d6320627b7.html (дата доступу: 15 мая 2022).
72 Тамсама.

Такім чынам, дарма што Святлана Ціханоўская абвяшчала дэмакратычны рух далёкім ад геапалітыкі, замежная палітыка, за якую выступала нізавая апазіцыя, дэ-факта арыентавалася на ЕС і Захад, аднак без адмовы ад шматвектарнасці. Як адзначыла адна з рэспандэнтак: «ад пачатку офіс Ціханоўскай імкнуўся да ўзважаных адносін з замежжам»[73].

«Назад у Еўропу»: рэзкія змены ў наратыве пасля пачатку вайны Расіі супраць Украіны ў 2022 г.

Вайна Расіі з Украінай 2022 г. стала вяхой, пасля якой знешнепалітычныя арыентацыі офіса Ціханоўскай змяніліся. Вайна выклікала жорсткую крытыку з боку беларускай апазіцыі, якая начыста пераарыентавала свой наратыў. Галоўным у крытыцы было тое, што, развязаўшы вайну, Расія нанесла шкоду беларускаму суверэнітэту і тэрытарыяльнай цэласнасці. Таццяна Шчытцова, прадстаўніца Святланы Ціханоўскай па пытаннях адукацыі і навукі, апісвала падзеі як «неабвешчаную акупацыю беларускай тэрыторыі расійскімі войскамі»[74]. Паводле яе ацэнкі, уся краіна Беларусь «узятая ў закладніцы агрэсарам»[75]. Святлана Ціханоўская адкрыта заявіла, што «Беларусь знаходзіцца фактычна ў стане вайсковай акупацыі», а апазіцыя пераходзіць «ад барацьбы за дэмакратыю да барацьбы за суверэнітэт, супраць расійскага рэвізіянізму»[76]. Заяўлялася, што, дазволіўшы расійскім войскам выкарыстоўваць беларускія землі, Лукашэнка «здзейсніў найцяжэйшае злачынства — здраду беларускай дзяржаве і беларускаму народу»[77].

Следам за асуджэннем расійскай агрэсіі і замаху на беларускі суверэнітэт, беларуская нізавая апазіцыя больш выразна заявіла пра еўрапейскую ідэнтычнасць Беларусі. Апазіцыя звязала лёсы Украіны і Еўропы з уласнай будучыняй Беларусі. Напрыклад, Таццяна Шчытцова сказала, што «вайна ва Украіне прымушае нас нарэшце здаць старое паняцце "постсавецкія дзяржавы" ў архіў... лёс Еўропы, у тым ліку і лёс Беларусі, вырашаецца сёння Украінай»[78]. Гэта выдатная заўвага, якая арыентуе Беларусь на Еўро-

73   Інтэрв'ю з Розай Турарбекавай, 16 мая 2022 г. (у пісьмовай форме).
74   Гл. відэа '"More than 1500 Students and Academics Have Become Victims of Repression". Appeal to the International Academic Community', March 5, 2022. Рэжым доступу: https://tsikhanouskaya.org/en/events/video/f7ed8f4a13bf618. html (дата доступу: 16 мая 2022).
75   Тамсама.
76   Гл. відэа 'Sviatlana Tsikhanouskaya's Speech at the Kalinouski Forum, 2022', March 21, 2022. Рэжым доступу: https://tsikhanouskaya.org/en/events/video/ ef8ae3eb3432eb0.html (дата доступу: 16 мая 2022).
77   Інтэрв'ю з Валерыем Кавалеўскім, 17 мая 2022 г. (у пісьмовай форме).
78   Гл. відэа '"More than 1500 Students and Academics Have Become Victims of Repression". Appeal to the International Academic Community', March 5, 2022. Рэжым доступу: https://tsikhanouskaya.org/en/events/video/f7ed8f4a13bf618. html (дата доступу: 16 мая 2022).

пу і Украіну, зацвярджаючы яе дыстанцыю ад Расіі і, шырэй, ад усёй постсавецкай прасторы. Антываенныя пачуцці актывізавалі таксама наратыў кшталту «назад у Еўропу», што відаць з заявы Святланы Ціханоўскай: «калі Украіна пераможа, у нас будзе шанс вярнуцца ў еўрапейскую сям'ю»[79]. Калі «еўрапейская» самаідэнтыфікацыя на ранняй стадыі пратэснага руху гучала даволі сціпла, то ў першыя месяцы пасля пачатку вайны яна загучала куды мацней, больш выразна.

Новае замежнапалітычнае мысленне беларускай апазіцыі набыло «геапалітычныя» рысы практычна за пару дзён. Як сфармулявала Святлана Ціханоўская, «калі Украіна прайграе, у Беларусі не будзе іншай будучыні, акрамя як рабства ў Расійскай імперыі. Вайна *падштурхнула беларусаў зрабіць геапалітычны выбар*»[80]. Паводле гэтых выказванняў, вайна вядзе да глыбокіх змен у беларускім замежнапалітычным мысленні — у прыватнасці, да перазагрузкі адносін з Расіяй, ЕўрАзЭС і ЕС. Старшы дарадца Святланы Ціханоўскай па замежных справах развіў думку:

> ЕўрАзЭС абслугоўвае расійскія інтарэсы, перашкаджаючы Беларусі будаваць адносіны з ЕС, якія супадалі б з нашымі інтарэсамі… Членства ў ЕўрАзЭС, як і ва ўсіх іншых шматлікіх інтэграцыйных ініцыятывах з удзелам Расіі, мусіць быць перагледжана і праверана на адпаведнасць Канстытуцыі Беларусі. Дэмакратычнай і суверэннай Беларусі прыйдзецца будаваць адносіны з ЕС амаль з нуля[81].

Тым не менш застаецца разрыў паміж вышэйапісаным новым замежнапалітычным мысленнем і фактычнай афіцыйнай палітыкай Беларусі. Варта ўлічваць, што Святлана Ціханоўская сказала ясна: яна рэпрэзентуе дэмакратычную Беларусь толькі ў пераходны перыяд, а ў будучыні хацела б служыць краіне не на палітычнай ніве. Таму трэба будзе паглядзець, да якой ступені новае кіраўніцтва, якое з'явіцца пасля сумленных і празрыстых выбараў, пяройме думкі, агучаныя офісам Ціханоўскай, і інтэгруе іх у замежную палітыку Беларусі.

У наступным падраздзеле паказана, як рэжым Лукашэнкі рэагаваў на пратэсты ў плане знешніх адносін і дыпламатычнай стратэгіі. Разглядаюцца таксама наступствы палітычнага крызісу ў Беларусі для шырэйшага рэгіёна.

---

79   Гл. відэа 'Sviatlana Tsikhanouskaya's Speech at the Kalinouski Forum, 2022', March 21, 2022. Рэжым доступу: https://tsikhanouskaya.org/en/events/video/ef8ae3eb3432eb0.html (дата доступу: 16 мая 2022).

80   Тамсама (курсіў мой — аўт.).

81   Інтэрв'ю з Валерыем Кавалеўскім, 17 мая 2022 г. (у пісьмовай форме).

Рэжым наносіць удар у адказ: Беларусь на пярэднім плане геапалітычнай канфрантацыі?

Шлях да дэмакратыі і змены рэжыму ў Беларусі не з'яўляецца лёгкім і бясклопатным. Дарма што мабілізацыя мас у 2020 г. мела беспрэцэдэнтны характар, рэжым Лукашэнкі адрэагаваў бязлітасна, разгарнуўшы масавыя рэпрэсіі супраць пратэстоўцаў і актывістаў апазіцыі, што прывяло да катаванняў, беззаконнасці, трагічных смерцяў. У час напісання гэтых радкоў Лукашэнка моцна трымаецца за ўладу, а пратэсты пачатку 2021 г., падобна, страцілі свой агульнанацыянальны маштаб. Важную заўвагу зрабілі Онух і Сас (Onuch and Sasse 2022a: 4): «З вузкага кіраўнічага кола рэжыму мала хто сышоў, асабліва гэта тычыцца сіл бяспекі і вайскоўцаў». Насамрэч Лукашэнка скарыстаўся з таго, што доўгі час укладваў рэсурсы ў сваё блізкае кола і лаялістаў — яны дапамаглі Лукашэнку ўтрымацца ля стырна, нягледзячы на размыванне яго легітымнасці і даверу беларускага народа да яго асобы. Рэжым таксама правёў інфармацыйныя кампаніі, каб знішчыць незалежныя СМІ, ізаляваць блогераў, лідараў грамадскай думкі, адначасова напаўняючы анлайн-каналы (кшталту YouTube) прарэжымнай прапагандай[82].

Да 2020 г. Лукашэнка вёў прагматычную шматвектарную замежную палітыку і, паводле Онух і Сас (Onuch and Sasse 2022b: 65), нават сутыкаў ілбамі двух рэгіянальных гегемонаў, г. зн. ЕС і Расію. Гэткі выбар замежнай палітыкі і збалансаваная геапалітычная пазіцыя грунтаваліся на разліку нацыянальных інтарэсаў для невялікай дзяржавы, змешчанай паміж дзвюма значна большымі сіламі. Аднак пасля 2020 г. Лукашэнка яўна адхіліўся ад сваёй шматвектарнасці і зблізіўся з Крамлём, паскорыўшы збліжэнне пасля пачатку вайны Расіі супраць Украіны 2022 г. Гэтая змена геапалітычнай арыентацыі шмат у чым дыктавалася логікай самаабароны і самазахавання рэжыму. Такім чынам, паглыбленне інтэграцыі Беларусі з Расіяй і рэгіянальнымі групоўкамі, кантраляванымі Расіяй, усё больш адпавядала таму, што Элісан (Allison 2018: 324) называў «абарончай інтэграцыяй» — працэсам, паклі-каным падтрымаць бяспеку, стабільнасць і легітымнасць рэжыму.

Інтэграцыя зрабілася больш шчыльнай — як на двухбаковым, так і на шматбаковым узроўнях. У час сустрэчы з Пуціным у сакавіку 2022 г. Лукашэнка прапанаваў знайсці супольныя шляхі, каб процістаяць санкцыям Еўрасаюза ў рамках ЕўрАзЭС і яшчэ больш адкрыць беларускі рынак (Інтэрфакс 2022). Больш за тое, інтэграцыйныя схемы выходзяць за межы эканамічнага супрацоўніцтва, пашыраючыся на ваенныя і нават стратэгічныя сферы. У выніку

---

82   Паведамлена ў дакладзе Франака Вячоркі на вэбінары Оксфардскай абсерваторыі па Беларусі: «Russia's Cyber Warfare and Disinformation Campaigns in Belarus and Ukraine: What We Need to Know to Counter It?», 19 мая 2022.

рэферэндуму 27 лютага 2022 г. канстытуцыя Беларусі зазнала істотныя змены; так, пункт пра бяз'ядзерную зону ў краіне быў выдалены, што фактычна скасавала бяз'ядзерны статус Беларусі, дазволіўшы дыслакацыю ў краіне расійскай ядзернай зброі (OST Research Centre, Oxford Belarus Observatory, and GCRF COMPASS Project 2022a). У зменeным канстытуцыйным тэксце Беларусь таксама адмовілася ад нейтралітэту, што дазваляе расійскім войскам заходзіць на беларускую тэрыторыю. Адмова ад нейтралітэту можа пагражаць еўрапейскай бяспецы ў шырокім сэнсе (OST Research Centre, Oxford Belarus Observatory, and GCRF COMPASS Project 2022b).

Трывожным сігналам з'яўляецца тое, што ў аўтарытарным кантэксце мы бачым персаналізацыю расійска-беларускай інтэграцыі, якую прасоўваюць топ-кіраўнікі дзвюх дзяржаў. На фоне канстытуцыйных папpавак у абедзвюх краінах міждзяржаўная інтэграцыя рызыкуе быць зведзенай да міжасобовых стасункаў, што дапамагае ўтрымліваць рэжымы Пуціна і Лукашэнкі, узмацняючы ўладу гэтых людзей. Разважаючы пра будучыя адносіны Беларусі і Расіі, адна з маіх рэспандэнтак адзначыла, што «(пасля 2020 г.) інтэграцыя ўладных структур выглядае найбольш небяспечнай (для Беларусі)»[83]. Персаналізацыя міждзяржаўных адносін не толькі тармозіць пераход Беларусі да дэмакратыі, але ўяўляе з сябе небяспеку для незалежнасці і суверэнітэту краіны. Яна робіць дамоўленасці Лукашэнкі з Масквой менш празрыстымі, менш залежнымі ад нацыянальных інтарэсаў, а больш — ад маніпуляцый або дыктату з боку Расіі.

Першым наступствам лукашэнкаўскага «павароту на Усход» было паглыбленне расколу ў беларускім грамадстве адпаведна геапалітычным прыхільнасцям. Беларусы падзелены, сярод іншага, паводле геапалітычных арыентацый і прыярытэтаў у замежнай палітыцы. У адным з нядаўніх аглядаў (O'Loughlin and Toal 2022:51–53) паказана, што «за ўступленне ў ЕС выказваецца толькі прыблізна палова ад тых, хто жадаў бы далейшага знаходжання ў ЕўрАзЭС, анягож амаль тры чвэрці рэспандэнтаў выступаюць за нейтралітэт Беларусі». Такім чынам, адхіленне ад нейтралітэту і адмова ад бяз'ядзернага статусу ішлі насуперак волі большасці насельніцтва. Горш за тое, Онух і Сас (2022b:74–76) лічаць, што «геапалітычныя прэферэнцыі часткова абумоўлівалі ўдзел у антыаўтарытарным пратэсце 2020 г., і антырэжымныя пачуцці звычайна спалучаліся з антырасійскім стаўленнем ды ліберальна-дэмакратычнымі поглядамі». Замест таго каб навесці масты паміж людзьмі, унутраныя рэпрэсіі рэжыму і яго выбар у знешняй палітыцы могуць прывесці да яшчэ большага адчужэння значнай

---

83   Інтэрв'ю з Розай Турарбекавай, 16 мая 2022 г. (у пісьмовай форме).

часткі насельніцтва, зачыняючы акно магчымасцей для мірнага і плаўнага дэмакратычнага пераходу.

Іншым важным наступствам адыходу Лукашэнкі ад шматвектарнай знешняй палітыкі з'яўляецца тое, што Беларусь рызыкуе ўцягнуцца ў шырэйшую геапалітычную канфрантацыю праз вайну Расіі з Украінай. Мы бачылі, што «ступень мабілізаванасці калектыўнага Захаду з'яўляецца найбольшай з 1945 г.» (Sakwa 2022), і Захад падтрымлівае Украіну ў маральным, інстытуцыйным ды ваенным планах. Вайна ўсё больш ператвараецца ў «змаганне за каштоўнасці»[84], ваенны рыштунак з Захаду напаўняе краіну, а ў інстытуцыйным плане ЕС прапанаваў Украіне статус краіны-кандыдаткі. У адказ еўразійскі палітычна-ваенны саюз таксама інтэгруецца. Ён завязаны на Расію, жывіцца пачуццём небяспекі, выкліканай пашырэннем ЕС і НАТА, падтрымліваецца рэгіянальнымі арганізацыямі бяспекі кшталту Арганізацыі Дагавора аб калектыўнай бяспецы (АДКБ). Гэтак Беларусь можа апынуцца на пярэдняй лініі геапалітычнай канфрантацыі паміж еўраатлантычным і еўраазіяцкім блокамі бяспекі. Да таго ж Лукашэнка адкрыта заявіў на нядаўнім саміце АДКБ: «Мы ў гэтым павінны быць адзіныя (наконт пашырэння НАТА). Не толькі Расія павінна выказаць заклапочанасць і змагацца, у гэты час паасобку, са спробай пашырэння НАТА» (Belta 2022). Пакуль Лукашэнка застанецца пры ўладзе, ён, падобна, не адмовіцца ад шчыльных стасункаў з Масквой, што ўзмацняе геапалітычны раскол двух названых блокаў.

Высновы

Пачынаючы з 2020 г. пратэсны рух у Беларусі разгортваецца на фоне шырэйшай глабальнай трансфармацыі ўсясветнага парадку. Бабіч (2020) выкарыстоўваў тэрмін «інтэрэгнум» (міжцарства) для апісання пераходнага перыяду, калі раней паноўны ліберальны парадак знаходзіцца ў крызісе, а новы стабільны парадак адсутнічае і раўнавага яшчэ не дасягнута.

Тут можна правесці карысную аналогію паміж трансфармацыяй глабальнага парадку і беларускім выпадкам. Беларусь знаходзіцца ў аналагічнай сітуацыі «міжцарства», калі зерне перамен пасеяна, але ўраджай яшчэ не сабраны. Стары сацыяльны кантракт перастае дзейнічаць, беларусы больш не давяраюць рэжыму Лукашэнкі і яго інстытуцыям. Аднак, хаця нізавая апазіцыя, дзе рэй вядзе Святлана Ціханоўская, штурхае рэжым да змен, Ціханоўская жадае быць палітычнай дзеячкай толькі ў пераходны перыяд. Застанецца чакаць, якая новая апазіцыйная сіла сфармуецца пасля

---

84   Заўвага з даклада Бенжаміна Хіпа (Benjamin Heap) на вэбінары Оксфардскай абсерваторыі па Беларусі: 'Russia's Cyber Warfare and Disinformation Campaigns in Belarus and Ukraine: What We Need to Know to Counter It?', 19 мая 2022.

больш сумленных выбараў і ў якой ступені яе кіраўніцтва засвоіць ідэі каманды Святланы Ціханоўскай.

У беларускім выпадку мы бачым суплёт стаўленняў да ліберальнай дэмакратыі, геапалітычнай арыентацыі і выбару знешняй палітыкі. Улічваючы гвалтоўную рэакцыю ад рэжыму Лукашэнкі, акно магчымасцей для дэмакратызацыі зачыняецца хутка. У плане замежнай палітыкі, прынамсі ў бліжэйшы час, найбольш верагодным з'яўляецца сцэнарый, пры якім Беларусь застанецца ў ЕўрАзЭС, будзе граць больш актыўную ролю ў АДКБ, а да таго ж адбудзецца больш шчыльная інтэграцыя Беларусі ў палітычна-ваенны саюз, сфармаваны вакол Масквы.

Беларусь, якая доўгі час цешылася прамежкавым станам, ужо не можа гэтага рабіць. Сярод найважнейшых наступстваў пратэсту 2020 г. і вайны Расіі ва Украіне 2022 г. — тое, што адбыўся зрух парадыгмы пры выбары беларускай замежнай палітыкі. Больш канкрэтна, сітуацыя да 2020 г., калі краіна не была цалкам адданая ні ЕўрАзЭс і іншым прарасійскім інтэграцыйным арганізацыям, ні «Еўрапейскаму партнёрству», ператварылася ў сітуацыю «або-або». Гэта значыць, што краіна або будзе далей інтэгравацца ў еўразійскі палітычна-ваенны саюз, або рэзка павернецца да еўраатлантычнага блока. Першае цяпер выбірае рэжым, а ліберальна арыентаваная апазіцыя ў будучыні можа выбраць другое, што выкліча перазагрузку замежных дачыненняў краіны.

Такім чынам, беларускі досвед можа ўзбагаціць даследаванні постсавецкіх дзяржаў, дэмакратызацыі і міжнародных адносін, і не толькі як досвед маленькай краіны ў прамежкавым стане. Унутраныя палітычныя перамены ў краіне заўжды пераплецены з выбарам норм, геапалітычнай арыентацыяй і прыярытэтамі ў знешняй палітыцы. Паколькі Беларусь у геаграфічным плане заціснута між дзяржавамі, якія Онух і Сас (Onuch and Sasse 2022b: 78) называюць «магутнымі носьбітамі сімвалічнай улады і норм», унутраныя перамены ў «прамежкавай» краіне здольныя выклікаць «эфект матылька», прывёўшы да рэгіянальных або нават глабальных геапалітычных узрушэнняў (пры тым, што гэткага выніку не заўжды чакае сам ініцыятар перамен). Апроча таго, становіцца відавочным, што прастора для манеўраў, для пошуку нейтралітэту і шматвектарнай палітыкі ў гэткіх невялікіх дзяржаў звужаецца. Таму патрэбны далейшыя даследаванні для вывучэння сістэмных фактараў усясветнай палітыкі, што прымушаюць невялікія дзяржавы адмаўляцца ад прамежкавасці, падштурхоўваючы іх мяняць шматвектарную палітыку на аднавектарную. Таксама патрабуецца вывучэнне наступстваў гэтага працэсу.

Спасылкі

Allison, R. (2018) 'Protective integration and security policy coordination: Comparing the SCO and CSTO.' *The Chinese Journal of International Politics* 11(3): 297–338.

Allison, R., White, S. and Light, M. (2005) 'Belarus between east and west.' *The Journal of Communist Studies and Transition Politics* 21(4): 487–511.

Åslund, A. (2020) 'Responses to the COVID-19 crisis in Russia, Ukraine, and Belarus.' *Eurasian Geography and Economics* 61(4–5): 532–545.

Astapenia, R. (2020) 'What Belarusians think about their country's crisis.' *Chatham House*, 21 October. Рэжым доступу: https://www.chathamhouse. org/2020/10/what-belarusians-think-about-their-countrys-crisis (дата доступу: 10 мая 2022).

Astapova, A., Navumau, V., Nizhnikau, R. and Polishchuk, L. (2022) 'Authoritarian cooptation of civil society: The case of Belarus.' *Europe-Asia Studies* 74(1): 1–30.

Babic, M. (2020) 'Let's talk about the interregnum: Gramsci and the crisis of the liberal world order.' *International Affairs* 96(3): 767–786.

Belta (2022) 'Lukashenko makes proposals to strengthen CSTO.' May 16. Рэжым доступу: https://eng.belta.by/president/view/lukashenko-makes-proposals-to-strengthen-csto-150260-2022/ (дата доступу: 26 мая 2022).

de Vogel, S. (2022) 'Anti-opposition crackdowns and protest: The case of Belarus, 2000–2019.' *Post-Soviet Affairs* 38(1–2): 9–25.

Douglas, N. (2020) *Belarus: from the Old Social Contract to a New Social Identity.* Berlin: ZOiS (Centre for East European and International Studies).

Gapova, E. (2021) 'Class, agency, and citizenship in Belarusian protest.' *Slavic Review* 80(1): 45–51.

Gapova, E. (2023) 'Activating and Negotiating Women's Citizenship in the 2020 Belarusian Uprising.' In: Korosteleva, E., Petrova, I., and Kudlenko, A. (eds.) *Belarus in the Twenty-First Century: Between Dictatorship and Democracy,* 161-178. London: Routledge.

Hansbury, P. (2021) 'Domestic constraints on foreign policy change in Belarus.' *Journal of Belarusian Studies* 11(1): 27–55.

Interfax (2022) 'Lukashenko suggests discussing ways to overcome sanctions within CSTO, EAEU.' March 11. Рэжым доступу: https://interfax.com/ newsroom/top-stories/76427/ (дата доступу: 23 мая 2022).

Ioffe, G. (2004) 'Understanding Belarus: Economy and political landscape.' *Europe-Asia Studies* 56(1): 85–118.

Kazharski, A. (2021) 'Belarus' new political nation? 2020 anti-authoritarian protests as identity building.' *New Perspectives* 29(1): 69–79.

Korosteleva, E. (2011) 'Belarusian foreign policy in a time of crisis.' *The Journal of Communist Studies and Transition Politics* 27(3–4): 566–586.

Korosteleva, E. (2015) 'Belarus between the EU and Eurasian economic union.' In *Eurasian Integration: The View from Within.* Eds. Dutkiewicz, P. and Sakwa, R. Abingdon: Routledge, 111–125.

Korosteleva, E. (2016) 'The European Union and Belarus: Democracy promotion by technocratic means?' *Democratization* 23(4): 678–698.

Korosteleva, E. and Petrova, I. (2021) 'From "the global" to "the local": The future of "cooperative orders" in Central Eurasia in times of complexity.' *International Politics* 58: 421–443.

Leonov, A. and Korneev, O. (2019) 'Regional migration governance in the Eurasian migration system.' In *The Dynamics of Regional Migration Governance*. Eds. Geddes, A., Espinoza, M.V., Abdou, L.H. and Brumat, L. Northampton: Edward Elgar Pub, 205–223.

Mateo, E. (2022) '"All of Belarus has come out onto the streets": exploring nationwide protest and the role of pre-existing social networks.' *Post-Soviet Affairs* 38(1–2): 26–42.

Nesvetailova, A. (2003) 'Russia and Belarus: The quest for the union; or who will pay for Belarus's path to recovery?' In *Contemporary Belarus: Between Democracy and Dictatorship*. Eds. Korosteleva, E.A., Lawson C.W. and Marsh, R.J. London: RoutledgeCurzon: 152–164.

Nizhnikau, R. and Moshes, A. (2020) 'Belarus in search of a new foreign policy: Why is it so difficult?' In *Danish Foreign Policy Review 2020*. Eds. Fischer, K. and Mouritzen, H. Copenhagen: Danish Institute for International Studies, 48–72.

O'Loughlin, J. and Toal, G. (2022) 'The geopolitical orientations of ordinary Belarusians: Survey evidence from early 2020.' *Post-Soviet Affairs* 38(1–2): 43–61.

Onuch, O. and Sasse, G. (2022a) 'The Belarus crisis: People, protest, and political dispositions.' *Post-Soviet Affairs* 38(1–2): 1–8.

Onuch, O. and Sasse, G. (2022b) 'Anti-regime action and geopolitical polarization: Understanding protester dispositions in Belarus.' *Post-Soviet Affairs* 38(1–2): 62–87.

OST Research Center, Oxford Belarus Observatory and GCRF COMPASS Project. (2022a) 'Nuclear-free Belarus: Is it in danger?' *GCRF COMPASS Policy Brief*, рэжым доступу: https://obo.web.ox.ac.uk/files/nuclear-freebelaruspdf (дата доступу: 20 студзеня 2023).

OST Research Center, Oxford Belarus Observatory and GCRF COMPASS Project (2022b) 'Russia's war against Ukraine, and the referendum in Belarus: What happens next?' *GCRF COMPASS Policy Brief*, рэжым доступу: https://obo.web.ox.ac.uk/files/policypdf (дата доступу: 20 студзеня 2023).

Petrova, I. and Korosteleva, E. (2021) 'Societal fragilities and resilience: The emergence of peoplehood in Belarus.' *Journal of Eurasian Studies* 12(2): 122–132.

Polglase-Korostelev, G. (2020) 'The union state: A changing relationship between Belarus and Russia.' *Journal of the Belarusian State University. International Relations* 2: 38–46.

Pravdivets, V., Markovich, A. and Nazaranka, A. (2022) 'Belarus between West and East: Experience of social integration via inclusive resilience.' *Cambridge Review of International Affairs*, абароненая анлайн-публіка-цыя. Рэжым доступу: https://doi.org/10.1080/09557571.2022.2027870 (дата доступу: 25 мая 2022).

Rotman, D.G. and Danilov, A.N. (2003) 'President and opposition: Specific features of the Belarusian political scene.' In *Contemporary Belarus: Between Democracy and Dictatorship.* Eds. Korosteleva, E.A., Lawson C.W. and Marsh, R.J. London: RoutledgeCurzon, 100–111.

Sakwa, R. (2014) *Frontline Ukraine: Crisis in the Borderlands.* London: I. B. Tauris.

Sakwa, R. (2022) 'The march of folly resumed; Russia, Ukraine, and the West.' *Publicreading Rooms.* Рэжым доступу: https://prruk.org/the-march-of-folly-resumed-russia-ukraine-and-the-west/ (дата доступу: 24 мая 2022).

White, S. and Feklyunina, V. (2014) *Identities and Foreign Policies in Russia, Ukraine and Belarus: The Other Europes.* Basingstoke: Palgrave Macmillan.

White, S., Biletskaya, T. and McAllister, I. (2016) 'Belarusians between east and west.' *Post Soviet Affairs* 32(1): 1–27.

Частка II

Сацыяльна-эканамічныя ды інстытуцыйныя далягляды

5. Скрадзеныя дзесяцігоддзі: няспраўджаныя чаканні ад беларускага «эканамічнага цуду»

Алесь Аляхновіч, Юлія Карасцялёва

Уводзіны

Сярод постсацыялістычных гаспадарак, якія распачалі пераход да рынкавай эканомікі ў канцы 1980-х — пачатку 1990-х гадоў, Беларусь зазвычай разглядаецца як выняток. У параўнанні з падобнымі да яе краінамі Цэнтральнай Еўропы і Балтыі (ЦЕБ), якія, ініцыяваўшы эканамічныя рэформы, у цэлым прайшлі праз глыбокі і больш працяглы спад у 1990-х (EBRD 2005), Беларусь дэманстравала ўражальны эканамічны рост у канцы 1990-х — пачатку 2000-х пры амаль адсутнай трансфармацыі эканомікі. Станам на 2000 г., праз дзесяцігоддзе рэформ у рэгіёне, прыватны сектар у Беларусі фармаваў усяго 20 % ВУП, а ў суседніх краінах гэты паказнік сягаў у сярэднім 67 % (тамсама).

У 1994–1995 гг. Беларусь зазнала фрагментарную эканамічную лібералізацыю, але нават скупыя рэформы былі павернуты назад, і далей дзяржава ўсё больш кантралявала эканоміку. Усюдыіснае ўмяшанне дзяржавы ў Беларусі праяўлялася ў пераводзе маёмасці пад дзяржаўнае крыло, кантролі над цэнамі, дзяржаўным размеркаванні фінансавых рэсурсаў «прыярытэтным» сектарам эканомікі, вытворчых планах для прадпрыемстваў і г. д. (Korosteleva and Lawson 2010). У пазнейшыя дзесяцігоддзі некаторыя савецкія анахранізмы зніклі, але практыка субсідый для дзяржаўных прадпрыемстваў ды іншыя формы ўмяшання дзяржавы ў эканоміку захаваліся. Тым не менш штогадовы прырост апошняй у 1996–2008 гг. складаў у сярэднім 8,1 % (World Bank WDI 2021a).

Ці перажыў беларускі «эканамічны цуд» сусветны фінансавы крызіс (СФК)? Тэмпы эканамічнага росту ў Беларусі пасля СФК прыкметна запаволіліся, што яшчэ больш кідаецца ў вочы, калі параўнаць яе з краінамі ЦЕБ. Выглядае, апошнія лепей пережылі клопатныя часы трансфармацыі і СФК, упарта цярэбячы свой шлях да росквіту.

Структурная рыгіднасць эканомікі, сфармаваная за апошнія дзесяцігоддзі і абумоўленая паноўнай роляй дзяржавы, значным ростам знешняй запазычанасці і дзяржаўнага доўгу (вылічанага

ў замежнай валюце), а таксама працяглай залежнасцю ад расій-
скай эканомікі, істотна падрывае перспектывы эканамічнага рос-
ту ў Беларусі. Няўдалая рэакцыя на пандэмію COVID-19, адмоўныя
наступствы палітычнага крызісу 2020 г. і вайна Расіі супраць
Украіны дадаткова пагоршылі эканамічнае становішча ў Беларусі,
спрычыніўшыся да эканамічнага спаду, павелічэння ўразлівасці
банкаўскага сектара і росту дзяржаўнай запазычанасці. Уздым ін-
фляцыі дапоўніў карціну — у выніку беларуская эканоміка зазнала
рэцэсію ў 2022 г., а далей яе, верагодна, чакае стагнацыя.

Такім чынам, у гэтым раздзеле аглядаецца казус «беларуска-
га шляху» ў эканамічным развіцці пасля распаду СССР. Задаюц-
ца наступныя пытанні: 1) чаму Беларусь у параўнанні з краінамі
ЦЕБ пайшла іншым шляхам трансфармацыі? 2) якія наступствы
меў гэты шлях для эканамічнага развіцця праз тры дзесяцігод-
дзі пасля пачатку трансфармацыі? 3) наколькі нядаўнія падзеі —
палітычны крызіс у Беларусі 2020 г., расійска-украінская вайна
2022 г. — абудзілі грамадства ды ініцыявалі доўгачаканыя пера-
мены, пераход на ліберальна-эканамічны шлях развіцця?

Эканамічны заняпад Беларусі пачатку 2020-х гадоў сігналізуе
аб неабходнасці неадкладных эканамічных рэформ. Іх хуткасць
і поспех у вялікай ступені залежаць ад развязання цяперашняга
геапалітычнага крызісу ў рэгіёне і палітычнага крызісу ўнутры Бе-
ларусі.

У наступным падраздзеле даецца агляд беларускай трансфар-
мацыі за апошнія тры дзесяцігоддзі. Ён пакліканы дапамагчы
лепшаму разуменню некаторых структурных рыгіднасцей у эка-
номіцы, гэтаксама як асэнсаванню іх адмоўнага ўплыву на эка-
мічны рост. Потым мы абмяркоўваем цяперашнія падзеі, засяро-
дзіўшыся на перыядзе пасля пачатку палітычнага крызісу 2020 г.,
асабліва на наступствах гэтага крызісу для эканамічнага развіцця.
У чацвёртым падраздзеле прапаноўваюцца развагі аб рэформах,
якія спатрэбяцца Беларусі ў аглядной будучыні. Затым ідуць выс-
новы.

Агляд пераходнага перыяду ў Беларусі

Ранняя стадыя трансфармацыі: 1990–1995

Адпачатным шокам для ўсіх пераходных эканомік стаўся калапс
адміністрацыйна-планавай сістэмы, які абумовіў у сацыялістыч-
ных краінах трансфармацыйную рэцэсію. Адной з яе прыкмет быў
спад ВУП (Campos & Coricelli 2002). Краіны Цэнтральнай Еўропы і
Балтыі, верныя стратэгіі рынкавых рэформ і далучэння да Еўра-
пейскага саюза, абралі традыцыйны шлях трансфармацыі, які
ўключаў лібералізацыю, дэрэгуляцыю і прыватызацыю.

Аднак беларускія ўлады пасля роспуску СССР не былі гатовыя
да радыкальных рэформ у краіне. На старце пераходнага перыяду

ў беларускай эканоміцы па-ранейшаму дамінавалі энергаёмістыя заводы і горназдабыўная прамысловасць, што і вызначала стратэгію кіраўніцтва — захаваць эканамічныя сувязі з Расіяй як галоўным пастаўшчыком энергіі, спажыўцом беларускіх тавараў ды інвестарам. У параўнанні з іншымі краінамі ЦЕБ гэткая палітыка спачатку прывяла да менш глыбокай рэцэсіі.

Разам з тым экспансіяніцкая макраэканамічная палітыка пачатку 1990-х сілкавала гіперінфляцыю і зніжэнне жыццёвага ўзроўню, што падштурхнула беларусаў выбраць у 1994 г. прэзідэнтам папуліста Лукашэнку. Пачатак яго прэзідэнцтва, 1994–1995 гг., быў адзначаны некаторымі фрагментарнымі рынкавымі рэформамі, зніжэннем інфляцыі, але коштам спаду ВУП і росту беспрацоўя (Korosteleva 2004).

Баючыся страціць сваю палітычную папулярнасць, у 1996 г. Лукашэнка згарнуў рэформы, узяўшы курс на ўсталяванне аўтарытарнага рэжыму і ператварыўшы эканамічную палітыку ў прыладу для забеспячэння палітычнай жыццяздольнасці дамінуючай палітычнай эліты (Korosteleva 2004; Korosteleva 2007b).

Ілюзія эканамічнага цуду (1996–2004)

Заўважыўшы, што зніжэнне сукупнага попыту з'яўляецца адным з фактараў спаду вытворчасці, улады пайшлі на дзяржаўнае стымуляванне попыту пры дапамозе палітыкі беспрэцэдэнтнай крэдытнай экспансіі, усталявання негатыўнай рэальнай працэнтнай стаўкі і адміністрацыйнага кантролю над цэнамі. Усё гэта павінна было забяспечыць эканамічны рост і мінімізаваць выдаткі пераходнага перыяду. Адміністратыўнае размеркаванне рэсурсаў ажыццяўлялася не толькі праз простыя ільготныя крэдыты дзяржаўным прадпрыемствам (каб трымаць апошнія на плаву), але і праз такія апасродкаваныя інструменты, як вызваленне ад некаторых падаткаў і мытных збораў прадпрыемстваў у «стратэгічных» сектарах эканомікі; ліцэнзаванне некаторых відаў эканамічнай дзейнасці, скіраванае на выціскванне патэнцыйных канкурэнтаў з рынку; абмежаванне доступу да танных прыродных рэсурсаў; множнасць абменных валютных курсаў; скажэнні цэнаў. У цэлым усюдыіснае ўмяшанне дзяржавы ў эканамічныя працэсы Беларусі прывяло да стварэння своеасаблівага дзяржаўнага капіталізму, дзе ўрадавы ўплыў на эканоміку (праз валоданне маёмасцю і кантроль) спалучаўся з элементамі кланавага капіталізму, калі высокадаходныя сферы фактычна аддаваліся на водкуп палітычным элітам (Korosteleva 2007b).

Эканоміка, рост якой абапіраўся на дзяржаўныя і квазідзяржаўныя інвестыцыі, да таго ж падтрымлівалася простымі і ўскоснымі субсідыямі ад Расіі ды спрыяльным знешнім кліматам, які дазволіў істотна нарасціць беларускі экспарт у канцы 1990-х — пачатку 2000-х гадоў. Будучы маленькай адкрытай эканомікай,

Выява 5.1. Складовыя часткі росту рэальнага ВУП

Беларусь моцна залежыць ад знешняга гандлю. Па ўтварэнні Мытнага саюза Расіі і Беларусі ў 1995 г. Беларусь атрымала неабмежаваны доступ на расійскі рынак, а таксама ладныя ільготныя крэдыты ды зніжкі на энергарэсурсы. Гэтыя фактары, як мяркуецца, забяспечвалі 11–19 працэнтаў беларускага ВУП у канцы 1990-х — пачатку 2000-х гадоў (Silitski 2002; Åslund 2021)[85].

Палітыка грашовага стымулявання сукупнага попыту выклікала ўздым спажывання ў хатніх гаспадарках і рост інвестыцый. Субсідыяванне дзяржаўных прадпрыемстваў дазволіла ім захаваць свае прадукцыйныя магчымасці ў сярэднетэрміновым перыядзе. Доля прадукцыйнасці як драйвера эканамічнага росту ў канцы 1990-х — пачатку 2000-х гадоў паступова павялічвалася (выява 5.1). Агулам стымуляванне крэдытавання эканомікі плюс расійскія субсідыі забяспечылі хуткае аднаўленне беларускай эканомікі. Штогадовы сярэдні рост ВУП у 1997–2004 гг. дасягаў 7 % — гэтую з'яву ў літаратуры ахрысцілі «беларускім эканамічным цудам» (Korosteleva and Lawson 2010).

Разам з тым лагодная палітыка грашовага крэдытавання паскорыла інфляцыю і прывяла да неэфектыўнага размеркавання рэсурсаў, знізіўшы прадукцыйнасць назапашанага капіталу і агульную канкурэнтаздольнасць беларускіх вытворцаў (Korosteleva and Lawson 2010; Kruk 2013).

85   Паводле Ослунда (Åslund 2021), субсідыі ад Расіі складалі ў пачатку 2000-х гг. 6 мільярдаў долараў ЗША на год. Мяркуючы, што гадавы ВУП Беларусі сягаў каля 32 мільярдаў долараў у 2000–2004 гг. (WB WDI 2021), расійскія субсідыі дасягалі 19 % ВУП Беларусі. Зніжкі на энергарэсурсы зменшыліся пасля 2008 г., але, паводле МВФ (IMF 2019a), яны заставаліся значнымі.

Табліца 5.1. Асноўныя макраэканамічныя паказнікі, 1995–2020 гг.

Паказнікі	1995	2000	2005	2010	2015	2020
Гадавы рост ВУП на душу насельніцтва, %	-10,1	6,3	10,1	7,98	-3,98	-0,7
ВУП на душу насельніцтва паводле парытэту пакупніцкай здольнасці (у пастаянных міжнародных $ 2017 г.)	5805,3	8053,2	11940,2	17288,4	18307,5	19148,2
Выдаткі на канчатковае спажыванне, % ад ВУП	79,6	76,4	72,8	71,7	67,8	68,4
Экспарт тавараў і паслуг, % ад ВУП	49,7	69,2	59,8	51,4	58,0	61,9
Дзяржаўныя выдаткі на канчатковае спажыванне, % ад ВУП	20,5	19,5	20,8	16,0	14,9	16,9
Валавыя ўнутраныя ашчаджэнні, % ад ВУП	20,4	23,6	27,2	28,3	32,2	31,6
Валавое назапашванне асноўнага капіталу, % ад ВУП	24,7	25,2	26,5	38,8	28,6	24,8
Дадазеная вартасць ад прамысловасці (у т.л. будаўніцтва), % ад ВУП	24,7	25,4	28,5	40,7	29,0	26,3
Выдаткі на НДВКР (R&D), % ад ВУП	...	0,7	0,7	0,7	0,5	...
Доля даходаў, атрыманых 20% найбяднейшых жыхароў, %	...	7,9	8,9	8,8	9,7	10*
Доля даходаў, атрыманых 20% найбагацейшых жыхароў, %	...	39,1	36,5	37,5	35,5	35,4*
Бягучы рахунак плацёжнага балансу, % ад ВУП	-3,4	-3,6	1,5	-14,5	-3,2	-0,4
Простыя замежныя інвестыцыі (чысты прыток), % ад ВУП	0,11	0,9	1,0	2,4	2,9	1,98*
Доля асоб з даходам, ніжэйшым за ўзровень беднасці (па ўнутраных паддіках), %	...	41,9	12,7	5,2	5,1	4,8
Абслугоўванне агульнай знешняй запазычанасці, % ад экспарту тавараў, паслуг і асноўнага даходу	3,4	5,5	3,96	5,9	14,9	11,3
Аб'ём знешняй запазычанасці (% ад валавога ўнутранага даходу)	12,6	20,7	17,6	50,6	70,9	73,7
Інфляцыя (гадавая, %), індэкс-дэфлятар ВУП	661,5	185,3	18,97	11,3	16,0	10,1

Крыніца: звесткі Сусветнага банка — World Development Indicators (2021), дата доступу: 17.11.2021.
* Заўвага: інфармацыя за 2019 г.

Дваісты шлях эканамічнага развіцця, 2005–2019 гг.

Напружанасць у адносінах з Расіяй, прамысловая мадэрнізацыя, рэцэсія

Эканамічная сітуацыя ў канцы 2000-х гадоў характарызавалася змяншэннем расійскіх субсідый, што прымусіла ўлады Беларусі ініцыяваць некаторыя фрагментарныя структурныя рэформы. Сярод іншага, былі зроблены захады для мадэрнізацыі прамысловага сектара і заахвочвання прыватнага сектара (напрыклад, кропкавая прыватызацыя), але субсідыяванне дзяржаўных прадпрыемстваў працягвалася.

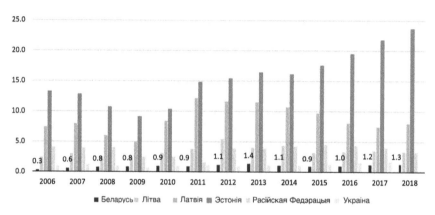

Выява 5.2. Інтэнсіўнасць стварэння бізнес-адзінак (рэгістрацыя новых прадпрыемстваў на 1000 асоб у веку ад 15 да 64 гадоў)

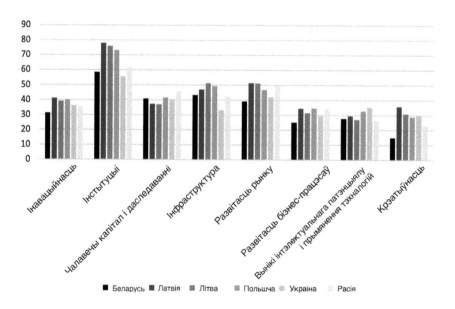

Выява 5.3. Дасягненні Беларусі ў галіне інавацый, 2020 г.

Экспарт у Расію пачаў зніжацца ў 2005 г., што адлюстроўвала зніжэнне канкурэнтаздольнасці беларускай вытворчасці машына- і прыборабудавання. Беларусь паступова страчвала сваю долю на расійскім рынку, саступаючы кітайскім вытворцам. З 2007 г. экспартныя магчымасці дадаткова пагоршыліся праз палітычную напружанасць у адносінах з расійскімі ўладамі, якія вырашылі паступова наблізіць цэны на газ для Беларусі да рынкавых цэн, пачаўшы з падваення цаны паставак у 2007 г. Беручы пад увагу адносна высокую энергаёмістасць прамысловасці Беларусі, рашэнне Крамля мела негатыўныя наступствы для беларускай эканомікі. Рост цэн на энергарэсурсы пашкодзіў таксама канкурэнтаздольнасці экспартаарыентаваных прадпрыемстваў, якія спецыялізаваліся на вырабе транспартных сродкаў, абсталявання, электратавараў, што павялічыла дэфіцыт гандлёвага балансу. Апошняй кропляй у «гандлёвых войнах» Расіі з Беларуссю стала ўвядзенне адмысловай пошліны на экспарт сырой нафты ў Беларусь у 2007–2009 гг. Гэты крок павінен быў спыніць працяглыя спрэчкі паміж дзвюма краінамі, датычныя размеркавання даходаў ад пошлін на экспарт нафты ў трэція краіны, і азначаў дадатковае зніжэнне энергетычных субсідый для Беларусі (IMF 2019a). Сусветны эканамічны крызіс дадаткова падарваў рост беларускага экспарту ў 2008–2009 гг., павялічыўшы дэфіцыт гандлёвага балансу (табліца 5.1) і справакаваўшы запавольванне росту ВУП на душу насельніцтва. Калі ў 2008 г. рост складаў 10 %, то ў 2009 г. назіралася стагнацыя (выява 5.1). Усё гэта разам з экспансіяніцкай фіскальнай і манетарнай палітыкай у выбарны 2010-ы год прывяло да жорсткага валютнага крызісу першай паловы 2011 г.

Каб даць рады з запавольваннем росту ВУП пасля сусветнага эканамічнага крызісу, улады ініцыявалі пэўныя заходы для мадэрнізацыі прамысловасці ў 2012–2015 гг. Тыя заходы ўключалі павелічэнне інвестыцый непасрэдна ў дзяржаўныя прадпрыемствы для абнаўлення іх зношаных асноўных фондаў і рэструктурызацыю прадпрыемстваў.

Спробы мадэрнізацыі прамысловасці пераважна праваліліся, што было засведчана спадам і негатыўным укладам сукупнай фактарнай прадукцыйнасці ў эканамічны рост на пачатку 2010-х гадоў (выява 5.1). Шырокамаштабная прыватызацыя і рэформы, скіраваныя на рост канкурэнтаздольнасці прадпрыемстваў, па-ранейшаму буксавалі (EBRD 2013). Прамыя замежныя інвестыцыі пасля 2011 г. заставаліся занадта нізкімі, каб правесці мадэрнізацыю рэальнага сектара пры дапамозе замежнага капіталу (табліца 5.1).

Агулам станам на 2013 г. беларуская эканоміка выглядала адной з найменш рэфармаваных, бо трансфармацыя была прыпынена пасля развароту палітычнага і эканамічнага курсу ў 1996 г. (EBRD 2013). Працяг актыўнай крэдытнай падтрымкі неэфектыўных дзяржаўных прадпрыемстваў загнаў эканоміку ў рэцэсію

2015–2016 гг., справакаваўшы таксама рост знешняй запазычанасці адносна ВУП у выніку дэвальвацыі беларускага рубля і непрапарцыйна вялікай долі знешняга доўгу.

Развіццё прыватнага сектара

Стартам ініцыятыў па развіцці прыватнага сектара можна лічыць стварэнне ў Мінску Парка высокіх тэхналогій (ПВТ) у верасні 2005 г. Яго рэзідэнтам у гэтым перыядзе гарантаваліся падатковыя стымулы і іншыя выгады, якія ўводзіліся паступова ў мінулым

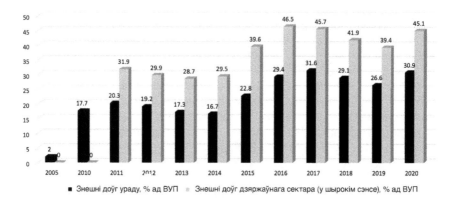

Выява 5.4a. Чыстая знешняя запазычанасць дзяржаўнага сектара і ўрада

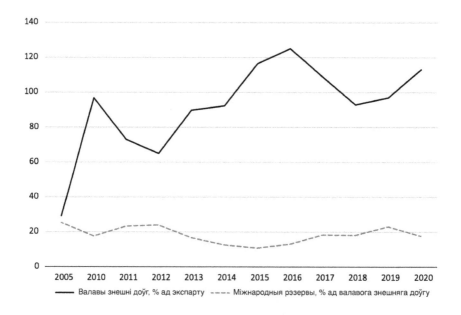

Выява 5.4b. Валавы знешні доўг адносна экспарту і міжнародных рэзерваў

дзесяцігоддзі. Стварэнне ПВТ насамрэч сведчыла аб наяўнасці сферы інфармацыйна-камунікацыйных тэхналогій (ІКТ) у Беларусі. З'яўленне гэтай новай сферы бярэ вытокі ў сярэдзіне 1990-х гадоў, калі ў ёй пачалі працаваць такія фірмы, як EPAM Systems (цяпер — вядучы вытворца праграмнага забеспячэння і сусветна вядомы пастаўшчык паслуг у ІКТ).

ПВТ працягваў расці і прытуліў новыя цуда-стартапы апошніх гадоў, у т.л. VIBER, MSQRD, набыты кампаніяй Facebook у 2016 г.; AIMatter, нейрасеткавую тэхналогію для змены фонавых выяў, набытую ў 2017 г. кампаніяй Google, і г. д. Уклад сектара ІКТ у ВУП Беларусі паступова рос у 2010-х гадах, дасягнуўшы ў 2018 г. 5,5%. Планавалася (да пачатку палітычнага крызісу ў другой палове 2020 г.), што ў 2023 г. доля гэтага сектара дасягне 10% (Foy 2020).

Развіццю прыватнага сектара спрыялі і некаторыя рэформы, скіраваныя на лібералізацыю вядзення бізнесу ў 2008–2010 гг. Так, быў уведзены аднадзённы парадак рэгістрацыі індывідуальных прадпрымальнікаў і спрашчэнне працэдуры ліквідацыі бізнесу. Усплёск актыўнасці прыватных фірм чакаўся таксама ў сувязі з заснаваннем у 2012 г. беларуска-кітайскага прамысловага і лагістычнага парка «Вялікі камень», прыняццем дэкрэта «Аб развіцці прадпрымальніцтва» ў 2017 г., захадамі для палягчэння лічбавай трансфармацыі эканомікі ў 2018 г.

Пералічаныя тут падзеі заклалі добры падмурак для дыверсіфікацыі беларускай эканомікі, дзе рэй маглі б весці новыя,

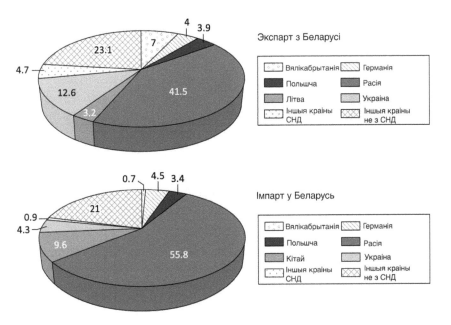

Выява 5.5. Беларускі замежны гандаль таварамі, долі ключавых партнёраў (2019)

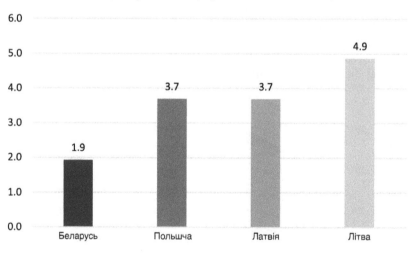

Выява 5.6. Паказнікі росту ВУП на душу насельніцтва ў Беларусі і ў суседніх краінах Цэнтральнай Еўропы і Балтыі (ЦЕБ), 2010–2020 гг.

высокатэхналагічныя фірмы. Але працэс развіцця прыватнага сектара быў спынены палітычным крызісам, які наступіў пасля прэзідэнцкіх выбараў у Беларусі ў жніўні 2020 г. Сваю ролю адыгралі таксама разнастайныя фактары структурнай рыгіднасці, успадкаваныя ад савецкіх часоў і захаваныя пад кіраўніцтвам Лукашэнкі. Агулам пры цяперашнім рэжыме, дзе захавалася моцнае дзяржаўнае ўмяшанне ў эканоміку, параўнальна з іншымі

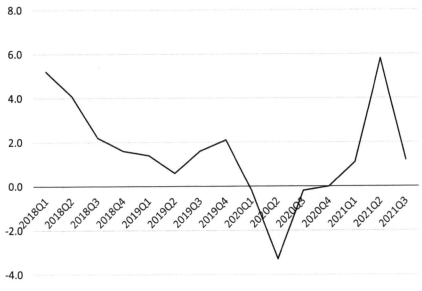

Выява 5.7. Рост рэальнага ВУП, у працэнтах у гадавым вымярэнні.

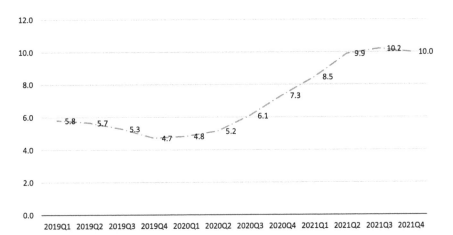

Выява 5.8. Узровень інфляцыі, у працэнтах у гадавым вымярэнні

краінамі ЦЕБ назіраўся невялікі прагрэс у заснаванні новых бізнесаў (выява 5.2).

Адносны інавацыйны патэнцыял Беларусі, ацэнены ў Сусветным індэксе інавацый, таксама застаецца найніжэйшым сярод краін-суседак — як у цэлым, так і паводле большасці вымярэнняў (выява 5.3). Асабліва адстае Беларусь у плане інстытуцыйнай якасці, і найбольшыя турботы выклікаюць эфектыўнасць урада, якасць рэгуляторнага клімату і стан законнасці. Калі казаць пра такое вымярэнне інстытуцыйнай якасці, як бізнес-клімат, то слабымі месцамі трэба лічыць кошт звальнення збыткоўнага персаналу і вырашэння праблемы неплацежаздольнасці. Сярод іншых болевых кропак: нізкі ўзровень выдаткаў на даследаванні (R&D), несумяшчальны з эканомікай, заяўленай як высокатэхналагічная

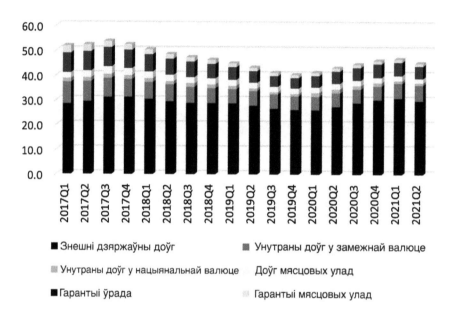

Выява 5.9a. Дзяржаўны доўг, у працэнтах ад ВУП

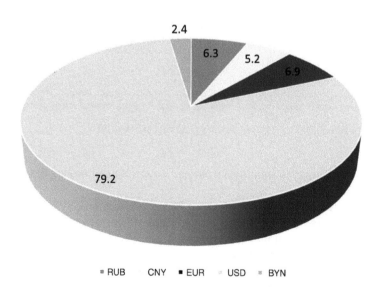

Выява 5.9b. Дзяржаўны доўг, долі розных валют

«эканоміка ведаў»; крэдытныя абмежаванні праз недастатковую развітасць рынка; недаразвітыя сувязі паміж інавацыямі і вытворчасцю, што ўскладняе эфектыўную перадачу тэхналогій (яна застаецца найслабейшым звяном у такім вымярэнні, як развітасць бізнес-працэсаў у краіне); нарэшце, недахоп нематэрыяльных актываў, такіх як гандлёвыя маркі, сусветна вядомыя брэнды і г. д. Апошняя праблема адносіцца да вымярэння крэатыўнасці.

Падсумоўваючы, варта адзначыць, што, нягледзячы на спрыяльныя эканамічныя ўмовы на старце пераходнага перыяду, якія, разам з захаваннем некаторых сувязей з Расіяй, дазволілі Беларусі спыніць спад у сярэдзіне 1990-х гадоў і відовішчна вырасці ў канцы 1990-х — пачатку 2000-х гадоў, фактары структурнай рыгіднасці ў эканоміцы, назапашаныя за апошнія дзесяцігоддзі і пералічаныя ніжэй, істотна перашкаджалі эканамічнаму росту. Вось некаторыя з гэтых фактараў:

1. Велізарны дзяржаўны кантроль над эканомікай праз валоданне шматлікімі актывамі; грувасткае рэгуляванне, адвольнае вылучэнне рэсурсаў. Усё гэта зрабілася перашкодай для эканомікі і ў мінулае дзесяцігоддзе пагрузіла яе ў стагнацыю. Дарма што доля дзяржаўнай прысутнасці ў эканоміцы за апошнія дзесяцігоддзі знізілася[86], дзяржава захоўвае дамінуючы кантроль над банкаўскім сектарам. Дзяржаўныя банкі валодаюць больш як паловай усіх банкаўскіх актываў краіны, а іх доля ў крэдытаванні рэальнага сектара эканомікі ацэньваецца ў 70% (EBRD 2021). Большасць дзяржаўных прадпрыемстваў застаюцца неэфектыўнымі ў плане сваёй дзейнасці і залежаць ад дзяржаўных субсідый, уяўляючы з сябе цяжар для эканомікі ў цэлым (IMF 2019b). За рэдкімі выняткамі іх прадукцыя не выходзіць за межы рынку СНД, а іх унутраная інавацыйная актыўнасць, пра якую можна меркаваць праз выдаткі на R&D, застаецца занадта нізкай, каб дапамагчы ім здабыць канкурэнтаздольнасць у глабальным маштабе.

2. Знешняя запазычанасць вырасла за апошняе дзесяцігоддзе (выява 5.4a), і яна вылічваецца пераважна ў замежнай валюце (выява 5.9b), што робіць эканоміку ўразлівай перад любымі знешнімі шокамі. Міжнародныя рэзервы адносна валавога знешняга доўгу зменшыліся (выява 5.4b). Таксама

---

86 Паводле Еўрапейскага банка рэканструкцыі і развіцця (EBRD 2021; звесткі заснаваныя на яго справаздачы 2016 г. «Life in Transition Survey»), занятасць на дзяржаўных прадпрыемствах і ў дзяржаўным сектары (кіраванне, ахова здароўя, адукацыя і г. д.) заставалася ў Беларусі найвышэйшай у рэгіёне — звыш 60% ад усіх занятых. Паводле даследчага цэнтра ІПМ і Белстату (2021), занятасць на дзяржаўных прадпрыемствах знізілася да 30%, але разам з вышэйзгаданым невытворчым сектарам яна ацэньвалася ў 54,5% ад усіх занятых у эканоміцы.

варта заўважыць, што яны збольшага захоўваюцца ў не-
ліквідных актывах.

3. Беларуская эканоміка застаецца ў вялікай ступені за-
лежнай ад расійскай у частцы энергазабеспячэння і фі-
нансавых субсідый (IMF 2019a). Расія таксама застаецца
найбуйнейшым гандлёвым і інвестыцыйным партнёрам
Беларусі (выява 5.5).

Агулам мінулае дзесяцігоддзе няздзейсненых рэформ у Беларусі
прывяло да стагнацыі беларускай эканомікі (выява 5.1) і рэзкага
адставання ад суседзяў Беларусі на Захадзе (выява 5.6).

Сучасныя падзеі

Пачатак 2020-х гадоў і сага пра цэны на нафту

Беларусь увайшла ў 2020 год без пагаднення аб пастаўках расій-
скай сырой нафты і без узгодненых цэн на газ. Газавая спрэчка
была вырашана (цану захавалі на ўзроўні 2019 г.), але са студзеня
да сакавіка 2020 г. Расія прыпыняла пастаўкі нафты ў Беларусь.

Галоўнай прычынай гэткага сутыкнення паміж Беларуссю і
Расіяй у той час быў падатковы манеўр у нафтавай прамысловас-
ці, які Расія праводзіла з 2015 г. і які павінен быў скончыцца спы-
неннем прэферэнцый для Беларусі ў гандлі нафтай. Ідэя палягала
ў тым, каб паступова падвысіць падатак на здабычу нафты, ад-
начасова змяншаючы пошліны на экспарт сырой нафты і нафта-
прадуктаў. Мэтай было стымуляванне нафтавых кампаній у Ра-
сіі перапрацоўваць сырую нафту замест яе экспарту. Другі этап
падатковага манеўру меўся адбыцца ў 2019–2023 гг. — яго задача
была ў тым, каб паступова падвышаць цэны на расійскую сырую
нафту, што ўвозілася ў Беларусь, а экспартныя пошліны на вываз
нафтапрадуктаў, што заставаліся ў беларускім бюджэце, павінны
былі зніжацца на 5 працэнтных пунктаў штогод — з 30 % да 0 %.
Такім чынам, Беларусь павінна была пачаць плаціць рынкавую
цану за расійскую сырую нафту з 2024 г. Паводле даследчага цэн-
тра Інстытута прыватызацыі і менеджменту (IPM 2019), агульныя
страты за 2019–2024 гг. маглі скласці 15 % ад ВУП Беларусі 2019 г.
У выніку спрэчкі вакол нафты рост рэальнага ВУП у Беларусі ска-
раціўся ў I квартале 2020 г. (выява 5.7), што азначала надыход трэ-
цяга эканамічнага крызісу за дзесяцігоддзе (першыя два здарылі-
ся ў 2011-м і ў 2015–2016 гадах).

Недарэчная рэакцыя на ўспышку COVID-19 як першы трыгер хваляванняў у Беларусі

Акурат перад вырашэннем расійска-беларускіх нафтавых спрэчак
распачалася пандэмія COVID-19. Афіцыйны Мінск выбраў у якасці

рэакцыі на яе вельмі спрэчную стратэгію. Улады ігнаравалі праблему і адмаўляліся спыняць вытворчасць, а таксама не заахвочвалі сацыяльнае дыстанцыяванне, што мела сур'ёзныя наступствы для здароўя эканомікі і грамадства ўвогуле, як паказана ў наступным раздзеле гэтага зборніка (аўтары Геры і Ньюман). Нягледзячы на ўсе спробы беларускіх улад прыхаваць сапраўдную статыстыку са смяротнымі выпадкамі, абумоўленымі пандэміяй COVID-19, колькасць ахвяр была значна вышэйшая, чым афіцыйна заяўлялася. Беларусь выявілася адной з краін з найвышэйшым узроўнем смяротнасці ў пандэмію COVID-19[87].

Дзяржава таксама вырашыла ў час пандэміі не падтрымліваць прыватныя фірмы; толькі адмыслова вызначаныя дзяржаўныя прадпрыемствы маглі атрымаць істотную фінансавую дапамогу. Не зважаючы на выбраную стратэгію, эканоміка атрымала моцны ўдар ад пандэміі, што прывяло да спаду рэальнага ВУП станам на другі квартал 2020 г. на 3,3 % у гадавым вымярэнні (выява 5.7).

Цемра перад світанкам: палітычны крызіс 2020 г., санкцыі і паступовы эканамічны заняпад

Наступным шокам для эканомікі сталіся прэзідэнцкія выбары 2020 года. Грубы разгон мірных пратэстаў і масавыя парушэнні правоў чалавека выклікалі ў міжнароднай супольнасці рэакцыю — увядзенне санкцый. Санкцыі зрабіліся яшчэ больш жорсткімі ў маі-чэрвені 2021 г., пасля таго як рэжым затрымаў самалёт, на якім ляцеў апазіцыйны актывіст, і дапусціў міграцыйны крызіс на мяжы Беларусі з ЕС. Сярод тых санкцый, што мусілі мець эканамічны эфект, былі гандлёвыя, фінансавыя, а таксама накладзеныя на авіяцыйную галіну. Ужываліся кропкавыя санкцыі супраць асобных прадпрыемстваў і заможных бізнесменаў (т. зв. «гаманцоў Лукашэнкі»), а таксама сектаральныя заходы, якія закранулі, сярод іншага, найбуйнейшых беларускіх экспарцёраў хімічных і нафтахімічных прадуктаў.

Насупор паглыбленню палітычнага крызісу, у 2021 г. беларуская эканоміка здзівіла назіральнікаў, хутка акрыяўшы пасля рэцэсіі, звязанай з пандэміяй. Тэмпы эканамічнага росту паскорыліся ў першыя два кварталы 2021 г. (выява 5.7). Гэтае паскарэнне шмат у чым тлумачыцца павелічэннем аб'ёмаў чыстага экспарту на фоне падаражэння сыравіны і тавараў шырокага спажывання (т. зв. «экспартны цуд»). Тым не менш у святле зніжэння эканамічнага росту (выява 5.7), росту інфляцыі (выява 5.8) і ўразлівасці ў плане абслугоўвання дзяржаўных даўгоў (выявы 5.9a і 5.9b) беларуская эканоміка мелася пагрузіцца ў рэцэсію на наступны, 2022, год (World Bank 2021b). Рэцэсія мусіла яшчэ паглыбіцца

---

87 Паводле Карлінскага і Кобака (Karlinsky and Kobak 2021), станам на 30 чэрвеня 2020 г. збыткоўная смяротнасць у Беларусі падчас пандэміі COVID-19 была ў 14,5 разоў вышэйшая, чым афіцыйна прызнаныя смерці ад COVID-19.

з прычыны раней згаданых фактараў структурнай рыгіднасці беларускай эканомікі і павелічэння адмоўнага эфекту сектаральных эканамічных санкцый, пашыраных міжнароднай супольнасцю ў адказ на расійскае ўварванне ва Украіну 24 лютага 2022 г. Беларусь трактуецца ў свеце як суагрэсар у гэтай вайне, што падштурхоўвае міжнародную супольнасць пашырыць сферу санкцый супраць краіны. Станам на красавік 2022 г. 40 заходніх краін, сярод якіх члены ЕС, ЗША, Вялікабрытанія, Канада, Швейцарыя і Нарвегія, рэзка абмежавалі імпарт з Беларусі. Сярод тавараў, паддадзеных абмежаванням, — сырая нафта, нафтапрадукты, калійныя і азотныя ўгнаенні, вырабы з чорных металаў, драўніна і прадукты дрэваапрацоўкі, цэмент, гумовыя вырабы. У прыватнасці, ЕС і ЗША забаранілі пастаўкі ў свае краіны двух трэцяў беларускіх тавараў (ад аб'ёму экспарту ў 2021 г.). ЗША, Канада і Вялікабрытанія пазбавілі Беларусь статусу рэжыму найбольшага спрыяння, што павялічвае пошліны на ўвоз беларускіх тавараў у названыя краіны (напрыклад, у выпадку Канады гэта азначае ўвядзенне пошліны ў 35 % ад цаны тавараў).

Праз вайну Беларусь страціла ўкраінскі рынак, на які прыпадала амаль 13,6 % беларускага экспарту ў 2021 г. Экспарт у Расію таксама павінен упасці праз глыбокую рэцэсію. Такім чынам, з прычыны вайны і санкцый беларускі экспарт можа зменшыцца прыблізна на 40 %, што выклікае турботу, улічваючы, што Беларусь моцна залежыць ад знешняга гандлю. Да таго ж ЕС забараніў беларускім аператарам аўтатранспарту працаваць на тэрыторыі Еўрасаюза. Агулам гэтая вайна істотна абмяжоўвае будучыя эканамічныя дасягненні Беларусі.

Што мае быць зроблена, каб забяспечыць эканамічную стабілізацыю і рост эканомікі Беларусі?[88]

У сітуацыі цяперашняга геапалітычнага крызісу Беларусь знаходзіцца на ростанях гісторыі, і яе будучае развіццё залежыць найперш ад вынікаў вайны Расіі супраць Украіны. Калі вайна зацягнецца, гэта паскорыць заняпад беларускай эканомікі. Чым даўжэй ідзе вайна, тым даражэй пваеннае аднаўленне абыдзецца ўсім бакам, уцягнутым у канфлікт. Аднак можна чакаць, што эканамічны заняпад, узмоцнены заходнімі санкцыямі, выкліча непазбежны крах дыктатарскіх рэжымаў і ў Беларусі, і ў Расіі. Пры гэтым сцэнарыі краіна павінна быць гатова разгледзець далейшыя крокі па змякчэнні эканамічнага калапсу і мець план рэформ для эканамічнай стабілізацыі і развіцця.

Будучыя эканамічныя рэформы ў Беларусі павінны быць вынікам інклюзіўнага нацыянальнага дыялогу, немагчымага

---

88   Гэты падраздзел заснаваны на праграмным дакуменце, падрыхтаваным для брытанскага інстытута міжнародных адносін «Chatham House» (Bornukova & Alachnovič 2021).

без свабодных і дэмакратычных выбараў. Дыялог павінен адлюстроўваць каштоўнасці і памкненні народа Беларусі. Пэўны час у мінулым ішлі дыскусіі, наколькі беларусы гатовыя да змяншэння ролі дзяржавы ў эканоміцы. Але нядаўнія вынікі доследаў сведчаць, што беларусы трактуюць прыватны сектар і прадпрымальніцтва як крыніцы эканамічнага росту, разглядаючы дзяржаву пераважна ў якасці пастаўшчыка такіх грамадскіх выгод, як медыцынскае абслугоўванне і адукацыя (Rudkouski 2020; Thinktanks.by 2022). Беларускае насельніцтва збольшага адукаванае і крэатыўнае, яно валодае высокім патэнцыялам для таго, каб праявіць свой дух прадпрымальніцтва і перавесці Беларусь на новы шлях эканамічнага развіцця, дзе значную ролю мусяць адыгрываць фірмы з перадавымі тэхналогіямі.

Перш чым распачынаць рэформы, новаму ўраду неабходна будзе ясна расказаць грамадству пра бачанне тых рэформ, іх працягласць і паслядоўнасць, карысць і кошты, шансы і выклікі. Няўменне або нежаданне гэта рабіць было адной з галоўных памылак многіх рэфарматараў у постсацыялістычных краінах (Guriev 2019). Шансы на паспяховасць сэнсоўных эканамічных рэформ павялічыцца, калі праваахоўная сістэма (пра яе гаворыцца ў наступных раздзелах гэтага зборніка) рэфармуецца ў той жа час. Рэформа праваахоўнай сістэмы — ключ да абароны падмуркаў эканамічнага росту: правоў чалавека, правоў на маёмасць, выканання дагавораў. Агулам беларускі досвед эканамічнай трансфармацыі мае быць лягчэйшы параўнальна з досведам іншых краін у пачатку 1990-х гадоў. Як краіна, што затрымалася на шляху рэформ, Беларусь можа вучыцца на памылках іншых краін, якія перажылі пераходны перыяд, і прымяняць найлепшыя рашэнні.

Адна з найбольшых праблем пры абмеркаванні будучых рэформ звязана з рэформай дзяржаўнага сектара эканомікі. У Беларусі ён цяпер значна меншы, чым тры дзесяцігоддзі таму, што патэнцыйна спрашчае задачу. Да таго ж у прыватным сектары, на які прыпадае каля 50 % працоўнай сілы ў краіне, рэй вядуць адносна здаровыя і канкурэнтаздольныя фірмы, што, верагодна, палегчыць рэструктурызацыю дзяржаўных прадпрыемстваў, дазволіць скарыстаць вызваленую працоўную сілу. Аднак плаўнасць рэформ будзе залежаць ад стану эканомікі пасля заканчэння расійска-украінскай вайны і ад стаўлення Расіі да дэмакратызацыі і эканамічнай лібералізацыі ў Беларусі (Hartwell *et al.* 2022). У наступных падраздзелах ключавыя аспекты будучых эканамічных рэформ разглядаюцца больш падрабязна.

Макраэканамічная стабілізацыя

У першую чаргу для паспяховай эканамічнай трансфармацыі Беларусі неабходна правесці макраэканамічную стабілізацыю і інстытуцыйныя рэформы, якія ў сукупнасці дапамогуць даць рады з фактарамі структурнай рыгіднасці, адзначанымі раней. Зніжэнне тэмпаў эканамічнага росту, рост інфляцыі і дзяржаўнага доўгу — усё гэта негатыўна ўплывае на макраэканамічную стабільнасць. Змяншэнне прытоку замежнай валюты ў святле накладзеных эканамічных санкцый, адток банкаўскіх укладаў прыватных асоб у замежнай валюце і рост пратэрмінаванай запазычанасці дзяржаўных прадпрыемстваў здольныя выклікаць сур'ёзны банкаўскі крызіс. Каб вярнуць макраэканамічную стабільнасць, трэба абдумаць наступныя крокі: 1) падрыхтоўка прававой базы для інстытуцыйнай, функцыянальнай, кадравай і фінансавай незалежнасці Нацыянальнага банка (НБРБ), каб ён мог вырашаць свае задачы — падтрымліваць нізкую інфляцыю і фінансавую стабільнасць; 2) рэфармаванне банкаўскага сектара і хуткае развязанне праблемы пратэрмінаваных крэдытаў дзяржаўных прадпрыемстваў; 3) правядзенне фіскальнай палітыкі, адпаведнай структурным рэформам, кропкавай сацыяльнай абароне і фіскальнай кансалідацыі; 4) кіраванне дзяржаўным доўгам і ўтрымліванне яго на бяспечным узроўні.

Больш канкрэтна, падтрымка фінансавай стабільнасці беларускай эканомікі залежыць ад развязання праблемы запазычанасці дзяржаўных прадпрыемстваў і ад прадухілення яе наступстваў у тым выпадку, калі нявырашаны палітычны крызіс прывядзе да пагаршэння эканамічнай сітуацыі ў краіне. Беларусь магла б пераняць паспяховы ўзор «ачышчэння» славацкага банкаўскага сектара ў 1999–2000 гг. Тады пры падтрымцы міжнародных фінансавых інстытутаў пратэрмінаваныя даўгі былі па частках перададзены ў спецыялізаваны наваствораны банк у абмен на дзяржаўныя аблігацыі (Naŭrodski & Šramko 2021). Гэткі працэс прыйдзецца падстрахаваць, надаўшы НБРБ паўнамоцтвы мегарэгулятара, г. зн. ператварыўшы яго ў рэгуляцыйную і ўаднача назіральную інстытуцыю на фінансавым рынку. Таксама павінна быць уведзена празрыстая і эфектыўная (як паводле тэрмінаў, так і паводле коштаў) працэдура юрыдычнага банкруцтва. У доўгатэрміновым перыядзе Беларусі варта будзе адкрыць банкаўскі сектар для замежных інвестараў, каб спрасціць прыватызацыю дзяржаўных банкаў.

Дзеля падтрымкі структурных рэформ уладам спатрэбіцца знізіць кошт утрымання дзяржаўнага апарату, перайсці да сярэднетэрміновага фіскальнага менеджменту і ўдасканаліць падатковыя правілы так, каб забяспечыць падтрымку структурных рэформ і гарантаваную выплату дзяржаўнага доўгу. У той жа час улады павінны будуць стварыць механізмы для фіскальнай празрыстасці і справаздачнасці бюджэтнага працэсу, зменшыць аб'ём ухілення ад платы падаткаў і закрыць падатковыя пралазы, такія як розныя стаўкі ПДВ ды іншыя падатковыя ільготы, а таксама скасаваць неабгрунтаваныя выгады і прывілеі для асобных фірм, прадастаўленыя ім рэжымам.

Беларусі спатрэбіцца рэфінансаваць свой дзяржаўны доўг (знізіць працэнтныя стаўкі, раскласці выплаты на больш працяглыя тэрміны), каб паменшыць ціск доўгу на бюджэт і вызваліць значныя сродкі. Адтэрміноўка выплат у першыя некалькі гадоў рэформ дазволіць захаваць у бюджэце дадатковыя ашчаджэнні для падтрымкі эканамікі.

Лібералізацыя эканомікі і развіццё прыватнага сектара

Прыватны сектар у Беларусі апошніх гадоў развіваўся даволі хутка — насуперак моцнаму цяжару абмежавальных норм, несумленнай канкурэнцыі і рызыцы палітычна матываваных крымінальных спраў. Забеспячэнне раўнапраўнай канкурэнцыі праз рэструктурызацыю дзяржаўнага кіравання і дзяржаўных прадпрыемстваў, праз аднолькавы статус прыватнага і дзяржаўнага сектараў у вачах кантрольных органаў, праз доступ да дзяржаўных закупак, крэдытаў і г. д. — ключавы фактар у заахвочванні далейшага развіцця прыватнага сектара. Сярод іншага, варта засяродзіцца на перагляддзе і лібералізацыі існуючых законаў, норм і правілаў. Іншыя заходы мусяць уключыць далейшую дэкрыміналізацыю дробных эканамічных парушэнняў; рэфармаванне кантрольных органаў (каб звесці да мінімуму праверкі і звязаныя з імі санкцыі); увядзенне мараторыя на праверкі дробных і сярэдніх прадпрыемстваў на тэрмін да трох гадоў; змяншэнне фіскальнай нагрузкі на бізнес і працоўную сілу, у т.л. узносаў у Фонд сацыяльнай абароны насельніцтва і праз пераход у большай меры да падаткаў на спажыванне і багацце; адмову ад рэгулявання цэн і адміністрацыйных бар'ераў для развіцця бізнесу.

Стварэнне інфраструктуры для прадпрымальніцтва і стартапаў, каб падтрымаць новыя фірмы і ўваход індывідуальных прадпрымальнікаў у сферу высокіх тэхналогій, можа стацца эфектыўным дзякуючы наступным заходам: развіццё паркаў-інкубатараў; кансультацыі і гранты на навучанне; распрацоўка схем паручыцельства за пазікі стартапаў; зніжэнне падаткаў на даследаванні і распрацоўкі, каб заахвоціць інавацыі; «зялёнае святло» для практыкаарыентаванай і бізнес-адукацыі ў вышэйшых навучальных установах. Каб забяспечыць даступнасць для стартапаў фондаў і магчымасцей фінансавых тэхналогій (фінтэху), гарантуючы развіццё інфраструктуры венчурнага капіталу, трэба прадугледзець рэформы банкаўскага сектара і ажыўленне фондавага рынку.

Неабходна інтэграваць Беларусь у сусветныя ланцужкі дабаўленай вартасці, каб зрабіць яе знешні гандаль больш разнастайным і зменшыць залежнасць ад расійскага рынку. У гэтым кірунку маюць быць зроблены наступныя крокі: завяршэнне працэсу ўступлення ў Сусветную гандлёвую арганізацыю; зацвярджэнне прыярытэтаў партнёрства паміж ЕС і Беларуссю; перагляд шматлікіх абмежаванняў, уведзеных ЕС на гандаль ды імпарт паслуг з Беларусі; распрацоўка і падпісанне Пагаднення аб усеабдымным і пашыраным партнёрстве паміж ЕС і Беларуссю, г. зн. дамовы, якая не супярэчыла б членству Беларусі ў Еўразійскім эканамічным саюзе. Што тычыцца апошняга, мае сэнс разгледзець прыклады пагадненняў, падпісаных паміж ЕС і Арменіяй, калі Арменія ўжо была членам Еўразійскага эканамічнага саюза, або Паглыбленыя і ўсеабдымныя зоны вольнага гандлю (DCFTA), што ўтварылі з ЕС Грузія, Малдова, Украіна.

Нарэшце, трэба распрацаваць праграму па вяртанні замежных фірм, якімі кіруюць беларускія эмігранты. Сярод прыярытэтаў такой праграмы бачацца палягчэнне доступу бізнесоўцаў да неэксплуатаванай нерухомасці пад дзяржаўным кантролем, фінансавыя і іншыя заходы для падтрымкі рэлакацыі.

Рэструктурызацыя і прыватызацыя дзяржаўных прадпрыемстваў

Шлях да рэструктурызацыі дзяржаўных прадпрыемстваў мусіць пачацца са стварэння адзінага ўрадавага органа, адказнага за кіраванне гэтымі прадпрыемствамі ды іх рэструктурызацыю. У цяперашні час адказнасць за кіраванне дэ-факта расцярушана між галіновымі міністэрствамі і дзяржаўным камітэтам па маёмасці, што робіць агульную ацэнку сектара немагчымай, а яго праблемы менш бачнымі.

Наступным крокам мае быць ацэнка і класіфікацыя ўсіх дзяржаўных прадпрыемстваў паводле працэдур фінансавага аўдыту, каб зразумець іх жыццяздольнасць і падзяліць на тры групы: 1) жыццяздольныя і фінансава стабільныя прадпрыемствы; 2) прадпрыемствы, што вымагаюць фінансавай падтрымкі, але здольныя «стаць на ногі»; 3) безнадзейныя прадпрыемствы.

Каб рэструктураваць найбуйнейшыя і найбольш значныя дзяржаўныя прадпрыемствы (каля 100, што цяпер знаходзяцца ў спісе стратэгічна важных), павінны быць зроблены індывідуальна распрацаваныя заходы. Прыватызацыя гэтай групы прадпрыемстваў мае быць адкладзена да часу, калі яны станюць больш прывабнымі для інвестараў, пасля таго як у працэсе іх рэструктурызацыі будуць ажыццёўлены належныя заходы ў плане карпаратыўнага менеджменту, калі з гэтых прадпрыемстваў будзе зняты адміністрацыйны і падатковы цяжар, пасля змяншэння перакрыжаваных субсідый. Што да малых і сярэдніх дзяржаўных прадпрыемстваў у вялікіх гарадах, іх можна або прыватызаваць, або ліквідаваць без затрымкі. У прыватнасці, гэта тычыцца прадпрыемстваў у такіх сферах, як рознічны гандаль, транспарт і ўтрыманне складскіх памяшканняў, гатэльны, харчовы бізнес, забаўляльная індустрыя. Беларусь ужо мае дастаткова развіты прыватны сектар, які зможа паглынуць і эфектыўна выкарыстаць матэрыяльныя актывы ды працоўную сілу, вызваленую ў выніку гэткай рэструктурызацыі.

Перафармуляванне ролі дзяржавы

У будучым роля дзяржавы ў эканоміцы таксама павінна быць перафармулявана. Замест таго каб выбіраць пераможцаў, спалучаючы ролі рэгулятара і ўласніка, дзяржава мае засяродзіцца на пабудове інклюзіўных інстытуцый і забеспячэнні грамадскіх выгод. Урад можа таксама выконваць дапаможную ролю ў стварэнні спрыяльных умоў для прадпрымальнікаў праз стратэгічныя інвестыцыі дзеля вырашэння канкрэтных грамадска-значных задач. Дзяржава можа быць адной са стваральніц новых рынкаў, якія ў іншым выпадку лічыліся б занадта рызыкоўнымі для прыватных фірм (Mazzucato 2013). Стварэнне прававой дзяржавы, эфектыўнай судовай сістэмы і дзейных палітычных інстытуцый — перадумова ўсяго пералічанага, а дэцэнтралізацыя асноўных урадавых функцый мусіць дапамагчы выбудаваць празрыстасць, падсправаздачнасць і давер да названых інстытуцый.

Далейшыя рэформы мусяць быць засяроджаны на: 1) адукацыі, з акцэнтам на заахвочванні крэатыўнасці і прадпрымальніцкіх здольнасцей, і сістэме аховы здароўя, з акцэнтам на пацыентацэнтрычных падыходах пры захаванні інклюзіўнасці абедзвюх публічных сфер; 2) дэцэнтралізацыі прыняцця рашэнняў, у тым ліку наданні большых паўнамоцтваў і забеспячэння большай гнуткасці ў размеркаванні сродкаў мясцовым уладам (дэцэнтралізацыя дала добрыя вынікі ў іншых краінах рэгіёна — напрыклад, у Польшчы, Славакіі, Украіне); 3) інавацыях, шляхам падтрымкі навукі і распрацоўкі схем зніжэння падаткаў на даследаванні і распрацоўкі, а таксама шляхам развіцця трансферу тэхналогій ды адпаведнай інфраструктуры; 4) палітыцы прадукцыйнага развіцця, у тым ліку лічбавізацыі і інвестыцыях у аднаўляльную энергію. Апошняя можа стаць дадатковай крыніцай эканамічнага росту і паспрыяць дыверсіфікацыі энергарэсурсаў, энергетычнай бяспецы. Спатрэбіцца спрашчэнне «зялёнай трансфармацыі» праз удзел у праектах ЕС кшталту «Еўрапейскі зялёны курс». Гэта дапаможа прыйсці да эканомікі з мінімумам шкоды для навакольнага асяроддзя, зменшыць выкіды вуглякіслага газу. Апрача таго, «зялёная трансфармацыя» стане падтрымкай для беларускіх экспарцёраў, якія змогуць лепш падрыхтавацца да гандлю і інвестыцыйных праектаў, якія прапануюцца на еўрапейскіх рынках.

Эфектыўная палітыка сацыяльнай падтрымкі

Рэформа сістэмы сацыяльнай падтрымкі будзе асабліва важ-ная, каб мінімізаваць негатыўны ўплыў рэструктурызацыі дзяр-жаўных прадпрыемстваў. Крокі рэфарматараў маюць уключаць увядзенне страхавання ад беспрацоўя і зацвярджэнне схемы ад-паведных выплат. Пашырэнне грашовай дапамогі беспрацоўным павінна суправаджацца пашырэннем паслуг па пошуку працы і праграм па перападрыхтоўцы. Адрасную сацыяльную дапамогу найбольш уразлівым групам варта ажыццяўляць праз павелічэн-не тэрмінаў і рост мінімальнага памеру выплат.

Рэформа пенсійнай сістэмы павінна прадугледжваць увя-дзенне назапашвальнага кампанента (прыпісанага да індыві-дуальнага рахунка кожнага працоўнага, які аплочвае пенсійны ўзнос). Пачатковы этап пенсійнай рэформы можа фінансавацца з даходаў ад прыватызацыі. Але могуць аказацца неабходнымі далейшыя параметрычныя рэформы, у тым ліку паступовае па-велічэнне ўзросту выхаду на пенсію. Сярод іншага, важна даць рады з дэмаграфічнымі выклікамі пры дапамозе перанакіравання выплат, якія стымулююць доўгі бацькоўскі водпуск, на падтрымку дзяржаўных і прыватных дзіцячых (дашкольных) устаноў. Таксама варта прапанаваць беларускім бацькам магчымасць спалучэн-ня догляду за дзецьмі з актыўнай роляй на рынку працы. Іншыя крокі, якія трэба абдумаць, уключаюць падтрымку і развіццё ген-дарнай роўнасці на рынку працы, у тым ліку шляхам прыняцця антыдыскрымінацыйнага заканадаўства, увядзення разумнай міграцыйнай палітыкі, засяроджанай на прыцягненні беларускай дыяспары. Неабходна будзе зменшыць смяротнасць сярод муж-чын праз усёахопны набор захадаў для прасоўвання здаровага ладу жыцця.

Высновы

На працягу трох дзесяцігоддзяў Беларусь заставалася найменш трансфармаванай эканомікай рэгіёна, дзе дзяржава захоўвала дамінуючы кантроль над эканомікай праз валоданне банкаўскі-мі актывамі і магчымасць размеркавання рэсурсаў, даванне пра-цоўных месцаў і празмернае рэгуляванне. Выбраная ў пачатку пе-раходнага перыяду стратэгія захавання «статус-кво», скіраваная на падтрыманне эканамічных стасункаў з Расіяй, дзяржаўнае і квазідзяржаўнае стымуляванне эканамічнага росту на фоне суб-сідый ад Расіі, дапамагла пазбегнуць рэзкага спаду на раннім эта-пе і мінімізаваць сацыяльныя страты, што прывяло да эканаміч-нага буму ў дзесяцігоддзе перад сусветным фінансавым крызісам.

Тым не менш мадэль дзяржаўнага капіталізму, дзе перава-жала практыка здабыцця рэнты, выгадная палітычнай эліце, а эканамічныя рэформы адкладваліся, прывяла да назапашвання фактараў структурнай рыгіднасці. Дзеянне апошніх пагрузіла эканоміку ў стагнацыю пасля 2008 г. Пандэмія COVID-19, палітычны крызіс пасля прэзідэнцкіх выбараў 2020 г. і ўварванне Расіі ва Украіну яшчэ больш падарвалі эканоміку, зрабіўшы відавочнай неабходнасць перамен.

У сярэдзіне 1990-х гадоў беларусы не былі гатовыя да рынкавых рэформ. Цяпер, на пачатку 2020-х гадоў, выглядае, што яны іх прымаюць больш ахвотна, калі ўбачылі ясныя перавагі прыватнай маёмасці і здаровага канкурэнтнага асяроддзя. Роля дзяржавы надалей мусіць быць зменена і заключацца ў пабудове інклюзіўных інстытуцый, забеспячэнні грамадскіх выгод, эфектыўнай сістэмы сацыяльнай падтрымкі, стымуляванні інавацый праз стварэнне ўмоў для прыватных інвестыцый у даследаванні і распрацоўкі, праз развіццё трансферу тэхналогій і падтрымку інфраструктуры для інавацыйнай дзейнасці. Таксама задача дзяржавы — адказ на вялікія грамадскія выклікі і дапамога ў стварэнні новых рынкаў. Хуткасць і поспех рэформ у вялікай ступені залежаць ад выніку расійска-украінскай вайны і ад развязання цяперашняга палітычнага крызісу ў Беларусі.

Падзяка

Аўтары хацелі б падзякаваць за некаторыя звесткі і плённае абмеркаванне закранутых у тэксце праблем Кацярыне Барнуковай і Дзмітрыю Круку з цэнтра эканамічных даследаванняў BEROC.

Бібліяграфія

Белстат (2021) Основные показатели деятельности организаций государственного сектора за январь — декабрь 2020 г. Рэжым доступу: https://www.belstat.gov.by/ofitsialnaya-statistika/makroekonomika-i-okruzhayushchaya-sreda/statistika-predprinimatelstva/statisticheskie-izdaniya_/index_22254/ (дата доступу: 29 верасня 2021).

ИПМ (2019) "Макроэкономический прогноз для Беларуси: основные показатели". Рэжым доступу: http://www.research.by/webroot/delivery/files/bro2019r1.pdf (дата доступу: 5 снежня 2022).

ИПМ (2020) "График месяца, таблица недели: наниматель последней инстанции". Рэжым доступу: http://www.research.by/webroot/delivery/files/ft2020r06-7.pdf (дата доступу: 3 студзеня 2022).

Рудкоўскі, П. (2020) "Беларусы змяніліся за апошнія дзесяць год. Аб гэтым сведчыць 7-ая хваля апытанняў па каштоўнасцях". Рэжым доступу: https://belinstitute.com/index.php/be/article/belarusy-zmyanilisya-za-aposhniya-dzesyac-god-ab-getym-svedchyc-7-aya-khvalya-apytannyau-pa (дата доступу: 3 студзеня 2022).

Сіліцкі, В. (2002) "Палітычная эканомія беларуска-расійскай інтэграцыі". У: *Беларуска-расійская інтэграцыя: аналітычныя артыкулы*. Пад рэд. В. Булгакава. Мінск: Энцыклапедыкс. С. 222–269.

Åslund, A. (2021) *How to Break Lukashenka.* Рэжым доступу: https://frivarld. se/rapporter/how-to-break-lukashenka/ (дата доступу: 29 верасня 2021).

Bornukova, K. and Alachnovič, A. (2021) 'What economic reforms does Belarus need and how can the West help?' Рэжым доступу: https://www. chathamhouse.org/events/all/research-event/what-economic-reforms-does-belarus-need-and-how-can-west-help (дата доступу: 23 чэрвеня 2021).

Campos, N.F. and Coricelli, A. (2002) 'Growth in transition: What we know, what we don't, and what we should.' *Journal of Economic Literature* 40(3): 793–836.

EBRD (2005) *Transition Report 2005: Business in Transition.* London: EBRD.

EBRD (2013) *Transition Report 2013: Stuck in Transition?* London: EBRD.

EBRD (2021) *Transition Report 2020-21: The State Strikes Back.* London: EBRD.

Foy, H. (2020) 'Belarus skilled population will be a boon if its economy opens.' *The Financial Times*, 19 August. Рэжым доступу: https://www.ft.com/ content/271acc0d-e821-4394-93d6-69f6ebe09872 (дата доступу: 2 студзеня 2022).

Guriev, S. (2019) 'Gorbachev versus Deng: A review of Chris Miller's the struggle to save the soviet economy.' *Journal of Economic Literature* 57(1): 120–146.

Hartwell, C.A., Bornukova, K., Kruk, D. and Zoller-Rydzek, B. (2022) *The Economic Reconstruction of Belarus: Next Steps after a Democratic Transition.* Рэжым доступу: https://www.europarl.europa.eu/thinktank/ en/document/EXPO_STU(2022)653663 (дата доступу: 19 мая 2022).

IMF (2019a) 'Republic of Belarus: 2018 Article IV consultation-press release.' In *IMF Staff Report*, 17 January. Washington, DC: International Monetary Fund.

IMF (2019b) 'Reassessing the role of state-owned enterprises in Central, Eastern, and Southeastern Europe.' In *European Departmental Paper Series*, No 19. Washington, DC: International Monetary Fund.

Karlinsky, A. and Kobak, D. (2021) 'Tracking excess mortality across countries during the COVID-19 pandemic with the World Mortality Dataset', *ELife* 10. Рэжым доступу: https://elifesciences.org/ articles/69336#:~:text=Karlinsky%20and%20Kobak%20used%20 the,than%20expected%20during%20the%20pandemic (дата доступу: 19 студзеня 2023).

Korosteleva, J. (2004) 'Continuity over change: Belarus, financial repression and reintegration with Russia.' In *Reforging the Weakest Link.* Ed. Robinson, N. Hants, Burlington: Ashgate, 61–80.

Korosteleva, J. (2007a) 'Maximizing Seigniorage and inflation tax: The case of Belarus.' *Eastern European Economics* 45(3): May–June, 33–50.

Korosteleva, J. (2007b) 'Belarus: Heading towards state capitalism?' In *Varieties of Capitalism in Post-Communist Countries.* Eds. Lane, D., Myant, M. Basingstoke: Palgrave Macmillan, 221–238.

Korosteleva, J. and Lawson, C. (2010) 'The Belarusian case of transition: Whither financial repression?' *Post-Communist Economies* 22(1): 33–53.

Kruk, D. (2013) 'Belarus' anti-crisis management: Success story of delayed recession?' *Europe-Asia Studies* 65(3): 473–488.

Mazzucato, M. (2013) *The Entrepreneurial State: Debunking Public vs. Private Sector Myths*. London: Anthem Press.

Naŭrodski, S. and Šramko, I. (2021) *Transformation of the Financial System in Slovakia: Dos and Don'ts*, mimeo.

Thinktanks.by (2022) "Павел Данейко: Реформы — это трансформация ценностной системы". Рэжым доступу: https://thinktanks.by/publication/2021/10/03/pavel-daneyko-reformy-eto-transformatsiya-tsennostnoy-sistemy.html (дата доступу: 3 студзеня 2022).

World Bank (2021a) World Development Indicators (WDI). Рэжым доступу: https://databank.worldbank.org/source/world-development-indicators (дата доступу: 28 верасня 2021).

World Bank (2021b) 'Europe and Central Asia economic update, fall 2021: Competition and firm recovery post-COVID-19.' Рэжым доступу: https://openknowledge.worldbank.org/handle/10986/36296 (дата доступу: 6 снежня 2021).

6. COVID-19 у Беларусі: палітыка, пратэсты і ахова здароўя

Крыстафер Геры, Кора Ньюман

Уводзіны

Дзявятага жніўня 2020 г., пасярод глабальнай пандэміі COVID-19, дарослае насельніцтва Беларусі было запрошана паўдзельнічаць у прэзідэнцкіх выбарах, якія, гэтаксама як папярэднія, не былі ні свабоднымі, ні сумленнымі. Відавочна падтасаваўшы вынікі, улады абвясцілі, што Аляксандр Лукашэнка атрымаў права на шосты свой тэрмін з абсалютна непраўдападобнымі 80 % галасоў. Абвяшчэнне гэтых вынікаў выклікала каскад пратэстаў, гальванізаваных яшчэ болей праз жорсткае іх падаўленне «сілавікамі» (у першыя пяць дзён было кінута за краты звыш 7000 чалавек; мірных пратэстоўцаў арыштоўвалі, збівалі, катавалі). Сотні тысяч пратэстоўцаў кінулі выклік запалохванню з боку спецслужбаў і ўдзельнічалі ў арганізаваных маршах як у сталіцы, так і ў іншых гарадах. Маршы адбываліся кожныя выхадныя на працягу некалькіх месяцаў.

Адрозна ад дэманстрацый, што адбыліся пасля маніпуляваных выбараў 2006 і 2010 гадоў, пратэсны рух 2020 г. аб'яднаў людзей розных класаў і маёмаснага стану. Фактычна ён пашырыўся на ўсю нацыю; у пратэстах удзельнічалі рабочыя, «белыя каўнерыкі», студэнты, вяскоўцы і гараджане, маладыя і старыя. Традыцыйна апазіцыйныя групы ішлі побач з тымі, хто раней праяўляў лаяльнасць Лукашэнку. На працягу некалькіх тыдняў здавалася верагодным, што прэзідэнт зляціць з пасады перад гэтай нечуванай кааліцыяй. Тое, што Лукашэнка на ёй застаўся, тлумачыцца ў вялікай ступені згуртаванасцю яго атачэння, а таксама падтрымкай, атрыманай з Расіі, якая дазволіла ўзмацніць рэпрэсіі. Аднак, дарма што імпэт і моц пратэстаў былі суцішаны, сілы, якія стварылі беспрэцэдэнтную кааліцыю супраць Лукашэнкі, не зніклі і працягваюць уплываць на ход палітычных падзей у Беларусі.

У гэтым раздзеле мы разгледзім пратэсны рух 2020 г. праз прызму эканамічнага спаду, які папярэднічаў гэтаму руху. Асаблівая ўвага будзе ўдзелена пандэміі COVID-19, якая дапамагла арганізаваць пратэсты. Мы сцвярджаем, што спалучэнне працяглай эканамічнай стагнацыі, жорсткага здушэння масавых пратэстаў і няслушнай рэакцыі на пандэмію COVID-19 спрычынілася да разбурэння сацыяльнага кантракта, які раней падмацоўваў уладу Лукашэнкі. У выніку ў Беларусі ўтварыўся выключны па маштабах грамадскі рух. Нават калі пратэсты не дасягнулі сваіх мэт, станам на лета 2022 г. выглядае, што сацыяльны кантракт паміж Лукашэнкам і насельніцтвам назаўжды скасаваны.

Эканамічны кантэкст

На першы погляд, Беларусь у постсавецкую эпоху была стабільнай краінай, яе малявалі як «гісторыю адноснага поспеху». Беларуская эканамічная мадэль грунтавалася на перапрацоўцы таннай расійскай нафты для перапродажу ў Еўропу, на прамысловым сектары, дзе дамінавалі дзяржаўныя прадпрыемствы, і на працяглай фінансавай падтрымцы з боку Расіі. Усё гэта дазваляла рэжыму Лукашэнкі захоўваць устойлівы сацыяльны кантракт з насельніцтвам. Беларусы атрымлівалі працоўныя месцы, жытло, сацыяльныя паслугі ды пэўны матэрыяльны камфорт; узамен Лукашэнка мог кіраваць нерэфармаванай, «патэрналісцкай» аўтакратыяй, патрабуючы ад насельніцтва лаяльнасці.

Уварванне Расіі ў Крым, яго анексія ў 2014 г. і далейшыя санкцыі згамавалі гэтую мадэль. Калапс цэн на нафту і абясцэньванне расійскага рубля прывялі да зніжэння расійскіх субсідый, што падтрымлівалі эканамічную мадэль Беларусі. Разам з аддаленымі

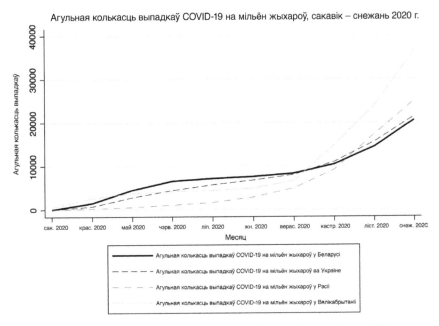

Выява 6.1. Агульная колькасць выпадкаў COVID-19 у асобных краінах, 2020 г.

наступствамі глабальнага фінансавага крызісу 2008–2009 гг. ва Усходняй Еўропе названы фактар паўплываў на тое, што 2010-я гады сталіся для Беларусі дзесяцігоддзем стагнацыі. ВУП у 2020 г. фактычна не перавышаў ВУП 2010 г., а рэальныя заробкі складалі менш за 70 % ад таго, што беларусы зараблялі ў 2010 г. (Light 2020). Вядома, і большасць краін Еўропы перажывала эканамічны спад пасля глабальнага фінансавага крызісу; Беларусь не адна сутыкнулася з гадамі стагнацыі або заняпаду, асабліва ў жыццёвых стандартах.

Для разумення далейшых падзей важна падкрэсліць, што беларусам не было ў каго шукаць суцяшэння. Неахвота Лукашэнкі развіваць інстытуты справаздачнасці ператварыла Беларусь у дзяржаву без дзейных палітычных партый, з урадам, члены якога прызначаліся па прынцыпе лаяльнасці, з маргіналізаванай апазіцыяй (Way 2020). Гэта дапамагло Лукашэнку адносна спакойна прайсці праз 2010-я гады, але негалосная дамова паміж народам і прэзідэнтам, што вызначала сутнасць рэжыму, была істотна аслаблена праз фінансавы крызіс і выніклую з яго эканамічную стагнацыю.

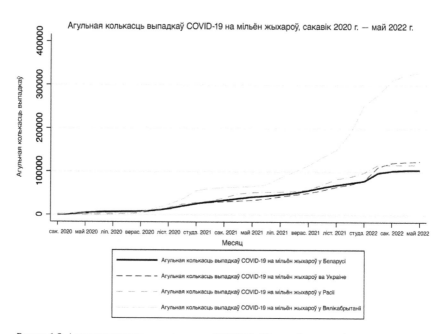

Выява 6.2. Агульная колькасць выпадкаў COVID-19 у асобных краінах, 2020–2022 гг.

COVID-19: палітыка і пратэсты

На фоне эканомікі, што стагнавала, і жыццёвых стандартаў, якія зніжаліся, для многіх беларусаў пераломным момантам зрабілася неадэкватнае стаўленне Лукашэнкі да крызісу COVID-19. Пасля гэтага моманту пачаў нарастаць апазіцыйны рух.

У пачатку пандэміі (сакавік 2020 г.) урады ўсёй Еўропы ўводзілі сур'ёзныя, часта надзвычайныя захады ў адказ на пашырэнне COVID-19. У канцы сакавіка Пуцін абвясціў пра «непрацоўны тыдзень», заявіўшы пра скасаванне канстытуцыйнага рэферэндуму ў Расіі. Тым часам Лукашэнка адмаўляў пагрозу, створаную пашырэннем COVID-19; ён рэкамендаваў у якасці сродкаў прафілактыкі язду на трактары, спажыванне гарэлкі, наведванне саўны (Åslund 2020). «Проста працаваць. Асабліва на вёсцы… трактар вылекуе ўсіх, поле лечыць» (AFP 2020). У Беларусі не ўводзіўся рэжым самаізаляцыі, спартыўныя і іншыя масавыя мерапрыемствы не адмяняліся і, у адрозненне нават ад Расіі, парад Перамогі 9 мая прайшоў, як планавалася (Khurshudyan 2020).

Нягледзячы на тое што Лукашэнка адмаўляў пагрозу, Міністэрства аховы здароўя Беларусі рэгістравала (у той час) выпадкі заражэння COVID-19, адзначала лятальныя вынікі і колькасць праведзеных тэстаў, дзялілася пералічанымі звесткамі з Сусветнай арганізацыяй аховы здароўя. Хаця, як і ў многіх іншых краінах, афіцыйныя звесткі не даюць дакладнай карціны рэальнай

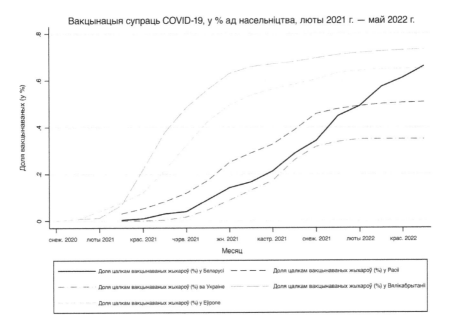

Выява 6.3. Доля вакцынаваных ад COVID-19 у розных краінах

пандэміі COVID-19, яны ўсё ж служаць адпраўным пунктам для параўнання сітуацыі з суседнімі еўрапейскімі краінамі, а таксама з'яўляюцца найважнейшым сведчаннем пра ўнутраную дынаміку пандэміі.

Як паказана на выяве 6.1, да красавіка-мая 2020 г. агульная колькасць выпадкаў COVID-19 у Беларусі на душу насельніцтва ўжо перавышала аналагічны паказнік у Расіі ды Украіне (і ў Вялікабрытаніі). Гэтае перавышэнне захавалася і пасля жнівеньскіх выбараў. Далей, выява 6.1 дэманструе, што ў параўнанні з іншымі краінамі ў Беларусі фіксаваўся істотны ўсплёск заражэнняў паміж красавіком і чэрвенем 2020 г. Потым, у сярэдзіне — канцы лета, назіралася зніжэнне колькасці выпадкаў, што адлюстроўвала тэндэнцыі, характэрныя для Еўропы. Усё гэта разам азначала, што к жніўню 2020 г. у Беларусі было зарэгістравана (на душу насельніцтва) прыкладна ў чатыры разы больш выпадкаў COVID-19, чым у суседняй Украіне (Way 2020).

Гэтыя назіранні вельмі важныя для разумення грамадскага настрою ў тыя месяцы, што папярэднічалі жнівеньскім выбарам. Лукашэнкава адмова прызнаваць небяспеку каранавіруса не толькі выклікала кпіны — яна яшчэ і супярэчыла рэальнасці, з якой насельніцтва сутыкнулася ў пандэмію. Няздольнасць Лукашэнкі прызнаць сур'ёзнасць пандэміі або ўмяшацца, каб абараніць насельніцтва, выглядала для многіх яго няздольнасцю ажыццяўляць

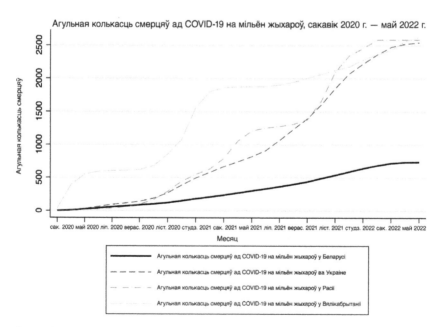

Выява 6.4. Агульная колькасць смерцяў ад COVID-19 у асобных краінах, 2020–2022 гг.

функцыі лідара, у тым ліку забяспечваць фізічны дабрабыт на-
сельніцтва. Як тлумачыць Серакоўскі (Sierakowski 2020:10), «калі
ён адмаўляў пагрозу і сядзеў склаўшы рукі, хіба што раіў людзям
піць гарэлку, гэта здавалася маральным вычварэнствам. Яго па-
водзіны асабліва раздражнялі людзей сярэдняга веку, якія баяліся
за сваіх бацькоў».

Было і яшчэ адно спантаннае наступства разыходжання па-
між заявамі лідара, у якіх абясцэньвалася пагроза, і досведам,
які перажывалі беларусы на фоне пандэміі COVID-19. Фактычна
насельніцтву выпала даведвацца пра пагрозу пандэміі і даваць
з ёй рады самастойна. Выйшла так (і нямногія тое прадбачылі),
што беларуская грамадзянская супольнасць актыўна занялася
купляй, вырабам і распаўсюдам асноўных медычных прэпаратаў
і абсталявання, дапамагала бальніцам і медычнаму персаналу,
непасрэдна падтрымлівала тых, хто хварэў на COVID-19 (Strategic
Comment 2021; Karath 2020). У канцы сакавіка стартавала краўд-
фандынгавая кампанія #ByCOVID19, яе мэтай было забяспечыць
медычны рыштунак для бальніц. Паведамлялася, што ў выніку
адной гэтай кампаніі было сабрана ў эквіваленце амаль £300,000
за тры месяцы, што палегчыла распаўсюд пры дапамозе валан-
цёраў сродкаў індывідуальнай абароны (СІА), кіслародных бало-
наў ды іншага медычнага рыштунку (Karath 2020).

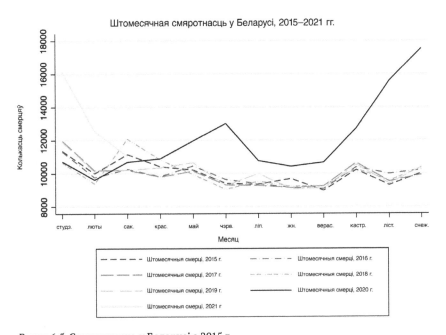

Выява 6.5. Смяротнасць у Беларусі з 2015 г.

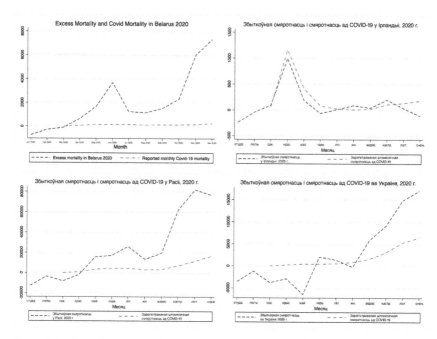

Выява 6.6. Збыткоўная смяротнасць і смяротнасць ад COVID-19

На піку эпідэміі ўвесну 2020 г. многія беларусы самастойна пайшлі на каранцін, насілі маскі, падтрымлівалі сацыяльную дыстанцыю. Тым часам наведванне спартыўных мерапрыемстваў, кавярань і рэстаранаў рэзка абвалілася (Khurshudyan 2020). Карацей кажучы, пакуль прэзідэнт не быў здольны забяспечыць кіраванне або нават прызнаць рэальнасць пандэміі, беларускае насельніцтва ўзялося за ўзаемадапамогу і добраахвотна прыстасоўвала свае паводзіны да зменлівай сітуацыі, у якой прысутнічала пагроза COVID-19. Сам народ узяў на сябе ролю ўрада.

Такім чынам, няслушная рэакцыя Лукашэнкі на пандэмію мела два адрозныя наступствы. Па-першае, яна каштавала яму падтрымкі сярод усіх пластоў насельніцтва, у тым ліку сярод тых, хто раней Лукашэнку падтрымліваў. Па-другое, яна дапамагла актывізаваць грамадзянскую супольнасць, пашырыць грамадскую салідарнасць і давер, мабілізаваць пэўныя групы на скаардынаваныя дзеянні для самадапамогі і падтрымкі. Апошняя задача палягчалася дзякуючы новым сродкам сувязі і камунікацыі (Mateo 2022).

У гэтым кантэксце мае быць зразумета рэакцыя на абвяшчэнне поўнай перамогі Лукашэнкі на выбарах. Тое, што гэтае абвяшчэнне людзі сустрэлі з агульным недаверам і адразу скемілі, што вынікі папросту не стасуюцца з рэальнасцю, не можа здзівіць. Калектыўны рух, выраслы з пагаршэння эканамічнага становішча

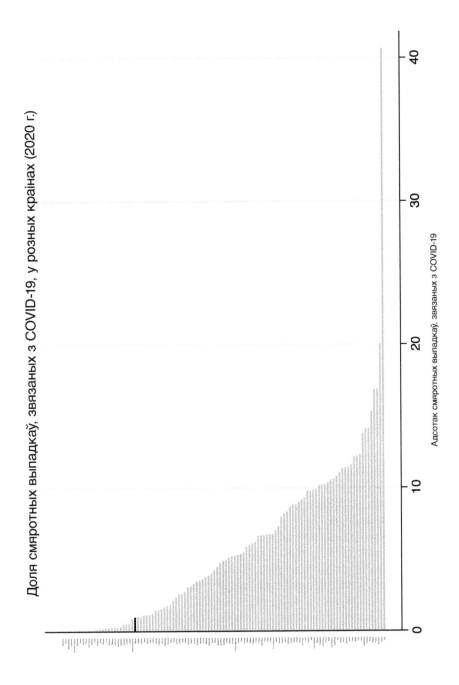

Выява 6.7. Доля смяротных выпадкаў, звязаных з COVID-19,
у розных краінах, 2020 г.

і развіты ў першыя месяцы пандэміі, скіраваўся ў паслявыбарны перыяд да зусім новай дынамікі — з масавымі дэманстрацыямі і страйкамі, на якія рэжым адказаў гвалтам і рэпрэсіямі.

COVID-19: палітыка, пратэсты і сфера аховы здароўя

Як і паўсюль, тэма каранавіруснай інфекцыі захоўвала актуальнасць у Беларусі яшчэ доўга пасля 2020 г., але наратыў і палітыка ў краіне змяніліся. Спосабы, у якія насельніцтва адаптавала свае паводзіны да развіцця пандэміі, гэтаксама як хуткае назапашванне звестак і гісторый з падрабязнасцямі распаўсюду COVID-19 у Беларусі, яўна паўплывалі на захады дзяржавы ў галіне аховы здароўя. Але паўплывала на гэтыя захады і разгортванне палітычных падзей 2020 г. Адразу пасля выбараў пратэсны рух пашырыўся; Беларусь прыцягнула ўвагу свету тым, што сотні тысяч людзей выйшлі на вуліцы, прадпрыемствы баставалі, на рэжым абрынулася ганьба міжнароднага маштабу.

Лукашэнка, спярша бяссільны перад пратэстамі, паступова вярнуўся да сваіх таталітарных прыёмаў. Сярод іх былі арышт або вываз за мяжу апазіцыйных лідараў, зняволенне журналістаў, перакрыццё плошчаў і вуліц — карацей кажучы, усё, каб суцішыць пратэсты і ўмацаваць пазіцыю Лукашэнкі. COVID-19 выявіўся для гэтага на дзіва эфектыўным сродкам. Закрыццё сухапутных меж у імя пандэміі дапамагло аддаліць Беларусь ад Захаду, абмежаванні на публічныя сустрэчы і патрэба самаізаляцыі, каб не пашыраўся вірус, выявіліся зручным (дарма што неэфектыўным) бар'ерам на шляху пратэстаў. Апрача таго, пад маркай змагання з каранавірусам улады настойвалі на судах у рэжыме анлайн, адмаўляючы вязням у праве на адвакатаў (Stepus 2021). Гэта парушала прынцыпы правасуддзя і адначасова супярэчыла палітыцы ў галіне аховы здароўя. Дзіва што, паводле Інстытута Брукінгса (гл.: Piccone 2021), Беларусь знаходзілася ў 2020 г. сярод краін з найгоршым заняпадам права на грамадзянскія сходы, свабоду слова і асацыяцый.

Да ўсяго, рэжым выкарыстоўваў COVID-19 як зброю супраць пратэстоўцаў, дазваляючы вірусу вольна пашырацца сярод зняволеных. Цісканіна ў камерах, абмежаваны доступ да медычнай дапамогі і частыя пераводы вязняў з месца на месца называліся ў якасці тлумачэнняў, чаму вірус хутка распаўсюджваўся за кратамі. Апазіцыйная лідарка Святлана Ціханоўская заяўляла, што заражаныя людзі пераводзіліся з камеры ў камеру менавіта для таго, каб заразілася як мага больш людзей. Журналіст Арцём Лява сведчыў, што чакаў разгляду сваёй справы судом у камеры, разлічанай на 10 чалавек, але ў ёй фактычна знаходзілася каля ста вязняў. Музыка Кастусь Лісецкі, адпраўлены за краты на два тыдні за ўдзел у пратэсце, тлумачыць, што ахоўнікі выконвалі загад, калі дазвалялі вірусу пашырацца ў турмах. Гэтыя выпадкі (Associated Press 2020) дазваляюць сцвярджаць, што беларускі рэжым адкрыта выкарыстоўваў вірус як сродак пакарання вязняў.

Нягледзячы на гэтыя назіранні, спалучэнне розных фактараў — самадастатковае насельніцтва з уласнай рэакцыяй на COVID-19, і ўрад, які са спазненнем прызнаў пандэмію ў сваіх публічных захадах па ахове здароўя (уадначас эксплуатуючы яе прысутнасць з мэтай абмежаваць свабоды і ўдарыць па пратэстоўцах), — парадаксальным чынам уяўляла з сябе патэнцыйна моцны адказ на пандэмію. Насамрэч увосень 2020 г. у Беларусі былі ўведзены больш выразныя захады і рэкамендацыі па ахове здароўя. Нашэнне масак зрабілася абавязковым у лістападзе, а ў снежні былі часткова закрыты межы. Урад абвясціў пра анлайн-навучанне для школьнікаў, пра 14-дзённы тэрмін ізаляцыі для кантактаў першага ўзроўню, рабіліся іншыя антыпандэмійныя крокі. Тым не менш Беларусь не зведала поўнага лакдаўна, і рэалізацыю ўведзеных захадаў адказныя асобы ніколі жорстка не кантралявалі. Магчыма, адсутнасць пільнага маніторынгу адлюстроўвала дух самакантролю, які ўзнік добраахвотна (Kirpich *et al.* 2022).

Адпавядае гэтым развагам выява 6.1, дзе паказваецца, што адносны ўсплёск выпадкаў COVID-19 у Беларусі прайшоў да часу паслявыбарных пратэстаў, што к канцу 2020 г. Вялікабрытанія, Расія і Украіна абагналі Беларусь па колькасці заражэнняў. Калі экстрапаляваць інфармацыю на перыяд да мая 2022 г. (на гэты месяц прыпадаюць апошнія даступныя нам звесткі), то з выявы 6.2 можна ўбачыць, што тэндэнцыя захавалася.

З канца 2020 г. колькасць зарэгістраваных выпадкаў заражэння на душу насельніцтва ў Беларусі відочна адставала ад такіх краін, як Вялікабрытанія, ЗША і Францыя. Яна была блізкая да паказнікаў Расіі, Украіны і некаторых найбольш устойлівых да хваробы паўночнаеўрапейскіх краін, у т. л. Германіі і Даніі. Выглядае, аналагічная карціна захавалася ў 2021 г. і пазней. Таксама Беларусь (пасля маруднага старту) актыўна займалася праграмай вакцынацыі; на час напісання гэтых радкоў вакцынавана была даволі вялікая доля насельніцтва (гл. выяву 6.3). К лютаму 2022 г. Беларусь абагнала Украіну і Расію, а к маю 2022 г. пераўзышла сярэднееўрапейскі ўзровень вакцынацыі насельніцтва. Жыхары Беларусі мелі доступ да дзвюх вакцын — расійскай («Спутнік») і кітайскай («Сінафарм»). Пастаўкі апошняй асабліва добра наладзіліся цягам 2022 года (Stoma *et al.* 2022).

Наратыў пра адносна добры кантроль над пандэміяй з сярэдзіны да канца 2020 г., абумоўлены спярша рэакцыяй грамадзянскай супольнасці і актыўнасцю ў сацыяльных сетках, а пазней і дзяржаўным умяшаннем плюс выпускам вакцыны, не з'яўляецца зусім недарэчным. Пасля першапачатковага ўсплёску заражэнняў у Беларусі, параўнальна з іншымі краінамі, адзначаліся нізкія ўзроўні захворвальнасці на COVID-19 на працягу ўсёй пандэміі — як у абсалютным вымярэнні, так і ў адносным (на душу насельніцтва). Таксама паведамлялася пра даволі нізкі прырост колькасці хворых і нізкую смяротнасць; усплёску смяротнасці не адзначалася і на раннім этапе пандэміі, у першым паўгоддзі 2020 г. На выяве 6.4 паказана колькасць смяротных выпадкаў, звязаных з COVID-19, у Беларусі параўнальна з Вялікабрытаніяй, Украінай і Расіяй за перыяд з сакавіка 2020 г. па май 2022 г. На першы погляд, пасля пачатковага перыяду адмаўлення і высмейвання пагрозы, Беларусь досыць умела дала рады з пандэміяй каранавіруса. Анягож патрэбны больш пільны разгляд.

У параўнанні з выявай 6.2, дзе прадстаўлены аналагічныя звесткі па выпадках заражэння, выява 6.4 паказвае на інтрыгоўную розніцу паміж Беларуссю, з аднаго боку, і Расіяй ды Украінай, з другога. Калі колькасць выпадкаў заражэння на душу насельніцтва (выява 6.2) адлюстроўваецца лініямі, што ідуць блізка адна да другой цягам усяго перыяду з восені 2020 г., то лінія агульнай смяротнасці ў Беларусі (выява 6.4) істотна разыходзіцца з расійскай, украінскай і брытанскай, будучы «на прыступку» ніжэй. Увосень 2020 г. смяротнасць ад COVID-19 у Вялікабрытаніі рэзка павышаецца; у Расіі і Украіне падвышэнне не такое рэзкае, але ў рэшце рэшт усе яны прыходзяць да высокага паказніка, прыкладна 2500 смерцяў на мільён насельніцтва. Тым часам у Беларусі гэты паказнік ледзь перавысіў 500 на мільён.

Былі розныя тлумачэнні гэтага нізкага ўзроўню смяротнасці: адносна высокая колькасць бальнічных ложкаў на душу насельніцтва; малалікасць дамоў састарэлых і адносная расцярушанасць уразлівых груп у агульным насельніцтве; падпарадкаванасць беларусаў абавязковым захадам і рэкамендацыям (Karáth 2020). Каб дапоўніць гэтую тэму, лятальнасць пры заражэннях COVID-19 у Беларусі таксама выявілася нашмат ніжэйшая, чым у іншых краінах. Гэта значыць, калі дапусціць, што афіцыйная статыстыка вялася дакладна, то пры лятальнасці на ўзроўні Польшчы ў Беларусі мелася б у 10 разоў больш смерцяў, чым было зарэгістравана.

Усе пералічаныя тлумачэнні маюць пад сабой пэўны грунт. Але на міжнародным узроўні ў час пандэміі сталася агульным месцам аналізаваць збыткоўную ці «пазарамкавую» смяротнасць, каб выявіць сапраўдны ўплыў пандэміі на ахову здароўя. Гэткі падыход не толькі дазваляе выправіць няпоўныя або памылковыя статыстычныя справаздачы, але і ўлічвае іншыя фатальныя аспекты пандэміі — непасрэдна не звязаныя з каранавірусным заражэннем, аднак важныя для таго, каб гаварыць аб рызыцы смяротнасці. Напрыклад, маюцца на ўвазе ўздым псіхічных захворванняў і хваробы, абвостраныя праз недахоп доступу да медыцынскіх устаноў. Такім чынам, вывучэнне збыткоўнай смяротнасці дапамагае зразумець, наколькі насамрэч абгрунтаваныя заявы пра добры кантроль над пандэміяй.

На выяве 6.5 паказаны месячныя ўзроўні смяротнасці ў Беларусі на працягу пяці гадоў да пандэміі, у 2020 г. і ў першыя месяцы 2021 г. (Беларусь перастала публікаваць гэтыя звесткі ў сакавіку 2021 г.). Графік вельмі ясна дэманструе, што ў Беларусі назіраліся выключна стабільныя паказнікі смяротнасці цягам пяці гадоў, што папярэднічалі пандэміі, і ў студзені-сакавіку 2020 г. Аднак у красавіку 2020 г. відавочным стаў рэзкі ўздым смяротнасці. Першы пік здарыўся ў чэрвені, калі ўзровень смяротнасці перавышаў норму бадай на 50 %. Потым у летнія месяцы смяротнасць зніжалася, а ўзімку 2020–2021 гг. зноў рэзка ўзнялася, з перавышэннем сезоннай нормы на 80 %. Гэтыя звесткі паказваюць, што к сакавіку 2021 г. узровень смяротнасці панізіўся да нормы, аднак з тэндэнцыяй да павышэння.

Такім чынам, выява 6.5 не супярэчыць паказанаму на выявах 6.1–6.3. Апошнія дэманструюць, па-першае, што ўвесну 2020 г. вірус хутка распаўсюджваўся; што гэты распаўсюд запаволіўся ўлетку 2020 г., але зноў рэзка паскорыўся ўзімку 2020–2021 гг. Па-другое, што ў 2021 г. паказнік вакцынацыі істотна павысіўся, і гэта паўплывала на зніжэнне смяротнасці (незалежна ад тэмпаў распаўсюду віруса).

Што насамрэч уражвае ў гэтых звестках, дык гэта кантраст паміж рэзкім уздымам смяротнасці ў Беларусі 2020 г. і адносна бяскрыўдным выглядам пандэміі, што вымалёўваецца паводле афіцыйных звестак пра смерці ад COVID-19. Выява 6.6 дазваляе нам больш пільна прыгледзецца да гэтага кантрасту і высветліць, наколькі істотным з'яўляецца разыходжанне паміж паведамленнямі пра смяротнасць ад COVID-19 і фактычнай смяротнасцю цягам 2020 г. у Беларусі, гэтаксама як у іншых краінах рэгіёна. Мы ўключылі ў спіс для параўнання Ірландыю, якая не адносіцца да постсавецкіх краін, але з'яўляецца дзяржавай з выдатным вядзеннем статыстыкі; на яе прыкладзе мы можам бачыць суадносіны паміж збыткоўнай смяротнасцю і смяротнасцю ад COVID-19 у 2020 г.

Наадварот, разыходжанне ў лічбах агульнай смяротнасці і той, што тлумачылася выпадкамі COVID-19, — звычайная з'ява на постсавецкай прасторы, як паказваюць казусы Расіі (найбольш блізкай да Беларусі паводле «нажніц» у двух паказніках) і Украіны. Але нідзе «нажніцы» не былі гэткія вялізныя, як у Беларусі. Насамрэч — параўнальна з Беларуссю — нямногія краіны свету справаздачыліся пра меншыя долі смяротнасці ад каранавіруса (гл. выяву 6.7). Гэтыя назіранні стасуюцца з высновамі Кірпіча і інш. (Kirpich *et al.* 2022), дзе падкрэсліваецца, што агульная смяротнасць у Беларусі ў той перыяд была «вышэйшая, чым у любой суседняй краіне».

Падсумоўваючы, можна сказаць наступнае. Улічваючы нязначныя ваганні паказніка штомесячнай смяротнасці ў Беларусі да сакавіка 2020 г. і яго рэзкі рост пасля пачатку пандэміі, гэтаксама як адсутнасць іншых падзей, якія маглі паўплываць на ўздым смяротнасці (напрыклад, вайны або прыроднай катастрофы), слушна будзе дапусціць, што большасць збыткоўных смерцяў 2020 г. і пачатку 2021 г. тлумачыцца пандэміяй (у т.л. смерці непасрэдна ад COVID-19). Гэта, аднак, пакідае ў нас некаторыя сумневы, бо выходзіць, што, з аднаго боку, збег абставін паступова (і магчыма, парадаксальным чынам) прывёў да моцнай рэакцыі, якая паслужыла апірышчам для сістэмы аховы здароўя. З другога боку, у рэальнай Беларусі 2020 г. адбыўся правал названай сістэмы, пра што сведчыць адзін з найбольшых у свеце паказнікаў збыткоўных смерцяў.

У гэтым раздзеле мы сцвярджалі, што беларускі досвед у пандэмію COVID-19 цягам 2020 года і далей уяўляў з сябе інтрыгоўны выпадак. У ім спалучыліся ўзаемазалежныя наратывы аховы здароўя, палітыкі і пратэсту — разам яны праліваюць святло на зараджэнне і рост масавага пратэснага руху 2020 г. і на адыёзную рэакцыю ўлад (рэакцыю як на гэты рух, так і на пандэмію COVID-19).

Мы не настойваем, што пачатак каранавіруснай пандэміі прывёў да развою пратэснага руху ўлетку і ўвосень 2020 г. Аднак мяркуем, што грэблівая рэакцыя ўрада на пашырэнне COVID-19 зрабілася пераломным момантам, пасля якога беларускае грамадства, у тым ліку ранейшыя прыхільнікі рэжыму Лукашэнкі, публічна выказала сваю нязгоду з урадам. Паводзіны ўлад паяднали і ўзмацнілі грамадзянскую супольнасць, падарваўшы легітымнасць Лукашэнкі як прэзідэнта праз хвалю беспрэцэдэнтных пратэстаў, якія пашырыліся па ўсёй Беларусі. Разам з тым рэжым навучыўся выкарыстоўваць пандэмію ў сваёй стратэгіі — і як прыладу супраць пратэстоўцаў, абмяжоўваючы правы на грамадзянскія сходы пад маркай эпідэмічнай небяспекі, і як сродак пакарання вязняў (дапускаючы неканtraляваны распаўсюд віруса ў месцах зняволення).

Млявы падыход улад да COVID-19 на першым этапе падштурхнуў насельніцтва, каб узяць справу ў свае рукі. Гэта, у сваю чаргу, падштурхнула рэжым да ўвядзення некаторых абмежаваных захадаў для стрымання распаўсюду віруса — побач з больш радыкальнымі захадамі, скіраванымі супраць пратэснага руху. Спалучэнне захадаў з розных бакоў азначала, як ні дзіўна, што пандэмія была даволі хутка пастаўлена пад кантроль — прынамсі ў тым, што датычылася зарэгістраваных выпадкаў хваробы. Аднак непрапарцыйна нізкія паказнікі зарэгістраванай смяротнасці ад COVID-19, а таксама павелічэнне разрыву паміж збыткоўнымі смерцямі і смяротнымі выпадкамі, афіцыйна звязанымі з вірусам, даводзяць, што ўлады не паведамлялі пра тысячы смерцяў ад каранавіруса. Тое былі смерці, многіх з якіх можна было б пазбегнуць, калі б захады супраць пандэміі былі зроблены раней. Што праўда, разрыў паміж заяўленымі і рэальнымі смяротнымі выпадкамі не з'яўляўся выключна беларускай праблемай, але звесткі, прадстаўленыя намі ў гэтым раздзеле, дазваляюць сцвярджаць, што ў Беларусі статыстычны разрыў быў ці не найвялікшым. Такім чынам, у 2020 г. Беларусь дэманстравала адзін з найгоршых паказнікаў смяротнасці ад COVID-19 ва ўсёй Еўропе.

Пандэмія 2020 года пакінула на Беларусі два трывалыя і ўзаемазвязаныя адбіткі. Па-першае, надыход пандэміі выпукліў няздольнасць і/або нежаданне ўрада выконваць сваю частку сацыяльнага кантракта, заключанага з народам Беларусі. Гэта прывяло да буйной катастрофы ў плане аховы здароўя цягам 2020 года — яна адчувалася народам, але адмаўлялася рэжымам. Падругое, праз гэтую страту даверу да ўрада пандэмія разварушыла і паяднала беларускае грамадства ў агульнай справе. Вынікам стала беспрэцэдэнтная хваля грамадскіх пратэстаў і грамадзянскага актывізму, якая ахапіла краіну. Энергія гэтай хвалі здолела перажыць жорсткія рэпрэсіі з боку рэжыму — яна захавалася і праз два гады пасля таго лёсаноснага лета. Застаецца паглядзець, як і калі воля дэмакратычных сіл Беларусі, гэтак яскрава праяўленая ў каранавіруснае лета 2020 года, возьме верх.

Спасылкі

AFP (2020) 'Belarusian leader proposes 'tractor' therapy for virus.' Рэжым доступу: https://news.yahoo.com/belarusian-leader-proposes-tractor-therapy-virus-142413377.html (дата доступу: 19 чэрвеня 2022).

Åslund, A. (2020) 'Responses to the COVID-19 crisis in Russia, Ukraine, and Belarus.' *Eurasian Geography and Economics* 61(4–5): 532–545. Рэжым доступу: https://doi.org/10.1080/15387216.2020.1778499.

Associated Press (2020) 'Virus besets Belarus prisons filled with president's critics.' *Associated Press*, 26 December. Рэжым доступу: https://www.voanews.com/a/covid-19-pandemic_virus-besets-belarus-prisons-filled-presidents-critics/6200023.html (дата доступу: 20 чэрвеня 2022).

France-Presse (2020) 'Belarusian leader proposes 'tractor' therapy for coronavirus.' *The Moscow Times*, 16 March. Рэжым доступу: https://www.themoscowtimes.com/2020/03/16/belarussian-leader-proposes-tractor-therapy-for-coronavirus-a69644 (дата доступу: 31 мая 2022).

Karáth, K. (2020) 'Covid-19: How does Belarus have one of the lowest death rates in Europe?' *BMJ (Clinical Research Ed.)* 370: 3543–3543. Рэжым доступу: https://doi.org/10.1136/bmj.m3543.

Karlinsky, A. and Kobak, D. (2022) 'Tracking excess mortality across countries during the COVID-19 pandemic with the world mortality.' [online], *eLife*. Рэжым доступу: https://doi.org/10.7554/eLife.69336.

Khurshudyan, I. (2020) 'As Belarus faces a rising number of cases, its leader clings to denials.' *The Washington Post*, May 3. Рэжым доступу: https://www.pressreader.com/usa/the-washington-post-sunday/20200503/281930250143966 (дата доступу: 5 мая 2020).

Kirpich, A., Shishkin, A., Weppelmann, T.A., Tchernov, A.P., Skums, P. and Gankin, Y. (2022), 'Excess mortality in Belarus during the COVID-19 pandemic as the case study of a country with limited non-pharmaceutical interventions and limited reporting.' *Scientific Reports* 12(1): 1–13. Рэжым доступу: https://doi.org/10.1038/s41598-022-09345-z.

Light, F. (2020) 'How poor handling of Covid-19 has caused uproar in Belarus.' *The New Statesman*, 24 June. Рэжым доступу: https://www.newstatesman.com/world/2020/06/how-poor-handling-covid-19-has-caused-uproar-belarus (дата доступу: 25 мая 2022).

Mateo, E. (2022) '"All of Belarus has come out onto the streets": exploring nationwide protest and the role of pre-existing social networks.' *Post-Soviet Affairs* 38(1–2): 26–42. Рэжым доступу: https://doi.org/10.1080/1060586X.2022.2026127.

Piccone, T. (2021) 'Rule of law takes a big hit during COVID-19.' *Brookings*, 18 October. Рэжым доступу: https://www.brookings.edu/blog/order-from-chaos/2021/10/18/rule-of-law-takes-a-big-hit-during-covid-19/ (дата доступу: 20 чэрвеня 2022).

Richtie, H., Mathieu, E., Rodés-Guirao, L., Appel, C., Giattino, C., Ortiz-Ospina, E., Hasell, J., Macdonald, B., Beltekian, D. and Roser, M. (2022), 'Coronavirus pandemic (COVID-19).' [online], *Our World in Data*. Рэжым доступу: https://ourworldindata.org/coronavirus-source-data (дата доступу: 27 чэрвеня 2022).

Sierakowski, S. (2020) 'Belarus uprising: The making of a revolution.' *Journal of Democracy* 31(4): 5–16. Рэжым доступу: https://doi.org/10.1353/jod.2020.0051.

Stepus, Y. (2021) 'Belarus: Authorities accused of weaponising covid-19 against protesters.' *Institute for War and Peace Reporting*, 15 March. Рэжым доступу: https://www.iwpr.net/global-voices/belarus-authorities-accused-weaponising-covid-19-against-protesters (дата доступу: 20 чэрвеня 2022).

Stoma, I., Korsak, K., Voropaev, E., Osipkina, O. and Kovalev, A. (2022) 'Comparative study of immunogenicity and safety of Gam-COVID-Vac and Sinopharm BBIBP CorV vaccines in Belarus.' *medRxiv*. Рэжым доступу: https://doi.org/10.1101/2022.02.05.22270499.

Strategic Comment (2021) 'The protest movement in Belarus: Resistance and repression.' *Strategic Comments* 27(2): i–iii. Рэжым доступу: https://doi.org/10.1080/13567888.2021.1911136.

Way, L.A. (2020) 'Belarus uprising: How a dictator became vulnerable.' *Journal of Democracy* 31(4): 17–27. Рэжым доступу: https://doi.org/10.1353/jod.2020.0052.

7. Беларуская праваахоўная сістэма: чаму мы можам навучыцца з барацьбы Грузіі і Украіны за незалежнае правасуддзе?

Людміла Д'Круз, Людміла Казак, Павел Кур'ян

Уводзіны

Незалежнае правасуддзе — крытычна важная інстытуцыя для паспяховай працы дэмакратычнай дзяржавы. Апошняя мае кіравацца прынцыпам законнасці, каб гарантаваць фундаментальныя правы чалавека, у тым ліку права на справядлівы суд. Паводле «Асноўных прынцыпаў незалежнасці правасуддзя» (United Nations 1985), незалежнасць правасуддзя павінна быць гарантавана дзейнай дэмакратычнай дзяржавай і ўпісана ў Канстытуцыю або ў заканадаўства краіны. Больш за тое, гэты прынцып азначае, што ўсе ўрадавыя ды іншыя інстытуцыі абавязаны паважаць і захоўваць незалежнасць правасуддзя, каб гарантаваць дзейную дэмакратычную сістэму кіравання.

У гэтым раздзеле разглядаецца функцыянаванне беларускай праваахоўнай сістэмы і высвятляюцца ключавыя выклікі, на якія давядзецца рэагаваць пры дапамозе рэформ. Раздзел уключае таксама агляд досведу Грузіі і Украіны — краін, якія ў пачатку 1990-х гадоў, пасля распаду Савецкага Саюза, сутыкаліся з тымі ж выклікамі, што і Беларусь, калі рэфармавалі свае праваахоўныя сістэмы. Нарэшце, у раздзеле прыводзяцца прыклады захадаў, патрэбных для Беларусі, каб перафармаваць цяперашнюю праваахоўную сістэму, ператварыўшы яе ў здаровую, дэмакратычную і незалежную.

Агляд беларускай праваахоўнай сістэмы

27 ліпеня 1990 г. Вярхоўны Савет Беларускай Савецкай Сацыялістычнай Рэспублікі (БССР) прыняў дэкларацыю «Аб дзяржаўным суверэнітэце Беларускай ССР». У ёй абвяшчаўся поўны дзяржаўны суверэнітэт Беларусі, гаварылася пра рашучы намер стварыць прававую дзяржаву. Дэкларацыя настойвала на наяўнасці прававой дзяржавы і размежаванні галін улады як на асноўных

дзяржаўных прынцыпах. Нормы дакумента меліся быць развіты шляхам прыняцця новай Канстытуцыі і законаў Беларусі.

Пасля краху Савецкага Саюза Беларусь успадкавала савецкую сістэму права і судоў, што была неад'емнай часткай урадавага адміністрацыйнага апарату. Такім чынам, незалежнай Беларусі[89] выпала развязваць шматскладаную задачу — будаваць дэмакратычную дзяржаву, адначасова рэфармуючы сістэму судоў і праваахоўных органаў. Каб развязаць яе, у 1992 г. у Беларусі прынялі «Канцэпцыю судова-прававой рэформы ў Рэспубліцы Беларусь»[90] (далей «Канцэпцыя»). Сярод яе асноўных мэт і прынцыпаў былі наступныя:

- стварэнне прававой сістэмы, здольнай забяспечыць функцыянаванне прававой дзяржавы;
- зацвярджэнне самастойнай і незалежнай судовай улады як асноўнага гаранта правоў і свабод грамадзян;
- прыярытэт правоў і свабод асобы;
- вяршэнства закона;
- узаемная адказнасць дзяржавы і асобы;
- размежаванне кампетэнцыі заканадаўчай, выканаўчай і судовай улады.

У Канцэпцыі прадугледжвалася стварэнне чатырохузроўневай сістэмы, увядзенне міравых і міжраённых (акружных) судоў, што мела на ўвазе ліквідацыю залежнасці судоў ад мясцовых улад і заснаванне суда прысяжных. Аднак многія палажэнні Канцэпцыі ніколі не былі ажыццёўлены.

Іншая спроба перайсці да незалежнай сістэмы правасуддзя ў краіне была зроблена ў першай Канстытуцыі суверэннай Беларусі, прынятай 15 сакавіка 1994 г. У Канстытуцыі дэкляраваўся падзел улады на тры галіны: выканаўчую, заканадаўчую і судовую. Гэта адпавядала агульным палажэнням «Асноўных прынцыпаў» (United Nations 1985) аб незалежнасці галін улады, патрэбнай для дэмакратычнай дзяржавы. Напрыклад, у тым, што тычылася незалежнасці судовай галіны, Кансультацыйная рада еўрапейскіх суддзяў у сваім Меркаванні № 1 (Council of Judges, 2001, Art. 14) заяўляла, што «дзяржавам варта або ўключыць тэзіс аб незалежнасці судовай улады ў свае Канстытуцыі, або згадаць гэтую незалежнасць сярод фундаментальных прынцыпаў, прызнаных краінамі».

Рада Еўропы цалкам падтрымлівае гэтую заяву і прызнае, што «асноўныя прынцыпы, якія забяспечваюць незалежнасць судовай улады, варта запісаць у Канстытуцыю або тоесны тэкст» (Council of

---

89   Беларусь стала суверэннай незалежнай дзяржавай, калі Пагадненне «Аб стварэнні Садружнасці Незалежных Дзяржаў», падпісанае 8 снежня 1991 г., уступіла ў сілу для Рэспублікі Беларусь (10 снежня 1991 г.).

90   Гл. Пастанову Вярхоўнага Савета Рэспублікі Беларусь № 1611-XII ад 23 красавіка 1992 г. «Аб канцэпцыі судова-прававой рэформы».

Europe 2010). У пунктах асноўных прынцыпаў ААН (United Nations 1985) і Еўрапейскай Хартыі (European Charter 1998) таксама адлюстроўваецца гэты падыход.

У першай беларускай Канстытуцыі таксама дэкларавалася незалежнасць суддзяў, але не прадугледжвалася стварэнне незалежнага органа, адказнага за адбор і прызначэнне суддзяў. Замест гэтага ў Канстытуцыі гаварылася, што названыя паўнамоцтвы будуць падзелены паміж Вярхоўным Саветам і Прэзідэнтам: Вярхоўны Савет выбіраў членаў Канстытуцыйнага Суда, Вярхоўнага Суда і Вышэйшага Гаспадарчага Суда Рэспублікі Беларусь (арт. 83), а Прэзідэнт прызначаў суддзяў іншых судоў (арт. 100). Працэс пабудовы незалежнай судовай сістэмы прадоўжыўся шляхам прыняцця Закона Рэспублікі Беларусь № 3514-XII «Аб судаўладкаванні і статусе суддзяў» ад 13 студзеня 1995 года[91]. Некаторыя з тэзісаў Канцэпцыі былі ўлічаны ў гэтым законе, напрыклад палажэнні аб судзе прысяжных. Аднак закон не ўстанавіў чатырохузроўневую сістэму правасуддзя і не ўвёў міжраённыя судовыя акругі, прапанаваныя Канцэпцыяй.

Усе спробы стварыць незалежную судовую сістэму ў Беларусі скончыліся ў 1996 г., калі Лукашэнка, першы (і дагэтуль адзіны) абраны прэзідэнт краіны, абвясціў канстытуцыйны рэферэндум, праведзены 24 лістапада 1996 г. Вынікі гэтага плебісцыту радыкальна змянілі сістэму ўлады ў Беларусі, узмацніўшы ролю прэзідэнта і падпарадкаваўшы яму ўсе іншыя галіны ўлады. Напрыклад, Канстытуцыя Беларусі з папраўкамі 1996 г.[92] істотна змяніла падыход да прызначэння і перапрызначэння суддзяў. Прэзідэнт атрымаў паўнамоцтвы прызначаць і звальняць усіх суддзяў, што яўна падарвала незалежнасць правасуддзя.

З таго часу ў судовай сістэме адбыліся пэўныя рэформы, звязаныя з развіццём заканадаўства і прыняццем новых кодэксаў. Аднак большасць змяненняў не былі накіраваны на зацвярджэнне незалежнасці судовай галіны ўлады і выклікалі хвалю крытыкі з боку міжнародных арганізацый. Большая частка крытыкі, праўда, тычылася немагчымасці ў рамках беларускай сістэмы забяспечыць незалежнасць суддзяў — крытыкавалася і роля прэзідэнта ў іх прызначэнні ды звальненні (United Nations 2001, 2005, 2013a, b, 2014a, 24b, 2017, 2019). Больш за тое, у некаторых справаздачах ААН паведамлялася пра выпадкі «тэлефоннага правасуддзя», калі суддзі дзейнічалі паводле інструкцый ад урадавых

---

91 Закон N 3514-XII «Аб судаўладкаванні і статусе суддзяў у Рэспубліцы Беларусь» ад 13 студзеня 1995 г. даступны на рускай мове па адрасе: https:// belzakon.net/Законодательство/Закон_РБ/1995/1858 (дата доступу: 19 мая 2022).

92 «Канстытуцыя Рэспублікі Беларусь 1994 года (са змяненнямі і дапаўненнямі, прынятымі на рэферэндуме 24 лістапада 1996 г.)» даступная на рускай мове па адрасе: https://web.archive.org/web/20230610013604/https://wipolex-res. wipo.int/edocs/lexdocs/laws/ru/by/by016ru.pdf (дата доступу: 22 сакавіка 2024).

чыноўнікаў (United Nations 2005: 10). Крытыкавалася матэрыяльная залежнасць суддзяў ад Міністэрства юстыцыі (напрыклад, ад яго залежалі месячныя прэміі) і, у некаторых выпадках, ад мясцовых улад, якія выдзялялі суддзям субсідыі на жытло (United Nations 2005: 10). Таксама падкрэсліваўся той факт, што кандыдаты на пасады суддзяў «вылучаліся і прызначаліся за зачыненымі дзвярыма», што крытэрыі гэткага адбору заставаліся «няяснымі кандыдатам і публіцы» (United Nations 2020: 5). У апошнім «Універсальным перыядычным аглядзе-справаздачы па Беларусі» (*Universal Periodic Review Report on Belarus*) таксама гаворыцца аб праблемах з незалежнасцю судзейскага корпуса (дэ-факта і дэ-юрэ). У дакуменце рэкамендавана, сярод іншага: а) перагледзець ролю прэзідэнта ў адборы, прызначэнні, перапрызначэнні і звальненні суддзяў; б) задумацца аб стварэнні незалежнага органа для рэгулявання працэсу адбору суддзяў; в) забяспечыць іншыя гарантыі незмяняльнасці суддзяў (United Nations 2020b: 4). Разам з тым назіраліся некаторыя пазітыўныя перамены. Напрыклад, Анаіс Марэн, спецыяльная дакладчыца па стане правоў чалавека ў Беларусі, адзначыла ў сваёй справаздачы (United Nations 2020: 5), што пераход арганізацыйнай, лагістычнай і кадравай падтрымкі мясцовых судоў да Вярхоўнага Суда, прадугледжаны Кодэксам аб судаўладкаванні і статусе суддзяў[93] № 139-3 ад 29 чэрвеня 2006 г., быў пазітыўным крокам. Аднак ён меў мінімальны ўплыў на незалежнасць суддзяў.

Падзеі ў Беларусі пасля прэзідэнцкіх выбараў 9 жніўня 2020 г. агалілі недахопы судовай сістэмы, засведчыўшы, што суд у Беларусі зрабіўся неад'емнай часткай рэпрэсіўнага рэжыму Лукашэнкі. У першыя тыдні пасля выбараў галоўнай задачай беларускіх судоў было не правасуддзе, а перасьлед грамадзян, якія наважыліся выказацца супраць рэжыму. Кіраваныя больш распараджэннямі ад міліцэйскіх начальнікаў, пракурораў і іншых урадавых службоўцаў, чым законам, суддзі прызнавалі вінаватымі вялікія групы мірных пратэстоўцаў супраць сфальсіфікаваных выбараў. Пратэстоўцаў асуджалі па крымінальных і адміністрацыйных справах, выносячы празмерна суровыя выракі. Напрыклад, у справаздачы няўрадавай праваабарончай арганізацыі «Вясна» «Сітуацыя з правамі чалавека ў Беларусі. Сакавік 2022 г.» сказана, што на час яе ўкладання ў месцах зняволення ўтрымлівалася 1110 палітычных вязняў (Viasna 2022). «Міжнародная амністыя» ў сваім дакладзе прыйшла да высноваў, што «ўлады сістэматычна злоўжываюць магчымасцямі судовай сістэмы», а «суддзі зусім не крытычна ставяцца да паказанняў супрацоўнікаў пракуратуры і органаў унутраных спраў» (Amnesty International 2021/2022: 91).

---

93   Кодэкс аб судаўладкаванні і статусе суддзяў № 139-3, прыняты 29 чэрвеня 2006 г., даступны на рускай мове па адрасе: http://pravo.by/document/?guid=3871&p0=hk0600139 (дата доступу: 22 сакавіка 2024).

Каб стварыць бачнасць рэформ, рэжым прапанаваў папраўкі да Канстытуцыі, якія былі зацверджаны шляхам яшчэ аднаго канстытуцыйнага рэферэндуму, праведзенага ў Беларусі 27 лютага 2022 г. Той рэферэндум не быў празрысты праз адсутнасць сапраўдных грамадскіх кансультацый і дыскусій аб асноўных частках праекта, улічваючы, што Лукашэнка зацвердзіў дату яго правядзення толькі 21 студзеня 2022 г. У зменанай Канстытуцыі прэзідэнт захоўвае большую частку сваіх паўнамоцтваў; напрыклад, ён прызначае і звальняе суддзяў судоў агульнай юрысдыкцыі (арт. 84). У ёй гаворыцца пра новы орган, Усебеларускі народны сход (УНС) — «найвышэйшы прадстаўнічы орган народаўладдзя Рэспублікі Беларусь» (арт. 89^1). УНС мае права выбіраць суддзяў Канстытуцыйнага і Вярхоўнага судоў (арт. 89^3). Аднак суддзі гэтых судоў маюць абірацца на прапанову прэзідэнта, папярэдне ўзгодненую з прэзідыумам УНС. Дарма што УНС называецца найвышэйшым прадстаўнічым органам, працэдура яго фармавання дэманструе, што ён будзе пад поўным кантролем выканаўчай улады, узначаленай прэзідэнтам. З гэтага можна вывесці, што прэзідэнт па-ранейшаму трымае судовую сістэму на аброці.

У падраздзеле ніжэй будзе паказана, як Грузія і Украіна рэфармавалі свае судовыя сістэмы. Наша задача — зразумець, якія ўрокі могуць быць атрыманы з досведу гэтых краін, каб дапамагчы Беларусі правесці ўласныя рэформы ў будучыні. Шляхі Грузіі і Украіны заслугоўваюць увагі, бо гэтыя краіны ў пачатку 1990-х мелі заканадаўства, падобнае да беларускага, успадкаванае ад СССР. Аднак, нягледзячы на некаторыя мітрэнгі, і Грузія, і Украіна аказаліся больш паспяховымі ў пабудове дэмакратычных дзяржаў.

Судовыя рэформы ў Грузіі

Індэкс вяршэнства права за 2021 г. ад Сусветнага праекта правасуддзя (World Justice Project, WPJ), у якім ацэньваецца эфектыўнасць прынцыпаў прававой дзяржавы, паставіў Грузію на 49-е месца са 139 краін і адміністрацыйных адзінак, а Беларусь — на 97-е, акурат паміж Сальвадорам і Парагваем (World Justice Project 2021: 10). Пасля «Рэвалюцыі руж»[94] Грузія распачала шэраг рэформ судовай сістэмы, большасць з якіх выявіліся паспяховымі. Высокае месца Грузіі ў Індэксе вяршэнства права WPJ за 2021 г. сведчыць аб тым, што дзякуючы згаданым рэформам краіна здолела стварыць эфектыўную судовую сістэму (World Justice Project 2021: 24).

---

94 «Рэвалюцыяй руж» завецца змена ўлады ў Грузіі ў лістападзе 2003 г. у выніку масавых пратэстаў супраць сумнеўных вынікаў парламенцкіх выбараў (вынікам пратэстаў была адстаўка Эдуарда Шэварднадзэ). Рэвалюцыя руж дала імпэт да правядзення новых выбараў, дзе пераважную большасць галасоў заваяваў «Адзіны нацыянальны рух», дэмакратычная партыя, заснаваная Міхаілам Саакашвілі.

Пераўтварэнне судовай сістэмы ў Грузіі: станоўчыя ўрокі

Ключавым гульцом у ініцыяванні і ажыццяўленні судовых рэформ у Грузіі была Найвышэйшая рада юстыцыі (НРЮ). Першапачаткова НРЮ была заснавана ў 1997 г. як кансультатыўны орган пры офісе прэзідэнта Грузіі, які прызначаў большасць яе членаў[95]. Аднак пасля рэформы 2018 г. Венецыянская камісія[96] адзначыла, што новы склад і дзейнасць НРЮ сталі адпавядаць міжнародным стандартам, якія, «калі іх інтэрпрэтаваць і прымяняць добрасумленна, могуць забяспечыць незалежнасць і эфектыўнасць судоў» (Venice Commission 2018, Paragraph 44). Большасць членаў НРЮ выбіраюцца (і іх дзейнасць ацэньваецца) непасрэдна юрыстамі, парламент Грузіі выбірае пяць членаў, аднаго прызначае прэзідэнт Грузіі. Да таго ж старшыня Вярхоўнага Суда, у сілу сваёй пасады, таксама з'яўляецца членам НРЮ[97]. Гэтай радзе пастаўлена задача забяспечваць незалежнасць судоў, эфектыўнасць правасуддзя, прызначэнне, перапрызначэнне і звальненне суддзяў. НРЮ справаздачыцца перад Канферэнцыяй суддзяў Грузіі.

Важнай часткай рэформ у Грузіі была перабудова судовай сістэмы, і ў прыватнасці апеляцыйных судоў. У новай сістэме дзейнічаюць агульныя суды (раённыя або гарадскія, апеляцыйныя, Вярхоўны Суд) і Канстытуцыйны Суд[98]. Па першай інстанцыі справы разглядаюцца раённымі (гарадскімі) судамі, якія могуць уключаць і міравых суддзяў. Тбіліскі апеляцыйны суд і Кутаіскі апеляцыйны суд разглядаюць апеляцыйныя скаргі на рашэнні раённых (гарадскіх) судоў. Вярхоўны Суд Грузіі стаў касацыйнай інстанцыяй для ўсёй краіны, вышэйшай і канчатковай інстанцыяй правасуддзя. Гэтая структура гарантуе, што кожная справа можа, калі гэта неабходна, прайсці праз працэс апеляцыі, што з'яўляецца неабходнай умовай для рэалізацыі права на справядлівы суд. Між тым названае права было парушана ў Беларусі ў лютым 2021 г., калі суддзі Вярхоўнага Суда разглядалі справу Віктара Бабарыкі, а іх рашэнне аб ві낯ватасці падсуднага пазбавіла сп. Бабарыку (зняволенага ў 2020 г. прэтэндэнта на прэзідэнцкую пасаду) шансаў на апеляцыю.

Фінансавая падтрымка і матэрыяльнае забеспячэнне судоў Грузіі рэзка выраслі ў апошнія гады. Напрыклад, урад прадугледзеў у бюджэце для Міністэрства юстыцыі 246,5 мільёна лары

---

95   Арт. 60 Арганічнага закона аб агульных судах № 767-IIs ад 13 чэрвеня 1997 г., даступнага па адрасе: www.refworld.org/cgi-bin/texis/vtx/rwmain/opendocpdf. pdf?reldoc=y&docid=548f0a9c4 (дата доступу: 19 мая 2022).

96   Еўрапейская камісія за дэмакратыю праз права, таксама вядомая як Венецыянская камісія, з'яўляецца дарадчым органам Рады Еўропы па канстытуцыйных пытаннях.

97   Арт. 47 Арганічнага закона аб агульных судах № 2257 ад 4 снежня 2009 г., даступнага па адрасе: https://matsne.gov.ge/en/document/view/90676?publication=34 (дата доступу: 19 мая 2022).

98   Гл. Арганічны закон аб агульных судах № 2257 ад 4 снежня 2009 г. (тамсама).

на 2021 г., што азначала рост на 22,5 мільёна лары ў параўнанні з 2020 г. (Civil Archives 2020). А ў 2005 г. бюджэт Міністэрства юстыцыі складаў усяго 40,5 мільёна лары (Civil Archives 2004). Гэткі рост дазволіў істотна павялічыць заробкі і пенсіі суддзям, мадэрнізаваць памяшканні суду, набыць абсталяванне (камп'ютары, манітóры), забяспечыць доступ да інтэрнэту. Каб забяспечыць справядлівую нагрузку на суддзяў, абмежаваць карупцыю і ўдасканаліць працу судовай адміністрацыі, у 2017 г. НРЮ ўвяла працэдуру аўтаматычнага электроннага размеркавання спраў у агульных судах — справы, даручаныя суддзям, размяркоўваюцца праз лёсаванне, заснаванае на алгарытме выпадковых лічбаў (Human Rights Education and Monitoring Centre 2018).

Іншым элементам істотных рэформ, пакліканых усталяваць давер да грузінскай судовай сістэмы, было развіццё схемы прызначэння суддзяў, заснаванай на заслугах прэтэндэнтаў, з вельмі высокім узроўнем празрыстасці. Схема выглядала так: калі з'яўлялася вакансія суддзі ў раённым (гарадскім) або ў апеляцыйным судзе, НРЮ абвяшчала конкурс праз афіцыйную газету Грузіі. Зарэгістраваны прэтэндэнт праходзіў праз жорсткі працэс адбору, які ўключаў інтэрв'ю з членамі НРЮ, запаўненне дэкларацыі аб маёмасці (для разгляду ў Бюро публічнай службы) і ацэнку ў балах, дадзеную НРЮ. Аркушы з ацэнкамі, якія кожны член НРЮ запаўняе незалежна, даступныя публіцы, калі НРЮ вырашае прызначыць прэтэндэнта суддзёй. У некаторых абставінах, прадугледжаных законам, адрынуты прэтэндэнт можа аспрэчыць рашэнне НРЮ ў кваліфікацыйнай палаце Вярхоўнага Суда Грузіі — напрыклад, калі ён (ці яна) мяркуе, што нейкі член НРЮ праявіў прадузятасць або дыскрымінацыйнае стаўленне[99].

Суддзі Вярхоўнага Суда абіраюцца парламентам Грузіі з улікам рэкамендацыі НРЮ. Апошняя прадстаўляе кандыдатаў парламенту пасля публічна абвешчанай працэдуры адбору, у час якой члены НРЮ праводзяць з кандыдатамі сумоўе і ацэньваюць сабраныя імі дакументы[100].

Падчас рэформ у грузінскае заканадаўства былі ўведзены некаторыя гарантыі незалежнасці судовага корпуса, напрыклад:
- з моманту паступлення справы ў суд і да ўступлення судовага рашэння ў сілу, як і на стадыі крымінальнага расследавання, не дазваляецца ніякай камунікацыі з суддзёй адносна гэтай справы або разгляданай праблемы, бо камунікацыя парушыла б прынцып незалежнасці і

---

99 Артыкулы 35–36 Арганічнага закона аб агульных судах № 2257 ад 4 снежня 2009 г. (тамсама).
100 Тамсама.

непрадузятасці суда/суддзі, супярэчыла б прынцыпу спа-
борнасці судовых пасяджэнняў[101];

- якое б ні было ўмяшанне ў дзейнасць суддзі або ціск на
яго, каб паўплываць на судовае рашэнне, з боку ўрада
або мясцовых органаў самакіравання, грамадскай або
палітычнай арганізацыі, юрыдычнай або фізічнай асобы
з'яўляюцца забароненымі і караюцца законам[102];
- недатыкальнасць і імунітэт суддзі, г. зн. забаронена ўзбу-
джаць супраць яго/яе крымінальную справу, арыштоўваць,
праводзіць асабісты надгляд іператрус па месцы жыхар-
ства, працы, у аўтамабілі суддзі без дазволу НРЮ[103].

Важна адзначыць, што Грузія атрымала значную фінансавую і экс-
пертную дапамогу для ажыццяўлення судовых рэформ ад шэрагу
міжнародных арганізацый, такіх як Агенцтва Злучаных Штатаў
Амерыкі па міжнародным развіцці, Сусветны банк, Рада Еўропы,
Еўрапейскі саюз, Арганізацыя па бяспецы і супрацоўніцтве ў Еўро-
пе. Да таго ж Венецыянская камісія пастаянна публікуе рэкамен-
дацыі і меркаванні аб рэформах, учыненых у Грузіі. Іншы нядаўні
прыклад падтрымкі судовай галіны ў Грузіі — праект на 1,22 млн
еўра, які рэалізуецца Радай Еўропы для паляпшэння эфектыўна-
сці і празрыстасці сістэмы суду Грузіі. Ён уключае ўдасканаленне
не заканадаўчых гарантый, практычнае вывучэнне канкрэтных
спраў, трэнінгі для супрацоўнікаў судоў і для грузінскай асацыя-
цыі адвакатаў (Council of Europe 2019–2023).

Слабыя месцы судовай рэформы ў Грузіі

Крытыкі рэформ правасуддзя ў Грузіі мяркуюць, што, нягледзя-
чы на дзесяцігоддзі рэформ, судовая сістэма ў Грузіі ўсё яшчэ не
«вольная ад унутраных карпаратыўных, фінансавых і партый-
ных інтарэсаў» (Imnadze 2021: 10). Следам за папраўкамі ў Кан-
стытуцыю, прынятымі ў 2018 г., колькасць суддзяў Вярхоўнага
Суда Грузіі была павялічана да 28[104]. У выніку склалася вельмі
нязвыклая сітуацыя ў 2019 г., калі Вярхоўны Суд мусіў быў па-
поўніцца 18-20 новымі суддзямі, што прызначаліся пажыццёва
(да выхаду ў адстаўку). Дарма што НРЮ прадстаўляе прэтэндэн-
таў на пасаду суддзяў Вярхоўнага Суда, канчатковае рашэнне аб
прызначэнні практычна новага Вярхоўнага Суда было прынята

---

101 Арт. 72 Арганічнага закона аб агульных судах № 2257 ад 4 снежня 2009 г. (там-
сама).
102 Арт. 8 Арганічнага закона аб агульных судах № 2257 ад 4 снежня 2009 г. (там-
сама).
103 Арт. 40 Арганічнага закона аб агульных судах № 2257 ад 4 снежня 2009 г. (там-
сама).
104 Арт. 61(2) Канстытуцыі Рэспублікі Грузія, даступнай па адрасе: https://
matsne.gov.ge/en/document/view/30346?publication=36 (дата доступу: 19 мая
2022).

парламенцкай большасцю ў снежні 2019 г. Гэты крок, як адзначыла арганізацыя «Транспэрэнсі інтэрнэшнл» у 2020 г., суправаджаўся пэўнымі парушэннямі. Напрыклад, журналістаў гвалтоўна прымусілі пакінуць залу, асобным членам парламента не дазволена было даць ацэнку прэтэндэнтам. Дапушчальна сцвярджаць, што кантроль парламента над новым складам Вярхоўнага Суда, які, паводле каментарыя Венецыянскай камісіі, застанецца яшчэ на 20–30 гадоў (Venice Commission 2019, Paragraph 12), падрывае прынцып судовай незалежнасці.

Нягледзячы на некаторыя недахопы ў працэсе рэформ, высокае месца Грузіі ў Індэксе вяршэнства права 2021 г., падрыхтаваным «World Justice Project», сведчыць аб тым, што краіна дабілася значных поспехаў у змаганні з карупцыяй, а таксама ў павелічэнні давёру да суддзяў і ў абмежаванні ўплыву ўрада на судовую галіну ўлады.

Судовыя рэформы ва Украіне[105]

Цягам пэўнага часу Украіна рэфармуе сваю сістэму правасуддзя, і досвед краіны можа быць каштоўным пры падрыхтоўцы аналагічных пераўтварэнняў у Беларусі. У гэтым падраздзеле ўвага засяроджана на рэформах судовай сістэмы, што адбыліся пасля рэвалюцыі Еўрамайдана[106]. У той перыяд украінскія ўлады сутыкнуліся з многімі выклікамі, і рэформа судовай сістэмы з'яўлялася, магчыма, найважнейшай. Найперш, з прычыны высокай карупцыі суды ва Украіне былі адной з найменш папулярных інстытуцый краіны. З доследу кампаніі «Гэлап», праведзенага ў 2014 г., вынікала, што толькі 16 % украінцаў давяралі сістэме правасуддзя і судам (Rochelle & Loschky 2014). Тое быў адзін з найніжэйшых паказнікаў у свеце.

Сярод першых нарматыўных актаў, прынятых парламентам пасля Еўрамайдана, быў Закон № 1188-VII «Пра аднаўленне даверу да судовай улады ва Украіне» ад 8 красавіка 2014 года[107]. У законе гаварылася, што Часовая спецыяльная камісія мае праверыць рашэнні суддзяў, прынятыя ў час рэвалюцыі Еўрамайдана. У гэтым працэсе павінны былі адыграць асаблівую ролю Вышэйшая рада правасуддзя (ВРП)[108] і Вышэйшая кваліфікацыйная камісія суддзяў (ВККС)[109]. Аднак паўнамоцтвы членаў гэтых органаў

---

105 Просьба звярнуць увагу, што аналіз украінскай судовай сістэмы рабіўся перад уварваннем Расіі ў краіну.

106 Рэвалюцыя Майдана адбывалася ў лістападзе 2013 — лютым 2014 гг.

107 Тэкст на ўкраінскай мове даступны па адрасе: https://zakon.rada.gov.ua/laws/show/1188-18/ed20140408#Text (дата доступу: 22 сакавіка 2024).

108 Орган дзяржаўнай улады і судовага кіравання.

109 Орган судовага кіравання, першапачаткова адказны за адбор кандыдатаў на пасады суддзяў і за суддзейскую атэстацыю. Януковіч надаў гэтаму органу вялізную ўладу, ажыццяўляючы праз яго палітычны кантроль над суддзейскім корпусам.

былі прыпынены з прычыны названага закона, а новыя органы сфармаваліся з істотнай затрымкай, што зацягнула працэс выканання закона[110]. Да таго ж закон прадугледжваў, сярод іншага, што старшыні судоў мусілі выбірацца самімі суддзямі адпаведных судоў. Гэтая норма не мела станоўчага ўплыву на судовую сістэму; прыкладна ў 80% судоў суддзі выбралі тых жа старшынь, што займалі свае пасады раней (Kuibida *et al.* 2018). Агулам праца Часовай спецыяльнай камісіі выявілася неэфектыўнай[111].

Рэформы правасуддзя былі часткай перадвыбарнай праграмы Пятра Парашэнкі, кандыдата ў прэзідэнты і пераможцы прэзідэнцкіх выбараў 2014 года[112]. Па абранні пан Парашэнка распачаў судовую рэформу, падпісаўшы 16 кастрычніка 2014 г. указ № 812/2014 «Пра Раду ў пытаннях судовай рэформы»[113]. Рада была заснавана як дарадчы орган пры Прэзідэнце Украіны. Яе задачай была выпрацоўка стратэгіі судовых рэформ на працягу трох месяцаў пасля зацвярджэння яе персанальнага складу. 27 кастрычніка 2014 г. Парашэнка падпісаў указ № 826/2014, якім зацвярдзіў Рэгламент рады і яе склад[114].

Рэфармуючы сістэму, украінскія ўлады актыўна супрацоўнічалі з Венецыянскай камісіяй, давяраючы яе рэкамендацыям. 13 лістапада 2014 г. міністр юстыцыі Украіны папрасіў Венецыянскую камісію выказаць папярэдняе меркаванне пра законапраект, якім уносіліся папраўкі ў Закон «Аб судовай сістэме і статусе суддзяў Украіны» (Venice Commission 2015). У тлумачальнай запісцы, што суправаджала запыт міністра, гаварылася, што папраўкі скіраваны на выпраўленне некаторых недахопаў судовай сістэмы, як тое было рэкамендавана Камісіяй у яе «Супольным меркаванні» (Venice Commission 2010). Сярод іншага, тыя папраўкі мелі на ўвазе спрашчэнне судовай сістэмы, увядзенне новых механізмаў адбору суддзяў і спаборнасці пры іх прызначэнні.

У сваім Папярэднім меркаванні Венецыянская камісія прыйшла да высновы, што «цяперашні законапраект выглядае добра падрыхтаваным і адпаведным еўрапейскім стандартам» (Venice Commission 2015: 5). Аднак яна паўтарыла сваю ранейшую крытыку: галоўная праблема краіны палягала ў канстытуцыйных рамках, у прыватнасці ў функцыях палітычных інстытутаў і іх уплыве на судовы корпус. Сярод іншага, Камісія рэкамендавала

---

110   Напрыклад, НРЮ запрацавала толькі ў чэрвені 2015 г.
111   Справаздачы гэтай камісіі даступныя па адрасе: http://www.vru.gov.ua/add_text/30 (дата доступу: 5 студзеня 2022).
112   Гл.: «Пётр Порошенко — предвыборная программа кандидата в президенты Украины, выборы 2014» (ад 1 красавіка 2014 г.). Даступная на рускай мове па адрасе: https://vibori.in.ua/kandidaty/predvibornie-programy/1723-poroshenko-2014.html (дата доступу: 19 мая 2022).
113   Тэкст на ўкраінскай мове даступны па адрасе: https://zakon.rada.gov.ua/laws/show/812/2014/ed20141016#Text (дата доступу: 19 мая 2022).
114   Тэкст на ўкраінскай мове даступны па адрасе: https://www.president.gov.ua/documents/8262014-17896 (дата доступу: 19 мая 2022).

выключыць Вярхоўную Раду (парламент) з працэсу прызначэння і звальнення суддзяў, забраць у парламента права пазбаўляць суддзяў недатыкальнасці (Venice Commission 2015:16).

Законам № 192-VIII «Аб забеспячэнні права на справядлівы суд» ад 12 лютага 2015 г.[115] былі зацверджаны папраўкі ў некаторыя законы і перапісаны закон «Аб судовай сістэме і статусе суддзяў Украіны». Тым не менш папраўлены закон так і не здолеў павялічыць давер да судовай сістэмы — прычынай была недасканаласць Канстытуцыі краіны. Апроча таго, ва ўлад бракавала палітычнай волі, каб аслабіць кантроль над судамі. Мэтай закона было, сярод іншага, ажывіць працу ВККС і ВРП. Аднак гэтыя судова-адміністрацыйныя органы ўключалі суддзяў, якія супраціўляліся любым рэформам, і спроба не была дужа плённай.

Каб даць рады з канстытуцыйнымі абмежаваннямі, прэзідэнт Украіны сваім указам № 119/2015 ад 3 сакавіка 2015 г. заснаваў камісію для рэформы Канстытуцыі[116]. А 20 мая 2015 г. ён жа падпісаў указ № 276/2015 «Аб Стратэгіі рэфармавання судаўладкавання, судаводства і сумежных прававых інстытутаў на 2015–2020 гг.»[117]. Мэтай указа было, сярод іншага, падрыхтаваць папраўкі ў Канстытуцыю, каб зняць згаданыя вышэй абмежаванні. 30 верасня 2016 г. у сілу ўступілі наступныя акты: 1) Закон № 1401-VIII «Пра ўнясенне зменненняў у Канстытуцыю Украіны (адносна правасуддзя)»[118]; 2) Закон № 1402-VIII «Пра судаўладкаванне і статус суддзяў»[119]. Зменная Канстытуцыя замацавала прынцып «большасць суддзяў абіраецца суддзямі» і прадугледзела вядучую ролю суддзяў у фармаванні ВРП. Гэтую норму ўключылі і ў Канстытуцыю, нават нягледзячы на тое, што згаданы прынцып не заўсёды працуе ў пераходных дэмакратыях (Zhernakov 2016: 1). Сярод задач Канстытуцыі было дасягненне незалежнасці суддзяў; яна пастанавіла, што прэзідэнт прызначае суддзяў на прапанову ВРП.

Закон № 1402-VIII спрасціў структуру судаўладкавання, увёўшы трохузроўневую сістэму з новым Вярхоўным Судом на чале[120]. Таксама законам былі ўведзены антыкарупцыйныя нормы для

---

115 Тэкст на ўкраінскай мове даступны па адрасе: https://zakon.rada.gov.ua/laws/show/192-19/ed20150212 (дата доступу: 19 мая 2022).

116 Тэкст на ўкраінскай мове даступны па адрасе: https://www.president.gov.ua/documents/1192015-18571 (дата доступу: 19 мая 2022).

117 Тэкст на ўкраінскай мове даступны па адрасе: https://zakon.rada.gov.ua/laws/show/276/2015#Text (дата доступу: 19 мая 2022).

118 Тэкст на ўкраінскай мове даступны па адрасе: https://zakon.rada.gov.ua/laws/show/1401-19#Text (дата доступу: 19 мая 2022).

119 Тэкст на ўкраінскай мове даступны па адрасе: https://zakon.rada.gov.ua/laws/show/1402-19#Text (дата доступу: 19 мая 2022).

120 Аднак, як было адзначана ў «Кароткім аглядзе судовых рэформ ва Украіне», падрыхтаваным фондам «Дэмакратыя. Юстыцыя. Рэформы» (агляд даступны па адрасе: http://en.dejure.foundation/library/judicial-reform-in-ukraine-what-has-changed-for-the-last-three-years (дата доступу: 22 сакавіка 2024), новаўтвораны Вярхоўны Суд у вялікай частцы складаўся са старых членаў, дзе 44 суддзям (23 %) яўна бракавала добрасумленнасці.

суддзяў, такія як падача дэкларацый для інфармавання аб іхніх актывах, дысцыплінарная адказнасць за парушэнне гэтых норм (аж да звальнення).

Апошнім заканадаўчым актам 2016 года стаў Закон № 1798-VIII «Пра Вышэйшую раду правасуддзя», прыняты 21 снежня 2016 г.[121] Ён істотна пашырыў паўнамоцтвы ВРП, між іншага і ў тым, што датычылася рэкамендацый аб прызначэнні, пераводзе і звальненні суддзяў.

Рэформы, актывізаваныя заканадаўствам 2016 г., прынеслі некаторыя станоўчыя перамены. Аднак іх цяжка назваць зусім паспяховымі, і адна з прычын заключалася ў тым, што большасць карумпаваных членаў засталіся на сваіх пасадах і ў ВККС, і ў ВРП.

Наступная спроба рэфармаваць правасуддзе была зробле-на 16 кастрычніка 2019 г., калі парламент прыняў Закон № 193-IX «Аб унясенні змяненняў у Закон Украіны "Аб судаўладкаванні і статусе суддзяў" і некаторыя законы Украіны адносна дзейнас-ці органаў судзейскага кіравання»[122]. Папраўкі прадугледжвалі ўдзел міжнародных экспертаў у фармаванні новай ВККС. Старая ВККС была адразу распушчана, але новую на той момант не сфар-мавалі, і прыкладна 2000 вакансій не былі запоўнены. Важна ад-значыць, што парламентарыі, паправіўшы Закон «Аб Вышэйшай радзе правасуддзя», заснавалі новы орган — Камісію па пытаннях добрасумленнасці і этыкі (КДЭ). Задачай КДЭ было «забяспечыць празрыстасць і справаздачнасць членаў ВРП і ВККС Украіны». За-кон прадугледжваў удзел у Камісіі па этыцы замежнага эксперта. Таксама заканадаўцы скарацілі колькасць суддзяў Вярхоўнага Суда (з 200 да 100)[123]. Аднак Закон № 193-IX меў колькі істотных недахопаў — бадай, найбольш сур'ёзным стала наданне залішніх паўнамоцтваў ВРП, якая між тым сабатавала ажыццяўленне гэтага закона (Zhernakov 2020).

Вышэйшай радзе правасуддзя даручылі сфармаваць камісію па адбоны кандыдатаў на пасады ў ВККС Украіны. Аднак, насупе-рак Закону 193-IX, ВРП выставіла дадатковыя патрабаванні для членаў камісіі па адбору — напрыклад, мінімум пяць гадоў до-сведу.

Рашэнне Канстытуцыйнага Суда (КС) адносна Закона № 193-IX ад 11 сакавіка 2020 года[124] пагоршыла сітуацыю. КС абвясціў КДЭ неканстытуцыйным органам, гэтак развязаўшы рукі членам ВРП. Таксама КС заявіў, што неканстытуцыйнымі з'яўляюцца рашэнні

---

121   Тэкст на ўкраінскай мове даступны па адрасе: https://zakon.rada.gov.ua/laws/show/1798-19# (дата доступу: 19 мая 2022).

122   Тэкст на ўкраінскай мове даступны па адрасе: https://zakon.rada.gov.ua/laws/show/193-20/ed20191016 (дата доступу: 19 мая 2022).

123   Гэтую норму крытыкавала юрыдычная супольнасць, уключна з Венецыян-скай камісіяй (гл. Меркаванне камісіі ад 9 снежня 2019 г.).

124   Тэкст на ўкраінскай мове даступны па адрасе: https://ccu.gov.ua/sites/default/files/docs/4_p_2020.pdf (дата доступу: 19 мая 2022).

пра новы склад ВККС і змяншэнне колькасці членаў Вярхоўнага Суда. Рашэнне, зрэшты, не было нечаканае, бо 9 суддзяў КС з 15 належалі да судзейскага корпуса, які абараняў статус-кво сістэмы.

Наступная спроба рэфармаваць судовую сістэму была зроблена ўлетку 2021 г., калі прынялі Закон 1629-IX ад 13 ліпеня 2021 года «Аб унясенні зменняў у Закон Украіны "Аб судаўладкаванні і статусе суддзяў" і ў некаторыя законы Украіны адносна аднаўлення працы Вышэйшай кваліфікацыйнай камісіі суддзяў Украіны»[125]. Тое быў важны крок у заканадаўстве, які праклаў шлях да аднаўлення ВККС і працэсу адбору кандыдатаў, каб заняць вакансіі ў судах.

На наступны дзень быў прыняты Закон 1635-IX ад 14 ліпеня 2021 г. «Аб унясенні зменняў у некаторыя заканадаўчыя акты Украіны адносна парадку абрання (прызначэння) на пасады членаў Вышэйшай рады правасуддзя і дзейнасці дысцыплінарных інспектараў Вышэйшай рады правасуддзя»[126]. У гэтым законе прадугледжвалася стварэнне Этычнай рады, якая мелася назіраць за добрасумленнасцю ВРП, сфармаванай 8 лістапада 2021 г. Этычная рада ўтварылася з трох міжнародных экспертаў і трох украінскіх суддзяў. Венецыянская камісія прывітала матывы, што стаялі за прыняццем гэтага закона. Яна заявіла, што «судовая рэформа, не скіраваная на рэфармаванне ВРП і кантроль над добрасумленнасцю членаў ВРП, асуджана на правал» (Venice Commission 2021: 13). Ад свайго фармавання Этычная рада паспяхова ўзялася за свае абавязкі і дазволіла некаторым кандыдатам прайсці праверку на пасады ў ВРП (гл., напрыклад, Pravo 2021, Pravo 2022a–c).

У час напісання гэтых радкоў рэформы яшчэ не завершаны. Незаконнае расійскае ўварванне ва Украіну мела негатыўны ўплыў на грамадскія працэсы і запаволіла ажыццяўленне рэформ, але не спыніла іх цалкам (Alekankina 2022). Агулам можна зрабіць выснову, што праблема Украіны пры пабудове незалежнай судовай улады палягае не столькі ў інстытуцыях, колькі ў ладзе мыслення. У прыватнасці, памылкай было даручаць Вышэйшай радзе правасуддзя, нерэфармаванаму судзейскаму органу, правядзенне рэформ.

Высновы

На гэтым этапе нялёгка прапанаваць для Беларусі поўны набор рэформ, якія дапамаглі б ператварыць яе судовую сістэму ў незалежную галіну ўлады. Гэткія рэформы залежаць ад многіх фактараў, напрыклад ад таго, якая сістэма дзяржаўнага кіравання

---

125 Тэкст на ўкраінскай мове даступны па адрасе: https://zakon.rada.gov.ua/laws/show/1629-IX#Text (дата доступу: 19 мая 2022).
126 Тэкст на ўкраінскай мове даступны па адрасе: https://zakon.rada.gov.ua/laws/show/1798-19# (дата доступу: 19 мая 2022).

ўсталюецца ў Беларусі пасля паражэння цяперашняга рэжыму. Тым не менш, зважаючы на досвед Грузіі і Украіны, а таксама на меркаванні экспертаў з буйных міжнародных арганізацый, можна дапусціць, што найперш пры рэфармаванні судовай сістэмы варта стварыць незалежны орган кшталту судовай рады. Гэты орган мае адказваць за ініцыяванне і ажыццяўленне судовых рэформ, каб утварылася сістэма, вольная ад палітычных ды карпаратыўных інтарэсаў, ад умяшання ўрада, з належнымі гарантыямі незалежнасці суддзяў. Пазней судовая рада магла б заняцца адборам кандыдатаў на пасады суддзяў — пры дапамозе празрыстай працэдуры, заснаванай на заслугах кандыдатаў.

Членаў судовай рады трэба прызначаць паводле канкурэнтнай і празрыстай працэдуры. Орган мусіць уключаць членаў судовага корпуса, адвакатаў, навукоўцаў і міжнародных экспертаў. Станоўчай падзеяй у рэфармаванні судовай сістэмы ва Украіне сталася стварэнне Этычнай рады, да ўдзелу ў якой запрасілі міжнародных экспертаў. Гэтая рада запусціла працэдуру перафармавання Вышэйшай рады правасуддзя, органа, які адыгрывае ключавую ролю ў кіраванні судовым корпусам ва Украіне. Магчыма, аналагічная працэдура з удзелам судовай рады была б памысная ў Беларусі.

Улічваючы актыўную ролю асобных суддзяў у пераследзе актывістаў апазіцыі і мірных пратэстоўцаў у час падзей 2020–2022 гг., можа спатрэбіцца працэс люстрацыі для выдалення антыдэмакратычна настроеных асоб з дзяржаўнай службы і аднаўлення даверу народу да беларускай сістэмы правасуддзя. Святлана Ціханоўская і яе офіс падзяляюць гэты пункт гледжання і развіваюць яго ў сваім плане[127], паводле якога:

- усе суддзі, якія выносілі неабгрунтаваныя і незаконныя рашэнні адносна пратэстоўцаў, павінны быць зволены і пазбаўлены права працаваць у судовай сістэме або займацца юрыдычнай практыкай. Выняткамі будуць тыя суддзі, якія — на любой стадыі крызісу — апраўдвалі пратэстоўцаў або спынялі вядзенне спраў супраць беларусаў у палітычна матываваных выпадках, публічна адмаўляліся разглядаць гэтыя справы або перашкаджалі іх разгляду ў фармаце «італьянскай забастоўкі»;
- усе старшыні судоў, дзе суддзі выносілі палітычна матываваныя рашэнні, павінны быць зволены;
- усе суддзі, вінаватыя ў наўмысна несправядлівых і незаконных прысудах або рашэннях, павінны быць пакараны;
- службовыя асобы, якія адмаўляліся выконваць загады крымінальнага характару і былі за тое пакараны або

---

127 План Святланы Ціханоўскай даступны па адрасе: https://tsikhanouskaya.org/en/plans (дата доступу: 19 мая 2022).

вымушаныя звольніцца, павінны быць адноўлены на ранейшых пасадах.

Нарэшце, планаванне судовых рэформ у Беларусі павінна рабіцца пры дапамозе сістэмнай стратэгіі, скіраванай на доўгатэрміновыя мэты і пастаянныя паляпшэнні. Гэта стане магчымым толькі ў выпадку, калі краіна выйдзе з палітычнага тупіка шляхам вольных і справядлівых прэзідэнцкіх выбараў, калі будуць вызвалены ўсе палітычныя вязні Беларусі. Тады краіна зможа выбраць стратэгію, якая б найлепей пасавала да яе патрэб і будучых памкненняў.

Спасылкі

Alekankina, K. (2022) 'The war has not halted reforms: An overview of the first quarter of 2022.' *Vox Ukraine*, 10 May. Рэжым доступу: https://voxukraine.org/en/the-war-has-not-halted-reforms-an-overview-of-the-first-quarter-of-2022/ (дата доступу: 19 мая 2022).

Amnesty International (2022) *Amnesty International Report 2021/2: The State of the World's Human Rights*. Рэжым доступу: https://www.amnesty.org/en/documents/pol10/4870/2022/en/ (дата доступу: 19 мая 2022).

Civil Archives (2004) *Parliament Approved the 2005 Budget*, 29 December. Рэжым доступу: https://civil.ge/archives/106911 (дата доступу: 19 мая 2022).

Civil Archives (2020) *Georgian Parliament Confirms 2021 State Budget*, 30 December. Рэжым доступу: https://civil.ge/archives/389765 (дата доступу: 19 мая 2022).

Council of Europe (2010) *CDL-AD(2010)004 Report on the Independence of Judicial System. Part 1: Independence of Judges*. Venice, 12–13 March.

Council of Europe (2019–2023) *Enhancing the Accountability and the Efficiency of the Judicial System and the Professionalism of Lawyers in Georgia*. Рэжым доступу: https://www.coe.int/en/web/tbilisi/enhancing-the-accountability-and-the-efficiency-of-the-judicial-system-and-the-professionalism-of-lawyers-in-georgia (дата доступу: 19 мая 2022).

Council of Judges (2001) *Consultative Council of European Judges*, Opinion 1, 23 November. Рэжым доступу: https://rm.coe.int/1680747830 (дата доступу: 19 мая 2022).

European Charter (1998) *European Charter on the statute for judges*. Strasbourg, 8–10 July.

Human Rights Education and Monitoring Centre (2018) *The new system of case distribution in common courts*. Рэжым доступу: https://socialjustice.org.ge/uploads/products/pdf/The_New_System_of_Case_Distribution_1521041412.pdf (дата доступу: 19 мая 2022).

Imnadze, G. (2021) *Waves of Judicial Reform That Cannot Reach the Shore*. Рэжым доступу: https://ge.boell.org/en/2021/09/06/waves-judicial-reform-cannot-reach-shore (дата доступу: 19 мая 2022).

Kuibida, R., Malyshev, B., Shepel, T., Marusenko, R. (2018) 'Establishment of the new supreme court: Key lessons.' *Centre of Policy and Legal Reform and DEJURE Foundation.* January.

Pravo (2022a) *Члени ВРП масово подали у відставку — Етична рада порушила закон.* 9 лютага. Рэжым доступу: https://pravo.ua/chleny-vrp-masovo-podaly-u-vidstavku-etychna-rada-porushyla-zakon/ (дата доступу: 19 мая 2022).

Pravo (2022b) *10 членів ВРП пішли у відставку.* 22 лютага. Рэжым доступу: https://pravo.ua/10-chleniv-vrp-pishly-u-vidstavku/ (дата доступу: 19 мая 2022).

Pravo (2022c) *Три з чотирьох членів ВРП підтвердили можливість обіймати свої посади.* 7 мая. Рэжым доступу: https://pravo.ua/try-z-chotyrokh-chleny-vrp-pidtverdyly-mozhlyvist-obiimaty-svoi-posady/ (дата доступу: 19 мая 2022).

Pravo (2021) *Етична рада не допустила до співбесіди одного кандидата на посаду члена ВРП.* 21 снежня. Рэжым доступу: https://pravo.ua/etychna-rada-ne-dopustyla-do-spivbesidy-odnoho-kandydata-na-posadu-chlena-vrp/ (дата доступу: 19 мая 2022).

Rochelle, S. and Loschky, J. (2014) *Confidence in Judicial Systems Varies Worldwide.* Рэжым доступу: https://news.gallup.com/poll/178757/confidence-judicial-systems-varies-worldwide.aspx (дата доступу: 19 мая 2022).

Transparency International (2020) *The State of the Judicial System 2016–2020, Transparency International Report.* 30 October. Рэжым доступу: transparency.ge/en/post/state-judicial-system-2016-2020 (дата доступу: 19 мая 2022).

United Nations (1985) *Basic Principles on the Independence of The Judiciary* (дакумент, прыняты 6 верасня 1985 г. на Сёмым Кангрэсе ААН па папярэджанні злачынстваў і абыходжанні з парушальнікамі, праведзеным у Мілане з 26 жніўня да 6 верасня 1985 г.; падтрыманы рэзалюцыямі Генеральнай асамблеі ААН № 40/32 ад 29 лістапада 1985 г. і № 40/146 ад 13 снежня 1985 г.). Рэжым доступу: www.ohchr.org/en/instruments-mechanisms/instruments/basic-principles-independence-judiciary.

United Nations (2001) *UN Report of the Special Rapporteur on the Independence of Judges and Lawyers*, Dato Param Cumaraswamy (даклад 8 лютага 2021 г., падрыхтаваны згодна з рашэннем Камісіі 2000/42).

United Nations (2005) *Report of the Special Rapporteur on the Situation of Human Rights in Belarus*, Adrian Severin, 18 March.

United Nations (2013a) *Report of the Special Rapporteur on the Situation of Human Rights in Belarus*, 18 April.

United Nations (2013b) *Report of the Special Rapporteur on the Situation of Human Rights in Belarus*, 6 August.

United Nations (2014a) *Report of the Special Rapporteur on the Situation of Human Rights in Belarus*, 22 April.

United Nations (2014b) *Report of the Special Rapporteur on the Situation of Human Rights in Belarus*, 12 August 2014.

United Nations (2017) *Report of the Special Rapporteur on the Situation of Human Rights in Belarus*, 21 April.

United Nations (2019) *Report of the Special Rapporteur on the Situation of Human Rights in Belarus*, 8 May.

United Nations (2020a) *Report of the Special Rapporteur on the Situation of Human Rights in Belarus*, 17 July.

United Nations (2020b) *Report of the Office of the United Nations High Commissioner for Human Rights on Belarus*, 27 February.

Venice Commission (2010) *CDL-AD(2010)026 Joint Opinion on the Law on the Judicial System and the Status of Judges of Ukraine*, Directorate of Co-operation within the Directorate General of Human Rights and Legal Affairs of the Council of Europe. Venice, 15–16 October.

Venice Commission (2015) *CDL(2015)004 Preliminary Opinion on the Draft Law "On Amending the Law on the Judicial System and the Status of Judges"*. Strasbourg, 11 February.

Venice Commission (2018) *CDL-AD(2018)029 Opinion on the Provisions on the Prosecutorial Council in the Draft Organic Law on the Prosecutor's Office and on the Provisions on the High Council of Justice in the Existing Organic Law on General Courts,* adopted by the Venice Commission at its 117th Plenary Session. Venice, 14–15 December.

Venice Commission (2019) *CDL-PI(2019)002 Urgent Opinion on the Selection and Appointment of Supreme Court Judges*, issued pursuant to Article 14a of the Venice Commission's Rules of Procedure. Strasbourg, 16 April.

Venice Commission (2021) *CDL-PI(2021)004 Urgent Joint Opinion of the Venice Commission and the Directorate General of Human Rights and Rule of Law.* Strasbourg, 5 May.

Viasna (2022) *Human Rights Situation in Belarus, March 2022*. Рэжым доступу: https://spring96.org/en/news/107299 (дата доступу: 19 мая 2022).

The World Justice Project Rule of Law Index (2021) Рэжым доступу: https://worldjusticeproject.org/sites/default/files/documents/WJP-INDEX-21.pdf (дата доступу: 19 мая 2022).

Zhernakov, M. (2016) *"Judicial Reform in Ukraine: Mission Possible?"* Policy report. December 2016.

Zhernakov, M. (2020) 'Judicial reform in Ukraine: Stalled, damaged and abandoned.' 3 DCFTAs Op-ed, No 11/2020, April.

8. Беларускае заканадаўства як агент перамен

Томас Крусман, Ганна С.

Уводзіны

У працэсе росту беларускай народнай суб'ектнасці пасля масавых пратэстаў 2020 года (Petrova and Korosteleva 2021) пытанне ідэнтычнасці з'яўляецца адным з найважнейшых. Дзяржаўная ідэалогія абапіралася на перамогу ў Другой сусветнай вайне, славянскае братэрства і савецкія эканамічныя дасягненні, аднак брутальныя рэпрэсіі, што адбыліся пасля прэзідэнцкіх выбараў жніўня 2020 г., ясна паказалі нават самай паблажлівай аўдыторыі, што людзям пакінуты толькі адзін выбар — паміж згодай з узурпацыяй прэзідэнцкіх паўнамоцтваў Аляксандрам Лукашэнкам і сутыкненнем з яго рэпрэсіўнай сістэмай. Сацыяльны кантракт, які раней гарантаваў стабільнае існаванне са сціплым эканамічным дабрабытам, фактычна быў скасаваны. Штодзённае жыццё зрабілася няўстойлівым, а то і невыносным, бо любая праява супраціву можа прывесці да страты працы, да выгнання, рэпрэсій або арышту, спалучанага з вобшукам і замахам на прыватную прастору (de Vogel 2022; Gapova 2023). Рэпрэсіі цяпер маюць сістэматычны характар і выходзяць за межы рэакцыі на індывідуальныя ўчынкі, ахопліваючы і патэнцыйных дысідэнтаў. Менавіта ў гэтым кашмары людзі Беларусі знайшлі сваю ідэнтычнасць, невыказную калектыўную сутнасць, якая выяўляецца ў тэлеграм-каналах, у бела-чырвона-белых колерах на самых звычайных прадметах, у моцнай сувязі з дыяспарай, асабліва з тымі актывістамі і творчымі асобамі, якія вырашылі і за мяжой працаваць на карысць сваёй краіны для жыцця («*страны для жизни*»).

Рэзілентнасць грамадства працуе «ў розных кірунках, праз вертыкальныя (знізу ўгору) і гарызантальныя адносіны. Апошнія грунтуюцца на сістэме міжпакаленных ведаў, якімі прасякнуты калектыўная памяць і традыцыі» (Korosteleva and Petrova 2021:4). У гэтым раздзеле сцвярджаецца, што законнасць — сярод тых традыцый, што дапамагаюць умацаваць народную суб'ектнасць і падтрымліваюць змаганне за лепшую будучыню. Прыцягальнасць законнасці моцна кантрастуе з выкарыстаннем закона як інструмента дзяржаўнай улады — для перафармоўвання мінулага і навязвання пэўнай мадэлі грамадскіх паводзін у цяперашнім часе. Аднак, параўнальна з Савецкім Саюзам, дзе заканадаўства было прасякнута духам «сацыялістычнай законнасці», беларускае заканадаўства, у прынцыпе, вольнае ад такога ўмяшання: няма яго пастаяннага выкарыстання дзеля патрэбы матэрыялістычнага поступу гісторыі, як таго жадала камуністычная партыя. Ад дактрыны сацыялістычнай законнасці застаўся толькі догмат *lex dura sed lex* («закон суворы, але гэта закон»). Паводле іроніі лёсу, менавіта гэты сімвал апантанага юрыдычнага пазітывізму часта згадваецца ў пасланнях Лукашэнкі да народу.

Перашкодай для таго каб законнасць узмацняла вертыкальныя (знізу ўгору) і гарызантальныя адносіны, з'яўляецца існая юрыдычная сістэма, заснаваная на моцнай вертыкалі падпарадкавання. У сітуацыі, калі Канстытуцыйны Суд страціў сваю незалежнасць (Vashkevich 2019 і 2020), калі ад прафесійных суддзяў не выпадае чакаць павагі да права і голасу сумлення, дэградацыю права можна пераадолець толькі шляхам прынцыповага і свежага яго прачытання. Такім чынам, у гэтым раздзеле даводзіцца, што, апрача дзейнага заканадаўства, існуе юрыдычная традыцыя, заснаваная на законнасці, здольная дапамагчы пераадолець рэпрэсіі і прыцягнуць вінаватых у іх да адказнасці. Гэтую традыцыю найлепш можна акрэсліць пры дапамозе тэрміна «канстытуцыйная ідэнтычнасць», яна заяўлена і ў прэамбуле дзейнай Канстытуцыі, дзе служыць мостам да юрыдычных помнікаў часоў Вялікага Княства Літоўскага.

Магчыма, наймацнейшым уплывам юрыдычнай стратэгіі, заснаванай на законнасці, было б прыцягненне адказных за рэпрэсіі да будучага нацыянальнага суда, дзе ім прад'явяць крымінальныя артыкулы, дзейныя ў час учынення іх злачынстваў. Добрую альтэрнатыву ўяўляе з сябе адказнасць перад міжнародным крымінальным судом, як паказваюць цяперашнія расследаванні, напрыклад літоўскіх следчых, адносна злачынстваў супраць чалавецтва пад універсальнай юрысдыкцыяй[128]. Аднак для таго каб беларуская народная суб'ектнасць закрыла тэму рэпрэсій, значна лепей пасаваў бы крымінальны пераслед, абаперты на *нацыянальнае* заканадаўства. Справа ў тым, што ў нацыянальных стандартах крымінальнага заканадаўства адлюстроўваецца сутнасць народнай самасвядомасці, г. зн. тып законаў, якім людзі згаджаюцца падпарадкоўвацца. Арыентацыя на гэтыя самыя стандарты забяспечыць падмурак для нацыянальнага працэсу вызначэння вінаватых і ў рэшце рэшт загоіць раны мінулага.

У першай частцы гэтага раздзела абмяркоўваюцца некаторыя канцэптуальныя пытанні ўзаемасувязі паміж крымінальным заканадаўствам, законамі аб бяспецы і рэтраспектыўнай пераацэнкай

---

128 Гл.: The EU continues to stand with the people of Belarus — European External Action Service (europa.eu, дата доступу: 19 мая 2022).

законнасці. Так званыя справы аб памежніках-стралках, раз-
гледжаныя германскім Вярхоўным Судом у пачатку 1990-х, даюць
багаты параўнальны матэрыял, з якога можна многае пабудаваць.
У другой частцы змяшчаецца тэхнічны аналіз асобных змянен-
няў, уведзеных у беларускае заканадаўства для таго, каб зрабіць
рэпрэсіі больш эфектыўнымі. Сцвярджаецца, што гэтыя папраўкі
не вытрымліваюць крытыкі з пункту гледжання законнасці.
У трэцяй частцы прыводзяцца довады на карысць таго, чаму гэт-
кае прачытанне законаў фактычна заснавана на беларускім зака-
надаўстве і той частцы культурнай ды юрыдычнай ідэнтычнасці,
якая ўтварае беларускую народную суб'ектнасць.

Крымінальнае заканадаўства і змена рэжыму

Пераслед злачынстваў папярэдняга палітычнага рэжыму пры да-
памозе актуальнага крымінальнага заканадаўства часам кляй-
муецца як «суд пераможцы», калі навязваюцца юрыдычныя
стандарты, невядомыя раней. Для параўнання, міжнароднае
крымінальнае заканадаўства ў наш час мае значныя рычагі ўплы-
ву, але каб нейкія дзеянні былі прызнаны злачынствам супраць
чалавецтва або генацыдам, яны павінны быць маштабнымі або
мець сістэматычны характар. Цікава, што ў Германіі пасля ўз'яд-
нання суды спачатку разглядалі канкрэтныя выпадкі забойстваў,
здзейсненых усходнегерманскімі памежнікамі, і толькі потым
звярталіся да юрыдычнай трактоўкі «урадавай злачыннасці»
(*Regierungskriminalität*). Праўда, у гэтых ранніх выпадках выбар
Крымінальнага кодэкса Заходняй Германіі (ФРГ) як прылады быў
прадыктаваны не палітычнымі матывамі, а прававым патраба-
ваннем — прымяняць Крымінальны кодэкс з больш лагоднымі
санкцыямі.

Найбольш злабадзённае пытанне ў падобных справах — ці
можа крымінальнае заканадаўства прымяняцца рэтраспектыўна
да сітуацый, у якіх яно яшчэ не мела сілы. Артыкул 15 (1) Міжна-
роднага пакта аб грамадзянскіх і палітычных правах (ратыфікава-
нага Беларуссю ў 1973 г.) гаворыць: «Ніхто не можа быць прызнаны
віннаватым у здзяйсненні якога б ні было крымінальнага злачын-
ства, якое згодна з унутрыдзяржаўным заканадаўствам або між-
народным правам не з'яўлялася крымінальным злачынствам у мо-
мант здзяйснення». Выкананне гэтага правіла, датычнага часу,
з'яўляецца наймацнейшым довадам пры аналізе крымінальнай
адказнасці за рэпрэсіі, учыненыя ў Беларусі пасля жніўня 2020 г.
(гэтая адказнасць грунтуецца на Крымінальным кодэксе Рэспуб-
лікі Беларусь ад 9 ліпеня 1999 года)[129]. У той жа час прымянен-
не законаў, што дзейнічалі ў час падзей, не перашкаджае зменам

---

129 Нацыянальны прававы інтэрнэт-партал Рэспублікі Беларусь (pravo.by, дата
     доступу: 19 мая 2022).

у юрыдычнай трактоўцы тых ці іншых норм. Адносна аналагічна-
га паводле зместу артыкула 7 Еўрапейскай канвенцыі па правах
чалавека (ЕКПЧ) Вялікая палата Еўрапейскага суда па правах ча-
лавека (ЕСПЧ) у рашэнні па справе «Конанаў супраць Латвіі» (2010,
параграф 241) заявіла, што:

> Легітымным і лагічным для дзяржавы-пераемніцы з'яўляецца ўзбу-
> джэнне крымінальнай справы супраць асоб, якія здзейснілі злачын-
> ствы пры ранейшым рэжыме. Няможна крытыкаваць суд-пераемнік
> за прымяненне і інтэрпрэтацыю юрыдычных норм, якія дзейнічалі-
> лі пры ранейшым рэжыме, але гэта павінна рабіцца ў святле прын-
> цыпаў, якія вядуць дзяржаву да законнасці, і з павагай да асноўных
> прынцыпаў, на якіх пабудавана сістэма ЕКПЧ.

Нават калі ЕКПЧ — праз нератыфікацыю гэтай канвенцыі Беларус-
сю — знаходзіцца ў баку ад актуальных праблем краіны, законна-
сць застаецца трывалым стандартам.

У справе расстрэлаў, учыненых усходненямецкімі памежні-
камі, Вярхоўны Суд Германіі дакладна акрэсліў гэтую праблему,
задаўшы сабе пытанні: ці адпавядала апраўданне тых расстрэлаў
Памежным кодэксам ГДР крытэрыям законнасці; ці не супярэчыць
рэтраспектыўнае пераасэнсаванне падзей забароне на рэтраспек-
тыўнае прымяненне крымінальнага заканадаўства, запісанай
у Канстытуцыі Германіі? У асноўнай справе, разгледжанай 3 лі-
стапада 1992 г. (BGHSt 39,1), Суд пачаў з сур'ёзнага разгляду Па-
межнага кодэкса ГДР і даследаваў, ці мог гэты дакумент служыць
апраўданнем злачынных забойстваў. Цікава, што ў адпаведным
артыкуле Памежнага кодэкса гаварылася аб прапарцыйнай рэак-
цыі пры ацэнцы прымянення сілы, але, нягледзячы на тое што
жыццё парушальніка варта было захаваць «наколькі магчыма»,
пераважным матывам таго артыкула было спыненне перасячэння
мяжы любым коштам. Важным пытаннем было тое, як запаўняць
гэтую «шэрую зону». З аднаго боку, суд доўга абмяркоўваў Па-
межны кодэкс як частку сацыялістычнага заканадаўства, г. зн. як
прыладу для рэалізацыі палітыкі партыі. Як выявілася, яго абавяз-
ковая сіла моцна залежала ад дыктату палітычнага кіраўніцтва,
якое разглядала незаконнае перасячэнне мяжы не як тэхнічнае
перасоўванне, а як маральна ганебную здраду сацыялістычна-
му ладу, як надзвычай адыёзны акт. З другога боку, фактычная
абавязковая сіла Памежнага кодэкса залежала ад штодзённых
загадаў, якія падтрымлівалі памежнікі, заступаючы на дзяжур-
ства (*Vergatterung*). Выявілася, што часам памежнікам загадвалася
пазбягаць чалавечых ахвяр любым коштам, напрыклад у час свят
або міжнародных спартовых падзей, а ў іншыя дні ім даваліся за-
гады проста выконваць Памежны кодэкс (Herrmann 1993). Апроча

таго, памежнікі атрымлівалі падвышэнне нават у тых выпадках, калі лятальнага выніку ў час стралянiны можна было пазбегнуць.

Выбудова гэтай шматузроўневай рамкі расследавання надзвычай важная для спраў, што паходзяць з Беларусі. Пры адсутнасці сацыялістычнай законнасці відавочна няма юрыдычнай дактрыны, каб сцвярджаць, што законы павінны сістэматычна прымяняцца паводле волі аўтакратычнага лідара або наадварот; формула, якая дамінуе, — *lex dura sed lex*. З другога боку, мала вядома пра загады, якія выконвае АМАП у час разгонаў мітынгаў, узяці людзей пад варту і г. д.[130]

Суд прыйшоў да высновы, што амаль ва ўсіх выпадках урадавая практыка ў ГДР (заснаваная на Памежным кодэксе, падмацаваная палітычнымі наказамі і актуальнымі загадамі) забяспечвала апраўданні для забойстваў. Другі крок Вярхоўнага Суда — найбольш знакаміты, паколькі ён звязаны з т. зв. формулай Радбруха. Абапершыся на ранейшыя пастановы аб нелегальнасці нацысцкіх законаў, Суд пастанавіў, што прызнаныя аргументы для апраўданняў павінны, аднак, быць адкінуты ў выпадку «відавочнага і грубага парушэння фундаментальных прынцыпаў справядлівасці і чалавечнасці», калі супярэчнасць паміж пісаным законам і справядлівасцю становіцца нагэтулькі невыноснай, што «пісаны закон павінен саступіць шлях справядлівасці» (BGHSt 39:1).

Такім чынам, адкінуўшы спасылку на заканадаўства ГДР як апраўданне, суд вярнуўся да прымяняльнасці крымінальнага закона ФРГ, які дапускаў змякчальныя абставіны. Але суддзі сутыкнуліся з канстытуцыйным артыкулам № 103 (2) Асноўнага закона (*Grundgesetz*), паводле якога «Акт можа цягнуць за сабой пакаранне толькі ў тым выпадку, калі ён быў вызначаны законам як крымінальнае злачынства, прычым да таго, як ён быў здзейснены». Суд — за 17 гадоў да справы «Конанаў vs. Латвія»! — разважаў, што спасылка абвінавачанага на пэўную дзяржаўную практыку не можа абараняць яго, калі сама гэтая практыка парушае асноўныя патрабаванні законнасці. Лішне казаць, што згаданы довад шырока абмяркоўваецца ў навуковай літаратуры, але для нас важна тое, што ён зрабіўся стандартным у справах, дзе ёсць рэтраспектыўнае пераасэнсаванне злачынстваў.

Пытанні прымяняльнасці беларускага крымінальнага заканадаўства ў святле разваг пра законнасць

Калі глядзець на беларускае заканадаўства праз прызму рашэнняў германскага Вярхоўнага Суда, то ў ім няма яўнай прысутнасці

---

130 Сіліцкі (Silitski 2006) пісаў, што пасля Памаранчавай рэвалюцыі «папраўленае заканадаўства забяспечыла прававую базу для працяглых рэпрэсій — яно дазволіла прэзідэнту вырашаць, калі агнястрэльная зброя можа быць ужыта ў мірны час, насамрэч дазваляючы яму ўхваляць узброеныя разгоны пратэстаў».

дактрыны «аўтакратычнай легальнасці», а ёсць толькі ўпартае чаплянне за юрыдычны пазітывізм. Праўда, няясна, ці дзейнічаюць сілы аховы парадку на падставе аднаго заканадаўства, або да яго дадаюцца іншыя патрабаванні, уключаныя ў загады. Цалкам верагодна, што, апрача правілаў прафесійнай этыкі (зацверджаных загадам міністра ўнутраных спраў № 67 ад 4 сакавіка 2013 г.; гл. Дэмідова 2020), ёсць інструкцыі, што выдаюцца штодзённа. У іх гаворыцца, які гвалт дапушчальны, ці трэба затрымліваць мінакоў, наколькі жорстка можна абыходзіцца з жанчынамі-пратэстоўкамі або з пажылымі ўдзельнікамі пратэсту. Такім чынам, любую шчыліну, пакінутую ў заканадаўстве, здольныя запоўніць інструкцыі, якія даюцца часцей за ўсё ў вуснай форме.

Яркім прыкладам «духу» беларускага заканадаўства з'яўляецца прамова Лукашэнкі ў час прызначэння Сяргея Хаменкі міністрам юстыцыі (18 кастрычніка 2021 г.)[131]. Перад тым Хаменка служыў намеснікам міністра ўнутраных спраў. Не маючы досведу ў юрыспрудэнцыі, у нармальных умовах ён не мог бы разглядацца як аптымальны кандыдат. Лукашэнка, аднак, зазначыў, што ў міністэрстве юстыцыі ёсць мноства дасведчаных юрыстаў, але ў бліжэйшы час там «спатрэбяцца вельмі моцныя арганізатары, кіраўнікі, таму што прыйдзецца вырашаць вельмі шмат арганізацыйных пытанняў». Ён дадаў: «Не стану хаваць: нам патрэбныя вельмі адданыя людзі, дысцыплінаваныя, скіраваныя на рашэнне пытанняў... Там трэба прымаць рашэнні або рэалізоўваць прынятыя рашэнні. Людзі гэта ўбачаць у бліжэйшы час»[132].

Апрача злавеснай адсылкі да т. зв. «пытанняў», гэтая цытата гаваркая ў тым плане, што процістаўляе закон/юрыстаў і адміністратараў. Відавочна, паслухмяна выконваць загады прэзідэнта для міністра юстыцыі з'яўляецца больш важным, чым служыць закону. Хаменка ў сваю чаргу ціхмяна пракаментаваў сваё прызначэнне — маўляў, ён гатовы выконваць усе пастаўленыя перад ім задачы, і «ўсё жыццё прысвяціў слову "законнасць"»[133].

Рэпрэсіі пасля жніўня 2020 г. спачатку не былі падмацаваны папраўкамі ў законах аб бяспецы. Законы «Аб органах унутраных

---

131 Лукашенко назначил экс-замминистра внутренних дел министром юстиции (belta.by, дата доступу: 19 мая 2022).

132 Арыгінал заявы: «Хорошие, крепкие юристы в Минюсте есть. Там в ближайшее время нужны будут очень сильные организаторы, управленцы, потому что придется решать очень много организационных вопросов, — сказал Президент. — У нас пройдет ряд мероприятий, прежде всего организационного характера, по линии Минюста. Не стану скрывать: там нужны очень преданные люди, дисциплинированные, нацеленные на решение вопросов. Там нельзя сегодня считать до 20, 10 или даже до трех. Там надо принимать решения или реализовывать принятые решения. Люди это увидят в ближайшее время». Цыт. паводле ведамкі БелТА ад 18 кастрычніка 2021 г. (тамсама).

133 У арыгінале: «посвятивший свою жизнь слову "законность", готов выполнить все поставленные перед ним задачи» (тамсама).

спраў» ад 17 ліпеня 2007 г.[134], «Аб органах памежнай службы» ад 11 лістапада 2008 г.[135] і «Аб супрацьдзеянні экстрэмізму» ад 4 студзеня 2007 г.[136] зазнавалі разнастайныя папраўкі, але ніводзін з іх адмыслова не падстройваўся пад маштаб 2020 года. Толькі ў маі 2021 г. у заканадаўства былі ўнесены сістэмныя змяненні, якія пашырылі магчымасці ўжывання сілы, але афіцыйна не прызнавалася, што гэтыя папраўкі мелі за мэту павялічыць беспакаранасць. Так, з інтэрв'ю з Іванам Мамайкам, аўтарам адпаведнага законапраекта (які стаў законам № 106-З ад 17 мая 2021 г.), ствáралася ўражанне, што папраўкі — «звычайная справа»[137]. Але, як стала зразумела з разгляду спраў аб памежніках, якія стралялі ў людзей, любое пашырэнне спіса апраўданняў непасрэдна цягне за сабой пачашчэнне злачынстваў, прадугледжаных Крымінальным кодэксам. Як адзначыў Вярхоўны суд Германіі, каб устанавіць факт здзяйснення крымінальнага злачынства, няма розніцы, многа было апраўданняў у здзяйсняльніка ці мала (BGHSt 39:1).

Прапарцыйнасць і легітымнае ўжыванне прынцыпу дыскрэцыі

Паводле версіі артыкула 26 Закона «Аб органах унутраных спраў», што дзеяла да падзей жніўня 2020 г., сіла[138] магла ўжывацца ў пэўнай сітуацыі паводле рашэння супрацоўніка органаў, але толькі ў тых выпадках, калі не было іншага сродку для дасягнення пэўнай задачы. У той жа час ад супрацоўніка чакалася, што ён звядзе да мінімуму небяспеку для жыцця, здароўя, гонару і годнасці, маёмасці грамадзян, аператыўна зробіць заходы для аказання медыцынскай і іншай дапамогі тым, каму яна патрэбная. Такім чынам, папярэдняя версія закона трактавала ўжыванне сілы як «апошні довад» (*ultima ratio*), і яно мусіла быць прапарцыйным. Гаворка пра «абмежаваную дыскрэцыю», г. зн. ужыванне сілы мусіла быць найменш выразным, дастатковым толькі для таго, каб дасягнуць пэўнай мэты — прадухілення пагрозы. Гэткі падыход ішоў у рэчышчы класічнага правовага мыслення і азначаў, што кожны крок у бок парушэння Крымінальнага кодэкса павінен быць абгрунтаваны. Апрача таго, у артыкуле 26 паяснялася, што супрацоўнікі не нясуць адказнасці за шкоду, нанесеную інтарэсам асобы, да якой была правамерна ўжыта сіла.

---

134   Нацыянальны прававы інтэрнэт-партал Рэспублікі Беларусь (pravo.by, дата доступу: 19 мая 2022).
135   Тамсама.
136   Тамсама.
137   Какие изменения предлагается внести в Закон «Об органах внутренних дел»? (pravo.by, дата доступу: 19 мая 2022).
138   Ужыванне сілы ідзе поруч з ужываннем «спецыяльных сродкаў, зброі, баявой і спецыяльнай тэхнікі». Тут дастаткова засяродзіцца на ўжыванні сілы.

Папраўкі 17 мая 2021 г. прывялі да адыходу ад гэтага прынцыпу, што знайшло адлюстраванне як у законе «Аб органах унутраных спраў», так і ў законе «Аб органах памежнай службы». Па-першае, істотна змяніліся фармулёўкі. Калі раней увага засяроджвалася на лімітах дыскрэцыі, то новая версія засяроджваецца на паўнамоцтвах: супрацоўнік «мае права» ўжыць сілу. Далей сказана, што гэтае права ажыццяўляецца з улікам абстаноўкі, характару правапарушэння (крымінальнага або адміністрацыйнага) і асобы правапарушальніка. Толькі тады гаворыцца, што ўжыванне сілы павінна падпарадкоўвацца патрабаванням дзейнага закона.

Такім чынам, з новай версіі закона выпала ключавая сувязь паміж ужываннем сілы і задачамі, якія трэба дасягнуць. Разам з тым ад супрацоўніка органаў унутраных спраў чакаецца, што ён улічыць, у прыватнасці, «асобу» правапарушальніка. Паколькі гэтая фармулёўка вельмі цьмяная, яна непазбежна вядзе да пэўнай стэрэатыпізацыі. Ці заслугоўваюць некаторыя «тыпы» асобнага абыходжання — напрыклад, ці можна збіваць пэўныя катэгорыі пратэстоўцаў? Іншымі словамі, абмежаваная дыскрэцыя ператварылася ў неабмежаваную, але апошняя можа запаўняцца інструкцыямі ад начальства.

Дарма што дзве версіі закона яўна адрозніваюцца міжсобку, у артыкуле 26 новай версіі ўсё яшчэ змяшчаецца заклік да супрацоўнікаў — мінімізаваць рызыку для жыцця, здароўя, гонару, годнасці і маёмасці грамадзян, аператыўна забяспечыць медыцынскую і іншую дапамогу тым, хто мае ў ёй патрэбу. Цяжка знайсці сэнс у гэтай згодцы. Найбольш верагодным тлумачэннем будзе наступнае: заканадаўцы проста «забыліся» выдаліць патрабаванні да супрацоўнікаў, па сутнасці несумяшчальныя з паняццем «вольнай дыскрэцыі». Больш складанае тлумачэнне: тое, што патрабаванні засталіся без змены, азначае цяпер забарону на празмернае ўжыванне сілы. Выходзіць, у прынцыпе збіваць дэманстрантаў, гледзячы на іх «асобы», дапушчальна, але гэтае збіццё не павінна выходзіць за нейкія рамкі. У любым выпадку, змены ў закон выглядаюць кепска прадуманымі. Яны ствараюць значную «шэрую зону» ў цяперашнім функцыяванні заканадаўства аб грамадскай бяспецы. Ідзецца аб спробе знайсці патэнцыйныя апраўданні для ўчынкаў, прадугледжаных крымінальным заканадаўствам, і гарантыю ад кампенсацый, прадугледжаных цывільным заканадаўствам. Зразумела, што з пункту гледжання законнасці блытаныя фармулёўкі павінны быць удасканалены — патрэбна вяртанне першапачатковай нормы, дзе згадваўся прынцып прапарцыйнасці.

Падзел улад пры вызначэнні ўдзелу ў экстрэмісцкіх групоўках

Артыкул 361-1 Крымінальнага кодэкса адносіць да злачынстваў стварэнне экстрэмісцкага фармавання або ўдзел у ім. Сэнс рускага слова «формирование» імплікуе пэўную структуру, і закон таксама прадугледжвае існаванне «структурных падраздзяленняў». Ці павінна фармаванне засноўвацца на членстве, з фармулёўкі незразумела. У дадатак да «стварэння», склад правапарушэння заключаецца таксама ва «ўдзеле», які можа прымаць форму «кіравання» або «далучэння». Агулам ясна, што «экстрэмісцкае фармаванне» трактавалася заканадаўцамі паводле ўзору «арганізаванай злачыннай групы» і яны ішлі ў рэчышчы наступных разважанняў: здзяйсненне злачынства арганізацыяй больш небяспечнае, чым індывідуальны ўчынак, таму што арганізацыя з'яўляецца больш трывалай праз сваю нутраную структуру і членства, яна здольная сфармаваць уласную інстытуцыйную волю[139]. Гэткі тып злачынстваў — даволі звыклая з'ява ў многіх постсавецкіх краінах, але важна зразумець, што яго аб'ектыўны бок фармулюецца ў закрытым парадку. У параўнанні з іншымі відамі эканамічных злачынстваў, дзе элементы правапарушэння часта вызначаюцца шляхам дынамічных адсылак да волі пэўных адміністрацыйных улад, у гэтым выпадку заканадаўца вырашыў сканструяваць норму аб складзе злачынства так, што яе элементы не залежаць ні ад якой знешняй волі і павінны інтэрпрэтавацца выключна судом па крымінальных справах. Насамрэч гэты прынцып канструявання з'яўляецца, сярод іншага, праявай канстытуцыйнай ідэі падзелу ўлад.

Аднак 14 мая 2021 г. увайшлі ў сілу папраўкі да Закона «Аб супрацьдзеянні экстрэмізму». У новай рэдакцыі закона артыкул 15 дае Міністэрству ўнутраных спраў (МУС) і Камітэту дзяржаўнай бяспекі (КДБ) паўнамоцтвы абвяшчаць групу грамадзян экстрэмісцкай арганізацыяй. Пры прачытанні яго ў «вузкім сэнсе» артыкул 15 можа быць зразумелы як частка адміністрацыйнага заканадаўства, г. зн. гаворка ідзе аб забароне дзейнасці групы ў рамках заканадаўства аб асацыяцыях. Аднак на практыцы рашэнні МУС і КДБ цяпер ствараюць аснову для пераследу членаў вызначаных імі «экстрэмісцкіх фармаванняў» паводле Крымінальнага кодэкса, і суды выносяць адпаведныя прысуды. Сумнеўнасць новай практыкі выяўляецца яшчэ болей праз тое, што МУС і КДБ пачалі абвяшчаць «экстрэмісцкімі фармаваннямі» тэлеграм-каналы, дарма што звычайны чат-форум зусім не абавязкова адпавядае

---

139 Пастанова Пленума Вярхоўнага Суда Рэспублікі Беларусь ад 25.09.2003 № 9 «Аб судовай практыцы па справах аб злачынствах, звязаных з заснаваннем і дзейнасцю арганізаваных груп, банд і злачынных арганізацый». Рэжым доступу: https://www.court.gov.by/ru/jurisprudence/post_plen/criminal/vspup/680576836235421c.html (дата доступу: 19 мая 2022).

ўмовам, вызначаным артыкулам 361-1 Крымінальнага кодэкса для названых фармаванняў. У выніку МУС і КДБ фактычна вырашаюць цяпер, каго лічыць злачынцам, а суды па крымінальных справах проста праштампоўваюць іх рашэнні. Лішне казаць, што гэткая практыка яўна супярэчыць прынцыпу законнасці.

Прымяняльнасць норм крымінальнага права аб гандлі людзьмі

Апошняя ілюстрацыя нашых тэзісаў — той факт, што, нягледзячы на мігранцкі крызіс на межах з Польшчай і Літвой у 2021–2022 гг., наколькі вядома, у Беларусі не была заведзена ніводная справа паводле артыкула 181 Крымінальнага кодэкса («Гандаль людзьмі»). Закон вызначае гандаль людзьмі як вярбоўку, перавозку, перадачу, укрывальніцтва або атрыманне чалавека ў мэтах эксплуатацыі, здзейсненыя шляхам падману, або злоўжывання даверам, або ўжывання гвалту, калі апошні не з'яўляецца небяспечным для жыцця ці здароўя ахвяры, або з пагрозай ужывання такога гвалту. Зразумела, што за маштабным наплывам мігрантаў з мэтай аказаць ціск на Літву і Польшчу, дый на Еўрапейскі саюз у цэлым, стаіць Лукашэнка (Berzins 2022), але заслугоўвае юрыдычнай увагі пытанне, ці ажыццяўляюцца гэткія дзеянні «у мэтах эксплуатацыі».

Літара артыкула 181 Крымінальнага кодэкса адпавядае Пратаколу ААН аб прадухіленні, забароне і пакараннях за гандаль людзьмі, асабліва жанчынамі і дзецьмі. Гэты пратакол — дадатак да Канвенцыі ААН супраць транснацыянальнай арганізаванай злачыннасці, якую Беларусь ратыфікавала ў 2003 г. У Пратаколе ААН заяўляецца, што эксплуатацыю варта разумець «як мінімум у якасці схілення да прастытуцыі або іншых форм сексуальнай эксплуатацыі, да прымусовых работ або паслуг, да рабства або аналагічных практык, да выдалення органаў»[140]. Паколькі ў Пратаколе ААН падкрэсліваецца, што гаворка ідзе пра «мінімальную», базавую фармулёўку, то ёсць сэнс задацца пытаннем, ці не з'яўляецца гандаль людзьмі з мэтай штурхання іх да мяжы і парушэння тэрытарыяльнага суверэнітэту суседняй краіны гэткім самым прыкладам эксплуатацыі. У прававой дзяржаве гэтае пытанне мусілі б задаць следчыя, перш чым выставіць абвінавачванні. Аднак зразумела, што пры цяперашняй палітычнай сістэме, асабліва ў час, калі справа юстыцыі аддадзена «ў рукі» міністра Хаменкі, ніякіх абвінавачванняў у гэтай справе чакаць не выпадае.

---

140 Protocol to Prevent, Suppress and Punish Trafficking in Persons, Especially Women and Children, supplementing the United Nations Convention against Transnational Organized Crime, Annex II, United Nations Global Report on Trafficking in Persons United Nations Office on Drugs and Crime, TIP.pdf (unodc.org, дата доступу: 19 мая 2022).

Законнасць як прававая каштоўнасць у Беларусі

Спіс спраў, аналагічных названым, можна лёгка пашырыць. Аднак ужо цяпер зразумела з пункту гледжання законнасці, што судам прыйдзецца вельмі пільна прыгледзецца да розных рэпрэсіўных дзеянняў і да адказных за гэтыя дзеянні. Ключавым пытаннем тут з'яўляецца наступнае: ці назіранні аб законнасці, зробленыя вышэй, могуць быць падтрыманы шляхам «тэхнічнага» прачытання Канстытуцыі Беларусі? Артыкул 1 (абз. 1) гаворыць пра Беларусь як пра ўнітарную, дэмакратычную, сацыяльную, прававую дзяржаву[141]. У артыкуле 7 сказана, што ў Рэспублікі Беларусь усталёўваецца прынцып «вяршэнства права», што не азначае, як хтосьці мог бы чакаць, вяршэнства законаў, г. зн. кіравання пры дапамозе заканадаўства (па-руску канстытуцыйная норма гучыць як «В Республике Беларусь устанавливается принцип верховенства права»). У артыкулах 22 і 23 гаворыцца, што ўсе роўныя перад законам, што абмежаванне правоў і свабод індывіда магчымае толькі ў выпадках, прадугледжаных законам, у інтарэсах нацыянальнай бяспекі, абароны маральнасці, здароўя насельніцтва, правоў і свабод іншых асоб.

Прынцып прававой дзяржавы ў сучаснай Канстытуцыі Беларусі не з'яўляецца чымсьці новым — хутчэй, як будзе паказана ніжэй, ён дэклараваўся з пачатку фармавання беларускай канстытуцыйнай ідэнтычнасці. Але ці адпавядае ён цяперашняй заканадаўчай рэальнасці? Ці мае ён дастатковую трываласць, каб захавацца, нягледзячы на ўсе антыканстытуцыйныя акты, прынятыя ў час кіравання Лукашэнкі?

Відавочна, развітыя прававыя сістэмы не ўзнікаюць з нічога: яны маюць гісторыю, у час якой укараняюцца найбольш фундаментальныя прынцыпы права, і Беларусь тут не выключэнне. Яна насамрэч, як зараз будзе прадэманстравана, мае багатую і своеасаблівую гісторыю права.

У Статутах Вялікага Княства Літоўскага (ВКЛ) адбіліся прававыя каштоўнасці, якія фармуюць ядро беларускай гісторыі, што абмяркоўвалася ў першым раздзеле гэтага зборніка. Найбольш вядомыя помнікі права раннемадэрнай Беларусі каштоўныя найперш праз тое, што зацвярджалі базавыя прынцыпы прававой дзяржавы, а гэта ў XVI стагоддзі ва ўсёй астатняй Еўропе было нязвыклай з'явай. Іншыя еўрапейскія дзяржавы жылі ў эпоху абсалютызму, дзе асоба манарха вырашала ўсё, але ВКЛ і польска-літоўская дзяржава заяўлялі пра вяршэнства закона і падзел улад[142].

Першы Статут 1529 г. адрозніваўся ад іншых раннемадэрных актаў права не толькі сваёй структурай і значным аб'ёмам

---

141   Канстытуцыя Рэспублікі Беларусь (pravo.by, дата доступу: 19 мая 2022).
142   Виктория Пальчис, История наших Конституций: от ВКЛ до Республики Беларусь, Проект 1863x, 30 апреля 2018, https://1863x.com/constitution-of-belarus/ (дата доступу: 19 мая 2022).

правовога матэрыялу, але і высокім узроўнем юрыдычнай думкі, канстытуцыйнай накіраванасцю (Доўнар 2009). У артыкуле 9 першага раздзела Статута 1529 г. гаварылася, у прыватнасці: «Тут мы пастанаўляем... каб усе нашы падданыя, і бедныя, і багатыя, аднастайным пісаным правам былі суджаныя»[143]. Як адзначаў Мікола Ермаловіч, з улікам таго што ў Еўропе той эпохі не было падобнага дакумента, мы можам гаварыць аб прыярытэтнай ролі Беларусі ў працэсе развіцця палітычнай і правовай культуры (Ермаловіч 2003).

У Статуце 1566 г. палажэнні Статута 1529 г. былі выкладзены больш падрабязна, яны атрымалі развіццё. Так, у артыкуле 1 трэцяга раздзела вялікі князь абяцае пад прысягай, якую даў усім жыхарам дзяржавы, клапаціцца аб захаванні іх правоў, імкнуцца да павелічэння правоў усіх станаў, а таксама ахоўваць суверэнітэт дзяржавы і клапаціцца аб яе ўзвышэнні[144].

Аднак найбольш прагрэсіўным прававым актам быў Статут 1588 г., нормы якога ў сваёй сукупнасці выглядаюць як канстытуцыйныя. Ужо яго прэамбула змяшчае думку аб неабходнасці абмежаваць паўнамоцтвы манарха — праводзіцца ідэя вяршэнства ў краіне закона, а не волі адной асобы. Далей гэтая ідэя развіваецца ў асобных артыкулах. Пра ўладу закона заяўляецца прама: закон, паводле Статута, мае быць адзін «для людзей высокага статусу і нізкага».

Канцлер ВКЛ Леў Сапега, звяртаючыся да шырокага кола падданых ВКЛ, папярэджваў аб небяспецы, якую нясе краіне тыранія манарха. Ён нават працытаваў Арыстоцеля: «Хто патрабуе, каб панаваў закон, відавочна патрабуе, каб панавалі боскасць і розум, а хто патрабуе, каб панаваў чалавек, прыўносіць у гэта жывёльны пачатак... Закон — гэта свабодны ад бессвядомых ідэяў розум»[145]. І акурат у гэтым духу Статут 1588 г. абвяшчае прынцып прававой дзяржавы для ўсіх жыхароў ВКЛ без выняткаў[146].

---

143 Статут 1529 года, Национальный центр правовой информации Республики Беларусь, https://pravo.by/pravovaya-informatsiya/pomniki-gistoryi-prava-belarusi/kanstytutsyynae-prava-belarusi/statuty-vyalikaga-knyastva-lito-skaga/statut-1529-goda/ (дата доступу: 19 мая 2022).

144 Каментарый Т. І. Доўнар да Статутаў ВКЛ, Национальный центр правовой информации Республики Беларусь, https://pravo.by/pravovaya-informatsiya/pomniki-gistoryi-prava-belarusi/kanstytutsyynae-prava-belarusi/statuty-vyalikaga-knyastva-lito-skaga/statut-1566-goda/kamentaryi-t-i-do-nar-da-statuta/ (дата доступу: 19 мая 2022).

145 Каментарыі Т.І. Доўнар да Статута, Национальный центр правовой информации Республики Беларусь, https://pravo.by/pravovaya-informatsiya/pomniki-gistoryi-prava-belarusi/kanstytutsyynae-prava-belarusi/statuty-vyalikaga-knyastva-lito-skaga/statut-1588-goda/kamentaryi-t-i-do-nar-da-statuta/ (дата доступу: 19 мая 2022).

146 Выглядае, што аўтары ідэалізуюць Статут ВКЛ, паводле якога, напрыклад, цыганы ў арт. 35 раздзела 14 абвяшчаліся «непатрэбнымі людзьмі», г. зн. пазбаўляліся ў ВКЛ усялякіх правоў. — *Заўв. пер.*

Першая еўрапейская Канстытуцыя («Ustawa Rządowa») з'явіла-ся 3 мая 1791 г. на фоне моцнага палітычнага крызісу ў польска-лі-тоўскай Рэчы Паспалітай. У гэтым дакуменце беспасярэдне сцвяр-джаецца прынцып падзелу ўлад у дзяржаве, прапісваюцца правы і абавязкі сацыяльных класаў. Паводле артыкула 5 Канстытуцыі 1791 г., урад павінен быў гарантаваць, што «грамадзянская свабода і грамадскі парадак заўсёды будуць ураўнаважваць адно аднаго». У тым жа артыкуле пастулявалася, што «любая ўлада ў грамадзян-скай супольнасці павінна ісці ад волі народа». Тэкст Канстытуцыі адрасаваўся «грамадзянам» Рэчы Паспалітай. На жаль, прыняц-це Канстытуцыі не ўратавала дзяржаву ад некалькіх падзелаў яе тэрыторыі. Тым не менш, як паказала гісторыя, беларуская права-вая ідэнтычнасць узнавілася пазней, у пачатку XX стагоддзя.

У 1918 г. была абвешчана першая беларуская нацыянальная дзяржава — Беларуская Народная Рэспубліка (БНР). Дарма што яе існаванне было даволі кароткае (менш за год), БНР здолела прыняць шэраг канстытуцыйных дакументаў, заклаўшы такім чынам падмурак нацыянальнай дзяржавы. Найбольш прыкмет-нымі былі, вядома, Статут Рады БНР і Другая ды Трэцяя ўстаўныя граматы. Менавіта ў гэтых дакументах адлюстраваліся асноўныя прынцыпы беларускай дзяржавы, правы грамадзян і асноўныя паўнамоцтвы кіраўнічых органаў. БНР абвяшчалася суверэннай і незалежнай на ўсіх землях, дзе беларускі народ меў колькасную перавагу. Усім жыхарам БНР гарантаваліся асноўныя грамадзян-скія свабоды: свабода слова, прэсы, сходаў, саюзаў, свабода сум-лення, а таксама недатыкальнасць асобы і жытла. Нацыянальным меншасцям гарантавалася права на самастойнае развіццё аж да аўтаноміі ўнутры БНР. Пытанне, ці здолела БНР прыняць улас-ную Канстытуцыю, усё яшчэ застаецца нявырашаным. Магчыма, так званая «Часовая Канстытуцыя» БНР насамрэч не была прыня-та, а Статут Рады БНР як Канстытуцыя трактуецца памылкова[147]. Аднак бясспрэчна тое, што спробы БНР стварыць суверэнную нацыянальную дзяржаву ішлі ў рэчышчы беларускай прававой традыцыі, адлюстраванай у буйных прававых дакументах, якія раней прымаліся на тэрыторыі Беларусі. Асноўныя ідэі былі тыя самыя: гарантыя чалавечых правоў, падзел улад, роўнае абыхо-джанне з людзьмі розных канфесій, нацыянальнасцей і культур; павага да законнасці. Нягледзячы на навуковыя дыскусіі вакол пытання, ці існавала фармальная Канстытуцыя БНР, ясна, што канстытуцыйная ідэнтычнасць Беларусі працягвала фармавацца праз асноўныя правовыя акты БНР і яны могуць трактавацца як носьбіты духу Канстытуцыі.

147 Пліска, Міхась. Часовая Канстытуцыя БНР:легенда ці рэальнасць. https://gazeta.arche.by/article/473.html (дата доступу: 19 мая 2022).

Пазней Беларусь зрабілася часткай СССР, што радыкальна змяніла яе канстытуцыйны вектар. У перыяд Беларускай Савецкай Сацыялістычнай Рэспублікі (БССР) агулам існавала пяць Канстытуцый — і ўсе яны ў асноўным перапісваліся з раней прынятых агульнасавецкіх. Пасля таго як Беларусь у сувязі з распадам СССР атрымала незалежнасць, першая і адзіная Канстытуцыя незалежнай Беларусі была прынята ў 1994 г. У яе прэамбуле гаварылася, што народ Беларусі прымае Канстытуцыю, «абапіраючыся на шматвяковую гісторыю развіцця беларускай дзяржаўнасці». Гэтая фармулёўка напрошваецца на пытанні: колькі вякоў дзяржаўнасці маецца на ўвазе? Ці ўключае гісторыя беларускай дзяржаўнасці самыя першыя прававыя акты, зацверджаныя ў ВКЛ і Рэчы Паспалітай (і выходзіць, што дзяржаўнасць афармлялася ўжо ў XIV–XVI стагоддзях), або яна проста адносіцца да савецкай эпохі, прадстаўленай БССР?

Іван Пляхімовіч у сваім добра вядомым каментарыі да Канстытуцыі 1994 г. настойваў на тым, што:

> Акцэнт на шматвяковую гісторыю беларускай дзяржаўнасці ў прэамбуле мае больш фармальнае, чым рэальнае значэнне. Уплыву гісторыі не відаць у палажэннях Канстытуцыі і палітычным жыцці дзяржавы... У сваім гістарычным успрыманні нашага народа дзяржаўныя чыноўнікі не заглыбляюцца далёка ў мінулыя стагоддзі, яно абмяжоўваецца галоўным чынам XX стагоддзем — савецкім перыядам... Сярод дзеючых цяпер прававых актаў у Беларусі няма ніводнага, прынятага ў дасавецкую эпоху.

(Пляхимович 2015: 9)

Нам гэткі погляд, аднак, здаецца спрошчаным. Так, думкі дзяржаўных чыноўнікаў аб гісторыі не выходзяць за рамкі савецкага мінулага, бо адбор на пасады залежыць збольшага ад лаяльнасці да рэжыму. Але ж акцэнт на шматвяковую гісторыю беларускай дзяржаўнасці не звязаны наўпрост з пытаннем, ці дзейнічаюць яшчэ ў Беларусі прававыя акты, прынятыя да савецкай эпохі. Нават калі Канстытуцыя ўключае нормы з ранейшых канстытуцыйных актаў (напрыклад, германскі Асноўны закон у артыкуле 140 яўна спасылаецца на нормы Веймарскай Канстытуцыі пра адносіны паміж дзяржавай і царквой), гэта само па сабе не азначае канстытуцыйнай пераемнасці. Мы мяркуем, што сучасная беларуская Канстытуцыя паводле сваёй сутнасці наследуе Статуту 1588 г., Канстытуцыі 1791 г. і Устаўным граматам БНР, і гэтае спадкаванне не было перарвана нават так званым канстытуцыйным рэферэндумам у лютым 2022 г., адзінай мэтай якога было ўзмацніць паўнамоцтвы цэнтральнай улады. Ён не адлюстроўваў светапогляд беларускага грамадства, і назваць яго можна толькі

сімуляцыяй[148]. Аднак пытанне заключаецца ў тым, ці можна аб-
мяркоўваць гістарычную спадчыну, ужываючы тэрмін «канстыту-
цыйная ідэнтычнасць», і калі так, то што яна насамрэч азначае?

Тэрмін «канстытуцыйная ідэнтычнасць» дагэтуль рэдка ўжы-
ваўся ў навуковай літаратуры і афіцыйных прававых крыніцах, але
яго важнасць у акадэмічных дыскусіях паступова расце, пра што
сведчыць, у прыватнасці, нядаўняя канферэнцыя ў Школе права
універсітэта Мікаласа Ромерыса[149]. Як адзначаў Сяргей Чыгрынаў,
суддзя Канстытуцыйнага Суда Беларусі:

> Канстытуцыйная ідэнтычнасць апасродкуецца наяўнасцю ў Ас-
> ноўным законе так званага канстытуцыйнага ядра, г. зн. норм і прын-
> цыпаў, якія валодаюць абсалютным характарам — у тым сэнсе, што
> яны не могуць быць зменены або нейтралізаваны ніякім юрыдыч-
> ным сродкам наднацыянальнай прававой сістэмы... Апрача таго,
> канстытуцыйная ідэнтычнасць з'яўляецца адным з галоўных фак-
> тараў, якія вызначаюць каштоўнасныя дамінанты індывідуальнай
> канстытуцыйнай правасвядомасці і канстытуцыйнай культуры як
> агульнасацыяльнай з'явы.

(Чигринов 2016: 36)

Высновы

Агледзеўшы, хоць і без падрабязнасцей, прававыя традыцыі
Беларусі і яе канстытуцыйныя акты праз прызму гісторыі, мы
высветлілі, што законнасць з'яўляецца канстытуцыйным ядром
беларускай прававой сістэмы, рухаючай сілай дзяржавы і нацыі.
У перыяды, калі беларускі народ мог прэтэндаваць на свабоду і
ўласную культуру, гісторыю, прававыя традыцыі (Вялікае Княства
Літоўскае, Рэч Паспалітая абодвух народаў, БНР), прынцып закон-
насці і прававой дзяржавы ўпісваўся ў асноўныя акты права. Гэта
слушна і для цяперашняй Канстытуцыі, якая гаворыць аб апо-
ры на шматвяковыя традыцыі законнасці. Апошняя — гэта кан-
стытуцыйнае ядро дзяржавы, ад якога няможна пазбавіцца, бо
законнасцю прасякнута ўся прававая сістэма. І менавіта з гэтай
прычыны беларускае заканадаўства здольнае дзейнічаць як ма-
гутны агент перамен, нават нягледзячы на тое, што цяпер яно

---

148 Гл. супольную заяву ад 1 лютага 2022 г. старшыні дэлегацыі па стасунках
з Беларуссю члена Еўрапарламента Роберта Бедраня і пастаяннага даклад-
чыка Еўрапарламента па Беларусі члена Еўрапарламента Пятраса Аўштра-
вічуса: https://www.europarl.europa.eu/cmsdata/244649/Joint%20statement%20
on%20the%20rising%20number%20of%20political%20prisoners%20in%20
Belarus_01.02.2022.pdf (дата доступу: 19 мая 2022).

149 Conference, Initiated by Law School: "The Dilemma of Belarusian Constitutional
Identity", Mykolas Romeris University, 11 October, 2021, https://www.mruni.eu/
en/news/conference-initiated-by-law-school-will-contribute-to-drafting-of-
democratic-constitution-for-belarus/ (дата доступу: 19 мая 2022).

ўжываецца як інструмент рэпрэсій. Напрыклад, было прадэман-
стравана, што набор паправак у законы аб грамадскай бяспецы
з вясны 2021 г. не вытрымлівае крытыкі з пункту гледжання за-
коннасці. Любы незалежны суд Беларусі не сутыкнецца з цяжкас-
цямі, прымяняючы заканадаўства, дзейнае на час, калі былі ўчы-
нены рэпрэсіўныя акты, і прыцягваючы вінаватых да адказнасці.

Спасылкі

Демидова, И. А. (2020) Правовая культура государственной правоохра-
нительной службы в Республике Беларусь: деятельностный и цен-
ностно-нормативный аспекты // *Сибирское юридическое обозрение*
17(2): 160–167.

Доўнар, Т. (2009) Канстытуцыйная накіраванасць першага звода законаў
Беларусі / *Статут Вялікага Княства Літоўскага 1529 года — падмурак
развіцця беларускай дзяржаўнасці і канстытуцыяналізму (да 480-годдзя
прыняцця)* : зб. навук. арт. Мінск: РІВШ, 3–14.

Ермаловіч, М. (2003). *Беларуская дзяржава Вялікае Княства Літоўскае.* Мін-
ск: Беллітфонд, 295–297.

Пляхимович, И. И. (2015) *Комментарий к Конституции Республики Бела-
русь.* Минск: Амалфея.

Чигринов, С. П. (2016) Конституционная идентичность и конституцион-
ное развитие в XXI веке // *Журнал зарубежного законодательства и
сравнительного правоведения* 58(3): 32–38.

Berzins, V. (2022) 'Hybrid warfare: Weaponized migration on the Eastern border
of the EU?' *The Interdisciplinary Journal of International Studies* 12(1): 38–
49.

Gapova, E. (2023) 'Activating and Negotiating Women's Citizenship in the 2020
Belarusian Uprising.' In: Korosteleva, E., Petrova, I., and Kudlenko, A. (eds.)
Belarus in the Twenty-First Century: Between Dictatorship and Democracy,
61-178. London: Routledge.

Herrmann, J. (1993) 'Human rights-hostile and human rights-friendly
interpretation of para 27 of the GDR Border Guard Act. On the German
supreme court's decision on border shootings of 3 November 1992 (на ня-
мецкай).' *Neue Zeitschrift für Strafrecht*: 118–121.

Korosteleva, E. and I. Petrova (2021) 'Community resilience in Belarus and the
EU response.' *Journal of Common Market Studies* 59(S.1): 1–13.

Petrova, I. and E. Korosteleva (2021) 'Societal fragility and resilience: The
emergence of peoplehood in Belarus.' *Journal of Eurasian Studies* 12(2):
122–132.

Silitski, V. (2006) 'Still Soviet? Why dictatorship persists in Belarus.' *Harvard
International Review* 28, no. 1: 46–53.

Vashkevich, A. I. (2019) 'Constitutional justice in the Republic of Belarus.' In
*Constitutional Courts in Post-Soviet States: Between the Model of a State
of Law and its Local Application.* Ed. J. Zaleśny. Frankfurt am Main: Peter
Lang, 141–194.

Vashkevich, A. (2020) 'Judicial "independence" in Belarus: Theory and practice.' *Gdańskie studia prawnicze. Wydawnictwo Uniwersytetu Gdańskiego* XXIV(4): 41–55.

De Vogel, S. (2022) 'Anti-opposition crackdowns and protest: The case of Belarus 2000–2019.' *Post-Soviet Affairs* 38(1–2): 9–25.

Частка III

Змаганне за публічную прастору і ўзмацненне народнай суб'ектнасці

9. Сацыяльныя рухі і палітычныя перамены ў Беларусі 2020-га ды пазнейшых гадоў

Таццяна Чуліцкая, Элінар Біндман

Уводзіны

Мэта гэтага раздзела — даследаваць, як арганізацыі грамадзянскай супольнасці (АГС) і сацыяльныя рухі Беларусі мабілізаваліся ў 2020 г., якую ролю яны гралі ў масавых пратэстах ды іншых прыкметных палітычных падзеях і якім чынам яны працягваюць сваю дзейнасць. У некаторых адносінах падзеі разгортваліся нечакана, бо грамадзянская супольнасць і сацыяльныя рухі ў Беларусі ды іншых постсавецкіх і посткамуністычных грамадствах шмат гадоў разглядаліся ў рамках дамінантнага наратыву як адносна слабыя і маргіналізаваныя (Morje-Howard 2003; Narozhna 2004). Аднак, як сцвярджаюць Якабсон і Каральчук (Jacobsson and Korolczuk 2020), даўно наспела пераацэнка постсацыялістычнай грамадзянскай супольнасці: з'явілася патрэба разгледзець найноўшыя, гібрыдныя віды фармальнага і нефармальнага актывізму, арганізацыйнай дзейнасці, што назіраліся ў многіх краінах па ўсёй Цэнтральнай і Усходняй Еўропе (ЦУЕ). Гэтыя формы актывізму адрозніваюцца ад мадэлі грамадзянскай супольнасці, больш засяроджанай на НДА (недзяржаўных арганізацыях), якая дамінавала ў 2010-х гадах і часцяком крытыкавалася як элітысцкая, адарваная ад патрэб людзей, ад імя якіх выступала. Такім чынам, сродкі, пры дапамозе якіх традыцыйныя беларускія АГС і наваствораныя ячэйкі сацыяльнага руху з 2020 г. мабілізоўвалі старых актывістаў і новых членаў, а таксама ўдзельнічалі ў шырокамаштабных і лакальных пратэстах супраць існага рэжыму, заслугоўваюць больш пільнага аналізу.

Раздзел пачынаецца з вызначэння паняццяў грамадзянскай супольнасці і сацыяльных рухаў, з акрэслівання рамак даследавання. Потым мы пераходзім да абмеркавання беларускага палітычнага кантэксту і падзей 2020 г., якія стварылі глебу для перамен у мабілізацыйнай практыцы краіны. Тады апішам сітуацыю ўнутры беларускай грамадзянскай супольнасці, што існавала да прэзідэнцкіх выбараў у жніўні 2020 г., і даследуем тое, як яна развівалася пасля пратэсных падзей у сувязі з тымі выбарамі.

Абмеркаванне засяроджана перадусім на новых сацыяльных рухах і «нізавых» арганізацыях, што пашырыліся адразу пасля выбараў, і на маштабных рэпрэсіях, ужытых уладамі як супраць ранейшых АГС, так і супраць наваствораных ініцыятыў. Нарэшце, мы паразважаем пра цяперашняе становішча беларускай грамадзянскай супольнасці, закранаючы новы і трагічны кантэкст вайны Расіі супраць Украіны.

Вызначэнне «грамадзянскай супольнасці»

Традыцыйна ў грамадзянскую супольнасць — поле дзейнасці, якое доўгі час атакаваў Лукашэнка ў сваёй спробе заглушыць альтэрнатыву і крытычныя галасы, — уключаўся шырокі спектр фармальных і нефармальных арганізацый, у тым ліку абшчынныя і «нізавыя» групы, прафсаюзы, згуртаванні спецыялістаў, НДА і сацыяльныя праекты (Edwards 2004). Грамадзянская супольнасць абыймае грамадзян, якія калектыўна дзейнічаюць для дасягнення пэўных мэт, выстаўляюць патрабаванні дзяржаве і вымушаюць яе чыніць справаздачы. Гэтая супольнасць працуе як сектар арганізаванага грамадскага і публічнага жыцця, аўтаномнага адносна дзяржавы і бізнесу, але таксама адносна палітычнай сістэмы. Грамадзянская супольнасць больш засяроджана на пошуку саступак або матэрыяльнай падтрымкі ад дзяржавы, чым на спробах заваяваць фармальную ўладу (Diamond 1994).

Моцную і незалежную грамадзянскую супольнасць апісваюць як асноўны элемент мабілізацыі грамадзян на ўсіх стадыях паспяховай дэмакратызацыі (Diamond 1994; Linz and Stepan 1996), аднак падкрэсліваецца, што яна — толькі адзін з многіх фактараў, якія ўплываюць на працэс дэмакратызацыі (Doowon 2006). Сацыяльныя рухі разглядаюцца як неад'емная частка грамадзянскай супольнасці (Edwards 2004), і два тыпы арганізацыі часта ўжываюцца як сінонімы ў шырэйшым палітычным і журналісцкім дыскурсе, але яны выконваюць каліва розныя функцыі, маючы розныя мэты ды тактыку. Калі грамадзянская супольнасць будуецца вакол супрацоўніцтва і стасункаў, што мацуюць узаемны давер, агульныя каштоўнасці і грамадскую згуртаванасць (Putnam 1993), шукаючы пры гэтым аўтаноміі ад дзяржавы і палітычнай сістэмы, то сацыяльныя рухі маюць больш «падрыўны» характар: яны артыкулююць нязгоду, спрабуюць націснуць на асоб, якія прымаюць рашэнні, імкнуцца адыгрываць актыўную ролю ў палітычным працэсе, пры патрэбе звяртаючыся да неканвенцыйных форм палітычнага ўдзелу (Tarrow 1989; Della Porta 2020).

Калі арганізацыі грамадзянскай супольнасці схіляюцца да таго, каб працаваць у «трэцім сектары» як структураваныя НДА, то сацыяльныя рухі набываюць форму нефармальных сетак, што выходзяць за межы асобных арганізацый і гуртуюцца вакол моцнай агульнай ідэнтычнасці. Яны выкарыстоўваюць пратэсныя палітычныя метады (мабілізацыю для пратэстаў у палітычнай сферы) ды метады інфармацыйнай палітыкі (збор і распаўсюд рэлевантнай інфармацыі), каб прыцягнуць грамадскую ўвагу да сваёй справы (Keck and Sikkink 1998). Сацыяльныя рухі трактуюць як версію таго, што Тылі і Тэраў (Tilly and Tarrow 2015) мянуюць «спаборнай палітыкай». Доўгі час пры вывучэнні сацыяльных рухаў даследчыкі засяроджваліся на тым, што адбывалася ў традыцыйных дэмакратыях, але з нядаўняга часу яны пачалі падкрэсліваць той факт, што сацыяльныя рухі — нармальная рыса ў сучасных аўтарытарных рэжымах. Гаворыцца таксама пра тое, што ў пэўных умовах сацыяльныя рухі маюць патэнцыял, каб кінуць выклік неліберальным сістэмам кіравання, вырваць саступкі ў палітыкаў і паспрыяць дэмакратызацыі (Chen and Moss 2019; Lorentzen 2013).

Звяртаючыся да грамадзянскай супольнасці і сацыяльных рухаў, многія даследчыкі аналізуюць іх як асобныя з'явы, але некаторыя прасочваюць паміж імі сувязі ў кантэксце «зялёнай» палітыкі і антырасісцкіх пратэстаў — у заходнееўрапейскіх і паўночнаамерыканскіх краінах (гл., напр.: Barry and Doherty 2001; Ruzza 2008). Як адзначае Дэла Порта (Della Porta 2020), розніца паміж двума феноменамі ўсё часцей сціраецца і ў многіх выпадках паміж імі існуе ўзаемадзеянне: так, прадстаўнікі грамадзянскай супольнасці ўдзельнічаюць у пратэсных кампаніях, і людзі часта належаць да абодвух тыпаў арганізацый. Арганізацыі грамадзянскай супольнасці могуць палітызавацца і часам ператварацца ў суполкі грамадскага руху. Далей, сацыяльныя рухі даюць імпэт развіццю арганізацый грамадзянскай супольнасці — у перыяды зацішша, калі вострая фаза пратэсту мінае — і гэтае назіранне непасрэдна тычыцца Беларусі, паколькі хвалі пратэсту пасля жніўня 2020 г. пайшлі на спад на фоне інтэнсіўных рэпрэсій. Такім чынам, заміж таго каб аналізаваць дзве з'явы асобна, варта даследаваць існыя і патэнцыйныя ўзаемадачыненні паміж сацыяльнымі рухамі і грамадзянскай супольнасцю — гэта можа прывесці да лепшага разумення фактаў і нядаўніх падзей (Della Porta 2020). Менавіта ўзаемадачыненні даследуюць Карасцялёва і Пятрова, уводзячы паняцце народнай суб'ектнасці (гл. раздзел 10 гэтага зборніка). Яно актуальнае для Беларусі, краіны, якая зведала масавую мабілізацыю насельніцтва супраць існага рэжыму. З часу расійскага ўварвання ва Украіну ў лютым 2022 г. беларускае грамадства сутыкнулася з выклікам: як арганізаваць антываенны рух у розных формах (ад індывідуальнага пратэсту да актыўнасці на чыгуначных шляхах з мэтай спыніць пастаўкі расійскай ваеннай тэхнікі).

Беларускі кантэкст

Да падзей 2020 года арганізацыі грамадзянскай супольнасці і сацыяльныя рухі ў Беларусі бачыліся збольшага як слабыя і маргінальныя — у сэнсе іх сацыяльнай базы (Terzyan 2020). Часткова гэткі погляд тлумачыўся шэрагам структурных і гістарычных фактараў, якія навукоўцы назіралі таксама ў іншых посткамуністычных і постсавецкіх грамадствах: нізкім узроўнем сацыяльнай згуртаванасці і давету да інстытутаў, абмежаваным удзелам грамадзян у палітычных працэсах як спадчыной дзяржаўнага сацыялізму (Morje-Howard 2003; Narozhna 2004). Аднак у Беларусі да гэтых фактараў дадаваліся несупынныя намаганні Лукашэнкі (з часу яго з'яўлення на прэзідэнцкай пасадзе ў 1994 г.) знішчыць крыніцы апазіцыі да яго ўлады. З аднаго боку, ён усцяж ужываў інструменты дзяржаўных рэпрэсій супраць сваіх палітычных апанентаў, незалежнай прэсы і арганізацый грамадзянскай супольнасці (Silitski 2010). З другога — прапаноўваў насельніцтву «сацыяльны кантракт», які на працягу многіх гадоў забяспечваў большасці беларусаў шырокую сацыяльную падтрымку і дзяржаўныя субсідыі без масавай прыватызацыі і «шокавай тэрапіі» ў эканоміцы, што практыкаваліся ў суседніх краінах (Marples 2006). Між тым трэба адзначыць, што, нягледзячы на варожы для іх палітычны клімат у краіне і адсутнасць масавага грамадзянскага ўдзелу, арганізацыі грамадзянскай супольнасці (або арганізаваная грамадзянская супольнасць) не толькі існавалі ў Беларусі, але нярэдка выконвалі важныя для грамадства функцыі, такія як абарона правоў чалавека, аказанне сацыяльных паслуг уразлівым групам насельніцтва — апрача таго, яны дапамагалі самаразвіццю сваіх членаў (CSOs Sustainability Index, 2020). Гэты від сацыяльна арыентаваных АГС часта трактуецца іначай ад той супольнасці, што займалася «палітыкай», — АГС нават стасаваліся з дзяржаўнымі органамі, каб дасягаць сваіх мэтаў, а менавіта падтрымліваць уразлівыя групы (Bindman and Chulitskaya: 2023).

Як і ў іншых постсавецкіх краінах з электаральнымі аўтарытарнымі рэжымамі (успомнім прыклады Грузіі ў 2003 г. і Украіны ў 2004 г.), прэзідэнцкія выбары ў Беларусі мелі патэнцыял, каб стаць «пунктам кіпення» і акном магчымасцей для апазіцыйнай дзейнасці ды пратэстаў (Bunce 2017). Аднак калі падобныя сітуацыі наспявалі ў Беларусі ў 2006 і 2010 гг., то Лукашэнка аказваўся здольны прадухіліць пагрозу. Ён ужываў набор метадаў прэвентыўнага аўтарытарызму: напрыклад, мяняў заканадаўства, каб перад выбарамі ўскладніць рэгістрацыю або працу палітычных партый ды НДА, не грэбаваў брутальным разгонам пратэстоўцаў, зняволеннем вядучых кандыдатаў ад апазіцыі пасля выбараў (Frear 2018).

Прыблізна з 2015 г. падыход рэжыму да грамадзянскай супольнасці зазнаў істотныя змены ў кантэксце так званай палітычнай лібералізацыі і сацыяльна-эканамічных турбот у Беларусі (апошнія ўключалі, сярод іншага, пагаршэнне дэмаграфічнага становішча). Рэжым пачаў трактаваць грамадзянскую супольнасць як рэсурс для таго, каб забяспечыць насельніцтва пэўнымі культурнымі праектамі і сацыяльнымі паслугамі, якія дзяржава не магла выканаць сама (Moshes and Nizhnikau 2021; Bindman and Chulitskaya 2023). Напрыклад, дазваляліся збор ахвяраванняў для розных сацыяльна ўразлівых груп (суполка «Імёны»), арганізацыя разнастайных культурных падзей (галерэя «Ў» і іншыя). Да таго ж улады Беларусі сталі разглядаць грамадзянскую супольнасць як інструмент, пры дапамозе якога можна было дэманстраваць Захаду, што палітычная абстаноўка ў Беларусі дапускае існаванне АГС. Гэта прывяло да памнажэння грамадзянскіх ініцыятыў у сферы культуры, гарадскога развіцця, гендарных праблем, дый у іншых сферах. Назіралася «кантраляваная адкрытасць»: актывізм і грамадзянскі ўдзел былі магчымыя, пакуль не набывалі адкрыта палітызаваную форму (Bedford 2021). Аднак праваабарончыя і іншыя арганізацыі, дзейнасць якіх бачылася ўладамі як патэнцыйна пагрозлівая для статус-кво і небяспечная ў *палітычным* аспекце, усё адно сутыкаліся з моцнымі абмежаваннямі нават на этапе рэгістрацыі. Многія з іх, у т. л. добра вядомая праваабарончая арганізацыя «Вясна», не здолелі атрымаць афіцыйны прававы статус у Беларусі і дзеялі або зусім без рэгістрацыі, або з рэгістрацыяй за мяжой (Chulitskaya *et al.* 2020).

У першыя месяцы 2020 г. ва ўлад Беларусі не было прычын меркаваць, што прэзідэнцкія выбары ў жніўні таго года зробяцца праблемай. Мошэс і Ніжнікаў (Moshes and Nizhnikau 2021) даводзяць, што к пачатку 2020 г. палітычную апазіцыю ўлады выціснулі ў маргінальную прастору, а грамадзянскую супольнасць пераважна паставілі пад кантроль, скіраваўшы яе энергію ў непалітычнае рэчышча. Беларускае грамадства здавалася апатычным у плане палітыкі: яно быццам бы змірылася з тым, што Лукашэнка пажыццёва застанецца ва ўладзе. Да вясны 2020 г. і хвалі перамен улетку грамадзянская супольнасць у Беларусі існавала пераважна ў фармаце падкантрольных недзяржаўных арганізацый, а масавыя сацыяльныя рухі, здушаныя ў сярэдзіне і канцы 1990-х гадоў, пазней так і не аднавіліся.

Грамадзянская супольнасць і падзеі 2020 года

У сакавіку 2020 г. Лукашэнка зрабіў ненаўмысны промах, які, паводле Трэйсмана (Treisman 2020), мог прывесці да «дэмакратызацыі праз памылку» — да сітуацыі, калі аўтарытарны лідар не мае намеру саступаць уладу, але выбірае шлях, які не дапамагае яму ўтрымацца. Яго адмова ўважаць крызіс, выкліканы хуткім пашырэннем каранавіруснай інфекцыі, за пагрозу здароўю насельніцтва, а таксама нежаданне зрабіць нават элементарныя захады супраць COVID-19, разгнявілі беларусаў, падарвалі іх давер да дзяржавы і адкрылі магчымасці для крытыкі рэжыму, для мабілізацыі супраць яго (Korosteleva and Petrova 2021; Moshes and Nizhnikau 2021). У выніку з'явіліся новыя «нізавыя» ініцыятывы грамадзянскай супольнасці, такія як #ByCOVID19. Яны збіралі рэсурсы шляхам краўдфандынгу, прыцягнулі вялікую колькасць раней апалітычных валанцёраў і актывістаў, мэтай якіх стала дапамога супрацоўнікам бальніц. Пазней многія з гэтых актывістаў уцягнуліся ў палітычную кампанію, што перайшла ў жнівеньскія выбары і пратэсты. Ім дапамагалі прадстаўнікі важлівага ў Беларусі ІТ-сектара, якія адыгралі асноўную ролю ў стварэнні анлайн-платформ для краўдфандынгу, назірання за вынікамі выбараў і гуртавання ячэек новай грамадзянскай супольнасці (Kryvoi 2020). Варта адзначыць, што і «традыцыйныя» АГС гралі пэўную ролю ў гэтым працэсе. Напрыклад, такія раней створаныя суполкі, як «Імёны» і «Вулей» (апошнюю ўзначальваў сын найбольш папулярнага апазіцыйнага прэтэндэнта Віктара Бабарыкі), таксама шмат зрабілі для падтрымкі намаганняў актывістаў шляхам фандрайзінгу.

Калі ў Беларусі пачаліся пратэсты, то структуры грамадзянскай супольнасці і арганізацыі, што з'явіліся да 2020 г. (у т.л. даўно ўтвораныя беларускія палітычныя партыі), не паводзілі сябе праактыўна, г. зн. не былі ініцыятарамі працэсаў. Рухавікамі палітычнай мабілізацыі сталі зусім іншыя сілы і актары, тады як «традыцыйныя» арганізацыі грамадзянскай супольнасці адыгрывалі ў працэсах хутчэй дапаможную ролю і ўцягваліся ў іх звычайна на ўзроўні ўдзелу асобных актывістаў, а не на інстытуцыйным узроўні (BIPART 2021b). Асобныя праваабарончыя арганізацыі (у т.л. «Вясна» ды інш.) ад самага пачатку бралі ў працэсах большы ўдзел і выконвалі сваю першасную функцыю абароны правоў чалавека: маніторылі парушэнні дзяржавай правоў пратэстоўцаў і зняволеных. Іншы прыклад больш актыўнага, хоць і не інстытуцыйнага ўдзелу — выпадак з маладымі актывісткамі з арганізацыі «Яе правы», якія апынуліся сярод ініцыятарак і актыўных удзельніц «жаночых маршаў», што праходзілі ў Мінску кожную суботу з жніўня да лістапада 2020 г.

Тым часам, пачынаючы з першай хвалі пратэстаў у жніўні 2020 г., памножыліся ды набылі агульнанацыянальны маштаб іншыя разнастайныя сацыяльныя рухі, якія згуртавалі вялікую колькасць жанчын, пенсіянераў, студэнтаў, заводскіх рабочых, спецыялістаў. Адной з іх задач было падтрымаць імпэт пратэснага руху на фоне моцных рэпрэсій, учыненых уладамі супраць пратэстоўцаў. Адносна новай з'явай для Беларусі былі мясцовыя

«дваровыя» супольнасці, што збіралі разам жыхароў суседніх да-
моў і вуліц. Яны выконвалі дзве функцыі — масавай мабілізацыі
(у т.л. каардынацыю і ажыццяўленне розных відаў пратэснай
дзейнасці) і пабудовы супольнага жыцця (праз арганізацыю куль-
турных і асветніцкіх падзей, канцэртаў ды інш.). Нягледзячы на
пашыранае ўжыванне гвалту супраць пратэстоўцаў і ў час пер-
шапачатковых масавых пратэстаў, і пасля іх, тыя, хто ўдзельнічаў
у пратэснай дзейнасці, увесь час захоўвалі цалкам мірны харак-
тар. Бекус (Bekus 2021) разглядала яго як стратэгічны выбар, які
дазволіў мабілізаваць людзей у шырокім спектры сацыяльных
груп. Калі ўладная кампанія рэпрэсій нейтралізавала (прынамсі
на нейкі час) масавыя пратэсты, да якіх улетку і ўвосень 2020 г. да-
лучыліся сотні тысяч людзей, то пратэсты набылі менш бачныя,
але ўсё яшчэ магутныя і небяспечныя для ўлад формы мясцова-
га супраціву ды самадапамогі. Яны працягваюць падрываць ле-
гітымнасць рэжыму (Korosteleva and Petrova 2021; гл. таксама тэкст
Карасцялёвай і Пятровай у гэтым зборніку).

Уздым масавай мабілізацыі ўлетку і ўвосень 2020 г. выклікаў
многія станоўчыя змены ў плане даверу, салідарнасці і актывізму
сярод беларускіх грамадзян. Многіх ён натхніў на тое, каб адкі-
нуць стэрэатыпнае ўспрыманне «палітыкі» і «грамадскай дзейна-
сці» як «нявартай» і «небяспечнай» (або як занятку для маргіна-
лаў). Названы ўздым актывізаваў выбухны працэс, калі ўтвараўся
пазітыўны вобраз «сваіх» як грамадзянскай нацыі праз фармаван-
не безлічы новых грамадскіх ініцыятыў і мясцовых супольнасцей.
Аднак хуткае і пашыранае ўжыванне рэпрэсій у адказ на гэты пра-
цэс паставіла пад пытанне трываласць станоўчых эфектаў (BIPART
2021а). З пункту гледжання інстытуцыялізацыі падзеі ў Беларусі
2020 г. прывялі да з'яўлення новых сацыяльных рухаў, грамадзян-
скіх ініцыятыў і груп, што дзейнічалі паралельна «традыцыйным»
АГС. Новыя рухі працавалі больш на «гарызантальным» узроўні і
былі менш структураныя ў параўнанні з ранейшымі, якія дзей-
нічалі больш прафесійна.

Беларуская грамадзянская супольнасць у сітуацыі палітычнага крызісу

Пасля здушэння першапачатковых масавых пратэстаў сярэдзі-
ны-канца 2020 г. улады Беларусі заняліся сістэматычнымі і жор-
сткімі рэпрэсіямі супраць грамадзянскай супольнасці. Рыторыка
і дзеянні ўлад былі (і застаюцца) скіраваныя на разбурэнне якой
бы ні было незалежнай дзейнасці ў прынцыпе. У час напісання
гэтых радкоў рэпрэсіі і абмежаванні ўжываюцца ўсё болей і бо-
лей — не толькі да тых, хто не згодзен са статус-кво, але і да тых,
хто выяўляе любую ініцыятыву, не санкцыяваную дзяржавай (і/
або не цалкам кантраляваную ёй).

Год 2021 стаў трагічным для грамадзянскай супольнасці краіны: усе віды арганізацый і рухаў сутыкнуліся з беспрэцэдэнтнымі рэпрэсіямі на інстытуцыйным і індывідуальным узроўнях. Калі на пачатку крызісу ў канцы 2020 і пачатку 2021 г. рэпрэсіі прымяняліся пераважна супраць асобных прадстаўнікоў АГС і актывістаў, то з сярэдзіны 2021 г. улады пачалі «паляванне на вядзьмарак», скіраванае супраць арганізацый і ініцыятыў. Новаўтвораныя мясцовыя «дваровыя» супольнасці, якія часцяком ядналіся (і ў пэўнай ступені каардынаваліся) праз «Тэлеграм», адзін з найбольш папулярных сацыяльных месенджараў, прыцягнулі асаблівую ўвагу «праваахоўнікаў». Найбольш актыўных членаў гэтых супольнасцей пераследавалі, кідалі за краты і г. д. Пачынаючы з ліпеня 2021 г. адбылася серыя затрыманняў актывістаў, якія працавалі на сектар арганізаванай грамадзянскай супольнасці (АГС). Затрыманні суправаджаліся ператрусамі ў офісах арганізацый і ў жылых памяшканнях актывістаў. Станам на 2021 г. звыш 200 АГС (каля 10 % усіх зарэгістраваных АГС у краіне) розных форм былі ліквідаваны або знаходзіліся ў працэсе ліквідацыі (BIPART 2021a). Станам на 28 лютага 2022 г. 366 некамерцыйных арганізацый у Беларусі знаходзіліся ў працэсе прымусовай ліквідацыі (у т.л. з прычыны судовых пазоваў і прымусовага выдалення з Адзінага дзяржаўнага рэгістра юрыдычных асоб і індывідуальных прадпрымальнікаў). Налічвалася 223 некамерцыйных арганізацый (грамадскіх аб'яднанняў, фондаў і ўстаноў), адносна якіх упаўнаважаныя органы або заснавальнікі прынялі рашэнне аб ліквідацыі (Lawtrend 2022).

Многія грамадзянскія ініцыятывы, асабліва ў той ці іншай ступені звязаныя з пратэснай дзейнасцю або з палітычным кіраўніцтвам апазіцыі (у прыватнасці, з кандыдаткай у прэзідэнты Святланай Ціханоўскай), улады Беларусі афіцыйна абвясцілі экстрэмісцкімі фармаваннямі. Варта згадаць, што на пачатку найбольш сур'ёзныя рэпрэсіі абрынуліся на кагадзе ўтвораныя ініцыятывы кшталту «BYSOL» (краўдфандынгавая ініцыятыва, а пазней зарэгістраваная арганізацыя, што збірала грошы для пацярпелых ад рэпрэсій). Таксама пераследваліся «Рабочы Рух», які гуртаваў беларускіх рабочых, гатовых удзельнічаць у забастоўцы, і больш спецыялізаваныя ініцыятывы кшталту «Фонду медычнай салідарнасці», які дапамагаў прафесіяналам-медыкам, што падтрымалі пратэсты. Такім чынам, усе віды арганізацый, ініцыятыў і сацыяльных рухаў, што належалі да беларускай грамадзянскай супольнасці, сутыкнуліся з рэпрэсіямі. Калі на пачатку заставалася пэўная вера (ці надзея) ў тое, што арганізацыі, якія існавалі да 2020 г., дыстанцыяваліся ад палітыкі і мелі адносна добрыя дачыненні з беларускімі чыноўнікамі, пазбегнуць рэпрэсій, то пазней гэтае рацыянальнае дапушчэнне не пацвердзілася і большасць тых арганізацый таксама патрапіла пад рэпрэсіі.

Уціск беларускіх грамадзянскіх рухаў, ініцыятыў і АГС з боку рэжыму Лукашэнкі пачынаючы з 2020 г. меў тры асноўныя напрамкі і шэраг важных наступстваў. Першым напрамкам былі фізічныя пагрозы актывістам. Так, паведамлялася, што з 9 жніўня 2020 г. да сакавіка 2021 г. затрымлівалася каля 30000 чалавек. Як мінімум чатыры чалавекі страцілі жыцці ў кантэксце пратэстаў; паводле афіцыйных крыніц, звыш 2600 чалавек атрымалі траўмы з 9 жніўня 2020 г. да 23 лістапада 2020 г. (UN 2021). Затрыманні, штрафы, адміністрацыйныя арышты і крымінальныя тэрміны зняволення, выгнанне з краіны лідараў і/або актывістаў грамадскіх арганізацый значна аслабілі трэці сектар. Найбольшы ціск ажыццяўляецца на праваабарончыя арганізацыі (напрыклад, усё кіраўніцтва «Вясны» трапіла за краты), але па сутнасці пад пагрозай знаходзіцца любая дзейнасць у любой сферы — ад сацыяльных паслуг да навуковых даследаванняў і аналізу. Да таго ж на юрыдычным роўні ўлады Беларусі 22 студзеня 2022 г. наноў увялі ў Крымінальны кодэкс Рэспублікі Беларусь артыкул 193.1 «Дзейнасць ад імя незарэгістраваных арганізацый», г. зн. вярнулася крымінальная адказнасць за пазначаную дзейнасць. Беларускія АГС, перадусім тыя, што працуюць унутры Беларусі, губляюць чалавечыя рэсурсы, бо людзі выбіраюць больш бяспечную дзейнасць (напрыклад, пераход у ІТ-сферу). Праз непрадказальную сутнасць рэпрэсій і няпэўнасць правілаў гульні (разумення таго, што можна і няможна рабіць) людзі пачынаюць займацца самацэнзурай; яны не толькі пакідаюць шэрагі АГС, але і цураюцца любой формы грамадскай працы. Некаторыя арганізацыі свядома вырашылі зрабіцца непублічнымі і «немедыйнымі»; іх прадстаўнікі лічаць безадказнай публічную дзейнасць іншых АГС, якія маюць членаў або персанал у Беларусі (BIPART 2022).

Другое вымярэнне рэпрэсій заключаецца ў выдаленні тэхнічных і інстытуцыйных сродкаў, якія дазволілі б працягваць дзейнасць арганізацый і грамадзянскіх ініцыятыў. Улады Беларусі займаліся захопам абсталявання, дакументацыі і банкаўскіх рахункаў, што належалі АГС, ініцыявалі шматлікія праверкі іх памяшканняў, знаходзілі зачэпкі, каб ліквідаваць юрыдычныя асобы. Ужываліся і іншыя віды інстытуцыйнага ціску на гэтыя арганізацыі (Lawtrend 2022). Ілюструючы гэтую сітуацыю, «Міжнародная амністыя» паведаміла аб «маштабным набегу» на беларускія АГС, які здарыўся на ранку 14 ліпеня 2021 г. У тую раніцу «праваахоўнікі» дзеля ператрусаў уламіліся ў офісы прынамсі дванаццаці буйных арганізацый беларускай грамадзянскай супольнасці, праваабарончых і апазіцыйных груп, а таксама ў кватэры лідараў грамадзянскай супольнасці. Пацярпелі праваабарончы цэнтр «Вясна», Беларуская асацыяцыя журналістаў (БАЖ), Беларускі Хельсінскі камітэт (БХК), праваабарончая арганізацыя «Human Constanta», незалежны даследчыцкі цэнтр BEROC, арганізацыя «Гендарныя перспектывы», Згуртаванне беларусаў свету «Бацькаўшчына» і інш. (Amnesty 2021). Праўда, у канцы 2021 г. некаторыя прадстаўнікі беларускіх АГС выказалі спадзяванне, што пасля канстытуцыйнага рэферэндуму ў канцы лютага 2022 г., ініцыяванага ўладамі, інстытуцыйны клімат для іх арганізацый можа палепшыцца, і самі ўлады, падобна, прасоўвалі ідэю аб верагоднасці такога сцэнарыя (BIPART 2022). Аднак, як паказалі далейшыя падзеі, той рэферэндум супаў з пачаткам расійскага ўварвання ва Украіну, што прывяло да далейшага пагаршэння сітуацыі з любой грамадзянскай актыўнасцю ў Беларусі.

Трэцім вымярэннем рэпрэсій з'яўляецца істотнае змяншэнне (або абмежаванне) фінансавых магчымасцей беларускіх АГС, грамадзянскіх ініцыятыў і сацыяльных рухаў. Беручы пад увагу цяперашнюю рыторыку адміністрацыі Беларусі ў стылі новай «халоднай вайны» супраць Захаду і так званых «замежных агентаў», любое празрыстае фінансаванне з-за мяжы можа стаць зачэпкай для пераследу. Магчымасці легальнага фінансавання АГС унутры краіны заўжды былі абмежаваныя (CSO Sustainability Index 2020), але з канца 2020 г. яны практычна перасталі існаваць. Рызыка пераследу грамадзян і юрыдычных асоб, якія фінансава падтрымлівалі АГС (у т. л. праз разавыя ахвяраванні і краўдфандынг) узрасла, бо гэткая падтрымка стала звязвацца з т. зв. «фундаваннем пратэстаў». Атрымаць грошы ў Беларусі ад якога б ні было замежнага партнёра паводле дамовы зрабілася амаль немажліва, бо гэткае атрыманне з вялікай доляй верагоднасці выклікала б рэпрэсіўныя акцыі з боку «праваахоўнікаў». Аб'ектамі рэпрэсій у гэтым выпадку рызыкуюць стаць і беларускія АГС як атрымальнікі рэсурсаў, і асобныя супрацоўнікі: ладзяцца шматлікія праверкі і ўзбуджаюцца крымінальныя справы за атрыманне грошай з-за мяжы (BIPART 2022). У выніку прамых пагроз і выклікаў, узніклых пасля падзей 2020 г., многія беларускія актывісты і нават арганізацыі не мелі іншага выбару, як пакінуць краіну. Некаторыя АГС, змушаныя пакінуць краіну, ужо мелі легальны статус за мяжой — з прычыны зручнасці фінансавання і/або з юрыдычных прычын (Chulitskaya *et al.* 2020). Цяпер яны здольныя працягваць сваю прабеларускую чыннасць з-за мяжы. Аднак калі раней гэткія арганізацыі існавалі ў замежных краінах чыста юрыдычна або фінансава, цяпер туды перадыслакаваліся актывісты, якія працуюць на Беларусь за мяжой. Іншая група арганізацый і актывістаў пачала працэс прававой рэгістрацыі, фармальна і нефармальна атабарыўшыся ў замежжы. Трэцяя група арганізацый па-ранейшаму мае актывістаў і — у рэдкіх выпадках — фармальную рэгістрацыю ў Беларусі. Такія суполкі працуюць у змяшаным фармаце: некаторыя члены (звычайна кіраўніцтва) арганізацыі знаходзіцца за мяжой, а іншыя застаюцца ў краіне.

Найбольш папулярнымі месцамі для інстытуцыйнай міграцыі беларускіх АГС і грамадскіх ініцыятыў зрабіліся Літва і Польшча — суседнія краіны, якія здаўна былі традыцыйнымі хабамі для беларускай грамадзянскай супольнасці. Аднак падзеі ў Беларусі пасля 2020 г. прымусілі беларускія арганізацыі і актывістаў выбіраць для пераезду і адносна новыя месцы — Украіну і Грузію. Тыя, хто пераехаў ва Украіну, зведалі дадатковую траўму, бо многім з іх выпала ўцякаць двойчы за кароткі перыяд — другі раз пасля ўварвання Расіі ў лютым 2022 г.

Паколькі існаванне беларускіх АГС, ініцыятыў і сацыяльных рухаў залежала ад розных схем, яны сутыкаліся з рознымі выклікамі і мелі розныя патрэбы. Хаця ўсе беларускія АГС і ініцыятывы маюць намер працаваць з беларускім «парадкам дня», з'явіўся разрыў паміж арганізацыямі/рухамі ўнутры Беларусі і па-за яе межамі, і разрыў расце праз тое, што арганізацыі-мігранты паступова адчужаюцца ад актуальных беларускіх праблем. Параўнальна з тымі, якія засталіся ў Беларусі, яны дзейнічаюць у іншых умовах ды кантэкстах.

Арганізацыі ды ініцыятывы знаходзяцца на розных стадыях ажыццяўлення сваёй дзейнасці: адны ў нейкіх формах працягваюць працу ў Беларусі, іншыя самаліквідаваліся там, каб нанаў сфармаваць сваю структуру за мяжой і працаваць адтуль. Адпаведна, у сваёй дзейнасці яны ставяць розныя задачы. Апрача ўсяго, поле дзейнасці таксама ўплывае на інструменты, якімі карыстаецца тая ці іншая арганізацыя. Напрыклад, многія АГС, якія рабілі паслугі ўразлівым групам, выбралі застацца ў Беларусі, нават нягледзячы на ўсе звязаныя з гэтым выбарам абмежаванні і рызыкі, бо інакш немагчыма было падтрымліваць іх мэтавую аўдыторыю. Іншыя арганізацыі, напрыклад звязаныя з даследаваннямі, менш залежаць ад фактару прысутнасці ў краіне; гэта значыць, ім лягчэй працаваць з-за мяжы. Важна адзначыць, што існуе рызыка выпадання арганізацый у Беларусі з поля зроку іх мэтавых груп. Апошнія могуць проста не атрымліваць звестак пра іх існаванне і дзейнасць, асабліва ўлічваючы паралельнае здушэнне незалежных медыя і/або замену арганізацый грамадзянскай супольнасці на т. зв. «арганізаваныя дзяржавай недзяржаўныя арганізацыі» (GONGOs).

Высновы

З пункту гледжання інстытуцыйнага развіцця можна заўважыць, што беларуская грамадзянская супольнасць з 2020 г. існавала ў выключна варожым аўтарытарным палітычным клімаце, але тым не менш перажыла некаторыя важныя змены ў лепшы бок, якія паўплывалі на яе формы і дзейнасць.

Па-першае, у выніку пандэміі COVID-19 ды іншых падзей унутры і па-за межамі краіны з'явіліся новыя ініцыятывы грамадзянскай супольнасці. Гэтыя ініцыятывы адрозніваюцца ад ранейшых арганізацый грамадзянскай супольнасці (АГС) паводле свайго фармату. З аднаго боку, яны менш прафесіяналізаваныя, чым АГС; з другога боку, яны актыўна звяртаюцца да бізнесападобных практык у зборы ахвяраванняў ды кіраванні, дый агулам дзейнічаюць як новы тып арганізацый. Аднак варта адзначыць, што часцяком новыя ініцыятывы ствараліся грамадзянскімі актывістамі, якія мелі пэўны папярэдні досвед працы на АГС, ці будаваліся з іх удзелам.

Па-другое, новыя сацыяльныя рухі, уключаючы пратэсныя рухі і мясцовыя ініцыятывы, паўсталі ў 2020 г. на хвалі пратэснай дзейнасці. Яны былі інстытуцыйна менш арганізаваныя за АГС, але значна большыя паводле маштабаў. Цяпер — у выніку жорсткіх рэпрэсій — яны або замарозілі сваю дзейнасць, або зменшылі маштабы і праходзяць шлях інстытуцыялізацыі. Ёсць імавернасць, што названыя рухі стануць платформамі для новай хвалі масавай мабілізацыі ў краіне, калі адкрыецца «акно магчымасцей», але зараз цяжка ацаніць, наколькі гэта рэальна.

Па-трэцяе, беларускія АГС як прафесійна арганізаваныя адзінкі збольшага спраўляюцца з выжываннем пад цяжарам рэпрэсій, але нясуць вялікія страты ў сэнсе рэсурсаў, персаналу і прававога статусу і цяпер мусяць дзейнічаць па-іншаму. Ад шырокамаштабных палітычных рэпрэсій супраць актывістаў у ліпені 2021 г. беларускі ўрад перайшоў да больш «кропкавых» інстытуцыйных рэпрэсій супраць АГС розных відаў, якія працавалі ў розных сферах. Працэс масавага знішчэння АГС працягваецца дагэтуль. Шматлікія арганізацыі і актывісты пакінулі краіну, і цяпер ім даводзіцца дзейнічаць з-за мяжы праз рэзка ўзрослыя пагрозы асабістай бяспецы.

Нягледзячы на ўзмацненне рэпрэсій і пагаршэнне варункаў дзейнасці, спалучанае з тым фактам, што многія АГС цяпер знаходзяцца на мяжы выжывання, яны захоўваюць свой патэнцыял як агенты грамадска-палітычнай трансфармацыі. Прынамсі, яны захоўваюць прастору для вольнай дзейнасці і ўнутры краіны, і за мяжой. Тым не менш цяперашні стан АГС можна апісаць і як «выжыванне», і як «крызіс». АГС губляюць не толькі рэгістрацыю ў Беларусі, але і людзей (асабліва ў Беларусі), і сувязі са сваімі мэтавымі групамі. Расце разрыў паміж «тымі, хто з'ехаў», і «тымі, хто застаўся», — і на ўзроўні індывідуальных членаў, і на ўзроўні арганізацый з іх адпаведнымі патрэбамі і праблемамі.

Вайна Расіі супраць Украіны паўплывала на беларускую грамадзянскую супольнасць, гэтаксама як на ўсе супольнасці і людзей рэгіёна. Не мінула яшчэ шмат часу пасля пачатку вайны, але мы маглі назіраць, што многія беларускія актывісты і арганізацыі, якія ўцяклі ад рэпрэсій у Беларусі ва Украіну, вымушаны былі бегчы і адтуль. Аднак быў і іншы выбар: некаторыя беларускія актывісты засталіся ва Украіне, каб арганізаваць валанцёрскую дзейнасць і/або ўдзельнічаць у ёй, а хтосьці проста пайшоў на фронт. Унутры Беларусі з'явіліся новыя антываенныя ініцыятывы рознага кшталту. Сярод іх ёсць тыповыя для краіны ў тым сэнсе, што яны схіляюцца да негвалтоўных пратэстаў і/або да валанцёрства, што набліжае іх да грамадзянскіх рухаў. Іншыя маюць зусім іншы характар і аддаюць перавагу гвалтоўным пратэстам — напрыклад, калі спрабуюць спыніць перавоз расійскага ваеннага абсталявання праз Беларусь. Гэты іншы тып ініцыятыў — важная тэма для далейшых даследаванняў.

Нарэшце, ясна, што вайна ва Украіне выкліча перамены ў падыходзе заходніх донараў да фінансавання беларускіх АГС і грамадзянскіх рухаў як унутры, так і за межамі краіны. Нягледзячы на тое што грамадзянская супольнасць, хутчэй за ўсё, застанецца важным аб'ектам падтрымкі, прыярытэты і памер выдаткаваных рэсурсаў могуць змяніцца, і іх прыйдзецца перанакіраваць на больш спецыфічныя мясцовыя патрэбы.

Спасылкі

Amnesty International (2021) 'Belarus: Sweeping crackdown on civil society organizations must be stopped.' Рэжым доступу: https://www.amnesty.org/en/latest/news/2021/07/belarus-sweeping-crackdown-on-civil-society-organizations-must-be-stopped/ (дата доступу: 6 студзеня 2022).

Barry, J. and Doherty, B. (2001) 'The greens and social policy: Movements, politics and practice?' *Social Policy and Administration* 35(5): 587–607.

Bedford, S. (2021) 'The 2020 presidential election in Belarus: Erosion of authoritarian stability and repoliticization of society.' *Nationalities Papers* 49(5): 808–819.

Beissinger, M. (2009) 'Debating the color revolutions: An interrelated wave.' *Journal of Democracy* 20(1): 74–77.

Bekus, N. (2021) 'Echo of 1989? Protest imaginaries and identity dilemmas in Belarus.' *Slavic Review* 80(1): 4–14.

Bindman, E. and Chulitskaya, T. (2023) Post-Soviet policy entrepreneurs? The impact of nonstate actors on social service reform in Russia and Belarus. In: *Lobbying the Autocrat: The Dynamics of Policy Advocacy in Non-Democracies.* Weiser Center for Emerging Democracies. University of Michigan Press, Ann Arbor, pp. 225-245.

BIPART (2021a). *The Situation with and Urgent Needs of Belarusian Civil Society Organizations (CSOs) in Political Crisis.* Research report. Рэжым доступу: https://sympa-by.eu/sites/default/files/library/csos_survey_report_public.pdf (дата доступу: 6 студзеня 2022).

BIPART (2021b). Civil Society in Belarus in the Context of a Political Crisis: Current State and Challenges. Research report. Рэжым доступу: https://sympa-by.eu/sites/default/files/library/needs_assessment_full_survey_full_version_eng.pdf (дата доступу: 18 студзеня 2023).

BIPART (2022). *State and Current Needs of Belarusian Civil Society Organizations (CSOs) in Situation of Political Crisis.* Monitoring: July–December 2021. Рэжым доступу: https://sympa-by.eu/sites/default/files/library/cso_needs_update_2021_eng.pdf (дата доступу: 6 студзеня 2022).

Boose, J.W. (2012) 'Democratization and civil society: Libya, Tunisia and the Arab Spring.' *International Journal of Social Science and Humanity* 2(4): 310–315.

Bunce, V. (2017) 'The prospects for a color revolution in Russia.' *Daedalus* 146(2): 19–29.

Chen, X. and Moss, D. (2019) 'Authoritarian regimes and social movements.' In *The Wiley Blackwell Companion to Social Movements.* Eds. Snow, D., Soule, S., Kriesi, H. and McCammon, H. Hoboken: John Wiley and Sons.

Chulitskaya *et al.* (2020). 'Belarusian CSOs registered abroad: No country for old rules.' Рэжым доступу: https://sympa-by.eu/sites/default/files/library/csos_abroad_en_site_1.pdf (дата доступу: 06 студзеня 2022).

Della Porta, D. (2020) 'Building bridges: Social movements and civil society in times of crisis.' *Voluntas* 31: 938–948.

Diamond, L. (1994) 'Rethinking civil society: Toward democratic consolidation.' *Journal of Democracy* 5(3): 4–17.

Doowon, S. (2006) 'Civil society in political democratization: Social movement impacts and institutional politics.' *Development and Society* 35(2): 173–195.

Edwards, B. (2004). *Civil Society.* Cambridge: Polity.

Frear, M. (2018) *Belarus Under Lukashenka: Adaptive Authoritarianism.* Abingdon: Taylor and Francis.

Goldstone, J. (2011) 'Understanding the revolutions of 2011: Weakness and resilience in Middle Eastern autocracies.' *Foreign Affairs* 90(3): 8–16.

Henderson, S. (2011) 'Civil society in Russia: State-society relations in the post-Yeltsin era.' *Problems of Post-Communism* 58(3): 11–27.

Jacobsson, K. and Korolczuk, E. (2020) 'Mobilizing grassroots in the city: Lessons for civil society research in Central and Eastern Europe.' *International Journal of Politics, Culture, and Society* 33(2): 125–142.

Kazharski, A. (2021) 'Belarus' new political nation? 2020 anti-authoritarian protests as identity building.' *New Perspectives* 29(1): 69–79.

Keck, M. and Sikkink, K. (1998) *Activists Beyond Borders.* Ithaca: Cornell University Press.

Kendall-Taylor, A. and Frantz, E. (2014) 'How autocracies fall.' *The Washington Quarterly* 37(1): 35–47.

Korosteleva, E. and Petrova, I. (2021) 'Community resilience in Belarus and the EU response.' *Journal of Common Market Studies Annual Review* 59: 124–36.

Kryvoi, Y. (2020) 'Transformation of Belarus is a marathon, not a sprint.' *Belarus Digest*, 3rd Nov 2020. Рэжым доступу: https://belarusdigest.com/story/

transformation-of-belarus-is-a-marathon-not-a-sprint/ (дата доступу: 6 студзеня 2022).

Lawtrend (2022). Monitoring the situation of freedom of association and civil society organisations in the Republic of Belarus February 2022. Рэжым доступу: https://www.lawtrend.org/freedom-of-association/situatsiya-so-svobodoj-assotsiatsij-i-organizatsiyami-grazhdanskogo-obshhestva-respubliki-belarus-obzor-za-fevral-2022-g (дата доступу: 18 студзеня 2023).

Linz, J. and Stepan, A. (1996) 'Toward consolidated democracies.' *Journal of Democracy* 7(2): 14–33.

Lorentzen, P. (2013) 'Regularizing rioting: Permitting public protest in an authoritarian regime.' *Quarterly Journal of Political Science* 8: 127–158.

Marples, D. (2006) 'Color revolutions: The Belarus case.' *Communist and Post-Communist Studies* 39: 351–364.

Morje-Howard, M. (2003) 'The weakness of postcommunist civil society.' *Journal of Democracy* 13(1): 157–169.

Moshes, A. and Nizhnikau, R. (2021) 'The Belarusian revolution: Sources, interim outcomes and lessons to be learned.' *Demokratizatsiya: The Journal of Post-Soviet Democratization* 29(2): 159–182.

Narozhna, T. (2004) 'Civil society in the post-communist context: Linking theoretical concept and social transformation.' *Demokratizatsiya: The Journal of Post-Soviet Democratization* 12(2): 294–310.

Putnam, R. (1993) 'What makes democracy work?' *National Civic Review* 82(2): 101–107.

Rainsford, S. (2021) 'Belarus crackdown fails to crush opposition spirit.' *BBC News*. Рэжым доступу: https://www.bbc.co.uk/news/world-europe-58114107 (дата доступу: 6 студзеня 2022).

Ruzza, C. (2008) 'The Italian antiracist movement between advocacy, service delivery, and political protest.' *International Journal of Sociology* 38(2): 54–62.

Silitski, V. (2010) '"Survival of the fittest": Domestic and international dimensions of the authoritarian reaction in the former Soviet Union following the colored revolutions.' *Communist and Post-Communist Studies* 43: 339–350.

Stepan, A. and Linz, J. (2013) 'Democratization theory and the 'arab spring'.' *Journal of Democracy* 24(2): 15–30.

Tarrow, S. (1989). *Democracy and Disorder: Protest and Politics in Italy, 1965–1975*. Oxford: Oxford University Press.

Terzyan, A. (2020) 'The state of civil society in Belarus and Armenia: Challenges and opportunities.' *Modern Diplomacy*. Рэжым доступу: https://moderndiplomacy.eu/2020/12/03/the-state-of-civil-society-in-belarus-and-armenia-challenges-and-opportunities/ (дата доступу: 6 студзеня 2022).

Tilly, C. and Tarrow, S. (2015) *Contentious Politics*, Oxford: Oxford University Press.

Treisman, D. (2020) 'Democracy by mistake: How the errors of autocrats trigger transitions to freer government.' *American Political Science Review* 114(3): 792–810.

UN (2021) 'Situation of human rights in Belarus in the context of the 2020 presidential election.' Рэжым доступу: https://documents-dds-ny.un.org/doc/UNDOC/GEN/G21/032/81/PDF/G2103281.pdf?OpenElement   (дата доступу: 6 студзеня 2022).

Way, L. and Levitsky, S. (2006) 'The dynamics of autocratic coercion after the Cold War.' *Communist and Post-Communist Studies* 39: 387–410.

10. Грамадская самаарганізацыя ў Беларусі пасля 2020 г.: уздым народнай суб'ектнасці

Алена Карасцялёва, Ірына Пятрова

Уводзіны

Прэзідэнцкі электаральны цыкл 2020 г. і перыяд пасля яго характарызаваліся нараджэннем у Беларусі масавага пратэснага руху, які яднаў (часцяком — спантанна ды нефармальна) шырокія пласты беларускага грамадства. Гэтае яднанне шмат у чым не падпарадкоўвалася лінейнай логіцы, што існуе ў палітычнай навуцы пры разглядзе масавай мабілізацыі. Да 2020 г. прыняты погляд на беларускае грамадства падкрэсліваў агульную палітычную апатыю і пасіўнасць, спароджаную сутнасцю палітычнага рэжыму, які перашкаджаў актыўнаму фармаванню спаборных грамадскіх рухаў. Аднак палітычныя пратэсты, што развіліся перад і пасля прэзідэнцкіх выбараў 2020 г., імаверна, прадэманстравалі якасныя змены ў беларускім грамадстве. Быццам бы апалітычнае і атамізаванае, яно хутка самаарганізавалася шляхам утварэння мірыядаў супольнасцей грамадскага актывізму і самадапамогі. Яны былі скіраваны як на ўдзел у пратэстах, так і на вырашэнне адмысловых сацыяльных пытанняў (Petrova and Korosteleva 2021; Korosteleva and Petrova 2022). Апісаныя працэсы мелі ў значнай ступені нефармальны характар, і таму іх цяжка апісаць ды асэнсаваць пры дапамозе традыцыйных для палітычнай навукі даследчых метадаў. Праз два гады пасля выбараў пратэсныя рухі захаваліся, але фактычна яны не выклікалі відавочных змен рэжыму і палітычных інстытуцый у Беларусі. Тым не менш з'яўленне і самаарганізацыя згаданых пратэсных супольнасцей прывялі да глыбокіх і адчувальных перамен у грамадскай свядомасці, да якаснай трансфармацыі самога грамадства. У гэтым раздзеле робіцца спроба даследаваць яўны разрыў паміж адсутнасцю палітычных перамен, з аднаго боку, і ўсвядомленай грамадскай трансфармацыяй, з другога. Пільны погляд на няўлоўныя, нефармальныя працэсы самаарганізацыі, раней не аналізаваныя ў рамках традыцыйных падыходаў, можа прапанаваць інавацыйную аналітычную схему, прыдатную для таго, каб зразумець складанасці фармавання, захавання і трансфармацыі грамадскіх рухаў, і для таго, каб улічваць нефармальную ды прыхаваную грамадскую дынаміку, якая ў рэшце рэшт вядзе да перамен — не проста глыбокіх, але незваротных.

У «канвенцыйнай» палітычнай навуцы дагэтуль выпускалася магчымасць вывучэння таго нефармальнага поля палітычных перамен, што заснавана на міжасабовых стасунках. Гэтыя нефармальныя стасункі трываюць пад паверхняй грамадскага жыцця і схільныя вырвацца вонкі, як толькі надыдзе спрыяльны момант. Шырокамаштабныя пратэсты, распачатыя ў жніўні 2020 г., у літаратуры нярэдка апісваліся або як праява адкладзенага посткамуністычнага пераходу, якая нагадвала падзеі ў цэнтральнаеўрапейскіх і ўсходнееўрапейскіх дзяржавах на пачатку 1990-х, або як каляровая рэвалюцыя, падобная да тых, што адбыліся ў Грузіі (2003) і Украіне (2004). Гэтая трактоўка грунтуецца на дыхатаміі паміж дэмакратычнымі і аўтакратычнымі рэжымамі, уласцівай кампаратывісцкім даследаванням (Moshes and Nizhnikau 2021; Kulakevich and Augsburger 2021). Дыхатамія сцірае ўсе нюансы ў развіцці «прамежкавых» рэжымаў. Не варта недаацэньваць уклад, зроблены даследаваннямі ў галіне дэмакратызацыі: без сумневу, яны дапамагаюць зразумець палітычныя памкненні і прычыны пратэстаў, а таксама вытлумачыць фармаванне асноўных палітычных інстытутаў, важных для падтрымкі руху да дэмакратызацыі (або наадварот, вытлумачыць фактары выжывання рэжыму). Разам з тым штудыі ў галіне дэмакратызацыі маюць пэўныя абмежаванні. Па-першае, яны выдаюць лінейны (і звычайна тэлеалагічны) погляд на перамены – г. зн. арыентуюцца на прагрэс ад аўтарытарызму да дэмакратыі, а потым да дэмакратычнай кансалідацыі і стабільнасці. У нейкіх выпадках гэткая карціна свету дапускае адступленні ад дэмакратыі на фоне шырокамаштабнага яе будаўніцтва (Levitsky and Way 2012). Аднак у рэальнасці нефармальныя працэсы перамен часцяком не ўпісваюцца ў спрошчаную логіку прагрэсу і ствараюць куды больш нюансаваную карціну (Cianetti and Hanley 2021), у якой пераплятаюцца элементы дэмакратыі і аўтакратыі; апошнія збольшага схаваны ва ўзаемадачыненнях, прынятых у грамадстве (Chandler 2022). Па-другое, «класічная» дэмакратычная мабілізацыя імкнецца да стаўкі на больш стабільныя, інстытуцыялізаваныя працэсы, такія як фармальная палітычная барацьба і арганізаваная грамадзянская супольнасць, а большасць «нізавых» і гарызантальных працэсаў самаарганізацыі з'яўляюцца хаатычнымі, нестабільнымі. Такім чынам, іх цяжка зафіксаваць, яшчэ цяжэй — прааналізаваць як адзіны кагерэнтны працэс, як важны чыннік перамен.

Многія навуковыя даследаванні пратэстаў у Беларусі выконваюцца ў рамках аналізу ідэнтычнасці або нацыябудаўніцтва. У гэтых даследаваннях падкрэсліваецца незавершанасць нацыянальнага будаўніцтва і фармавання ідэнтычнасці ў параўнанні з іншымі постсавецкімі краінамі. Пратэсты 2020 г. аналізуюцца з акцэнтам на сімвалізме, што ўжываўся ў даследаваннях па нацыябудаўніцтве (Bekus 2021; 2022; Kazharski 2021). Як і ў выпадку з дэмакратызацыяй, гэткі аналітычны падыход дазваляе нямала зразумець у праблематыцы спаборных ідэнтычнасцей — пры яго дапамозе даследчыкі пільна прыглядаюцца да перафарматавання ідэнтычнасці праз сімвалічныя сродкі, вывучэнне публічных наратываў і палітычных практык. Аднак гэткі падыход, хоць і дапамагае нам зразумець фармаванне ідэнтычнасці ды ход нацыябудаўніцтва, не тлумачыць ролю самаарганізацыі, якая ў пратэстах 2020 г. была асноўнай. Менавіта самаарганізацыя больш, чым што іншае, дапамагла выявіць схаваны патэнцыял нефармальных адносін у супольнасці, які ператварыў ідэнтычнасць у вялізную палітычную сілу. Між тым навукоўцы, якія разважалі пра нядаўнія палітычныя пратэсты ў Беларусі, не надавалі дастаткова ўвагі працэсу самаарганізацыі, нягледзячы на яго значны ўклад у грамадскія перамены.

У гэтым раздзеле ставіцца мэта запоўніць прабелы, пакінутыя ў літаратуры аб пратэстах, паспрыяць вывучэнню грамадскай самаарганізацыі ды развіцця народнай суб'ектнасці на прыкладзе Беларусі. Спярша будуць абмеркаваны інтэлектуальныя перадумовы самаарганізацыі, вылучана эмергенцыя як адзін з асноўных працэсаў. У другой частцы аналізуецца, як самаарганізацыя ў Беларусі выяўляе прыхаваныя і неарганізаваныя працэсы калектыўнага дзеяння, якія вядуць да якасных перамен у грамадскай сістэме, у тым ліку да паўстання народнай суб'ектнасці як палітычнай сілы.

Эмергенцыя: самаарганізацыя без кантролю з цэнтра

У гэтым раздзеле ў якасці галоўнага аналітычнага падыходу прапануецца комплекснае мысленне. Разгорнутае ў першай палове XX ст. у навуках аб прыродзе, у апошнія тры дэкады комплекснае мысленне часта прымяняецца і ў сацыяльных навуках, бо яно прывабнае для даследчыкаў праз яго тлумачальную сілу. Рэч у тым, што яно будуецца вакол новых анталагічных і эпістэмалагічных перадумоў, што дазваляе лепей, чым у рамках даміноўнага пазітывісцкага мыслення, зразумець складанасць сацыяльных працэсаў. У прыватнасці, анталагічныя дапушчэнні комплекснага мыслення ўключаюць ідэю грамадства як складанага сеціва ўзаемадачыненняў, што пастаянна мяняюцца. Гэткі погляд радыкальна адрозны ад пазітывісцкай схемы, дзе свет складаецца з фіксаваных аб'ектаў, што развіваюцца ў фіксаваных абставінах (Kurki 2020). Прызнаючы, што ніводны фактар не з'яўляецца стабільным, што кожны фактар складаецца з сумы сваіх дачыненняў да іншых аб'ектаў у стане «сеціва», комплекснае мысленне малюе сацыяльную рэальнасць як адкрытую сістэму, складзеную з мноства размаітых, гетэрагенных дзеючых асоб і сетак. Узаемадзеянні ў адкрытай сістэме збольшага непрадказальныя з-за прынцыпу нелінейнасці. Эпістэмалагічны сэнс гэтай з'явы наступны: адрозна ад закрытай сістэмы, дзе веданне пра першапачатковы імпульс дазваляе нам прадказаць вынік дзякуючы шэрагу прынцыпаў, дзейных унутры сістэмы, у адкрытай сістэме мы збольшага няздольныя штосьці прадказаць з-за вялікай колькасці актараў і патэнцыйных шляхоў развіцця грамадскіх працэсаў. Безумоўна, абмежаваныя магчымасці прадказання могуць кагосьці збянтэжыць, але комплекснае мысленне падводзіць нас бліжэй да разумення грамадства як адкрытай сістэмы, якую можна вывучаць рэтраспектыўна.

Адным з асноўных працэсаў упарадкавання, уласцівых адкрытым сістэмам, з'яўляецца працэс *эмергенцыі*. Часам яго апісваюць як працэс *самаарганізацыі*, і ў гэтым раздзеле два паняцці ўжываюцца як узаемазамяняльныя. Эмергентнасць — уласцівасць асобных актараў самаарганізоўвацца ў якасна новую сістэму без кантролю з цэнтра. Гэткая трактоўка спачатку ўжывалася ў біялогіі (у 1970-х гадах) для вытлумачэння паводзін птушыных груп або чародак рыб, якія самаарганізоўваюцца, каб дасягнуць агульнай мэты або адказаць на выклік. Рэйналдс (Reynolds 1987) прапанаваў аналізаваць гэткія працэсы не як фіксаваныя і залежныя ад пэўных абставін, а як выбудаваныя вакол шэрагу прынцыпаў, што кіруюць паводзінамі індывідаў у сеціве. Такім чынам, мадэль абапіраецца толькі на ўзаемадзеянне асоб як звёнаў сеціва. У выніку была атрымана праграма «Boids», якая імітавала паводзіны птушынай чарады і дазволіла многае зразумець пра калектыўны рух птушак. Атрыманыя веды ўсё часцей прымяняюцца ў сацыяльных і эканамічных навуках. У прыватнасці, паводле гэтай мадэлі эмергентнасці, індывіды ў сістэме паводзяць сябе ў адпаведнасці з некалькімі базавымі прынцыпамі. Па-першае, *сепарацыя* мае на ўвазе трыманне сябе на пэўнай адлегласці ад іншых індывідаў, каб выконваць асноўныя жыццёвыя функцыі і чагосьці дасягаць. Па-другое, *раўненне* азначае арыентацыю на ўмоўны сярэдні курс, якім рухаецца сістэма. Калі гаворка заходзіць пра сацыяльныя сістэмы, то ад усіх індывідаў чакаецца рух у тым напрамку, куды сістэма вядзе іх. Раўненне адбываецца праз супольныя ўяўленні і/ або праекцыі «добрага жыцця». Па-трэцяе, *лучнасць* (кагезія) абумоўлівае рух да цэнтра чарады або пэўнае прыстасаванне індывідуальных паводзін да паводзін іншых індывідаў у сістэме. У структурным плане яна таксама азначае з'яўленне парадку, заснаванага на нейкай уладзе «ядра» і прыманні норм удзельнікамі. Калі ў біялогіі названыя прынцыпы вывучаюцца дакладна, то ў сацыяльных навуках магчымыя розныя дапушчэнні пры іх адаптацыі да канкрэтных умоў грамадства, якія выклікаюць эмергенцыю і далейшае структураванне. Гэтыя прынцыпы адкрытай комплекснай

сістэмы могуць дапамагчы нам выявіць ды вытлумачыць неста-
more більныя і прыхаваныя працэсы грамадскай самаарганізацыі ў бе-
ларускім выпадку.

Самаарганізацыя ў Беларусі і ўздым народнай суб'ектнасці

«Нізавая» гарызантальная палітычная мабілізацыя, што мела
месца ў Беларусі адразу пасля выбараў 2020 г., адзначалася мно-
гімі даследчыкамі як адна з ключавых характарыстык пратэсту
і як «момант водападзелу», які вядзе да перамен. У пэўнай сту-
пені мабілізацыя разглядаецца ў нашым зборніку (гл. передусім
раздзелы 3, 6, 8, 9 і 11). Аднак у гэтым раздзеле ставіцца задача
паказаць дынаміку працэсаў так, каб праліць святло на непрык-
метныя працэсы фармавання прыхаваных грамадскіх стасункаў
з умацаваннем апошніх (і патэнцыйна — з іх далейшым распадам).
Наша задача — зразумець, як гэтыя стасункі могуць прывесці да
крызісу сістэмы, што назіраўся на фоне пратэстаў пасля 9 жніўня
2020 г. і грамадскай мабілізацыі. Згаданыя працэсы цяжка ўлавіць
праз іх часовы, спантанны, нефармальны і нярэдка непразрысты
характар, дзеля чаго яны часцяком выпадаюць з поля зроку да-
следчыкаў. Аднак для нас гэтыя працэсы важныя; няхай яны
з'яўляюцца нечаканымі і/або не заўжды прыкметнымі, яны зусім
не выпадковыя, бо выспяваюць на працягу гадоў. Іх вывучэнне
дазваляе нам сказаць, што грамадскія перамены, якія мы бачым
у сучаснай Беларусі, маюць незваротны і важкі характар, хоць і не
праявіліся ў выглядзе змены рэжыму і яго палітычных інстытутаў.
Феномен «новых супольнасцей»[150], развіты, у прыватнасці, у два-
рах і мікрараёнах, абмяркоўваецца ніжэй з мэтай высветліць логі-
ку эмергенцы і яе ўплыў на замацаванне перамен. Абмеркаванне
з'яўляецца часткай комплекснага мыслення, прыменяемага датыч-
на адкрытай сістэмы грамадскіх стасункаў.

Роля двароў і мікрараёнаў як цэнтраў самаарганізацыі пасля прэзідэн-цкіх выбараў 2020 года

Двор — гэта публічная прастора паміж некалькімі шматква-
тэрнымі дамамі, якая звычайна мае прастакутную форму ў ад-
паведнасці са стандартамі жыллёвай забудовы савецкіх часоў.

---

150 Больш інфармацыі гл. на www.sympa-by.eu/bipart/research (дата доступу: 28
ліпеня 2022). Гл. таксама даследаванні, праведзеныя Цэнтрам еўрапейскай
трансфармацыі ў Беларусі, асабліва «Новыя групы і сацыяльная структу-
ра беларускага грамадства» (май 2021); агляды «Мясцовыя тэлеграм-чаты»
(лета – восень 2020 г. і лістапад – снежань 2020 г.), «Галасы вуліц» (штотыд-
нёвыя маніторынгі за жнівень – верасень 2020 г.). Падрабязнасці гл. на:
https://cet.eurobelarus.info/ru/library/publication/?themaLibraryID=1.   Зве-
сткі аб грамадскай трансфармацыі і з'яўленні новых груп падмацаваны
анлайн-апытаннем дарослых беларусаў (ва ўзросце ад 16 да 64 гадоў), якое
ладзіў інстытут ZOIS у снежні 2020 г.: https://en.zois-berlin.de/publications/
belarus-at-a-crossroads-attitudes-on-social-and-political-change.

Мікрараён — прастора з некалькіх двароў, што зазвычай уключае шэраг дадатковых карысных устаноў, напрыклад: школу, аптэку, крамы. Так утвараецца агульная прастора для жыцця, прыналежнасць да якой у адміністрацыйным плане вызначаецца прапіскай (рэгістрацыяй). Двары і мікрараёны дзесяцігоддзямі служылі цэнтрамі камунальнага жыцця, але ніколі ў іх не віравала гэтулькі спантаннай актыўнасці, як у час пратэсных падзей 2020 года. Да гэтых падзей у дварах і мікрараёнах вырашаліся праблемы, звязаныя з супольным уладаннем жылымі дамамі і кіраваннем імі, г. зн. праблемы ацяплення, падачы вады, вывазу смецця, рамонту. Некаторыя жыхары дамоў самаарганізоўваліся ў *таварыствы* — выбіралі старшыню і яго памочнікаў, нярэдка плацілі ім заробак, сабраны з узносаў жыхароў. Задачай старшыні і яго каманды было кіраваць агульнай прасторай і выступаць ад імя членаў таварыства. Дзяржава імкнулася інстытуцыялізаваць гэтую «самаарганізацыю», каб мець кантроль над дзейнасцю таварыстваў — апошнім прапаноўвалася фінансавая падтрымка з бюджэту. Да таго ж двары традыцыйна асацыююцца з гуртаваннем жыхароў — там бавіўся час з суседзямі/сябрамі, пенсіянеры гутарылі на лавачках, дзеці гралі на пляцоўках. Зрэдчас у дварах ладзіліся вулічныя святы.

Двары і мікрараёны адыгрывалі істотную ролю ў савецкі час. Яны асацыяваліся з развіццём горада, часам бачылі прымусовае перасяленне людзей (напрыклад, пасля чарнобыльскай трагедыі, калі ў новыя гарадскія забудовы на ўскраінах Мінска засяляліся цэлыя вёскі), дапамагалі сацыялізацыі насельніцтва, у іх арганізоўвалася грамадскае жыццё і, як ужо сказана, бавіўся вольны час. Звычайна месца ў іх адводзілася пад спартовыя і дзіцячыя пляцоўкі, столікі для аматараў шахмат, зялёныя пасадкі. У пасляваенны час у дварах маглі раздавацца ежа і вопратка для размеркавання сярод жыхароў. Калі браць шырэйшую геаграфію, то на постсавецкай прасторы, асабліва ў Цэнтральнай Азіі і на Каўказе, двары служылі таксама як супольная інфраструктура, дзе аказвалася падтрымка маладым сем'ям, фінансавая дапамога беднякам, маральна асуджаліся антысацыяльныя паводзіны, а таксама ладзіліся разнастайныя агульныя святкаванні (Babayev and Abushov 2022). З цягам часу гэтая інфраструктура, асабліва ў буйных гарадах, заняпала праз шэраг фактараў — рост сацыяльнай мабільнасці, скарачэнне вольнага часу і магчымасцей фінансавай падтрымкі. Дзяржава ўзяла на сябе большасць функцый двароў у плане кіравання прасторай і яе парадкавання.

Безумоўна, мясцовая актыўнасць у дварах і мікрараёнах рознілася, але ў цэлым рост атамізацыі беларускага грамадства ў спалучэнні з некаторымі агульнымі для постсавецкай прасторы тэндэнцыямі апошніх дзесяцігоддзяў прывёў да таго, што паказнікі мясцовай сацыялізацыі выявіліся нізкімі і працягвалі зніжацца.

Гэтае становішча нечакана змянілася ў 2020 г., асабліва пасля пачатку пандэміі COVID-19, калі суседзі сталі падтрымліваць адзін аднаго на фоне адсутнасці ў Беларусі дзяржаўнай рэакцыі на пандэмію (гл. пра апошнюю раздзел 6 гэтай кнігі). Нябачныя, раней пасіўныя сеткі падтрымкі, актывізаваныя пандэміяй COVID-19, расчысцілі шлях да адраджэння чалавечых сувязей на лакальным узроўні. Названыя сувязі асабліва праявілі сябе ў жніўні 2020 г., калі паслявыбарнымі пратэстамі захапіліся масы. Менавіта тады двары і мікрараёны (зноў) выявіліся цэнтрамі мясцовай грамадскай самаарганізацыі і супраціву. У дварах падтрымліваліся сувязі паміж суседзямі: прапаноўваліся розныя віды падтрымкі, а калі трэба, то і сховішча. Суседзі паведамлялі адно аднаму пра запланаваную чыннасць або магчымую небяспеку — або проста збіраліся разам, каб адчуць сябе часткай супольнасці. Зараджэнне грамадзянскай актыўнасці людзей у дварах і мікрараёнах праяўлялася па-рознаму. Яна не толькі адлюстроўвала рост грамадскага супраціву ў адказ на гвалт дзяржавы (напрыклад, людзі пакідалі дзверы незачыненымі, каб зберагчы людзей ад міліцэйскага пераследу), але і ўключала такія праявы, як супольныя чаяванні, публічныя лекцыі, пагляды фільмаў, сустрэчы з мясцовымі музыкамі і мастакамі, стварэнне сімвалічнай прасторы шляхам вывешвання бела-чырвона-белых сцягоў, малявання графіці і муралаў. Маштаб актыўнасці двароў і мікрараёнаў асабліва ўражваў у сталіцы (Мінску), але заяўляў пра сябе як новая з'ява і ў іншых гарадах па ўсёй Беларусі. Раскрываючы тры прынцыпы самаарганізацыі — сепарацыю, раўненне, лучнасць — мы прадэманструем, як некалі атамізаваныя жыхары гарадоў ператварыліся ў членаў пратэсных супольнасцей, развіваючы народную суб'ектнасць і робячы з яе сілы супраціву.

Сепарацыя

Сепарацыя трактуецца як падтрыманне пэўнай адлегласці ад іншых індывідаў у сістэме. Яна дазваляе індывідам, з аднаго боку, адрознівацца ад іншых членаў калектыву, а з другога — падтрымліваць дыстанцыю, пазбягаць сутыкненняў з іншымі актарамі. У выпадку Беларусі 2020 г. сепарацыя адлюстроўвала індывідуальную самаідэнтыфікацыю ў сэнсе выбару кантактаў ды стаўлення да ўладаў. У многіх выпадках яна мяняла мадэль самарэалізацыі, забяспечваючы пераход ад няўдзелу і пазбягання мясцовага грамадзянскага/палітычнага актывізму да актыўнай ідэнтычнасці і ангажаванасці ў агульныя справы. У гэтай сувязі важна прасачыць, што справакавала гэткую самарэалізацыю і самаідэнтыфікацыю з далучэннем да самаарганізаванага калектыву. Існуючыя даследаванні (Douglas 2021; BIPART 2021), праведзеныя адразу пасля пратэстаў, дэманструюць, што ўсведамленне індывідам сваёй суб'ектнасці стымулявалася шэрагам фактараў. Пашыранае ўспрыманне выбараў як фальсіфікацыі, здзейсненай уладамі, спалучалася з нечуваным узроўнем дзяржаўных рэпрэсій і гвалту супраць мірных пратэстоўцаў. Рэакцыя ўзмацнялася яшчэ і праз тое, што многія людзі або пацярпелі самі, або ведалі кагосьці, хто пацярпеў, напрыклад быў траўмаваны ў выніку дзяржаўнага пераследу (Douglas 2021: 8). Іншымі фактарамі, што падштурхоўвалі да сепарацыі, былі пачуццё гневу (Gapova 2023) і жаданне зрабіць пачутым голас народа, падкрэсліць грамадзянскую еднасць з іншымі пратэстоўцамі (Douglas 2021: 8–9). Гэтыя падзеі і адпаведная ім сацыяльная дынаміка прывялі да «адыходу ад патэрналісцкіх каштоўнасцей, што азначала эрозію каштоўнаснай базы ранейшага сацыяльнага кантракта» (Krawatzek and Langbein 2022: 107). Названы адыход спрыяў самарэалізацыі людзей як грамадзян.

На вышэйшым узроўні сепарацыя з'яўляецца і справай супольнасцей, якія пачынаюць уважаць сябе за асобныя групы з уласнай калектыўнай суб'ектнасцю. Гэткае самаўсведамленне суправаджаецца самаідэнтыфікацыяй і патэнцыйным узаемадзеяннем з іншымі калектывамі. Звесткі пра нізавыя супольнасці, атрыманыя з Беларускага інстытута рэформы і трансфармацыі публічнага адміністравання (BIPART 2021), паказваюць, што хаця дваровыя супольнасці ўсведамлялі сваю суб'ектнасць, яны мала ўзаемадзейнічалі (або зусім не кантактавалі) з іншымі супольнасцямі. Большая частка супрацы мела месца паміж аналагічнымі супольнасцямі двароў/мікрараёнаў (напрыклад, у мікрараёне «Баравая»), а нейкай значнай кааперацыі з раней усталяванымі арганізацыямі грамадзянскай супольнасці, палітычнымі партыямі і нават офісам Святланы Ціханоўскай (або Каардынацыйнай радай) не назіралася. Пратэстоўцы арганізоўваліся самі, падобна да чародак птушак у іхняй біфуркацыі. Абмежаванасць супрацы з усталяванымі структурамі можна вытлумачыць многімі фактарамі, сярод іх высокі ўзровень рэпрэсій з боку дзяржавы, а ў выніку — недахоп даверу або падазрэнне да людзей, незнаёмых асабіста. Таксама можна адзначыць брак сувязей паміж людзьмі, адсутнасць ранейшага досведу самаарганізацыі і нізавой актыўнасці.

Аналіз дынамікі на стадыі сепарацыі паказвае, што спачатку ішоў прыкметны працэс самаідэнтыфікацыі і самаўсведамлення, а потым людзі пераходзілі да стадый раўнення і лучнасці, што ў рэшце рэшт прыводзіла да ўздыму народнай суб'ектнасці як палітычнай сілы. На прыкладзе сеціва дапамогі ў пачатку пандэміі COVID-19 і ў час пратэстаў 2020 года мы можам назіраць фармаванне маленькіх нізавых супольнасцей, перадусім дваровых, і паступовае разуменне людзьмі іх уласнай ролі як актыўных членаў супольнасці, а не атамізаваных адзінак, якія пераследуюць толькі свае інтарэсы. Гэта сталася галоўным зрухам у беларускім грамадстве, які адбыўся пасля выбараў у жніўні 2020 г. Узнікненне сувязей паміж індывідамі назіралася ўжо на ранніх стадыях

нізавой самаарганізацыі, якая, што паказана ў наступных падраз-
дзелах, трансфармавалася ў больш шчыльнае сеціва мясцовых су-
польнасцей праз раўненне і лучнасць.

Раўненне

Другі прынцып эмергентнасці, раўненне, азначае рух у кірунку,
выбраным «сярэднімі» індывідамі ў сістэме. Раўняючыся ў сваіх
паводзінах на бліжэйшых членаў групы, індывіды рухаюцца
ў пэўным напрамку і фармуюць сеціва. Гэты прынцып тлумачыць,
як асобныя паводзіны кожнага члена групы вядуць да калектыўна-
га дзеяння і ўсталявання парадку. У дачыненні да чалавечага ка-
лектыву прынцып можна разглядаць як уклад у падобныя тыпы
дзейнасці шляхам дастасавання ўласных дзеянняў да дзеянняў
іншых, што стварае крытычную масу і ператварае сціплыя ін-
дывідуальныя крокі ў магутную калектыўную сілу. Гэта стадыя,
на якой двары Беларусі зліваюцца ў мікрараёны, падтрымліваючы
адзін аднаго ў падпольным руху супраціву.

У сітуацыі крызісу, як адзначаў Беларускі інстытут рэфор-
мы і трансфармацыі публічнага адміністравання (BIPART 2021),
«новыя супольнасці» пачынаюць фармавацца хутка, арганізуючы
супольныя дзеянні і падзеі. Паводле згаданага агляду (2021:36),
найбольш пашыраныя віды дзейнасці ўключалі матэрыяльную
падтрымку тых, хто аказаўся пад уціскам або рэпрэсіямі за гра-
мадзянскую пазіцыю (64,9 %), акцыі салідарнасці, падтрымку па-
літычных вязняў або людзей, цкаваных рэжымам (62,9 %), арга-
нізацыю імпрэз і дзейнасці, скіраванай на ўмацаванне суседскіх
стасункаў, будаўніцтва супольнасці (52,5 %), распаўсюд улётак, га-
зет (49,8 %), звароты да дзяржаўных устаноў пры дапамозе лістоў,
петыцый, заяў адносна агульнай палітычнай сітуацыі (33,9 %).

У аглядах інстытута BIPART адзначаецца таксама, што грама-
дзянскія ініцыятывы, запушчаныя перад выбарамі, прадоўжылі
адыгрываць важную ролю ў якасці інфраструктуры падтрымкі.
Яны ініцыявалі разнастайныя кампаніі, вялі інфармацыйную і
асветную работу. Абапершыся на паўструктураваныя інтэрв'ю,
анлайн-агляды і ўключанае назіранне, супрацоўнікі інстыту-
та зрабілі высновy, што «новыя супольнасці» прайшлі некалькі
стадый трансфармацыі, або «хваль раўнення» (BIPART: 35-36):

- Жнівень — верасень 2020 г.: «выбухны рост» у сувязі з абу-
  джэннем індывідаў. Многія людзі нанова далучаюцца да
  пратэстаў і флэшмобаў.
- Кастрычнік — снежань 2020 г.: «інэрцыйнае развіццё»,
  калі ўдзел у вулічных пратэстах зрабіўся руціннай, амаль
  інстытуцыялізаванай справай. Напрыклад, штонядзелю
  праходзілі агульныя пратэсты, кожны панядзелак — «пен-
  сіянерскія». Звыклымі сталі жаночыя, рабочыя ды іншыя
  пратэсныя акцыі.

- Студзень — сакавік 2021 г.: «крышталізацыя», асацыяваная са спадам масавых пратэстаў, іх трансфармацыяй у флэш-мобы і лакальныя арганізаваныя акцыі (напрыклад, «Жанчыны ў белым»).
- Красавік — ліпень 2021 г. (і далей): «самазахаванне і партызанская дзейнасць». Пераход навостраных адносін у супольнасцях анлайн (кіберпартызаны) або ў падполле. Назіраліся падпольная актыўнасць (перамалёўка муралаў або вывешванне бела-чырвона-белых сцягоў), далучэнне да кампаній кшталту «План "Перамога"», спробы сабатаваць працу (акцыя «італьянская забастоўка») і іншае.

Важна адзначыць, што гэтыя формы арганізацыі пратэстаў змяніліся ў сваёй сутнасці — заўсёды шукаліся найбольш эфектыўныя сродкі, каб прадэманстраваць пратэст і мінімізаваць сілавую рэакцыю ўлад. Больш за тое, гэтыя новыя эмергентныя супольнасці і групоўкі заўсёды характарызаваліся высокімі ўзроўнямі даверу і ўзаемападтрымкі, што выяўлялася ў краўдфандынгу, дзяжурствамі па дварах, прапановамі прытулку тым, хто ўцякаў ад міліцыі. Практыкавалася напісанне лістоў і сувязь з тымі, хто апынуўся за кратамі або эміграваў. Эмергентныя «нізавыя» супольнасці схіляліся да выкарыстання недзяржаўных платформ (напр., «Голас» і «Сумленныя людзі»). Гэтыя платформы карысталіся найшырэйшай народнай падтрымкай і самі ініцыявалі пэўныя акцыі. Пазней ад іх адгалінаваліся іншыя групоўкі і ініцыятывы («BY_HELP»; фонд салідарнасці «BYSOL» і г. д.).

Найбольшую актыўнасць самаарганізаваныя суполкі праявілі ў падтрымцы палітычных вязняў. Спярша людзі былі атамізаваныя, але потым, па меры росту рэпрэсій, яны пачалі самаарганізоўвацца ў групы падтрымкі пацярпелых сем'яў — для наведвання судовых пасяджэнняў, дапамогі цікаваным, дзяжурстваў каля турэмных муроў і сустрэчы вязняў, якіх адпускалі. Былі створаны шматлікія сайты (гл., напрыклад: https://prisoners.spring96.org/en) для каардынацыі падтрымкі і сувязей, а таксама для палітычнага лабіявання, у тым ліку на міжнародным узроўні. У наступным падраздзеле абмяркоўваецца, як усе гэтыя разнастайныя формы раўнення ў рэшце рэшт прывялі да ўздыму народнай суб'ектнасці ў Беларусі аж да таго, што яна стала палітычнай сілай.

Лучнасць

Трэці прынцып эмергенцыі, лучнасць, выглядае як рух да цэнтра чарады (групы) або пэўная адаптацыя да паводзін іншых індывідаў у сістэме, што ўтварае парадак. У кантэксце чалавечага калектыву лучнасць азначае развіццё несупярэчлівых унутраных правілаў у групе ды яе інстытуцыялізацыю праз розныя сімвалы і дзеянні пэўнага аўтарытэтнага цэнтра, што будзе фармальна прызнаны як рухавік перамен.

У выпадку Беларусі найбольш зыркімі прыкметамі развіцця ўнутраных правілаў у «нізавых» супольнасцях былі салідарнасць, узаемаабмен, падтрымка членаў супольнасці, адчуванне еднасці праз імкненне да агульнай мэты — свабодных і сумленных выбараў. Акты салідарнасці, напрыклад, апісваліся як адзін з найважнейшых атрыбутаў мясцовых супольнасцей (BIPART 2021: 36). На практыцы салідарнасць выяўлялася ў размаітых формах. Сімвалічныя формы (карыстанне бела-чырвона-белым сцягам, спяванне песень, стварэнне «ланцугоў салідарнасці» з людзей, якія трымаліся за рукі, і г. д.) былі абавязковыя пры стварэнні пачуцця агульнай ідэнтычнасці, адрознай ад той, што прасоўвалася дзяржавай. Матэрыяльныя формы салідарнасці былі, аднак, не менш важныя; яны ўключалі фінансавую падтрымку тых, хто пацярпеў ад дзяржавы, збор інфармацыі пра палітычных вязняў і затрыманых у час пратэстаў, зносіны з іх сем'ямі, інфармацыйнае пасрэдніцтва паміж людзьмі і турмамі, каардынацыю краўдфандынгу і г. д. У менш фармальным плане зборы жыхароў двароў і мікрараёнаў на выходных уключалі пачастункі, раздачу адзення пацярпелым членам супольнасці, а таксама агульныя імпрэзы для ўзмацнення пачуцця еднасці — урокі малявання, спевы, супольныя наведванні цэркваў. Усё гэта спрыяла ўздыму народнай суб'ектнасці ў Беларусі, якая грунтавалася не на нацыянальных або геапалітычных перавагах, а хутчэй на эмацыйным «пачуцці локця», што падсілкоўвалася гневам на ўлады. Людзьмі ў новых супольнасцях рухала таксама ўяўленне пра «добрае жыццё» ў мірных і годных умовах, дзе можна было б адчуваць павагу да сябе — «людзьмі звацца» (Petrova and Korosteleva 2021).

У выніку, праз усе гэтыя нябачныя працэсы раўнення і самаарганізацыі, беларускае грамадства пасля 2020 г. стала больш злучанае — праз зацвярджэнне або актывізацыю ўнутраных правілаў і прынцыпаў, што яднала мясцовыя супольнасці. Салідарнасць, узаемаабмен, высокі ўзровень даверу і агульнае ўяўленне пра лепшае жыццё «склейвалі» супольнасці нават у змрочныя часы пакут, катаванняў, пераследу і масавых зняволенняў. Гэта было засведчана ў месяцы пасля выбараў 2020 г., калі супольнасці дасягнулі беспрэцэдэнтных узроўняў актыўнасці дзякуючы адчуванню еднасці. Такім чынам, паўсталі добра каардынаваныя калектыўныя дзеянні (Mateo 2022), адбыўся ўздым народнай суб'ектнасці.

Як ужо было паказана, беларуская народная суб'ектнасць развілася не за адзін дзень: яна прайшла праз розныя стадыі сепарацыі, раўнення, лучнасці, перш чым выкрышталізавацца як магутная і незваротная сіла для дасягнення перамен. Яе з'яўленне, безумоўна, было справакавана адсутнасцю захадаў з боку дзяржавы, каб абараніць людзей ад пандэміі COVID-19[151], а пазней людзі мабілізаваліся праз жорсткія разгоны ўладамі масавых мірных дэманстрацый, удзельнікі якіх аспрэчвалі вынікі выбараў 9 жніўня 2020 г. Аднак абуджэнне беларусаў выспявала на працягу многіх гадоў.

Асаблівасці фармавання беларускай супольнасці — адносна позні пачатак нацыябудаўніцтва ў другой палове XIX ст., геапалітычная і геакультурная прамежкавасць (моцны ўплыў расійскага праваслаўя, з аднаго боку, і заходняга каталіцызму, з другога), разбуральныя вынікі двух сусветных войнаў, інтэнсіўнае сацыяльна-эканамічнае развіццё ў рамках СССР (Bekus 2010; 2014; Buhr *et al.* 2011; Ioffe 2003) — задалі беларусам вельмі сціплы ўзровень прэтэнзій да жыцця. Большасць арыентавалася на спакой і мір, неўмяшанне ў чужыя справы і трываласць, а ўсё гэта выказвалася фразай «абы не было вайны», якую пасляваенныя пакаленні чулі, быццам дзённую мантру. Як паказалі фокус-групы 2019 года[152], стабільнасць засталася «найважнейшай каштоўнасцю» для беларускіх рэспандэнтаў. Праз яе яны ацэньвалі паняцці «сям'я, праца, жыццё без даўгоў, стабільны даход» (жанчына, 51 год, Віцебск), «жаданне жыць уласным маленькім ціхім жыццём», «жаданне пазбягаць перамен нават у штодзённым жыцці» (мужчына, 65 гадоў, Гомель). Памкненні да «добрага жыцця» падмацоўваліся пачуццямі «маральнага задавальнення» ад самарэалізацыі) і анталагічнай бяспекі (адсутнасць пагроз, прадказальнасць, фінансавая абарона ад жыццёвыхз праблем) — гэтыя пачуцці згадвалі многія рэспандэнты як істотныя ў іх жыцці. Важна адзначыць, што ў многіх сярод прыярытэтаў фігуравалі маральныя аспекты «добрага жыцця»: «Добрае жыццё — гэта магчымасці для самарэалізацыі, годнасці і захавання нашай культуры, а таксама пэўны асабісты дабрабыт» (мужчына, 55 гадоў, Гродна). Іншыя падкрэслівалі значнасць «здароўя і прыстойнага жыцця» (мужчына, 63 гады, Гомель).

Падобныя памкненні моцна кантраставалі з хвалямі масавых пратэстаў, якія штодня ішлі ў Беларусі пасля жнівеньскіх выбараў

---

151   Больш інфармацыі гл. у даследчай справаздачы 2020 г. Ягорава і Шэлест «Беларусь у сітуацыі эпідэміі COVID-19», даступнай на https://cet.eurobelarus.info/ru/library/publication/2020/12/20/belarus-v-situatsii-epidemii-covid-19-harakter-reaktsii-na.html (праглядалася ў студзені 2022 г.), а таксама ў раздзеле аўтарства Геры і Ньюман з гэтага зборніка.

152   Фокус-групы праводзіліся ў рамках праекта GCRF COMPASS (ES/P010849/1) у маі – чэрвені 2019 г. і ў лістападзе 2020 г. Першыя шэсць фокус-груп збіраліся ва ўсіх абласных цэнтрах Беларусі — Брэсце, Гомелі, Гродне, Мінску, Магілёве і Віцебску. Кожная з груп уключала да 11 удзельнікаў. Усяго было 54 рэспандэнты, якія прадстаўлялі ўсе сацыяльна-эканамічныя групы (паводле полу, узросту і ўзроўню адукацыі) у роўных прапорцыях. Атрыманыя звесткі далі магчымасць паразважаць над станам беларускага грамадства напярэдадні турботных падзей, разгледжаных ніжэй, прааналізаваць элементы слабасці і адаптыўнасці, што бытуюць у краіне дагэтуль.

2020 г. Выглядае, пратэстоўцы як быццам кінуліся ў прорву, адмовіўшыся ад дарагой ім стабільнасці ў імя годнасці і лепшага жыцця для сваіх дзяцей. Тыя спрэчныя выбары і асабліва гвалт з боку дзяржавы пасля іх (ODIHR OSCE 2020) мабілізавалі ўсе пласты насельніцтва, і маладых, і старых, людзей розных ладаў жыцця, поглядаў і веры (Douglas 2021; Gapova 2021). Падобна, найважнейшым фактарам для іх у рэшце рэшт выявілася не стабільнасць, а пачуцё *годнасці ў жыцці*, чалавечае стаўленне («людзьмі звацца») і пачуцё *справядлівасці*, якое гэтак яўна тапталася ў Беларусі падчас нядаўніх выбараў, а калі загаварыла пра сябе, то атрымала жорсткі адпор ад рэжыму (Human Rights Watch 2021). Патрэба ў абыходжанні з сабой як з грамадой і людзьмі, а не як з «народцам», «быдлам», «авечкамі», «наркаманамі і прастытуткамі» (гэткія мянушкі пастаянна гучалі з боку лукашэнкаўскай адміністрацыі; гл., напрыклад: Kryzhanovskaya 2020; Postimees 2020) падштурхнула беларусаў да адмовы ад ілюзорнай стабільнасці, да таго, каб кінуць выклік рэжыму. У гэты момант супольнасць выйшла за рамкі сепарацыі ды раўнення і вырушыла да новай формы лучнасці ў спалучэнні з новымі поглядамі на жыццё. Пасля жніўня 2020 г. у Беларусі праявілася «народная суб'ектнасць», і шляху назад ужо няма.

Як згадана вышэй, народная суб'ектнасць значыць болей, чым грамадзянская супольнасць, і нашмат болей, чым рух за нацыянальнае самавызначэнне. Яна акурат сімвалізуе *момант быцця*, які, здаецца, надыходзіць раптоўна, праз адчуванне ў стасунках болю і суму, праз выспяванне ідэй будучыні, мар і жаданняў — асабліва на фоне крызісу і/або вялікай несправядлівасці, пакут. Яна прыносіць самавітае адчуванне *супольнасці, пабудаванай на ўзаемадачыненнях*, якое раней было прыхаванае, цьмянае, нават спячае. З'яўленне народнай суб'ектнасці спрасцілася дзякуючы інфраструктуры грамадскай падтрымкі, якая ўзнікла як быццам на роўным месцы — у грамадстве, якое здавалася гэткім урбанізаваным і пазбаўленым жывых узаемасувязей, што цяжка было ўявіць нават само існаванне грамадскіх адносін (гл. зноску 151 для далейшага вывучэння праблемы).

Пачуцё моцнай (сама)арганізаванай супольнасці, якое з'явілася ў адказ на пандэмію COVID-19 у першым паўгоддзі 2020 г., аказалася своечасовым у момант пратэстаў. З яго пачалося «вывяржэнне» сеціва *самаарганізацыі* і самадапамогі ў лакальных супольнасцях — дварах і мікрараёнах. Далей назіраліся неверагодная трываласць, рашучасць, а перш за ўсё — крэатыўнасць беларусаў, якія мірна змагаліся супраць болю, здзекаў, несправядлівасці і замахаў на годнасць, распачатых уладамі Беларусі, каб здушыць паўстанне і аднавіць ранейшы парадак. Вынікам — на фоне прагі «добрага жыцця» і пашырэння сеціва *грамадскіх адносін*, як узніклых нанова, так і латэнтных, раней прыхаваных — стала «новае адчуванне сэнсоўнасці, а таксама агульны досвед жыцця насупор маркоце і болю», г. зн. адчуванне і досвед, якія «няможна скасаваць у Беларусі» (Minchenia and Husakouskaya 2020). Іначай кажучы, у беларусаў з'явілася тое, што ў гэтым раздзеле завецца «народная суб'ектнасць».

За кароткі прамежак часу (некалькі месяцаў) гэтае «станаўленне суб'ектнасці» не толькі згуртавала людзей для супраціву гвалту — яно змяніла іх, ператварыўшы ў якасна іншую новую супольнасць. У рамках гэтай супольнасці існавала разуменне ўласных слабасцей і сродкаў іх пераадолення пры дапамозе агульнага ўспрымання жыцця. Выціскаўся страх — яго замяняла новае «мы-пачуццё» лучнасці і салідарнасці. Канструявалася новая палітычная ідэнтычнасць, якая «ўключае розныя палітычныя ідэалы, візіі новай Беларусі... і, што важна, камунітарную ідэнтычнасць» (тамсама). Працэс яўна ішоў не ў рэчышчы грамадзянскага хвалявання, спроб пабудаваць дэмакратыю, ён не быў «абуджэннем нацыі» — гаворка ішла пра людзей, якія «збіраліся разам у часы вялікай няўпэўненасці, жахлівага дзяржаўнага гвалту, адчуваючы пільную неабходнасць штосьці рабіць, выяўляючы салідарнасць, займаючыся ўзаемадапамогай» (тамсама; гл. таксама: Kazharski 2021).

У час напісання гэтага раздзела, праз два гады пасля выбараў 9 жніўня 2020 г., народная суб'ектнасць, г. зн. якасна іншая стасункавая супольнасць, усё яшчэ зазнае трансфармацыю, самаарганізуецца без якой бы ні было цэнтральнай вонкавай улады. Пачуццё *быцця разам*, узмоцненае праз лічбавую камунікацыю, ірве межы маўчання; *боль і сум*, якія выраслі настолькі, што толькі народная суб'ектнасць можа іх вынесці; «Муры», песня, якая зрабілася гэткай натхняльнай — усе гэтыя з'явы раптоўна выйшлі на паверхню, зрабіўшы людзей, раней схільных да адаптацыі, сапраўднымі і магутнымі ўдзельнікамі перамен.

Падсумоўваючы, адбытае ў Беларусі ў выніку працэсаў эмергентнасці мае ключавое значэнне для нашага разумення трансфармацыі беларускага грамадства. Так, перамены яшчэ не адбыліся ў сэнсе змены рэжыму або стварэння новых палітычных структур, але людзі ў Беларусі, нават пад прэсінгам дзяржаўных рэпрэсій, адчуваюць сябе іначай, больш упэўнена. Працэсы сепарацыі, раўнення і лучнасці, што выяўляюцца праз народную суб'ектнасць, магчыма, сышлі ў падполле, але яны не зніклі і не былі змарнаваны. Новае пакаленне беларусаў адчувае перамены, і прыхаваныя адносіны ў супольнасці, відавочна, узмацняюць самаарганізацыю, патрэбную для будаўніцтва новай Беларусі.

Высновы

У гэтым раздзеле закраналася пытанне, як мы можам выявіць працэсы «нізавой» самаарганізацыі грамадства, што зрабіліся характэрнай рысай палітычных пратэстаў пасля выбараў у жніўні 2020 г. Многія назіральнікі адзначылі гэты грамадскі трэнд, беспрэцэдэнтны ў гісторыі Беларусі, але заставалася нявырашанае пытанне: як атамізаванае, пазбаўленае ўнутраных сувязей, палітычна аморфнае грамадства здолела самаарганізавацца за гэткі кароткі прамежак часу, зрабіўшыся моцнай сілай, здольнай на калектыўныя дзеянні?

Абапершыся на дасягненні навук аб прыродзе, датычныя працэсаў эмергенцыі, мы аналітычна вылучылі тры арганізацыйныя прынцыпы супольнасцей — сепарацыю, раўненне і лучнасць. Мы не засяроджваліся на зарэгістраваных інстытуцыях або іншых стабільных сістэмах, аднак сцвярджаем, што разуменне сацыяльнай дынамікі, заснаванай на гэтых прынцыпах, дапамагае нам выявіць і паказаць прыхаваныя працэсы самаарганізацыі. У прыватнасці, прынцып сепарацыі азначае разуменне сябе і свайго адрознення ад іншых, то-бок сваёй здольнасці дзейнічаць. Прынцып раўнення тлумачыць, як людзі тарнуюць свае ўчынкі да дзеянняў іншых членаў супольнасці, што палягчае супольную дынаміку. Прынцып лучнасці азначае развіццё агульных правілаў у супольнасці, якая сабрала сваіх членаў разам, знаходзячы сэнс у агульных мэтах і ідэнтычнасці. Узятыя разам, гэтыя прынцыпы вядуць да разнастайных відаў калектыўнага дзеяння, што можна было назіраць у Беларусі пасля жніўня 2020 г. Больш за тое, яны прывялі да з'яўлення народнай суб'ектнасці — арганізаванай, але мірнай сілы перамен, якая і праз два гады праяўляе сваю прысутнасць і эфектыўнасць у грамадстве. Год 2020-ы, відавочна, стаў для беларусаў вяхой, пасля якой іх народная суб'ектнасць зрабілася калектыўнай сілай.

Погляд на станаўленне народнай суб'ектнасці з апорай на аналіз прынцыпаў самаарганізацыі дапамагае нам запоўніць прабелы ў разуменні прыхаванай «нізавой» сацыяльнай дынамікі, якую часта не бяруць пад увагу даследчыкі, дарма што яна адыгрывае ключавую ролю ў трансфармацыі грамадства і грамадскіх стасункаў. Такім чынам, гэты раздзел уносіць свой уклад у разуменне народных пратэстаў, будаўніцтва дэмакратыі і ідэнтычнасці: у ім тлумачацца прынцыпы, што падмацоўваюць працэсы грамадскай эмергентнасці як палітычнай сілы, скіраванай на перамены.

Спасылкі

Babayev, A. and Abushov, K. (2022) 'The Azerbaijani resilient society: Explaining the multifaceted aspects of people's social solidarity.' *Cambridge Review of International Affairs* 35(2): 210–234. doi:10.1080/09557571.2021.2020214.

Bekus, N. (2010) *Struggle over Identity: The Official and the Alternative "Belarusianness"*. Budapest: Central European University Press.

Bekus, N. (2014) 'Ethnic identity in post-Soviet Belarus: Ethnolinguistic survival as an argument in the political struggle.' *Journal of Multilingual and Multicultural Development* 35(1): 43–58. doi:10.1080/01434 632.2013.845197.

Bekus, N. (2021) 'Echo of 1989? Protest Imaginaries and Identity Dilemmas in Belarus.' *Slavic Review* 80(1): 1–14.

Bekus, N. (2022) 'Reassembling society in a nation-state: History, language, and identity discourses of Belarus.' *Nationalities Papers*. Абароненая анлайн-публікацыя: 1–16. doi:10.1017/nps.2022.60.

Belarusian Institute for Public Administration Reform and Transformation, BIPART (2021) Civil Society in Belarus in the Context of a Political Crisis: Current State and Challenges. Рэжым доступу: https://sympa-by.eu/sites/default/files/library/needs_assessment_full_survey_full_version_eng.pdf (дата доступу: 28 ліпеня 2022).

Buhr, R., Shadurski, V. and Hoffman, S. (2011) 'Belarus: An emerging civic nation?' *Nationalities Papers* 39(3): 425–440. doi:10.1080/00905992.2011. 565319.

Chandler, D. (2022) 'Decolonising resilience: Reading Glissant's poetics of relation in central Eurasia.' *Cambridge Review of International Affairs* 35(2): 158–175. doi:10.1080/0 9557571.2021.1944984.

Cianetti, L. and Hanley, S. (2021) 'The end of the backsliding paradigm.' *Journal of Democracy* 32(1): 66–80. doi:10.1353/jod.2021.0001.

Douglas, N. (2020) 'Belarus: from the old social contract to new social identity.' (Issue 6). Рэжым доступу: https://www.zois-berlin.de/fileadmin/media/Dateien/3-Publikationen/ZOiS_Reports/2020/ZOiS_Report_6_2020.pdf (дата доступу: 28 ліпеня 2022).

Gapova, E. (2021) 'Class, agency, and citizenship in Belarusian protest.' *Slavic Review*, 80(1): 45–51.

Gapova, E. (2023) 'Activating and Negotiating Women's Citizenship in the 2020 Belarusian Uprising.' In: Korosteleva, E., Petrova, I., and Kudlenko, A. (eds.) *Belarus in the Twenty-First Century : Between Dictatorship and Democracy*, pp. 161-178. London: Routledge.

Ioffe, G. (2003) 'Understanding Belarus: Belarussian identity.' *Europe-Asia Studies* 55(8): 1241–1272. doi:10.1080/0966813032000141105.

Kazharski, A. (2021) 'Belarus' new political nation? 2020 anti-authoritarian protests as identity-building.' *New Perspectives* 29(1): 69–79. doi:10.1177/2336 825X20984340.

Korosteleva, E. and Petrova, I. (2022) 'What makes communities resilient in times of complexity and change?' *Cambridge Review of International Affairs* 35(2): 137–157. doi:10.1080/09557571.2021.2024145.

Krawatzek, F. and Langbein, J. (2022) 'Attitudes towards democracy and the market in Belarus: What has changed and why it matters.' *Post-Soviet Affairs* 38(1–2): 107–124. doi:10.1080/1060586X.2022.2029034.

Kryzhanovskaya, E. (2020) 'Commentary: Europe should talk about Belarus with Putin, not Lukashenko.' *Deutsche Welle.* Рэжым доступу: https://www.dw.com/ru/o-belarusi-evropa -dolzhna-govoritne-s-lukashenko-a-s-putinym/a-54612819 (дата доступу: 28 ліпеня 2022).

Kurki, M. (2020) *International Relations in a Relational Universe.* Oxford: Oxford University Press.

Kulakevich, T. and Augsburger, A. (2021) 'Contested elections, protest, and regime stability: Comparing Belarus and Bolivia.' *Canadian Slavonic Papers*, 63(3–4): 316–337. doi:10.10 80/00085006.2021.1991744.

Levitsky, S. and Way, L. (2012) *Competitive Authoritarianism: Hybrid Regimes after the Cold War.* Cambridge: Cambridge University Press.

Mateo, E. (2022) '"All of Belarus has come out onto the streets": Exploring nationwide protest and the role of pre-existing social networks.' *Post-Soviet Affairs* 38(1–2): 26–42. doi:10.1080/1060586X.2022.2026127.

Minchenia, A. and Husakouskaya, N. (2020, November 19). 'For many people in Belarus, change has already happened.' *Opendemocracy.* Рэжым доступу: https://www.opendemocracy.net/en/odr/many-people-belarus-change-has-already-happened/ (дата доступу: 28 ліпеня 2022).

Moshes, A. and Nizhnikau, R. (2021) 'The Belarusian revolution: Sources, interim outcomes, and lessons to be learned.' *Demokratizatsiya: The Journal of Post-Soviet Democratization* 29(2): 159–182.

Office for Democratic Institutions and Human Rights, Organization for Security and Co-operation in Europe. (2020) 'ODIHR gravely concerned at situation in Belarus following presidential election.' Рэжым доступу: https://www.osce.org/odihr/belarus/459664 (дата доступу: 28 ліпеня 2022).

Petrova, I. and Korosteleva, E. (2021) 'Societal fragilities and resilience: The emergence of peoplehood in Belarus.' *Journal of Eurasian Studies* 12(2): 122–132, doi:10.1177/18793665211037835.

Postimees. (2020). «Мы не овцы, не быдло, не народец». Как в Беларуси протестуют работники заводов. Рэжым доступу: https://rus.postimees.ee/7040005/my-ne-ovcy-ne-bydlo-ne-narodec-kak-v-belarusi-protestuyut-rabotniki-zavodov (дата доступу: 28 ліпеня 2022).

Reynolds, C. (1987) 'Flocks, herds and schools: A distributed behavioral model.' In SIGGRAPH '87: Proceedings of the 14th Annual Conference on Computer Graphics and Interactive Techniques. Association for Computing Machinery, 25–34. doi:10.1145/37401.37406.

11. Як гартавалася народная суб'ектнасць у Беларусі і Украіне: параўнальнае даследаванне

Настасся Кудленка

[У XXI стагоддзі] будзе адна рэвалюцыя, што кіне адчайны выклік дэгуманізуючаму тэрору новых тыранічных рэжымаў, — рэвалюцыя годнасці... Матывавацца гэтая рэвалюцыя будзе не так эканамічнымі перадумовамі, а хутчэй тым, што ў прыгнечаных людзей растуць доступ да інфармацыі і магчымасць параўноўваць іх штодзённыя прыніжэнні з лепшым, больш годным жыццём у іншых мясцінах.

(Kapuściński 1989, цыт. паводле: Witoszek 2021)

Народная суб'ектнасць як рухавік рэвалюцый годнасці

З таго моманту як беларусы выйшлі на вуліцы, каб аспрэчыць вынікі сфальшаваных прэзідэнцкіх выбараў у жніўні 2020 г., падзеі ў краіне многія параўноўвалі з украінскай Рэвалюцыяй Годнасці, што адбылася на шэсць гадоў раней. Параўнанні рабіліся палітыкамі (тое, што сам Лукашэнка адразу абвергнуў магчымасць паўтору Майдана[153] ў Беларусі (Matveev 2020), прывяло да спекуляцыі на гэтай тэме), журналістамі (Mackinnon 2020) і навукоўцамі (Umland 2020, HURI 2020). Тым не менш, паколькі беларусы выбралі іншыя формы пратэсту і стратэгіі мабілізацыі, адмовіўшыся ад гвалту нават у адказ на жорсткія рэпрэсіі з боку рэжыму, цікавасць да параўнання дзвюх краін і, што самае важнае, да выкарыстання досведу Украіны як узору для прадказання будучыні Беларусі значна скарацілася. Так, прагнастычная вартасць украінскага выпадку для разумення беларускіх перспектыў можа быць абмежаваная, але ёсць сэнс аналізаваць пратэсныя рухі, якія дашчэнту ўзрушылі дзве суседнія краіны. Параўнанне з Украінай, дзе назіраўся падобны ўзровень самаарганізацыі без лідараў, а людзьмі рухалі больш ідэі, чым матэрыяльныя мэты, можа праліць святло і на мабілізацыю беларускага грамадства, якое доўгі час заставася апалітычным. Калі Расія распачала поўнамаштабнае ўварванне ва Украіну ў лютым 2022 г., украінцы дэманстравалі рэзілентнасць

---

153 Плошча Незалежнасці ў Кіеве, якая стала сінонімам пратэстаў ва Украіне.

на фоне найбуйнейшай вайсковай агрэсіі, бачанай у Еўропе пасля заканчэння Другой сусветнай вайны. Гэтая рэзілентнасць бярэ вытокі часткова ў Рэвалюцыі Годнасці. Тут мы аналізуем яе разам з беларускімі пратэстамі 2020–2021 гг., спрабуючы гэткім чынам лепей зразумець беларускую рэзілентнасць, яе патэнцыял для змены траекторыі краіны.

Далей у тэксце параўноўваюцца народная мабілізацыя ва Украіне ў 2013–2014 гг. і ў Беларусі ў 2020–2021 гг. Наша задача — зблізу разгледзець грамадскую рэзілентнасць як працэс самаарганізацыі. Гэткая трактоўка рэзілентнасці, развітая Карасцялёвай і Пятровай (Korosteleva and Petrova 2021) на падставе комплекснага мыслення (Kavalski 2016), уяўляе з сябе інавацыйны падыход да няпэўнасці і непрадказальнасці сучаснага жыцця. Рэзілентнасць варта ўважаць за якасць складанай сістэмы і за працэс самакіравання, які спрацоўвае для вырашэння жыццёвых праблем «знізу ўгору і ў форме самадапамогі, з выкарыстаннем знешняй падтрымкі толькі ў выпадку неабходнасці» (Petrova and Korosteleva 2021: 125). Рэзілентнасць складаецца з многіх элементаў. Выкарыстоўваючы канцэпцыю Карасцялёвай і Пятровай, абапіраючыся на даследаванні Берэнскотэра (Berenskoetter 2010, 2011), Флокхарта (Flockhart 2020) і Садыкі (Sadiki 2015), мы ў гэтым тэксце засяродзімся толькі на чатырох элементах: *ідэнтычнасць*, *памкненні да «добрага жыцця»*, *інфраструктура для мясцовай падтрымкі*, *народная суб'ектнасць*.

Вышэйпададзены спіс, вядома, няпоўны[154], аднак падборка названых элементаў выявілася істотнай у беларускім кантэксце (Korosteleva and Petrova 2021; Petrova and Korosteleva 2021). Прымяняючы гэткія ж рамкі да Украіны і параўноўваючы яе з Беларуссю, можна паспрыяць даследаванню *рэвалюцый годнасці* (Witoszek 2019; 2021)[155]. Імі рухае чалавечы пошук годнасці, і яны бачацца пераважна як этычныя і культурныя праекты, звязаныя з эмпатыяй, прагай павагі, розумам, а не проста з эканамічнымі цяжкасцямі. Дамінаванне рэвалюцый годнасці ў палітычным полі XXI стагоддзя прадказаў Рышард Капусцінскі, выбітны польскі вайсковы карэспандэнт і пісьменнік (Witoszek 2021). На час напісання гэтых радкоў мы былі сведкамі пратэстаў у Егіпце, Тунісе, Лівіі і Сірыі, вядомых як «арабская вясна»; украінская Рэвалюцыя Годнасці пачалася як Еўрамайдан, але неўзабаве перарасла ў куды больш маштабны палітычны і сацыяльны рух; у Ганконгу адбылася «Рэвалюцыя парасонаў»; пратэсты ў Беларусі, што сталі рэакцыяй на сфальшаваныя прэзідэнцкія выбары 2020 г., часам завуцца «Рэвалюцыяй Абурэння». Выглядае, прадказанне Капусцінскага не было беспадстаўным.

---

154 Шырэйшы погляд на асновы рэзілентнасці гл. у працы Плаў (Plough 2021).
155 Беларускі выпадак у гэтым кантэксце можна разглядаць як «Рэвалюцыю Абурэння»; далей ён гэтак і разглядаецца.

Галоўны тэзіс гэтага раздзела палягае ў тым, што рухавіком рэвалюцыйгоднасці з'яўляецца народная суб'ектнасць — адзін з асноўных элементаў грамадскай рэзілентнасці. Яе можна апісаць як «сілу перамен, якая рэзка адкідвае ранейшыя парадкі і дазваляе ўкараніцца новым ідэям "нізавога кіравання", паказваючы супольнасці кірунак для будучага развіцця» (Petrova and Korosteleva 2021:126). З'яўленне народнай суб'ектнасці — «і спантаннае, і працяглае» (Korosteleva and Petrova 2021:5). Гэта глыбока палітычны працэс, заснаваны на ўзаемадзеянні з іншымі элементамі рэзілентнасці, г.зн. *ідэнтычнасцю*, якая разглядаецца не як асобны кампанент, а «як працэс асэнсавання, набыцця і пошуку *добрага жыцця*». Таксама народная суб'ектнасць ідзе поруч з «добрым жыццём», якое разумеецца найперш у ідэалістычным ключы, а не ў матэрыяльных тэрмінах, азначаючы патрэбу людзей у адаптацыі і пераменах (Korosteleva and Petrova 2022:144). Іншы спадарожны элемент — *інфраструктура для мясцовай падтрымкі*, якая складаецца з фармальных і нефармальных стасункаў, практык і рэсурсаў, якія дазваляюць супольнасцям дзейнічаць згодна са сваімі памкненнямі да добрага жыцця, адначасна задзейнічаючы сваё мінулае (Petrova and Korosteleva 2021:126).

Ідэнтычнасць трактуецца тут праз сваю шчыльную ўзаемасувязь з будучыняй, праяўленую праз ідэю добрага жыцця. Але важна адзначыць, што яна таксама звязана з мінулым і спраўджваецца праз гісторыю, традыцыі і сімвалы. Звязана ідэнтычнасць і з цяперашнім часам — праз агульны досвед, каштоўнасці і нормы, прынятыя ў супольнасці (тамсама). Аднак менавіта будучыня заслугоўвае асаблівай увагі ў кантэксце ВНСД-свету (Burrows and Gnad 2017), г.зн. свету, дзе растуць валатыльнасць, няўпэўненасць, складанасць і двухсэнсоўнасць, — месца пастаянных перамен. Асаблівая ўвага надаецца будучыні таму, што яна, або ў тэрміналогіі Берэнскотэра (Berenskoetter 2011:663) «візія», трактуецца як «крыніца энергіі, што стымулюе да дзеянняў», і як «фактар прыцягнення», што дае асобам «магчымасць працягваць рух або рухацца ўперад» (тамсама:653). Такім чынам, прызнаючы ролю мінулага і сучаснасці ў фармаванні Асобы, г.зн. ідэнтычнасці, мы ў сваім аналізе ўсё ж падкрэсліваем візіі «добрага жыцця», якія матывавалі пратэстоўцаў. Украінцы і беларусы, абапіраючыся на сімвалы мінулага і перарабляючы іх, выглядаюць як паяднаныя сваім жаданнем вызваліцца ад ранейшага досведу карумпаванай і адсталай палітыкі, прагай пабудаваць новыя жыцці, заснаваныя на праўдзе, свабодзе, годнасці.

У гэтым раздзеле даследуюцца ключавыя фактары мабілізацыі, звязаныя з палітыкай, гвалтам, медыя і эканомікай. Задача даследавання — зразумець, як суплёты ідэнтычнасці, якая выяўлялася найперш і пераважна праз жаданне добрага жыцця і мясцовыя структуры падтрымкі, прывялі да развіцця народнай суб'ектнасці ў Беларусі і Украіне. Звесткі для аналізу ўзяты з назіранняў за пратэстоўцамі[156], лозунгаў на плакатах, сацыяльных сетак і незалежных СМІ[157].

Перш чым перайсці да параўнальнага аналізу, неабходна вызначыць часавыя рамкі пратэстаў, што параўноўваюцца. Ва Украіне гэта лістапад 2013 — люты 2014 г., а ў Беларусі жнівень 2020 — снежань 2021 г. У наступным падраздзеле праявы ідэнтычнасці і памкненні да добрага жыцця аналізуюцца праз вывучэнне мабілізуючых фактараў, звязаных з палітыкай і гвалтам.

Эвалюцыя ідэнтычнасці ва Украіне і Беларусі ў часы рэвалюцый

Дарма што матываваныя палітычнымі падзеямі, украінская Рэвалюцыя Годнасці і беларуская Рэвалюцыя Абурэння, здаецца, маюць мала супольнага, прынамсі на паверхні. Іх адрозненні, аднак, пачынаюць адыходзіць на задні план, калі прыгледзецца больш пільна да таго, як пратэсты разгортваліся і што дапамагала ім доўжыцца. Ва Украіне пратэсты пачаліся як рэакцыя на рашэнне тагачаснага прэзідэнта Віктара Януковіча не падпісваць пагадненне аб свабодным гандлі і асацыяцыі з Еўрапейскім саюзам, але ўзмацніліся і ахапілі мноства людзей пасля таго, як атрады паліцыі спецыяльнага прызначэння «Беркут» гвалтоўна разагналі мірных студэнтаў, якія сабраліся на сход 30 лістапада 2013 г. (May 2020). Усё скончылася тым, што Януковіч уцёк з Украіны ў адну з лютаўскіх начэй 2014 г., а ў Кіеве загінула звыш сотні людзей, пераважна з боку пратэстоўцаў[158]. У Беларусі матывам для пратэстаў паслужылі фальсіфікацыі на прэзідэнцкіх выбарах 9 жніўня 2020 г., аднак людзі пачалі абурацца гвалтам, ужытым рэжымам супраць бяззбройных мірных пратэстоўцаў, а ў некаторых выпадках — супраць выпадковых мінакоў. Праз гэты гвалт пратэсты набілі новую сілу і мэту (Chernyshova 2020). Тое, што Лукашэнка звярнуўся да гвалту, не спыніла пратэсты, а зрабіла іх больш гнуткімі і крэатыўнымі, падштурхнула да з'яўлення зусім новых прыёмаў выказвання нязгоды (Krawatzek and Sasse 2021). У гэтым падраздзеле сцвярджаецца, што і ва Украіне, і ў Беларусі рэвалюцыйныя падзеі

---

156 Ва Украіне праводзілася даследаванне пратэснага ўдзелу ў Еўрамайдане (Onuch and Sasse 2016; HURI 2020), у Беларусі рэалізоўваліся праекты Цэнтра ўсходнееўрапейскіх і міжнародных даследаванняў (Sasse 2020) і MOBILISE «Вызначальныя матывы "мабілізацыі" ў сваёй краіне і за мяжой» (MOBILISE 2022).

157 Ва Украіне — пераважна Facebook, YouTube, Hromadske.ua і *Украінська правда* (Pravda.com.ua); у Беларусі — YouTube, Instagram, тэлеграм-каналы («Голас», Nexta, «Честные люди» і г. д.), spring96.org і charter97.org.

158 Анексія Крыма і ўзброены канфлікт, які разгарэўся на ўсходзе краіны ўвесну 2014 г., не з'яўляюцца тут часткай нашага аналізу (Onuch and Sasse 2016; Wynnyckyj 2020).

звязаны з эвалюцыяй грамадскай ідэнтычнасці, з трансфарма-
цыяй калектыўнага «Я».

Ёсць мноства інтэрпрэтацый ідэнтычнасці[159], але тут яна трак-
туецца як механізм кіравання трывогай, выкліканай нявызна-
чанасцю або працэсам змагання са складанасцю грамадскага
асяроддзя. У такім разе кіраванне ажыццяўляецца шляхам па-
дзелу складанага цэлага на сэнсоўныя кампаненты (Gaertner *et al.*
2002). Кажучы іначай, ідэнтычнасць — «адчуванне Сябе ў часе»
(Berenskoetter 2011), і гэтае адчуванне ніякім чынам не статыч-
нае. Улічваючы рознае гістарычнае развіццё і розныя напрамкі,
выбраныя краінамі ў постсавецкі перыяд, ідэнтычнасць ва Украі-
не і Беларусі звычайна вывучаецца з адрозных перспектыў. Ва
Украіне за ключавыя маркеры ідэнтычнасці звычайна ўважаюц-
ца этнічнасць, мова і геапалітычная арыентацыя (на Захад або
на Расію). Менавіта гэтыя маркеры паказваюць на лініі падзелу
ў грамадстве (Shevel 2018; Onuch and Hale 2018). З другога боку,
ідэнтычнасць у Беларусі, хоць традыцыйна і разглядалася праз
прызму этнічнасці або мовы, цяпер часцей апісваецца ў тэрмінах
грамадзянскасці, як звязаная з універсальнымі каштоўнасцямі
кшталту талерантнасці або чалавечнасці (Zaprudnik 2002: 114–115;
Bekus 2021). Неакрэсленасць традыцыйных этнічных або нацыя-
нальных ідэнтыфікатараў у Беларусі прывяла некаторых даслед-
чыкаў да таго, што яны паставілі пад сумнеў здольнасць беларусаў
стварыць сучасную функцыянальную дзяржаву (Marples 2002).

Як бы ні было, рознасць у падыходах да ідэнтычнасці ва
Украіне і Беларусі неабавязкова мае сэнс, калі гаворка ідзе аб па-
раўнальным даследаванні ўкраінскай Рэвалюцыі Годнасці і бела-
рускай *Рэвалюцыі Абурэння*, асабліва даследаванні, заснаваным на
комплексным мысленні. У абодвух выпадках этнанацыянальны
і моўны аспекты былі другасныя адносна барацьбы за лепшую
будучыню і добрае жыццё, акрэсленае пры дапамозе ідэй годна-
сці і праўды (больш артыкуляваных ва Украіне, але прысутных і
ў Беларусі), свабоды і празрыстасці (гэтыя ідэі больш ахвотна пад-
крэсліваліся ў Беларусі), павагі да правоў чалавека (яе патрабавалі
ў абедзвюх краінах бадай у роўнай ступені).

Сказанае патрабуе некаторых тлумачэнняў, асабліва ў да-
чыненні да Украіны. Нярэдка чуліся спекуляцыі (пашыраныя,
у прыватнасці, расійскай прапаганднай машынай, але падхо-
пленыя агенцтвамі навін па ўсім свеце) наконт ролі нацыяналістаў
і ўльтраправых сіл у рэвалюцыі (Johnson 2014). Нядаўняе даследа-
ванне, прысвечанае Рэвалюцыі Годнасці і яе ўдзельнікам, паказа-
ла не толькі тое, што пратэстоўцы-радыкалы складалі нязначную
частку ўсіх пратэстоўцаў (хоць і карысталіся падвышанай увагай

---

159 Пра дэбаты наконт ідэнтычнасці ў сацыяльных навуках гл.: Brubaker and
Cooper 2010.

медыя), але і тое, што выбар мовы (фактар, часта ўжываны для ілюстрацыі таго, што ўкраінскае грамадства падзелена) таксама не меў вялікага значэння (HURI 2020). Напрыклад, Вольга Онух (Onuch 2014: 49) выявіла, што 22 % пратэстоўцаў былі рускамоўныя, але мова была адзіным, што адрознівала іх ад іншых пратэстоўцаў. Рускамоўныя былі, як і іншыя, настроены на «падтрымку дэмакратычных правоў, супраціў несправядліваму ўжыванню дзяржаўных рэпрэсій» і жадалі зближэння Украіны з Еўрасаюзам. Вядома, у час украінскай рэвалюцыі 2013–2014 гг. украінская мова ўсё ж пераважала. Больш за тое, пратэстоўцы карысталіся і нацыяналістычнымі слоганамі, у тым ліку для таго, каб адасобіць сябе ад рэжыму Януковіча, які пазіцыянаваў сябе як прарасійскі палітык[160]. Гэткае процістаўленне дэманструе, наколькі ідэнтычнасці інтэрсуб'ектыўныя, як яны залежаць ад адносін з іншымі і паўстаюць насупор «значным іншым» (Wendt 1999; Berenskoetter 2010). У гэтым кантэксце цікавым прыкладам з'яўляецца нацыяналістычны лозунг «Слава Украіне! Героям слава!» Першапачаткова ён ужываўся Украінскай паўстанцкай арміяй (УПА), якая змагалася супраць нямецкай і савецкай акупацый з 1942 да 1952 г. пераважна ў Заходняй Украіне. Лозунг страціў сваё ранейшае значэнне і ў час рэвалюцыі (зрэшты, і пасля яе) стаў сродкам, каб уганараваць тых, хто памёр за Украіну і за яе будучыню. Таксама пры яго дапамозе выказваўся гонар за прыналежнасць да гераічнай нацыі (Shveda and Ho Park 2016: 90).

У Беларусі назіралася аналагічная «рэцыклізацыя» старых сімвалаў, і ўжыванне бела-чырвона-белага сцяга тут — найбольш яскравы прыклад. Доўгі час ён быў сімвалам апазіцыі, а гістарычна з'яўляўся афіцыйным сцягам Беларускай Народнай Рэспублікі 1918 г., якая папярэднічала Беларускай Савецкай Рэспубліцы. У час пратэстаў, распачатых у 2020 г., сцяг быў масава прыняты грамадзянамі краіны як адзін са сродкаў, каб дыстанцыявацца ад рэжыму Лукашэнкі і прадэманстраваць сімвал новай Беларусі, якая больш не жадае мірыцца з карупцыяй і аўтарытарызмам, а патрабуе годнасці і свабоды (Bekus 2021). Падобным чынам беларусы прыстасавалі да сваіх мэт лозунг «Жыве Беларусь» і герб «Пагоня» (LRT 2020; Martysevich 2020). Анягож беларуская мова не панавала на пратэстах, што можна вытлумачыць працяглай русіфікацыяй грамадства. Моўная русіфікацыя, праўда, сама па сабе не мела фатальных наступстваў для палітычнай сферы (Zaprudnik 2002), таму што рускамоўныя беларусы ў вялікай частцы атаясамліваюць сябе з беларускім народам[161] (Fabrykant 2019). Паводле

---

160 Але так было не заўсёды. Дыскусію пра ролю еўрапейскай інтэграцыі ва ўкраінскай знешняй палітыцы — інтэграцыі, якую прасоўвалі розныя прэзідэнты, у т. л. Януковіч, гл. у: Haran and Zolkina (2014).

161 Падобная сітуацыя назіраецца ва Украіне, дзе многія рускамоўныя лічаць сябе ўкраінцамі. Тым не менш гэтая з'ява часта ігнаруецца даследчыкамі.

некаторых назіральнікаў, той факт, што Святлана Ціханоўская — галоўная суперніца Лукашэнкі, але не адзіная лідарка пратэснага руху — прамаўляла па-руску і не прасоўвала нацыяналістычны погляд на Беларусь, які асацыяваўся з традыцыйнай апазіцыяй, якраз і стаўся адной з прычын прыцягнення да пратэснага руху шырокай грамадскай падтрымкі (Bedford 2021).

Важна падкрэсліць: хаця этналінгвістычныя маркеры не былі дужа важнымі для пратэстоўцаў у Беларусі і менш важнымі, чым спачатку чакалася ва Украіне, пратэстоўцы ўсё ж агучвалі сваю падтрымку незалежным, дэмакратычным і свабодным Беларусі і Украіне адпаведна. Такім чынам, праз сваю актыўнасць яны спрыялі палітычнай перазагрузцы сваіх родных краін. Абуджэнне супольнасцей, якія рэпрэзентавалі шырокія пласты насельніцтва, было заўважнае ў абодвух выпадках (праўда, у Беларусі яно набыло меншыя маштабы). Украіна к часу Рэвалюцыі Годнасці ўжо прайшла праз адну паспяховую электаральную рэвалюцыю і магла пахваліцца жывой грамадзянскай супольнасцю, а Беларусь напярэдадні пратэстаў разглядалася як краіна пераважна апалітычная (Bedford 2021:809). Электаральная несправядлівасць, якая паказала непавагу ўлад да волі народа, і гвалт, які пайшоў следам, выглядае, стварылі магутную сумесь грамадскага гневу і гатоўнасці дзейнічаць. У час крызісаў і няпэўнасці народы Беларусі і Украіны адмовіліся быць разявакамі, калі вырашалася іх будучыня. Праз адаптацыю старых сімвалаў (ва Украіне яны ўзыходзілі аж да казацкай эпохі, у Беларусі — да Вялікага Княства Літоўскага, але пераважна пераасэнсоўваліся вобразы Другой сусветнай вайны) пратэстоўцы ўбачылі свой боль і пакуты вачыма сваіх продкаў і пакляліся здабыць лепшую будучыню для наступных пакаленняў. Гэтая будучыня — або візія добрага жыцця — малявалася найперш у тэрмінах дэмакратыі, правоў чалавека і свабоды, што знайшло адбітак у апытаннях пратэстоўцаў. Ва Украіне, напрыклад, 22 % пратэстоўцаў тлумачылі свой выбар удзелу ў пратэстах як падтрымку *дэмакратычнай* будучыні краіны, а каля 20 % пратэставалі супраць парушэння іх *правоў* (HURI 2020, з выкарыстаннем звестак UPP-EPPS). Амаль 14 % тлумачылі свой удзел як падтрымку збліжэння з *Еўрапейскім саюзам* (тамсама). Такім чынам, украінскія пратэстоўцы ў пэўнай ступені звязвалі будучыню сваёй краіны з Еўрасаюзам, але гэта не было іх галоўным матывам. У Беларусі крыху больш за 35 % называлі галоўнай мэтай *сыход Лукашэнкі*, які сімвалізаваў стары лад жыцця, а крыху менш за 29 % жадалі большых перамен, чым проста змена прэзідэнта, і выказалі спадзеў на *дэмакратычную* будучыню Беларусі (Onuch 2020). Цікава яшчэ і тое, што каля 20 % патрабавалі новых прэзідэнцкіх выбараў, якія былі б праведзены *свабодна і сумленна*. Рэзюмуючы, беларускія патрабаванні былі больш спецыфічныя, чым украінскія, але ўсё адно звязаныя з шырэйшым полем ідэй — такіх як дэмакратыя, сумленнасць, свабода.

Згадаўшы гвалт супраць пратэстоўцаў у абедзвюх краінах, неабходна сказаць пра гвалт (або яго адсутнасць) з боку пратэстоўцаў. У гэтым аспекце, бадай, наймацней выявілася розніца паміж украінскай Рэвалюцыяй Годнасці і пратэстамі ў Беларусі. Калі першую часта малююць як крывавую рэвалюцыю, ігнаруючы той факт, што пратэстоўцы ўзяліся за зброю толькі пад канец, то пратэсты ў Беларусі вылучаліся пастаяннай адмовай пратэстоўцаў не толькі ўжываць сілу, але нават парушаць правілы і нормы сацыяльна прынятых паводзін (Chernyshova 2020). Важна зразумець, што адпачатку гвалт не планаваўся ва Украіне, але народ, які ўжыў яго, не бачыў іншага выбару (Shveda and Ho Park 2016). Паколькі пасля Памаранчавай рэвалюцыі 2004 г. няшмат перамен было дасягнута, некаторыя пратэстоўцы не былі гатовы адкінуць сваю мару аб тым, каб Украіна стала вольнай незалежнай еўрапейскай дзяржавай, якая выбірала б уласную будучыню. Грубая сіла, ужытая рэжымам Януковіча, распаліла пратэстоўцаў, а натхненне ім давала наноў уяўленая гісторыя казакаў ды УПА[162]. У Беларусі негвалтоўнасць пратэстоўцаў можа тлумачыцца як шлях непрыпадабнення да рэжыму, які яны адмаўляліся трываць. Да таго ж на негвалтоўнасць пратэстаў, магчыма, паўплывала траўма Другой сусветнай вайны, што пакінула глыбокія шнары на беларускай нацыі. Многім з тых шнараў яшчэ трэба загаіцца[163].

Розніца паміж ужываннем гвалту рэвалюцыйнымі рухамі ва Украіне і Беларусі пацвярджае пастулат Садыкі аб тым, што «нізавыя» рухі за перамены, якія акрэсліваюцца тут як народная суб'ектнасць, у сваіх спробах ціснуць на ўладу могуць набываць і мірныя, і гвалтоўныя формы (2015: 703).

Падсумоўваючы, наноў уяўленыя сімвалы мінулага, вынесеныя на пярэдні край праз мноства крэатыўных пратэсных тактык (якія з'яўляюцца праявай ідэнтычнасці ў цяперашні час), і памкненні да будучага добрага жыцця з дэмакратыяй, адкрытасцю, свабодай і годнасцю дэманструюць тое, як мяняліся ідэнтычнасці ва Украіне і Беларусі. Іх эвалюцыя, аднак, не была б магчымая без падтрымкі мясцовых інфраструктур, якія праз прызму медыя і эканамічных фактараў аналізуюцца ў наступным падраздзеле.

---

162 Гл.: Onuch and Sasse (2016), Shveda and Ho Park (2016). У гэтых крыніцах дадаткова абмяркоўваецца роля гвалту ў Рэвалюцыі Годнасці, развейваюцца міфы пра гэтую ролю.

163 Больш падрабязна пра спадчыну Другой сусветнай вайны гаворыцца ў раздзеле 3 гэтага зборніка.

Важнасць інфраструктуры мясцовай падтрымкі і сіла самаарганізацыі

Украінская Рэвалюцыя Годнасці і беларуская Рэвалюцыя Абурэння вылучаліся беспрэцэдэнтнымі маштабамі самаарганізацыі, грамадзянскай актыўнасці, крэатыўнасці і спантаннай супрацы (Wynnyckyi 2020; Umland 2020). У абедзвюх краінах супольнасці без вызначаных лідараў, вялікія і маленькія, збіраліся, каб падтрымаць ахвяр рэжымнага гвалту, абараніць тых, каму гэта патрабавалася, і ясна паведаміць свету пра сваё адзінства і сілу, пра тое, што яны не баяцца прамаўляць сваю праўду і патрабуюць да сябе годнага стаўлення. Без інфраструктур мясцовай падтрымкі, мудрагеліста пабудаваных ва Украіне і Беларусі, не было б тыдняў пратэсту, якія перараслі ў месяцы. Па меры таго як эвалюцыянавалі пратэсты, інфраструктуры падтрымкі эвалюцыянавалі разам з імі. У Беларусі, напрыклад, калі пратэсны рух прыняў больш латэнтную форму на фоне росту рэпрэсій (Kruope 2020), людзі дэманстравалі салідарнасць і гатоўнасць забяспечваць узаемадапамогу праз шматлікія кампаніі па зборы сродкаў. Іх мэты вар'іраваліся ад тэрміновых пераездаў і падтрымкі «дваровых» ініцыятыў да фінансавай помачы сем'ям палітычных вязняў і тым, хто страціў працу па палітычных матывах (Bysol 2022). Многія таксама забяспечвалі юрыдычную падтрымку, медыцынскія кансультацыі, перавозку і нават бясплатнае лячэнне (Probono 2022). На ранніх стадыях пратэстаў супольнасці ядналіся, каб дапамагчы суседзям, людзі збіраліся каля турмаў, каб падтрымаць нядаўніх вязняў. Таксама ладзіліся мемарыяльныя акцыі і канцэрты для стварэння настрою (Petrova and Korosteleva 2021; Peleshuk 2020).

Ва Украіне самаарганізацыя таксама дасягала вышынь, але людзі выбіралі іншыя формы супрацы, больш адпаведныя фармату пратэстаў і вызначаныя фізічнай прасторай кіеўскай плошчы Незалежнасці — галоўнай плошчы краіны, далей званай Майданам. Яна была не толькі месцам збору для тысяч пратэстоўцаў, лік якіх у канцы тыдня мог ісці на мільёны, але ператваралася ў своеасаблівы лагер з палявымі кухнямі, лазарэтамі, малельнямі і шэрагам іншых пунктаў, патрэбных для таго, каб рэвалюцыянеры заставаліся на Майдане кругласутачна (Diuk 2014:15). Майдан выглядаў як вулей, дзе кожны нястомна выконваў свае індывідуальныя функцыі дзеля агульнай мэты, абароны дэмакратычнай і вольнай Украіны. Самаарганізацыя была ядром Рэвалюцыі Годнасці; публікаваліся самвыдатаўскія газеты, ладзіліся лекцыі для Вольнага ўніверсітэта Майдана, арганізоўваліся атрады самаабароны для супраціву нападам «Беркута», і ва ўсіх гэтых справах супраца ўкраінцаў ішла нязмушана ды арганічна (тамсама). І ў Беларусі 2020–2021 гг., і ва Украіне 2013–2014 гг. незалежныя медыя ды сацыяльныя сеткі адпачатку разглядаліся як мабілізуючыя фактары, якія гралі незаменную ролю ў самаарганізацыі мас.

Тым не менш нядаўнія даследаванні паказваюць, што медыя не мабілізоўвалі самі па сабе; хутчэй яны прапаноўвалі платформы (асабліва тое тычылася сацыяльных сетак) для каардынацыі намаганняў, каб у пратэстоўцаў была магчымасць супрацоўнічаць і самаарганізоўвацца (Onuch 2015; HURI 2020). Праз каналы сацыяльных медыя[164] украінцы і беларусы ўсталёўвалі шчыльныя сеткавыя сувязі, якія дазвалялі каардынаваць працэсы грамадскай мабілізацыі і паскаралі распаўсюд інфармацыі, што заслугоўвала давяру. Важна падкрэсліць, што ў большасці выпадкаў людзі выбіралі канкрэтныя сацыяльныя медыя як крыніцы звестак, што заслугоўвалі давяру, і як платформы для самаарганізацыі, заснаваныя на кантактах у рэальным свеце, г. зн. сярод сяброў або суседзяў (HURI 2020). Іншая агульная рыса, вартая згадкі, заключалася ў тым, што ў абедзвюх краінах сацыяльныя медыя скарыстоўваліся як сродак, каб ажывіць формы традыцыйнай супрацы, якія існавалі ў гэтых супольнасцях нават не дзесяцігоддзі, а стагоддзі. Напрыклад, у Беларусі людзі збіраліся разам, выступаючы як «грамада», «супольнасць», «талака» або «тутэйшыя» (Korosteleva and Petrova 2021: 6). Ва Украіне структуры для яднання людзей збольшага былі падобныя: напрыклад, «громада» (супольнасць), «віче» (народны сход), «толока» (абшчынная падтрымка). Самаарганізацыя ў час украінскай Рэвалюцыі Годнасці і беларускай Рэвалюцыі Абурэння прадэманстравала, што гарызантальнай каапэрацыі давяралі і цанілі яе куды болей, чым іерархічныя адносіны. У абодвух выпадках пратэсным рухам бракавала харызматычнага кіраўніцтва, але яны ядналіся вакол агульнага ідэалу годнасці і сумленнасці (Wynnyckyi 2020: 136). Аднак, ацэньваючы ролю сацыяльных медыя ў пратэстах, няможна не згадаць і іх дэмабілізуючы эфект. Даступнасць лічбавых медыя, вокамгненнасць камунікацыі і хуткасць распаўсюду інфармацыі прывялі да таго, што радыкальныя галасы ва Украіне рабіліся празмерна гучнымі (Shveda and Ho Park 2016), а ў Беларусі здараліся выпадкі пашырэння дэзінфармацыі, якая блытала і бянтэжыла пратэстоўцаў ды міжнародных назіральнікаў (Astapenia 2021).

На самаарганізацыю, апрача медыя, уплывалі эканамічныя фактары[165]. Праўда, няможна сказаць, што эканамічныя прычыны былі галоўнымі для пратэсных рухаў Беларусі і Украіны, але эканоміка ўсё ж грала важную ролю ў мабілізацыі мас і ва ўплыве на маштабы самаарганізацыі. У Беларусі рэжым Лукашэнкі здолеў пратрымацца так доўга не ў апошнюю чаргу дзеля кааптацыі грамадзян (Bedford 2021: 809). Большасць насельніцтва была лаяльная

---

164 Ва Украіне на першы план выйшлі Facebook і YouTube, а ў Беларусі да гэтага спісу трэба дадаць Telegram і Instagram.

165 Пра сувязь эканомікі і пратэстаў гл. болей у раздзеле 8.

да рэжыму ў абмен на базавы ўзровень фінансавай і сацыяльнай стабільнасці. Аднак гэты сацыяльны кантракт быў скасаваны, калі рэжым адмовіўся ўважаць пандэмію COVID-19[166] за рэальную пагрозу (гл. раздзел аўтарства Геры і Ньюман у гэтым зборніку), пакінуўшы беларусаў сам-насам з каранавірусам. Тое быў вялізны пралік, які адкрыў шлюзы для шырокай народнай мабілізацыі (тамсама). Яшчэ да пачатку пратэстаў краўдфандынгавая кампанія #ByCOVID19 сабрала звыш 300 тысяч долараў для медыкаў (Peleshuk 2020). Па ўсёй Беларусі паўсталі валанцёрскія ініцыятывы для падтрымкі ўразлівых пластоў насельніцтва, аказання медыцынскай дапамогі, раздачы харчоў і медыкаментаў тым, хто пацярпеў ад каранавіруса. Гэтыя ініцыятывы, што з'явіліся ў пачатку 2020 г., сталі моцным падмуркам для больш грунтоўнай самаарганізацыі ў час пратэстаў, якія распачаліся ўлетку 2020 г. (Petrova and Korosteleva 2021: 128).

Ва Украіне пратэстоўцы былі незадаволены карумпаванасцю Януковіча і яго найбліжэйшага кола, вядомага як «Сям'я». Пакуль урад заахвочваў непатызм, хабарніцтва і карупцыю на вышэйшым узроўні, большая частка ўкраінскага насельніцтва, якая не магла пахваліцца сувязямі з алігархамі, жыла ўсё горай (Åslund 2013). Пры гэткіх абставінах многія жыхары Украіны спадзяваліся на ўласныя сеткі кантактаў для выжывання, і яны, як і тыя, што сфармаваліся ў Беларусі на фоне пандэміі, забяспечылі платформу для самаарганізацыі ў час рэвалюцыі. Такім чынам, дапушчальна сцвярджаць, што і ва Украіне, і ў Беларусі самаарганізацыя і грамадзянскі актывізм сталіся рэакцыяй на непрыязнае асяроддзе і няздольнасць (хутчэй нават адмову) урадаў выконваць асноўныя функцыі. У той жа час ранейшыя паводзіны ўрадаў былі не адзіным фактарам, які падштурхоўваў людзей самаарганізоўвацца. Пратэстоўцаў вяло таксама жаданне пазбегнуць несправядлівасці ў будучыні, яны мелі намер жыць у краінах, дзе эканоміка і палітыка працуюць не толькі для эліт, а для ўсяго грамадства (Sheva and Ho Park 2016: 86; HURI 2020). І ў гэтым выпадку можна бачыць перапляценне мінулага і будучыні; першае стварае падмурак для грамадзянскага актывізму, а другая з'яўляецца магутным фактарам прыцягнення.

У цені вайны: што чакае народную суб'ектнасць у Беларусі?

Вышэйпрыведзеныя тэзісы паказваюць, што, нягледзячы на шматлікія адрозненні, народныя рухі грамадскай мабілізацыі ва Украіне 2013–2014 гг. і ў Беларусі 2020–2021 гг. маюць нямала агульнага, асабліва калі аналізаваць іх як працэс самаарганізацыі праз прызму грамадскай рэзілентнасці. Аналіз ключавых фактараў мабілізацыі, звязаных з палітыкай, гвалтам, медыя і эканомікай, выявіў,

---

166   Гл. раздзел 7.

што ўкраінцы і беларусы, матываваныя ідэямі годнасці, праўды, свабоды і павагі да чалавечых правоў, яднаючыся, фармавалі народную суб'ектнасць.

Ва Украіне і Беларусі можна было назіраць:

- з'яўленне народнай суб'ектнасці ў выніку спалучэння *ідэнтычнасці*, памкненняў да *добрага жыцця, інфраструктур падтрымкі*, якія развіліся ў грамадстве на фоне таго, што кіруючыя рэжымы ігнаравалі патрэбы насельніцтва;
- фармаванне ідэнтычнасці, арыентаванай на будучыню, але ўкаранёнай у гісторыі і выяўленай праз мноства крэатыўных сродкаў;
- крышталізацыю ідэі *добрага жыцця* праз адданасць ідэям дэмакратыі, свабоды, праўды і годнасці.

Ясна таксама, што ў абедзвюх краінах рэвалюцыі годнасці яшчэ не скончаны, хаця ўкраінская рэвалюцыя дасягнула большага поспеху ў дасягненні сваіх мэт. Украінцы працягваюць сваю барацьбу за годнасць і свабоду — гэтым разам у час вайны, развязанай Расіяй у 2014 г., што перарасла ў шырокамаштабнае ўварванне 24 лютага 2022 г. Беларуская рэвалюцыя пасля кароткага перыяду «спячкі» ў выніку рэпрэсій з боку рэжыму таксама набыла другое дыханне ў сувязі з вайной Расіі супраць Украіны (Tharoor 2022). Але ці ёсць урокі, якія Беларусь магла б засвоіць з украінскага досведу апошніх васьмі гадоў?

У кантэксце з'яўлення народнай суб'ектнасці — сілы перамен, якая адкідвае старое і дазваляе стварыць нешта новае, — могуць быць вылучаны, прынамсі, тры ўрокі. Па-першае, народная суб'ектнасць узнікае і падтрымліваецца, калі бачанне будучыні і добрага жыцця не толькі фармулюецца як высокая ідэя (на манер дэмакратыі і свабоды), але і выступае як агульнае разуменне таго, што стаіць за гэтымі ідэямі, якім чынам яны ажыццяўляюцца. Напрыклад, адным з вынікаў украінскай Рэвалюцыі Годнасці, які ўзмацніў дэмакратыю ў краіне і, як выявілася пазней, паспрыяў адаптацыі мясцовых супольнасцей да вайны, сталася дэцэнтралізацыйная рэформа. Гэта азначае, што ў Беларусі дэмакратычным сілам трэба далей шчыльна працаваць з мясцовымі супольнасцямі, каб вызначыць і прадумаць ключавыя рэформы, якія маюць адбыцца ў бліжэйшай будучыні (то-бок трэба ставіць больш аддаленыя задачы, чым зрынанне рэжыму Лукашэнкі).

Другі ўрок датычыцца ўплыву на рэвалюцыі годнасці экзагенных фактараў і гатоўнасці спраўляцца з імі. Няважна, ці пратэстоўцы пераважна ігнаруюць праблемы геапалітыкі (як у Беларусі), ці выкарыстоўваюць іх як адпраўны пункт для сваёй нязгоды (як ва Украіне): узаемазвязанасць міжнародных, нацыянальных, рэгіянальных і лакальных элементаў у складаным свеце азначае, што раней ці пазней на цяжкія пытанні прыйдзецца

даваць адказы. Напрыклад, неабходна будзе адказаць, як будучы-
ня, прадбачаная пратэстоўцамі, упісваецца ў шырэйшы кантэкст
міжнароднай палітыкі. На вынікі Рэвалюцыі Годнасці ва Украіне
адразу ж абрынулася агрэсіўная Расія, якая вырашыла анексаваць
Крым і падтрымала сепаратыстаў ва ўсходніх абласцях (Данецкай
і Луганскай). Тым не менш расійскія дэмаршы не падарвалі рашу-
часці ўкраінцаў жыць у дэмакратычнай і незалежнай дзяржаве,
што падштурхнула Расію да ўварвання ва Украіну ў 2022 г. Украін-
скае грамадства зноў выявіла народную суб'ектнасць і давяло,
што гатовае весці крывавую вайну, каб потым жыць у годнасці і
свабодзе. Нашы тэзісы аніяк не ўсхваляюць гвалт, але варта за-
думацца аб тым, што Беларусі і беларусам на нейкім этапе выпа-
дзе вырашаць, ці яны хочуць заставацца пад уплывам Расіі, ці га-
товыя «біцца» за свой суверэнітэт. Як паказвае прыклад Украіны,
цяжар гэтага змагання (якую б форму яно ні набыло) прыпадае на
мясцовыя супольнасці, нават калі міжнародная супольнасць да-
памагае ў барацьбе.

Трэці і апошні ўрок — пра тое, што ў рэвалюцыях годнасці на-
бывае вагу логіка ўзаемадачыненняў. Годнасць (па-украінску — *гід-
ність*) найлепшым чынам можна зразумець праз сеціва дачынен-
няў; яна — не проста атрыбут індывіда або калектыву (напрыклад,
нацыі), але і патрабаванне да іншых (Wynnyckyi 2020: 128). Стасун-
кавы характар з'яўляецца і асновай самаарганізацыі, гэткай важ-
най для рэзілентнасці груп пры сутыкненні з пагрозамі. Сеціва
ўзаемадачыненняў — неад'емная частка агульнай ідэнтычнасці,
што спалучае элементы мінулага, сучаснасці і будучыні. Пакуль
беларусы захоўваюць шчыльнасць узаемадачыненняў, сеціва ста-
сункаў, якія паўсталі ў час *Рэвалюцыі Абурэння*, вяртання да старо-
га ладу жыцця з яго аўтарытарызмам і страхам рэпрэсій не будзе.
Абурэнне пракладзе шлях для годнасці.

Спасылкі

Åslund, A. (2013) 'Payback time for the "Yanukovych family".' Peterson
Institute for International Economics. Рэжым доступу: https://www.piie.
com/blogs/realtime-economic-issues-watch/payback-time-yanukovych-
family (дата доступу: 5 сакавіка 2022).

Astapenia, R. (2021) 'Belarusians live in an increasingly divided country.'
Chatham House. Рэжым доступу: https://www.chathamhouse.
org/2021/10/belarusians-live-increasingly-divided-country (дата досту-
пу: 10 красавіка 2022).

Bedford, S. (2021) 'The 2020 presidential election in Belarus: Erosion of
authoritarian stability and re-politicization of society.' *Nationalities Papers*
49(5): 808–819.

Bekus, N. (2021) 'Politics and identity in Belarus. Eurozone.' Рэжым доступу: https://www.eurozine.com/politics-and-identity-in-belarus/ (дата доступу: 10 красавіка 2022).

Berenskoetter, F. (2010) 'Identity in international relations.' In *The International Studies Encyclopaedia*. Eds. Denmark, R.A. and Marlin-Bennett, R. Hoboken: Wiley-Blackwell, 3595–3611.

Berenskoetter, F. (2011) 'Reclaiming the vision thing: Constructivists as students of the future.' *International Studies Quarterly* 55(3): 647–668. doi: 10.1111/J.1468-2478.2011.00669.X.

Brubaker, R. and Cooper, F. (2000) 'Beyond "Identity".' *Theory and Society* 29(1): 1–47.

Burrows, M. and Gnad, O. (2018) 'Between "Muddling Through" and "Grand Design": Regaining political initiative: The role of strategic foresight.' *Futures* 97: 6–17.

Bysol (2022) *The Belarusian Solidarity Fund.* Рэжым доступу: https://bysol.org/en/ (дата доступу: 1 мая 2022).

Chernyshova, N. (2020) 'A very Belarusian affair: What sets the current anti-Lukashenka protests apart.' *PONARS Eurasia Policy Mem* 671. Рэжым доступу: https://winchester.elsevierpure.com/en/publications/a-very-belarusian-affair-what-sets-the-current-anti-lukashenka-pr (дата доступу: 5 мая 2022).

Diuk, N. (2014) 'Euromaidan: Ukraine's self-organising revolution.' *World Affairs* 176(6): 9–16.

Fabrykant, M. (2019) 'Russian-speaking Belarusian Nationalism: An ethnolinguistic identity without a language?' *Europe-Asia Studies* 71(1): 117–136.

Flockhart, T. (2020) 'Is this the end? Resilience, ontological security, and the crisis of the liberal international order.' *Contemporary Security Policy* 41(2): 215–240. https://doi.org/10.1080/13523260.2020.1723966.

Gaertner, L., Sedikides, C., Vevea, J.L. & Iuzzini, J. (2002) 'The "I," the "we," and the "when": A meta-analysis of motivational primacy in self-definition.' *Journal of Personality and Social Psychology* 83(3): 574–591. https://doi.org/10.1037/0022-3514.83.3.574.

Haran, O. and Zolkina, M. (2014) 'Ukraine's long road to European integration.' *PONARS Eurasia Policy Perspectives.* Рэжым доступу: https://www.ponarseurasia.org/wp-content/uploads/attachments/Pepm_311_Haran_Feb2014_0-3.pdf (дата доступу: 12 мая 2022).

HURI (Ukrainian Research Institute Harvard University) (2020) *From 'Glory to Ukraine' to 'Long Live Belarus': A Comparison of Mass Mobilization in Ukraine (2013–2014) and Belarus (2020).* Рэжым доступу: https://huri.harvard.edu/event/onuch-mateo (дата доступу: 10 красавіка 2022).

Johnson, E. (2014) 'The innocence and violence of EuroMaidan: Notes from Kyiv.' *Slovo.* Рэжым доступу: https://blogs.ucl.ac.uk/slovo/2014/01/31/the-innocence-and-violence-of-euromaidan-notes-from-kyiv/ (дата доступу: 10 красавіка 2022).

Kavalski, E. (ed.) (2016) *World Politics at the Edge of Chaos: Reflections on Complexity and Global Life.* Albany: SUNY Press.

Korosteleva, E. and Petrova, I. (2021) 'Community resilience in Belarus and the EU response.' *Journal of Common Market Studies Annual Review* 59(4): 1–13. https://doi.org/10.1111/jcms.13248.

Korosteleva, E. and Petrova, I. (2022) 'What makes communities resilient in times of complexity and change?' *Cambridge Review of International Affairs* 35(2): 137–157.

Krawatzek, F. and Sasse, G. (2021) Belarus protests: Why people have been taking to the streets: New data. *The Conversation.* Рэжым доступу: https://theconversation.com/belarus-protests-why-people-have-been-taking-to-the-streets-new-data-154494 (дата доступу: 17 мая 2022).

Kruope, A. (2020) 'Crackdown on peaceful protesters escalates in Belarus: Further international action needed to end impunity for torture, police violence.' *Human Rights Watch.* Рэжым доступу: https://www.hrw.org/news/2020/11/09/crackdown-peaceful-protesters-escalates-belarus (дата доступу: 3 мая 2022).

LRT (2020) 'Zhyve Belarus from Minsk to Vilnius: Where does the slogan come from?' *Lrt.lt.* Рэжым доступу: https://www.lrt.lt/en/news-in-english/19/1283994/zhyve-belarus-from-minsk-to-vilnius-where-does-the-slogan-come-from (дата доступу: 1 мая 2022).

Mackinnon, A. (2020) 'Why Belarus is not Ukraine.' *Foreign Policy.* Рэжым доступу: https://foreignpolicy.com/2020/08/12/belarus-protests-lukashenko-not-ukraine/ (дата доступу: 9 лютага 2022).

Marples, D. (2002) 'History and politics in post-Soviet Belarus: The foundations.' In *Contemporary Belarus: Between Dictatorship and Democracy.* Eds. Korosteleva, E.A., Lawson, C.W. and Marsh, R.J. London: Routledge, 21–35.

Martysevich, M. (2020) 'Belarus: The alphabet of protest.' *Culture.pl.* Рэжым доступу: https://culture.pl/en/article/belarus-the-alphabet-of-protest (дата доступу: 9 лютага 2022).

Матвеев, В. (2020) 'Лукашенко об уличных акциях: ответ будет адекватный, страну разорвать мы не позволим.' *БелТА*, 10 августа. Рэжым доступу: https://www.belta.by/president/view/lukashenko-ob-ulichnyh-aktsijah-otvet-budet-adekvatnyj-stranu-razorvat-my-ne-pozvolim-402291-2020/ (дата доступу: 9 сакавіка 2022).

May, L. (2020) 'Belarus 2020 and Ukraine 2013–2014 protests: Similarities and differences.' *Fletcher Russia and Eurasia Program.* Рэжым доступу: https://sites.tufts.edu/fletcherrussia/lisa-may-belarus-2020-and-ukraine-2013-2014-protests-similarities-and-differences/ (дата доступу: 16 сакавіка 2022).

MOBILISE (2022) *Mobilise Project.* Рэжым доступу: https://mobiliseproject.com/ (дата доступу: 1 красавіка 2022).

Onuch, O. (2014) 'Who were the protesters?' *Journal of Democracy* 25(3): 44–51. https://doi.org/10.1353/jod.2014.0045.

Onuch, O. (2015) 'Facebook helped me do it: Understanding the EuroMaidan protester "tool-kit".' *Studies in Ethnicities and Nationalism* 15(1). https://onlinelibrary.wiley.com/doi/10.1111/sena.12129.

Onuch, O. (2020) 'Belarus rises: Four months and counting.' *ZOiS Spotlight* 46. Рэжым доступу: https://en.zois-berlin.de/publications/belarus-rises-four-months-and-counting (дата доступу: 5 красавіка 2022).

Onuch, O. and Hale, H.E. (2018) 'Capturing ethnicity: The case of Ukraine.' *Post-Soviet Affairs* 34(2–3): 84–106. https://doi.org/10.1080/1060586X.2018.1452247.

Onuch, O. and Sasse, G. (2016) 'Maidan in movement: Protest cycles, diversity of actors, and violence.' *Europe-Asia Studies* 68(4): 556–587.

Peleschuk, D. (2020) 'Belarusians have finally emerged as a Nation: A young country has found an identity in the movement to overthrow a dictator.' *Slate*. Рэжым доступу: https://slate.com/news-and-politics/2020/08/belarus-lukashenko-minsk-national-identity.html (дата доступу: 12 красавіка 2022).

Petrova, I. and Korosteleva, E. (2021) 'Societal fragilities and resilience: The emergence of peoplehood in Belarus', *Journal of Eurasian Studies* 12(22): 122–132. https://doi.org/10.1177/18793665211037835.

Plough, A.L. (2021) *Community Resilience: Equitable Practices for an Uncertain Future.* Oxford: Oxford University Press.

Probono (2022) *Probono.by.* Рэжым доступу: http://probono.by/ (дата доступу: 17 мая 2022).

Sadiki, L. (2015) 'Knowledge production in North Africa.' *Journal of North African Studies* 20(5): 688–690.

Sasse, G. (2020) 'Belarus's optimistic protesters and Putin's intentions.' *Carnegie Europe.* Рэжым доступу: https://carnegieeurope.eu/strategiceurope/83381 (дата доступу: 17 мая 2022).

Shevel, O. (2018) 'Towards new horizons in the study of identities in Ukraine.' *Post-Soviet Affairs* 34(2–3): 183–185. https://doi.org/10.1080/1060586X.2018.1451243.

Shveda, Y. and Park, J.H. (2016) 'Ukraine's revolution of dignity: The dynamics of Euromaidan.' *Journal of Eurasian Studies* 7: 85–91.

Tharoor, I. (2022) 'The war in Ukraine boosts Belarusian opposition.' *The Washington Post*, 3 May. Рэжым доступу: https://www.washingtonpost.com/world/2022/05/03/alexander-lukashenko-belarus-opposition-tikhanovskaya/ (дата доступу: 12 красавіка 2022).

Umland, A. (2020) 'What happens to Belarus after Lukashenka falls?' *New Eastern Europe* 6(44): 81–87.

Wendt, Alexander. (1999) *Social Theory of International Politics.* Cambridge, UK: Cambridge University Press.

Witoszek, N. (2019) *The Origins of Anti-Authoritarianism.* London: Routledge.

Witoszek, N. (2021) 'The revolution of dignity and its drivers.' *Concilium Civitas.* Рэжым доступу: http://conciliumcivitas.pl/the-revolution-of-dignity-and-its-drivers/ (дата доступу: 2 мая 2022).

Wynnyckyj, M. (2020) 'Unravelling the Ukrainian revolution: "dignity," "fairness," "heterarchy," and the challenge to modernity'. *Kyiv-Mohyla Humanities Journal* 7: 123–140.

Zaprudnik, J. (2002) 'Belarus: In search of national identity between 1986 and 2000.' In Eds. Korosteleva, E.A., Lawson, C.W. and Marsh, R.J. *Contemporary Belarus: Between Dictatorship and Democracy*. London: Routledge, 110–124.

12. Куды ідзе Беларусь?

Віктар Шадурскі

Ад навукоўца на выгнанні...

Уводзіны

У жніўні 2020 г., пасля спрэчных прэзідэнцкіх выбараў, па ўсёй краіне пракаціліся масавыя мірныя пратэсты, якія прадэманстравалі, што беларуская нацыя дасягнула новага ўзроўню нездаволенасці ды выспела ў сваім абурэнні як палітычная супольнасць — што ў гэтым зборніку завецца *народнай суб'ектнасцю* (Korosteleva and Petrova 2021). Гэта азначала, што атамізаванае і пераважна апалітычнае грамадства ператварылася ў магутную сілу перамен, і ўжо не было шляху вяртання да ранейшага статус-кво. Сотні тысяч грамадзян, якія рэпрэзентавалі найбольш палітычна і эканамічна актыўныя, адукаваныя, высокакваліфікаваныя групы насельніцтва, праявілі самаарганізацыю, адкрыта заявілі пра сваё жаданне «лепшага жыцця», якое сярод іншага ўключала пабудову незалежнай дэмакратычнай дзяржавы ў Беларусі.

Як паказваюць аналітычныя працы ў гэтым зборніку, кіруючы рэжым Аляксандра Лукашэнкі больш не ўстойлівы і не рэзілентны да ўнутраных і знешніх выклікаў. Разбалансаваная дзяржава спрабуе падоўжыць сваё існаванне шляхам масавага тэрору супраць грамадзянскай супольнасці — тэрору, параўнальнага са сталінскімі рэпрэсіямі. Адчуўшы на сабе неапраўданую жорсткасць з боку сілавікоў, беларусы часова спынілі масавыя вулічныя пратэсты і сышлі ў падполле. Такім чынам, на паверхні ўсё здаецца спакойным, але напружанне глыбока ўнутры застаецца на тым жа (значным) узроўні. Процістаянне паміж грамадствам і ўладай набыло новую форму супраціву, зрэшты, традыцыйную для Беларусі — партызанскі рух (Korosteleva and Petrova 2021a; Коршунов 2022; Карбалевіч 2022; Фішер 2022).

Зазнаўшы міжнародныя палітычныя і эканамічныя санкцыі, страціўшы неабходную падтрымку ў краіне, беларускі аўтарытарны ўрад можа цяпер разлічваць толькі на дапамогу Крамля. Калі пачалося поўнамаштабнае ўварванне Расіі ва Украіну і тэрыторыі Беларусі (як і рэсурсы апошняй) былі скарыстаны агрэсарам для нападу на суседнюю дзяржаву, напружанне ў краіне прыкметна вырасла. Падтрымка афіцыйным Мінскам расійскай агрэсіі надала пратэснаму руху новы імпэт для змагання за свабоду і справядлівасць (Русская рулетка Лукашенко 2022).

Наша мэта — лепей зразумець Беларусь, і ў наступнай часткы тэксту дзеля гэтага абмяркоўваюцца тры найважнейшыя праблемы. Па-першае, нядаўні ўздым Беларусі як нацыі, што набыла суверэнную ідэнтычнасць тры дзесяцігоддзі таму і, нягледзячы на ўсе ўнутраныя і знешнія перашкоды, у рэшце рэшт зацвердзіла сваё права на існаванне. Па-другое, дэградацыя кіруючай палітычнай групы (што выяўляецца, між іншага, у разбурэнні эканомікі, а таксама ў беззаконнасці) пад вузкалобым кіраўніцтвам Лукашэнкі, што прыйшоў да ўлады ў 1994 г., цяпер набыла незваротны характар, і гэтая група ўсцяж вымагае расійскай падтрымкі. Па-трэцяе, аналізуецца з'яўленне беларускай народнай суб'ектнасці, якая адлюстроўвае найвышэйшы ўзровень грамадскай самаарганізацыі і гарантуе маладой нацыі рух наперад.

Беларусь: ад «брыдкага качаняці» Еўропы да суверэннай адзінкі

Гісторыя Беларусі поўніцца трагічнымі і драматычнымі падзеямі. На працягу стагоддзяў тэрыторыя краіны была часткай большых дзяржаўных утварэнняў (як паказана ў раздзеле 1 гэтага зборніка), і беларускі народ часта служыў донарам для культур іншых нацый. У Беларусі здараліся толькі кароткія перыяды мірных перадышак. На рубяжы 1980–1990-х гадоў спрыяльныя знешнія і ўнутраныя абставіны сышліся, падштурхнуўшы беларусаў да стварэння незалежнай дзяржавы і набыцця права фармуляваць сваю палітыку, як унутрынацыянальную, так і замежную. Праз трыццаць гадоў суверэнітэт краіны зноў знаходзіцца пад пагрозай, і пагроза паходзіць з Расіі. На час напісання гэтых радкоў Расія выкарыстоўвае тэрыторыю Беларусі для ваенных мэт ва Украіне; такім чынам, Лукашэнка са сваім рэжымам трапіў у поўную залежнасць ад расійскай падтрымкі.

Можна дапусціць, што галоўнай унутранай перадумовай для гэткага няпэўнага становішча з'яўляецца незавершанасць працэсу фармавання беларускай нацыі. Паводле Віктара Бабарыкі, які ў час прэзідэнцкай гонкі кінуў выклік Аляксандру Лукашэнку і быў асуджаны на 14 гадоў калоніі па сфальшаваным абвінавачанні, беларускі народ на працягу стагоддзяў не мог выбрацца з перыяду «дзяцінства». Ён меркаваў, што сучасныя беларусы павінны прарваць заганны круг «дзяцінства» і саспець як нацыя (Бабарыко 2022). Дэмакратычныя, палітычныя і сацыяльна-эканамічныя трансфармацыі, што перажываліся маладой беларускай дзяржавай у пачатку 1990-х гадоў, не атрымалі неабходнай знешняй падтрымкі. Гэта было асабліва прыкметна пры параўнанні з балтыйскімі краінамі і іншымі постсавецкімі дзяржавамі. Можна знайсці дастаткова сведчанняў таго, што Беларусь (прынамсі, у пачатку сваёй сувэрэннай гісторыі) успрымалася звонку як «брыдкае качаня Еўропы», жыхары якой зашмат настальгуюць па СССР і занадта лаяльныя да Расіі (Навумчык 2013: 426).

Галоўнай праблемай беларускага грамадства на працягу 30 гадоў незалежнасці быў недахоп дэмакратычных умоў у краіне. З лета 1994 г. беларусы не бачылі змены ўлады на адкрытых канкурэнтных выбарах; апрача таго, яны нямала даведаліся пра небяспеку процістаяння ўраду, асабліва пачынаючы з выбараў 2020 г. Пасля майскага рэферэндуму 1995 г. распачалася палітыка паступовага выкаранення нацыянальных і этнічных характарыстык беларускай спадчыны, і ўжыванне беларускай мовы неўзабаве рэзка занялала. Паводле незалежнага сацыялагічнага даследавання, праведзенага ў 2021 г., толькі 32 % грамадзян краіны ўважалі беларускую мову за родную, і толькі 3 % размаўлялі на ёй дома (Больш не памяркоўныя 2022).

Улады не без поспеху насаджалі сярод жыхароў краіны падманлівую дылему: «Лукашэнка або хаос». Праводзілася думка, што адмова ад аўтарытарнага рэжыму непазбежна вядзе да хваляванняў і перавароту ў грамадстве. Улады Беларусі настойвалі, што для падвышэння ўстойлівасці дзяржавы неабходныя абсалютная палітычная лаяльнасць насельніцтва прэзідэнту, патрыятызм і ўпартая праца за сціплае ўзнагароджанне (Korosteleva and Petrova 2021). Афіцыйная прапаганда шчыравала над фармаваннем негатыўнага стаўлення да Захаду і пазітыўнага — да ўз'яднання з Расіяй (Больш не памяркоўныя 2022).

У кантэксце аўтарытарызму беларуская нацыя не стала больш кансалідаванай, а засталася фрагментаванай. Адсутнасць адзінства ў беларускім грамадстве адносна выбару мовы карэлявала з сітуацыяй у іншых сферах, напрыклад у геапалітычных прэферэнцыях, эканамічных і ўнутрыпалітычных прыярытэтах, ацэнцы гістарычных падзей і г. д. Глыбокі раскол, калі многія жыхары краіны (паабапал умоўнай палітычнай барыкады) не проста не згодныя міжсобку, але ненавідзяць адзін аднаго, быў зафіксаваны ў даследаванні, праведзеным «Chatham House» (лістапад 2021 г.). Паводле класіфікацыі, скарыстанай у даследаванні, «ядро пратэстоўцаў» (заўзятых апанентаў Лукашэнкі) складала каля 30 % рэспандэнтаў, «аплот Лукашэнкі» (электарат дыктатара) — 27 %, а людзей з прамежкавымі або няснымі палітычнымі поглядамі («балота») было 43 % (Дракохруст 2022).

Наяўнасць у Беларусі некалькіх буйных груп з процілеглымі поглядамі стала прычынай таго, што калектыўная воля беларускай нацыі выяўлялася слаба і грамадская мабілізацыя для адказу на самыя складаныя нацыянальныя і дзяржаўныя выклікі праходзіла марудна. У беларускім грамадстве панавала стратэгія індывідуальнай адаптацыі да крызісаў. Шматлікія крывавыя войны і канфлікты мінулага пераканалі беларусаў, што яны няздольныя змяніць неспрыяльныя абставіны і могуць толькі «схавацца», каб выжыць на самоце, — у выніку беларусам бракавала ўмення дзейнічаць у калектыве і выбудоўваць супольнасць. Сэнс беларускай прымаўкі «мая хата з краю» — жаданне ні ў ва што не мяшацца, захоўваючы нейтральнасць (Shadurski 2014: 22). У той жа час было б памылкай сцвярджаць, што беларускае грамадства не развівалася ва ўмовах аўтарытарнага кіравання. З сярэдзіны 1990-х гадоў пэўная аўтаномнасць была захавана ў эканоміцы, культуры і адукацыі — яна давала шансы на прагрэс, няхай і абмежаваныя. Сярод сфер з хуткім ростам былі ІТ-сектар, сумесныя прадпрыемствы з замежным капіталам, малыя і сярэднія прадпрыемствы, арганізацыі, што займаліся замежным турызмам і г. д. Гэтыя сферы, якія развіваліся або без дзяржаўнай падтрымкі, або з мінімальным умяшаннем уладнай вертыкалі, рабілі знешні выгляд краіны больш прывабным і прадказальным.

Аднак асноўнай прычынай фармавання ў Беларусі патэнцыялу для перамен было тое, што ў гады незалежнасці падрасло новае пакаленне беларусаў. Яны пераважна не мелі настальгіі па СССР, у параўнанні са старэйшымі пакаленнямі больш вандравалі па свеце, не схіляліся да дэманізацыі Захаду (а перадусім — суседніх краін), падзялялі з яго жыхарамі дэмакратычныя каштоўнасці. Што да іншых частак грамадства, зрабілася відавочным, што большасць насельніцтва Беларусі расчаравалася ў палітыцы кіруючага рэжыму і больш не чакае ад яго станоўчых змен. Ёсць маса сведчанняў таго, што на выбарах 2020 г. большасць беларусаў галасавалі супраць Лукашэнкі — праўда, як паказалі далейшыя падзеі, большасць насельніцтва не была гатовая супраціўляцца афіцыйным уладам. Людзі спрабуюць адаптавацца і перажыць рэпрэсіўную сістэму — нават цяпер, калі перамены, дарма што марудныя, набылі незваротны характар.

Апаненты рэжыму, колькасць якіх у выніку падзей 2020 г. істотна вырасла, цяпер жывуць ва ўмовах нестабільнасці, з моцным пачуццём небяспекі і несправядлівасці, што правакуе канфлікт паміж імі і праўрадавай групай. Той факт, што групы застаюцца ў асобных «інфармацыйных пухірах», надалей узмацняе іх стаўленне да саміх сябе і да непрыяцеляў. Роля нацыянальных сімвалаў таксама змянілася: як расказана ў раздзелах 1 і 2 гэтага зборніка, сімвалы зрабіліся маркерам, які пазначае прыналежнасць да пэўнай супольнасці.

Раскол беларускага грамадства заахвочваецца і з Расіі. На першым этапе абвастрэння беларускага палітычнага крызісу ладная доля насельніцтва мела спадзяванні, што дапамогу ў прымірэнні акажуць Расія і прэзідэнт Пуцін. Аднак неўзабаве высветлілася, што менавіта Расія дзейнічала як гарант рэжыму Лукашэнкі ў Беларусі, дый падтрымлівае падобныя рэжымы на постсавецкай прасторы.

Многія адкрытыя апаненты рэжыму дагэтуль супраціўляюцца дзеянням улад. Нягледзячы на ўціск, маральныя і фізічныя катаванні, яны не пакідаюць сваіх поглядаў і прыналежнасці да дэмакратычных прынцыпаў. Іх смелыя паводзіны на «судовых пасяджэннях», лісты з турмаў і калоній, іх аптымізм — усё гэта сведчыць аб актыўным супраціве. На момант напісання гэтых радкоў звыш тысячы беларускіх зняволеных атрымалі статус «палітычных вязняў». На самай жа справе гэтага статусу заслугоўвае значна больш беларусаў з ліку тых, хто цяпер знаходзіцца за кратамі (Богуслаўская 2022). Прыведзеныя факты гавораць пра тое, што беларусы адыходзяць ад свайго «дзяцінства» і аднойчы стануць нацыяй ва ўсіх сэнсах слова, а народная суб'ектнасць, якая сфармавалася ў 2020–2021 гг., з'яўляецца надзейным падмуркам будучага поспеху гэтай нацыі.

Павольная дэградацыя беларускай дзяржаўна-палітычнай мадэлі

Каб асэнсаваць працэсы трансфармацыі ў сённяшняй Беларусі, важна таксама прааналізаваць пераўтварэнне колішняй парламенцкай рэспублікі ў аўтарытарную персаналісцкую дзяржаву пад кіраўніцтвам Лукашэнкі, выявіць апоры і каштоўнасці апошняй.

Бюракратызацыю краіны, рост карупцыі, эканамічнае расслаенне — з'явы, якія набралі ход пасля распаду СССР, — выклікалі зразумелую незадавольнасць у народзе. Аднак варта адзначыць, што значная частка беларусаў мела спрошчанае разуменне перадумоў крызісу і шляхоў да выхаду з яго. Ва ўмовах нізкай палітычнай культуры дэмакратычныя рэформы і рынкавы пераход аблудна лічыліся галоўнай прычынай негатыўных з'яў. Эканамічныя трансфармацыі выявіліся балючымі для многіх жыхароў Беларусі, якія шукалі суцяшэння ў «моцнай руцэ» прэзідэнта, здольнага, паводле іх чаканняў, хутка пакласці канец карупцыі і спыніць рост эканамічнай няроўнасці. Аднак, нягледзячы на грамадскія чаканні ад Лукашэнкі (адолець карупцыю, зменшыць бюракратызаванасць), ён, наадварот, узмацніў і пашырыў уладу дзяржавы, задавальняючы найперш уласныя амбіцыі. Уплыў грамадскай супольнасці, беларускага парламента і судоў на выканаўчую ўладу пачаў прыкметна знижацца.

Так, у жніўні 1995 г. група дэпутатаў Вярхоўнага Савета XII склікання звярнулася ў пракуратуру, каб абараніць свайго калегу, лідара рабочага руху Сяргея Антончыка, якога арыштавалі спецслужбы. У адказ на дэпутацкі запыт першы намеснік генеральнага пракурора Уладзімір Кандрацьеў цынічна заявіў, што для яго словы Лукашэнкі вышэйшыя за Канстытуцыю і законы (Навумчык 2013: 500).

Згаданы казус, які меў месца ўсяго праз год пасля прыходу Лукашэнкі на прэзідэнцкую пасаду, задаў трэнд у працы ўлад ва ўмовах існавання т. зв. уладнай вертыкалі і «кадравага рэзерву прэзідэнта». Сярод асоб, залічаных у гэты рэестр, вёўся пільны адбор кіраўнікоў і службоўцаў для ўсіх эшалонаў улады. Пры выбары кандыдата на пэўную пасаду прыярытэт аддаваўся не дзелавым і прафесійным якасцям кандыдатаў, а іх вернасці дыктатару. Прамаўляючы перад студэнтамі Акадэміі кіравання (кастрычнік 2019 г.), Лукашэнка сказаў, што названы рэзерв складаўся з 850 чалавек, якіх ён сам выбраў і забяспечыў «абаронай ад пераследу» (Лукашенко про свой кадровый резерв 2019).

Назіранні паказваюць, што спецыялісты па сельскай гаспадарцы і былыя супрацоўнікі праваахоўных структур, у якіх не было дастатковай адукацыі для таго, каб займацца дзяржаўным кіраваннем, акурат адбіраліся на высокія пасады (Лукашенко засекретил численность госаппарата 2019). Асаблівая ўвага надавалася адбору кандыдатаў на кіруючыя пасады ў сілавых ведамствах, найму і матэрыяльным заахвочванням службоўцаў рэпрэсіўных структур. Колькасць гэтых службоўцаў расла хутка; іх рыхтавалі не толькі ў фізічным, але і ў ідэалагічным плане. Паводле колькасці супрацоўнікаў органаў унутраных спраў на душу насельніцтва Беларусь у канцы 2010-х гадоў апярэджвала ўсе еўрапейскія краіны (MK.RU 2020). Ад пачатку свайго існавання рэжым баяўся народных пратэстаў і таму ўвесь час песціў рэпрэсіўны апарат, выкарыстоўваючы «досвед» іншых рэжымаў у здушэнні публічнай нязгоды.

Беларускі рэжым інтэнсіўна эксплуатаваў эканамічную спадчыну савецкіх часоў, што паступова занепадала. Элементы рынкавай эканомікі, падваліны якой былі закладзены ў першай палове 1990-х, былі вымушаны існаваць пад пастаянным эканамічным прэсінгам; прыватны сектар пашыраўся не дзякуючы, а насуперак уладам. Занепадаючы палітычны рэжым чапляўся ў Беларусі за тупіковую эканамічную мадэль, як тое дэманстравалі ў раздзеле 5 Ю. Карасцялёва і А. Аляхновіч. Скалечаная беларуская гаспадарка стала рэдкім прыкладам працы нярынкавай, цэнтралізаванай эканомікі ў пераважна рынкавым асяроддзі. Рэзкі спад нерэфармаваных беларускай прамысловасці і сельскай гаспадаркі, зніжэнне ўзроўню жыцця насельніцтва былі адтэрмінаваны ў вялікай ступені праз імпарт танных расійскіх энерганосьбітаў, нафты і газу (Анікееў 2016).

Пасля прэзідэнцкіх выбараў 9 жніўня заняпад беларускага дзяржаўнага апарату і сілавых структур зрабіўся асабліва прыкметным і, верагодна, незваротным. Масавыя пратэсты ў Беларусі (лета — восень 2020 г.) не прывялі да зрынання дыктатарскага рэжыму, але, падобна, нанеслі яму смяротную рану. Канфлікт паміж кіруючым рэжымам і грамадствам абвастрыўся да такой ступені, што ва ўлад практычна няма палітычных або эканамічных вагароў, каб развязаць яго. Як паказвае гісторыя, апора дзяржавы толькі на гвалт — тупіковы шлях, яна не можа доўжыцца бясконца. Расце адчуванне, што беларускі рэжым непазбежна будзе пераможаны; так, яго падзенне не будзе аўтаматычным, але не спыняюцца высілкі апазіцыі (як па-за Беларуссю, так і ўнутры краіны), знешні эканамічны і палітычны ціск, каб пазбавіцца гэтага рэжыму.

Заняпад дзяржаўнага апарату надалей паскараецца, у тым ліку праз паступовы сыход з дзяржаўнай службы многіх дасведчаных кіраўнікоў і выканаўцаў, нязгодных з палітыкай рэжыму. Некаторыя сыходзяць добраахвотна, кагосьці звальняюць, падазраючы ў нелаяльнасці да дзяржавы (подпіс за альтэрнатыўных кандыдатаў у прэзідэнты, шчырыя каментары ў сацыяльных сетках, удзел у мірных акцыях і г. д.). Пагаршэнне якасці працы дзяржаўнай службы тлумачыцца і страхам перад Лукашэнкам — страхам, які істотна ўзмацніўся ў апошнія месяцы, але культываваўся ва ўладнай вертыкалі на працягу дзесяцігоддзяў. Гэты страх істотна падрывае ініцыятыву ў дзяржаўным апараце, адахвочвае чыноўнікаў ніжэйшага і сярэдняга звенняў прымаць нават найпрасцейшыя рашэнні. Шматлікія чыноўнікі розных узроўняў баяцца браць на сябе адказнасць за рашэнні, што дазваляе некаторым аналітыкам параўноўваць працу беларускіх дзяржаўных структур з «італьянскім» страйкам.

Можна згадзіцца з меркаваннем Аляксандра Апейкіна (Опейкин 2022), выканаўчага дырэктара Фонду спартыўнай салідарнасці, што галоўны прынцып многіх прыхільнікаў Лукашэнкі — адмова ад уласнага меркавання і маральных пераканянняў, адмова ад прынцыпаў законнасці і справядлівасці дзеля дробных выгад кшталту пасады, ліцэнзіі, плота для дома, мінімальнай грамадскай вагі і г. д. У лукашызме, паводле Апейкіна, галоўным крытэрыем з'яўляецца маўчанне і жывёльная жорсткасць, якая сядзіць у глыбіні душы, а таксама лютая нянавісць да ўсяго светлага і адрознага.

Так званыя заканадаўчая і судовая галіны ўлады канчаткова дыскрэдытавалі сябе ў апошнія два гады. Судовая і ўвогуле юрыдычная сістэма амаль цалкам працуюць паводле прынцыпу «часам не да законаў», які Аляксандр Лукашэнка афіцыйна агучыў на сходзе пракурораў у верасні 2020 г. (Лукашенко — прокурором 2020). Распараджэнні «з самага верху» прывялі да таго, што нават базавыя нормы заканадаўства, зацверджаныя самім аўтарытарным кіраўніцтвам, не выконваліся, калі суды абвяшчалі бязглуздыя прысуды пратэстоўцам. Прыклады дэградацыі законнасці (прававога дэфолту) уключаюць вынясенне прысудаў без паказанняў сведак, рэпрэсіі супраць незалежнага ад дзяржавы адвакацкага цэха (і разбурэнне яго), вычварныя катаванні вязняў, асуджаных па «палітычных» прычынах, і г. д. (Александровская 2021).

Прававы дэфолт, які цяпер пануе ў Беларусі, будзе мець доўгатэрміновыя негатыўныя наступствы, бо непавага з боку ўлады да прававых норм, прынятых у свеце, дзейнасць г. зв. праваахоўных і судовых устаноў, заснаваная на «тэлефонным праве», на выкананні заказаў начальства, сур'ёзна пашкодзіла прававой культуры беларускага насельніцтва. Беларусы прызвычаіліся да несправядлівых выракаў, апраўдання карупцыі, «нармальнасці» выкарыстання асабістых сувязей для дасягнення ўласных мэт. Аднаўленне страчаных прававых каштоўнасцей запатрабуе вялікіх высілкаў і значнага перыяду часу (гэта абмяркоўвалася ў раздзелах 7 і 8).

Каб у беларускім грамадстве згушчалася атмасфера страху і небяспекі, марыянеткавыя члены Палаты прадстаўнікоў і Савета Рэспублікі Нацыянальнага сходу амаль аднагалосна зацвердзілі рэпрэсіўныя нарматыўныя акты, прадыктаваныя верхавінай выканаўчай улады. Названыя акты не адпавядалі ніякім міжнародным прававым стандартам. Напрыклад, у 2021 г. Беларусь прыняла цэлы пакет законаў, скіраваных перадусім на здушэнне пратэснага руху ў краіне. 14 мая 2021 г. Лукашэнка падпісаў закон «Аб супрацьдзеянні экстрэмізму», які ўмагчыміў прымяненне смяротнай кары за спробу здзяйснення тэрарыстычнага акта[167]. Дакумент замацаваў шэраг паняццяў — «экстрэмісцкае фармаванне», «экстрэмісцкая сімволіка і атрыбутыка», — якія набылі ў судах тэндэнцыйную інтэрпрэтацыю. Напрыклад, улады адносілі да экстрэмісцкага фармавання не толькі аўтараў некаторых тэлеграм-каналаў, якія крытыкавалі палітычны рэжым, але і падпісчыкаў тых каналаў.

«Гваздом» рэжыму на стадыі заняпаду з'яўляецца апантаная дзяржаўная прапаганда, у якой квітнее мова нянавісці. На паверхню ў афіцыйных медыя выйшла група аўтараў, што парушае ўсе журналісцкія правілы і нормы прыстойнасці. У дзяржаве, якая паважае закон, агрэсіўных прапагандыстаў, безумоўна, прыцягнулі б да адказнасці за распальванне сацыяльнай варожасці, за шкоду асабістай годнасці соцень беларусаў і замежных грамадзян. Аднак у варунках кіруючага рэжыму «дзяржаўных прапагандыстаў», наадварот, узнагароджвалі ўрадавымі рэгаліямі, матэрыяльна і маральна заахвочвалі за «выкананне доўгу» перад дзяржавай.

Лагічным наступствам спаўзання ў аўтарытарызм было, з аднаго боку, павелічэнне залежнасці кіруючай у Беларусі групоўкі ад Крамля, а з другога — рэзкае пагаршэнне адносін (амаль да разрыву) з дэмакратычнымі краінамі, найперш з членамі

---

167   «Belarus expands death penalty law, ups threat to opposition», ABC News, https://abcnews.go.com/International/wireStory/belarus-expands-death-penalty-law-ups-threat-opposition-84814806 (дата доступу: 20 ліпеня 2022).

Еўрапейскага саюза і Злучанымі Штатамі. З дзяржавы, якая не без прычыны прэтэндавала на пачэсны статус «донара еўрапейскай бяспекі», Беларусь, паводле беларускага аналітыка Валерыя Карбалевіча (Карбалевіч 2022), ператварылася цяпер у фактар, які дэстабілізуе становішча і пагражае рэгіянальнай бяспецы еўрапейскага кантынента.

Трагедыяй беларускага народа і яго суседзяў, якую яшчэ належыць прааналізаваць, стаў дазвол на выкарыстанне тэрыторыі Беларусі для вайсковага ўварвання Расіі ва Украіну і дазвол абстрэльваць украінскія паселішчы расійскімі ракетамі. Разам з Расіяй Беларусь прымерала на сябе ролю дзяржавы-агрэсаркі, з усімі негатыўнымі маральнымі і прававымі наступствамі. Беларусь зрабілася аўтсайдаркай у многіх міжнародных рэйтынгах, якія характарызуюць сітуацыю з павагай у краіне да правоў чалавека, са свабодай медыя, з колькасцю вязняў і г. д. На беларускі ўрад былі накладзены сур'ёзныя палітычныя і эканамічныя санкцыі. Поле для манеўру ў знешняй палітыцы рэзка звузілася (Karbalevich 2022). Паводле многіх аналітыкаў, беларуская палітычная мадэль, нягледзячы на яе ўяўную стабільнасць, выявілася вельмі крохкай: баланс унутры кіруючай эліты разбурыўся, ідэалагічны кансэнсус (вакол сімбіёзу нацыянальных, савецкіх і прарасійскіх ідэй) таксама. Урад, які не мае ні масавай публічнай падтрымкі, ні неабходных маральных і матэрыяльных рэсурсаў, каб зменшыць узровень напружанасці ў грамадстве, доўга не пратрымаецца (Казакевіч 2022). Адзіным пытаннем застаецца трываласць крамлёўскага кіраўніка Пуціна, які падтрымлівае Лукашэнку і яго рэжым.

Народная суб'ектнасць як асноўная апора для беларускай дзяржаўнай незалежнасці

Год 2020-ы можна назваць паваротным пунктам у працы грамадзянскай супольнасці Беларусі. Ён пачаўся з ініцыятыў беларускіх грамадзян, што ладзілі дапамогу ўрачам, якія змагаліся супраць пандэміі COVID-19 (вірус хутка пашыраўся). Беларусы хутка скемілі, што ў процідзеянні хваробе няможна цалкам спадзявацца на дзяржаўныя структуры, якія, каб дагадзіць кіраўніку, пачалі маніпуляваць статыстыкай. У шматлікіх выпадках рэальныя захады для прафілактыкі хваробы падмяняліся прапагандай наконт сусветнага ўзроўню медыцыны ў Беларусі. Чаму 2020-ы стаў паваротным пунктам для беларускай нацыі і грамадзянскай супольнасці? Ёсць некалькі падыходаў да разумення адбытых перамен, і яно грунтуецца як на матэрыялах з гэтага зборніка, так і на нашых уласных назіраннях.

Па-першае, пратэсты 2020 г. паспрыялі хуткаму і добраахвотнаму «яднанню вакол сцяга» сотняў тысяч грамадзян, упэўненых у тым, што патрэбны перамены, што Беларусь мае вярнуцца да дэмакратычных норм і стандартаў. Для многіх беларусаў мірныя дэманстрацыі, якія ў Беларусі прайшлі ў гэткіх вялізных маштабах ледзь не ўпершыню, зрабіліся сапраўдным святам. Людзі адчулі, што ў імкненнях да лепшага жыцця яны не самотныя, што яны належаць да новай палітычнай супольнасці (народнай суб'ектнасці), як тое паказана Карасцялёвай і Пятровай у гэтым зборніку. Невыпадкова тое, што першыя масавыя пратэсты нагадвалі карнавал: удзельнікі апраналі адпаведную вопратку, рабілі плакаты, скандавалі дасціпныя лозунгі, гралі на музычных інструментах, выконвалі тэатральныя перформансы і г. д.

Масавыя сходы і дэманстрацыі беларусаў пачаліся з дазволенага ўрадам мітынгу выбарцаў — сустрэчай з кандыдаткай у прэзідэнты Святланай Ціханоўскай і яе бліжэйшымі паплечніцамі Марыяй Калеснікавай ды Веранікай Цапкала. Той мітынг адбыўся 30 ліпеня 2020 г. — дзясяткі тысяч удзельнікаў сабраліся ў мінскім парку Дружбы народаў, дэманструючы мірную і арганізаваную сутнасць беларускіх масавых сходаў (Выборы в Беларуси 2020).

Было агульнае адчуванне, што ў процістаянні паміж кіруючым рэжымам і грамадзянскай супольнасцю шалі схіліліся на карысць апошняй. Гэта натхняла актывістаў грамадзянскай супольнасці і палохала кіруючую эліту, і ўлады парушылі правілы перадвыбарнай кампаніі; далей усе месцы, афіцыйна вылучаныя пад мітынгі для кандыдатаў у прэзідэнты, аказаліся «зарэзерваванымі» кімсьці іншым. Між тым Лукашэнка насіў пастаянныя візіты ў вайсковыя і міліцэйскія часці, плануючы скарыстаць сілы для здушэння пратэстаў. З'явілася мноства папулярных лозунгаў, якія выражалі беларускую народную суб'ектнасць: «Беларус беларусу беларус», «Мы не ведалі адно аднаго да гэтага лета», «Беларускія пратэсты — гэта калі ты залазіш на лавачку, папярэдне зняўшы абутак», і г. д. У сацыяльных сетках цыркулявала безліч новых песень, вершаў, відэакліпаў, арт-аб'ектаў, прысвечаных беларускай рэвалюцыі, і яны заваявалі шырокую папулярнасць. Вядомыя музычныя крытыкі пачалі пісаць пра феномен беларускага пратэснага мастацтва (Korosteleva and Petrova 2021; Троицкий 2020).

Насупор самаарганізаваным масавым вулічным пратэстам, улады здолелі ўтрымаць кантроль над дзяржаўнымі прадпрыемствамі і СМІ. У той жа час у жніўні 2020 г. на некаторых прадпрыемствах і ў шэрагу ўстаноў працоўныя калектывы спрабавалі выказаць сваю пазіцыю ў дачыненні да актуальных падзей — асудзіць гвалт і г. д. Найбольш уразіла падзея на Мінскім заводзе колавых цягачоў 17 жніўня 2020 г., калі Лукашэнка асабіста прыехаў на сустрэчу з рабочымі. Удзельнікі сустрэчы наладзілі дыктатару абструкцыю (Попытка Лукашенко 2020). Іншым прыкладам быў надзвычайны сход Савета Беларускага дзяржаўнага ўніверсітэта 18 жніўня 2020 г., на якім быў прыняты зварот Савета да выкладчыкаў, супрацоўнікаў і студэнтаў. Прадстаўнікі студэнцкіх арганізацый, прысутныя на сходзе, істотна паўплывалі на зацвярджэнне таго дакумента. Дарма што канчатковая версія мела кампрамісны характар, яна шмат у чым адлюстроўвала грамадскую думку. Так, у прыватнасці, у звароце падкрэслівалася, што члены Савета не толькі асуджаюць гвалт і агрэсію, а і патрабуюць пакарання адказных за гвалт. У дакуменце прагучала спачуванне да ахвяр пратэстаў, заяўлялася пра неабходнасць іх матэрыяльнай падтрымкі (Заседание Совета БГУ 2020). Падобныя ўчынкі ў дзяржаўных структурах у жніўні 2020 г. былі даволі разрозненыя, а неўзабаве, пасля жорсткіх захадаў з боку рэжыму, яны зусім спыніліся, бо на тых, хто наважваўся выказвацца, абрыналася хваля гвалту (Беларусь: «Зачистка гражданского общества» 2022).

Па-другое, нават пры адсутнасці каардынацыйнага цэнтра ўдзельнікі масавых акцый дэманстравалі высокі ўзровень самаарганізацыі і крэатыўнасці. Папулярныя тэлеграм-каналы і мясцовыя чаты ў сацыяльных сетках (народная пратэсная інфраструктура) адыгралі вялікую ролю ў яднанні і інфармаванні прыхільнікаў тэрміновых перамен. Названыя рэсурсы служылі платформамі для дыскусій, інфармацыі і рэлевантнай зваротнай сувязі. У чатах беларусы не толькі абмяркоўвалі ўдзел у масавых дэманстрацыях, але і планавалі «дваровыя» падзеі, разнастайныя сацыяльныя праекты і г. д. Сацыяльныя сеткі выявіліся яшчэ больш важнымі як асноўная крыніца альтэрнатыўных навін. Яны дзейнічалі не толькі ў напрамку распаўсюду інфармацыі і аналітыкі, але ўсё часцей — як ініцыятары і каардынатары публічных дзеянняў. Гэтая тэндэнцыя заўважалася задоўга да падзей 2020 года. Так, ужо ў 2011 г. у некаторых беларускіх гарадах ладзіліся пратэсты пад агульнай назвай «Рэвалюцыя праз сацыяльныя сеткі». Сутнасцю тых пратэстаў было тое, што пасля заклікаў у сацыяльных сетках беларусы выходзілі на кароткія і спантанныя дэманстрацыі ў самых нечаканых месцах. Нягледзячы на тое што пратэстоўцы не агучвалі лозунгі, а моўчкі пляскалі ў ладкі, сотні людзей былі тады затрыманы, асуджаны да адміністрацыйных арыштаў і штрафаў (Гуща 2011).

Адным з сімвалаў новых медыя стаў Антон Матолька — мінскі блогер, які набыў не абы-які медыйны ўплыў у 2015–2017 гг., ініцыяваўшы ў сацсетках дыскусіі наконт мясцовых сацыяльных праблем. Ён выйшаў за рамкі звычайнай анлайн-камунікацыі і адкрыта крытыкаваў улады за іх бяздзеянне, патрабуючы, каб яны развязвалі праблемы. Уплыў актывістаў грамадзянскай супольнасці (такіх як Матолька) быў параўнальны з уплывам буйных газет, бо іх пасланні рабіліся «віруснымі», мабілізуючы многіх пратэстоўцаў (Shadurski and Malishevskaya 2019:42). У час масавых пратэстаў 2020 г. і пазней улады ўжывалі супраць незалежных аўтараў беспрэцэдэнтныя рэпрэсіі, абвясціўшы дзясяткі тэлеграм-каналаў «экстрэмісцкімі». Многія журналісты былі арыштаваны і трапілі пад крымінальны пераслед. Аднак аўтарытарны рэжым не здолеў змяніць сітуацыю і сур'ёзна перашкодзіць распаўсюду альтэрнатыўнай інфармацыі.

Па-трэцяе, у час палітычнай канфрантацыі ў Беларусі выявілася актыўная роля жанчын — у выніку многія загаварылі пра тое, што беларускія пратэсты маюць жаночае аблічча. Нават ва ўмовах татальных рэпрэсій невялікая група жанчын у вопратцы, колеры якой нагадвалі беларускую або ўкраінскую сімволіку, наважвалася ладзіць маршы ў сталіцы Беларусі, што стварала аптымістычныя інфармацыйныя нагоды ў сацыяльных сетках (В Минске женщины 2021).

Па-чацвёртае, у падзеях 2020–2022 гг. важную ролю гралі прадстаўнікі беларускай дыяспары ў дзясятках краін свету. Дзякуючы дэмакратычным умовам у краінах свайго знаходжання замежныя беларусы арганізавалі мноства акцый салідарнасці, збіралі сродкі для падтрымкі рэпрэсаваных і збяднелых пратэстоўцаў, дапамагалі вымушаным эмігрантам з Беларусі ў адаптацыі на новых месцах. Беларуская дыяспара, якая істотна вырасла праз эканамічную і палітычную міграцыю апошніх гадоў, на практыцы паказала, што яна з'яўляецца неад'емнай часткай беларускага грамадства, найперш у барацьбе за станоўчыя змены. Ролю эмігрантаў у дэмакратычным зма́ганні за Беларусь няможна недаацэньваць.

Па-пятае, паводле многіх палітыкаў і экспертаў, дзякуючы сваім дзеянням і салідарнасці беларусы стварылі вельмі прывабны, станоўчы, моцны і прыгожы вобраз нашай краіны ў свеце (Санников 2022). Падзеі ў Беларусі ўпершыню ў гэткім вялікім маштабе абмяркоўваліся замежнай супольнасцю. Навіны з Беларусі занялі першыя палосы ўсясветных медыя, пастаянна прысутнічалі на еўрапейскім канале «Еўранюьс». Офіс Святланы Ціханоўскай, які працуе супольна з беларускай дыяспарай і ўсясветнымі інстытуцыямі, надалей імкнецца ўтрымліваць Беларусь у топе навін, нават на фоне вайны Расіі з Украінай[168].

Па-шостае, нягледзячы на здушэнне адкрытых пратэстаў, грамадзянская супольнасць працягвае мірныя пратэсты ў іншых формах. Гісторыя беларускага супраціву можа стаць новай энцыклапедыяй форм пратэсту, пераважна мірных. Ёсць мноства магчымасцей, каб праявіць калектыўную і індывідуальную нязгоду з аўтарытарным рэжымам: грамадскае ігнараванне карнікаў, адмова ад узнагарод і ўдзелу ў ідэалагічных імпрэзах, спажывецкі байкот, нежаданне чытаць і выпісваць афіцыйную прэсу, усе віды

---

168 Больш інфармацыі гл. на сайце Оксфардскай абсерваторыі па Беларусі, якая праводзіць супольныя мерапрыемствы з даследчым цэнтрам офіса Ціханоўскай (іх мэта — падвысіць вядомасць Беларусі ў свеце): https://obo.web.ox.ac. uk/home. Гл. таксама сайт офіса Ціханоўскай і YouTube-канал офіса: https:// www.youtube.com/results?search_query=tsikhanouskaya. Канал даследчага цэнтра офіса: https://www.youtube.com/channel/UCyEEXOn_QtIrmPfCHaajsdQ.

страйкаў, адсутнасць на працы «праз хваробу», байкот свята-роў-калабарантаў, выкрыццё агентаў рэжыму, стварэнне візуаль-ных знакаў пратэсту, падтрымка палітычных вязняў і іншыя.

Адмова купляць тавары тых прадпрыемстваў, дзе ўласні-кі і кіраўнікі з'яўляюцца набліжанымі да Лукашэнкі і яго кола (спажывецкі байкот), сустракалася даволі часта. Беларускія энту-зіясты нават стварылі спецыяльную карыстальніцкую праграму, што дапамагала выяўляць тавары ад «непажаданых» вытворцаў. Шмат папрацавалі спецыялісты ў інфармацыйных тэхналогіях; яны актыўна ўдзельнічалі ў ідэнтыфікацыі асоб, якія груба пару-шалі правы чалавека, цкавалі апазіцыю.

Маніфестацыяй адкрытага супраціву, што вымагала вялі-кай адвагі, стала пастаяннае вывешванне нацыянальных сцягоў і іншых сімвалаў пратэсту (барацьба супраць іх была абвешчана адной з асноўных задач рэжыму). Сцягі на высокіх дрэвах сталі сімвалам няскоранага пратэснага духу беларусаў. Замест адных сцягоў, якія здымаліся на загад улад, у густанаселеных кварталах з'яўляліся іншыя.

Падзеі 2020 г. не толькі стымулявалі з'яўленне новай па-літычнай супольнасці ў Беларусі — *народнай суб'ектнасці* — але і стымулявалі рост новых аўтарытэтных фігур і структур у беларус-кай апазіцыі. У выніку выбарчай кампаніі нацыянальная лідарка Святлана Ціханоўская здолела паяднаць беларускіх грамадзян і ўсяліць у іх надзею. Яе офіс на час напісання гэтых радкоў уключае 12 службоўцаў, адказных за канкрэтныя кірункі дзейнасці. Гэтая маленькая каманда актыўна працуе над падрыхтоўкай планаў для аднаўлення дэмакратыі ў Беларусі (як кароткатэрміновых, так і доўгатэрміновых), а таксама служыць голасам дэмакратычных сіл у сусветнай медыяпрасторы (Слюнькін 2021). Так, за апошнія ме-сяцы Ціханоўская правяла сустрэчы з дзясяткамі кіраўнікоў дзяр-жаў і ўрадаў. Яе прымалі сотні міністраў, мэраў, кіраўнікоў буйных фірм (Святлана Ціханоўская 2022). Падзеі, што пачаліся ў Беларусі ўвесну 2020 г., застаюцца вельмі важнымі не толькі для беларус-аў, але і для Еўропы, і для ўсяго свету. Мірная барацьба беларусаў супраць дыктатуры паставіла перад палітыкамі і даследчыкамі мноства новых пытанняў, у тым ліку пра спецыфіку аўтарытарных рэжымаў у XXI стагоддзі, пра іх патэнцыял што да супраціву дэ-макратычным ператварэнням. Адказы на гэтыя пытанні яшчэ не-абходна будзе даць, але рэальнасць паказвае, што такія рэжымы, як беларускі і расійскі, штодня ўсё цяжэй падтрымліваць. Іх пра-цяглая агонія робіць дэмакратычную будучыню значна больш па-жаданай, а насамрэч і непазбежнай.

Жыве Беларусь!

Спасылкі

Александровская, Б. (2021) 'Каково быть в Беларуси независимым адвока-том.' *Deutsche Welle*. Рэжым доступу: https://www.dw.com/ru/advokat-advokature-v-belarusi-grozjat-stalinskie-porjadki/a-56986464 (доступ у чэрвені 2022).

Аникеев, М. (2016) 'Белорусская экономическая модель: истоки кризи-са.' *Белрынок*. Рэжым доступу: https://www.belrynok.by/2016/03/11/belorusskaya-ekonomicheskaya-model-istoki-krizisa/ (доступ у чэрвені 2022).

Бабарико, В. (2022) 'Мы обязаны разорвать этот порочный круг.' *Charter 97*. Рэжым доступу: https://charter97.org/ru/news/2022/1/12/450778/ (доступ у чэрвені 2022).

Беларусь: «Зачистка гражданского общества» (2022) *Human Rights Watch*. Рэжым доступу: https://www.hrw.org/ru/news/2022/01/13/380808 (до-ступ у чэрвені 2022).

Беларусь: ні Еўропа, ні Расія. Меркаванні беларускіх эліт (2006). Варшава: Arche.

Богуславская, А. (2022) 'Более 1000 политзаключённых. Кто они и что это значит для Беларуси?' (2022) *Deutsche Welle*. Рэжым доступу: https://www.dw.com/ru/1000-politzakljuchennyh-kto-oni-i-chto-jeto-znachit-dlja-belarusi/a-60483527 (доступ у чэрвені 2022).

Больш не памяркоўныя: Як змяніліся беларусы з 2020-га года (2022) *Motolko Help*. Рэжым доступу: https://motolko.help/by-news/bolsh-ne-pamyarkoynyya-yak-zmyanilisya-belarusy-z-2020-ga-goda/#:~:text (до-ступ у чэрвені 2022).

В Минске женщины с БЧБ-зонтами организовали очередную прогулку (2021) *Euroradio*. Рэжым доступу: https://euroradio.fm/ru/v-minske-zhenshchiny-s-bchb-zontami-organizovali-ocherednuyu-progulku (до-ступ у чэрвені 2022).

Выборы в Беларуси: на митинг Светланы Тихановской в Минске собра-лись десятки тысяч (2020) *BBC*. Рэжым доступу: https://www.bbc.com/russian/news-53602406 (доступ у чэрвені 2022).

Гуща, С. (2011) 'В Беларуси задержано около 400 участников протестов.' *Deutsche Welle*. Рэжым доступу: https://p.dw.com/p /11oZZ (доступ у чэрвені 2022).

Дракохруст, Ю. (2022) 'Пропасть белорусского раскола.' *Zerkalo.io*. Рэжым доступу: https://news.zerkalo.io/economics/9934.html?c (доступ у чэрвені 2022).

Заседание Совета БГУ состоялось 18 августа 2020 года в университете (2020) *Белорусский государственный университет*. Рэжым доступу: https://bsu.by/news/zasedanie-soveta-bgu-sostoyalos-18-avgusta-2020-goda-v-universitete-d/ (доступ у чэрвені 2022).

Казакевич, А. (2022) 'В 2021 году произошел распад белорусской политиче-ской модели.' *Deutsche Welle*. Рэжым доступу: https://www.dw.com/ru/politolog-v-belarusi-proizoshel-raspad-politicheskoj-modeli/a-60783310 (доступ у чэрвені 2022).

Карбалевич, В. (2020) 'Общество не может вернуться в состояние условного мая 2020 г.' *Thinktanks.by.* Рэжым доступу: https://thinktanks. by/publication/2021/08/09/valeriy-karbalevich-obschestvo-ne-mozhet-vernutsya-v-sostoyanie-uslovnogo-maya-2020-goda.html (доступ у чэрвені 2022).

Карбалевіч, В. (2022a) 'Чаму Лукашэнка так часта гаворыць пра вайну як нешта непазбежнае.' *Svaboda.org.* Рэжым доступу: https://www. svaboda.org/a/31672234.html (доступ у чэрвені 2022).

Карбалевич, В. (2022b) 'Лукашенко поставил на лузера.' *Sn-plus.com.* Рэжым доступу: https://www.sn-plus.com/2022/03/20/karbalevich-Lukashenka-postavil-na-luzera/ (доступ у чэрвені 2022).

Коршунов, Г. (2022) '«Я в любом случае вернусь в Беларусь».' *Народная Воля.* Рэжым доступу: https://www.nv-online.info/2022/02/08/gennadij-korshunov-ja-v-ljubom-sluchae-vernus-v-belarus.html (доступ у чэрвені 2022).

Лукашенко — прокурорам: Знаете, иногда не до законов (2020) *Наша Ніва.* Рэжым доступу: https://nashaniva.com/?c=ar&i=258800&lang=ru (доступ у чэрвені 2022).

Лукашенко про свой кадровый резерв из 850 персон: Без моего ведома их нельзя задерживать (2019) *Belnovosti.* Рэжым доступу: https://www. belnovosti.by/obshchestvo/Lukashenka-pro-svoy-kadrovyy-rezerv-iz-850-person-bez-moego-vedoma-ih-nelzya-zaderzhivat (доступ у чэрвені 2022).

Лукашенко засекретил численность госаппарата (2019) *D-zholik.* Рэжым доступу: https://d-zholik.livejournal.com/tag/реформа (доступ у чэрвені 2022).

MK.RU (2020) 'Белорусские силовики "по полочкам": сколько стволов у Лукашенко.' *MK.RU.* Рэжым доступу: https://www.mk.ru/ politics/2020/08/08/belorusskie-siloviki-po-polochkam-skolko-stvolov-u-Lukashenko.html (доступ у чэрвені 2022).

Навумчык, С. (2013) *Дзевяноста першы* (Бібліятэка Свабоды. XXI стагодзьдзе). Прага: Radio Free Europe / Radio Liberty.

Опейкин, А. (2022) 'Никто и не вспомнит.' *Charter 97.* Рэжым доступу: https://charter97.org/ru/news/2022/2/14/454613/ (доступ у чэрвені 2022).

Попытка Лукашенко поговорить с рабочими и забастовки. Главное в Беларуси за понедельник (2020) *BBC.* Рэжым доступу: https://www.bbc. com/russian/news-53803833 (доступ у чэрвені 2022).

Русская рулетка Лукашенко: Как Беларусь втягивается в войну против Украины и Запада (2022) *LB.ua.* Рэжым доступу: https://rus.lb.ua/ world/2022/01/25/503915_russkaya_ruletka_Lukashenko.html (доступ у чэрвені 2022).

Санников, А. (2022) 'Как разрушить Карфаген?' *Charter 97.* Рэжым доступу: https://charter97.org/ru/news/2022/1/20/451762/ (доступ у чэрвені 2022).

Святлана Ціханоўская (2022). *Светлана Тихановская.* Рэжым доступу: https://tsikhanouskaya.org/ru/ (доступ у чэрвені 2022).

Слюнькин, П. (2021) 'Две параллельные Беларуси — главный результат минувшего года.' *Newbelarus.vision*. Рэжым доступу: https://newbelarus.vision/dve-parallelnye-belarusi/c (доступ у чэрвені 2022).

Троицкий, А. (2020) '«Такого не было в мировой истории, я поражен!»' *Onliner*. Рэжым доступу: https://people.onliner.by/2020/11/01/artemij-troickij (доступ у чэрвені 2022).

Фишер, Д. (2022) 'Лукашенко потерял доверие и легитимность в глазах всего мира.' *Charter 97*. Рэжым доступу: https://charter97.org/ru/news/2022/2/15/454728/ (доступ у чэрвені 2022).

Шадурский, В. (2014) 'Историческая политика в Республике Беларусь: этапы развития и версии интерпретации прошлого.' *Труды факультета международных отношений БГУ* 5: 9–24.

Korosteleva, E. and Petrova, I. (2021a) 'Societal fragilities and resilience: The emergence of peoplehood in Belarus.' *Journal of Eurasian Studies*, 21(2): 122–132. https://journals.sagepub.com/doi/abs/10.1177/18793665211037835.

Korosteleva, E. and Petrova, I. (2021b) 'Community resilience in Belarus and the EU response,' *Journal of Common Market Studies* 1–13. https://doi.org/10.1111/jcms.13248.

Shadurski, V. and Malishevskaya, G. (2019) 'Contemporary politics and society: Social media and public engagement in Belarus.' In *Politics and Technology in the Post-Truth Era*. Bingley: Emerald Publishing Limited, 43–56.

Паказальнік імёнаў

Тэматычны паказальнік

Milton Keynes UK
Ingram Content Group UK Ltd.
UKHW050630150424
441175UK00006B/312